珍藏本
纪念版

汉译世界学术名著丛书

孤立国同农业和国民经济的关系

〔德〕约翰·冯·杜能 著

吴衡康 译

谢钟准 校

商务印书馆
SINCE 1897 The Commercial Press

2017年·北京

Johann Heinrich von Thünen
DER ISOLIERTE STAAT IN BEZIEHUNG AUF LANDWIRTSCHAFT UND NATIONALÖKONOMIE
Verlag von Gustav Fischer, Jena 1921
本书根据耶拿古斯塔夫·菲舍出版社 1921 年版译出

汉译世界学术名著丛书
（120 年纪念版·珍藏本）
出 版 说 明

2017 年 2 月 11 日，商务印书馆迎来 120 岁的生日。120 年前，商务印书馆前贤怀揣文化救国的理想，抱持“昌明教育，开启民智”的使命，立足本土，放眼寰宇，以出版为津梁，沟通中西，为中国、为世界提供最富智慧的思想文化成果。无论世事白云苍狗，潮流左右激荡，甚至战火硝烟弥漫，始终践行学术报国之志，无改初心。

迻译世界各国学术名著，即其一端。早在 20 世纪初年便出版《原富》《天演论》等影响至今的代表性著作，1950 年代后更致力于外国哲学和社会科学经典的译介，及至 1980 年代，辑为“汉译世界学术名著丛书”，汇涓为流，蔚为大观。丛书自 1981 年开始出版，历时三十余年，迄今已推出七百种，是我国现代出版史上规模最大、最为重要的学术翻译工程。

丛书所选之书，立场观点不囿于一派，学科领域不限于一门，皆为文明开启以来，各时代、各国家、各民族的思想与文化精粹，代表着人类已经到达过的精神境界。丛书系统译介世界学术经典，引领时代思想，为本土原创学术的发展提供丰富的文化滋养，为推动中国现代学术和现代化进程做出了突出的贡献。

为纪念商务印书馆成立120周年，我们整体推出“汉译世界学术名著丛书”120年纪念版的珍藏本，寄望既利于文化积累，又便于研读查考，同时向长期支持丛书出版的译者、编者和读者致以敬意。

两甲子后的今天，商务印书馆又站在了一个新的历史时间节点上。我们不仅要铭记先辈的身影和足迹，更须让我们的步伐充满新的时代精神。这是商务人代代相传的事业，更是与国家和民族的命运始终紧密相连的事业。我们责无旁贷，必须做好我们这代人的传承与创造，让我们的努力和成果不仅凝聚成民族文化的记忆，还能成为后来人可以接续的事业。唯此，才能不负前贤，无愧来者。

商务印书馆编辑部

2017年10月

评杜能的《孤立国》

吴 易 风

（一）

约翰·海因里希·冯·杜能(Johann Heinrich von Thünen)是德国早期一位重要的资产阶级经济学家。1783年6月24日出生于奥尔登堡耶弗兰的卡纳林豪森。早年丧父。继父是一个数学爱好者,杜能在这方面受到他的影响。1799年,杜能开始学习经营农业。后来曾在汉堡附近弗洛特贝克农业学院求学,院长是施陶丁格尔。据杜能自述,“在青年时代,当我在汉堡附近弗洛特贝克施陶丁格尔先生的学院中学习农业时,关于孤立国已有最初的雏形,以后我总觉得有一种责任感,将我们看到的农业和国家经济方面的、可作为孤立国基础的观念的问题,加以条理化。”(本书第330页)1803年,杜能在策勒结识了德国著名的农业理论家阿尔布雷希特·特尔,特尔的四卷本专著《合理的农业原理》是德国的农业理论从官房学的一个组成部分发展成为一门独立科学的标志。杜能在谈到特尔对自己的影响时说:“我所尊敬的老师……特尔先生……对我所研究的整个农业方向及我的造就产生过决定性的影响。”(第306页)1803年秋,杜能入戈丁根大学读书。后来,他来到梅克伦堡的施韦林,购置并经营特洛庄园。杜能亲自管理账目。

凡是能登记和合乎计算目的的，他都详细而精确地加以记载和计算。这种日常的经营业务，为他以后写作《孤立国》一书提供了丰富的感性材料。关于这一点，杜能后来回忆说："在我开始作为田庄主的务农生涯时，我就精细地治理会计，力求获得在不同谷物产量和不同谷物价格时农业成本和纯收益的计算数据。这类数据经五年的汇集，我获得了一个概貌，以此作为基础开始我的，也就是第一卷中所叙述的研究工作。"(第 330 页)

1826 年，杜能的《孤立国》一书出版。此后，杜能逐渐闻名于德国。1830 年获得罗斯托克大学授予的名誉博士学位。1842 年《孤立国》再版时，杜能考虑到"与本书讨论对象有关的资料颇为丰富，可以另成第二卷"，因而"把已经出版的著作的第二版，称为第一卷"。(第 17 页)1848 年，杜能被选为法兰克福议会议员，但因年迈体衰，未能出席议会。1850 年，《孤立国》第二卷问世。

1850 年 9 月 22 日，杜能因脑溢血死于特洛。墓碑上镌刻着他用以表示自然工资的数学公式：$\sqrt{ap}$。

杜能的《孤立国》一书写作时间很长，它的历史背景可以分为两个时期来叙述。第一个时期是十九世纪初期，第二个时期是十九世纪三十和四十年代。

在十九世纪初期，普鲁士政府先后颁布了一系列关于农奴制改革的法令，其中主要有 1807 年颁布的《十月法令》，1811 年颁布的《调整法令》，1821 年颁布的《义务解除法》和《公有地分割法》。这些法令，对农奴制进行了若干有限的改革。从普鲁士开始，农奴制改革的浪潮逐渐波及德国的其他许多公国。改革给德国农业中的资本主义关系的发展开辟了道路。农业中资本主义关系的发展，推动了农业生产技术的进步。例如，人造肥料的使用，使土质得到了改良，新的三区农作制和轮栽作物制的推广，使粮食和饲料的供应得到了增加。在城市，行会制度逐渐削弱，经营工场手工业有了一定程度的自由。但是，整个德国的分裂和割据状态仍很严重，关卡林立，税收繁多，严重阻碍着国内统一市场的形成。在这样的历史条件下，农作制、地租、谷物价格、自由贸易、税收等问题，自然就成了杜能 1826 年出版的《孤立国》一书讨论的主要问题。

杜能写作《孤立国》其余部分的历史背景是十九世纪三十和四十年代德国的经济和政治状况。随着资本主义工商业的发展，德国资产阶级越来越迫切地要求取消各邦之间的关税壁垒。二十年代后期，北德、南德和中德先后成立了关税同盟。1834 年，这些关税同盟合并成德意志关税同盟。同盟促进了工业的进一步发展。从三十年代起，德国开始了工业革命，资本主义生产在工农业中迅速发展起来。但是，德国的劳动群众不仅受资本主义发展之苦，而且受资本主义不发展之苦。城市工人要求改善贫困生活，农村劳动者要求彻底摆脱封建压迫和封建义务。工农群众的反抗情绪不断激化，全国的阶级矛盾日益尖锐。三十年代初由于政治迫害流亡英法和瑞士的工人、手工业者和小资产阶级知识分子，有不少受到法国空想共产主义思潮的影响。他们在国外成立了共产主义联合会组织，并同国内建立联系。共产主义逐渐成为德国众目所瞩的问题。1836 年，德国流亡者的先进分子组成秘密政治团体正义者同盟，这是一个带有空想社会主义色彩的德国最早的工人组织。空想共产主义的传播和正义者同盟的建立，标志着德国工人运动的萌芽。1844 年 6 月，德国爆发了西里西亚纺织工人起义。1847

年春，马克思和恩格斯应邀参加正义者同盟，并把它改组为共产主义者同盟。受同盟委托，马克思和恩格斯起草并于 1848 年 2 月发表了《共产党宣言》。1848 年 3 月，德国爆发了资产阶级革命，无产阶级在这场革命中发挥了独立的政治作用。对工人运动怀着恐惧感的德国资产阶级，在革命紧要关头同封建势力妥协，以对付无产阶级。在这一历史背景下，阶级矛盾和阶级斗争问题自然成了杜能注意的中心问题。在《孤立国》第二卷和遗稿中，杜能集中注意力从经济角度考察阶级矛盾，研究工资和剥削收入的关系，幻想通过提高工人工资、改善工人受教育的条件等改良措施来缓和日趋紧张的阶级矛盾，防止革命的发生。

《孤立国》一书的全名是《孤立国同农业和国民经济的关系》，共分三卷。1826 年出版的《孤立国》的副题是“关于谷物价格、土地肥力和征税对农业影响的研究”，包括三章三十八节，1842 年再版时定为第一卷。第二卷分两章，都以“自然工资及其同利率和地租的关系”为副题。1850 年出版的《孤立国》第二卷第一章，共二十三节。杜能去世后，遗稿由德国资产阶级经济学家海尔曼·舒马赫[1]等整理和加工，其中有关自然工资及其同利率和地租的关系的内容作为《孤立国》第二卷第二章，有关地租决定原理和其他问题的内容作为《孤立国》第三卷，于 1863 年在罗斯托克出版。第

① 海尔曼·舒马赫（Schumacher-Zarchlin，Hermann，1826 年左右—1904 年）在 1863 年出版了杜能遗著之后，于 1868 年出版了他撰写的杜能传记，题为《约翰·海因里希·冯·杜能。研究者的一生》。马克思在 1875 年 9 月 21 日致海尔曼·舒马赫的信中说：“我感谢您来信和寄来杜能著作的第一卷，然而我还要十分不客气地请您把您所推荐的杜能的传记也给我寄来……”（参阅《马克思恩格斯〈资本论〉书信集》，中译本，第 338 页。）

二卷第一、二章共二十七节，第三卷分三章二十五节。现在的这个中译本是根据德国耶拿古斯塔夫·菲舍出版社 1921 年的版本逐译的，包括杜能《孤立国》1842 年再版的第一卷和 1850 年版的第二卷的内容，但不包括杜能的遗稿。

杜能的理论体系主要由两部分内容构成。一部分是一般经济理论，一部分是农业和农业经济理论。就思想来源而论，杜能的一般经济理论较多地受到亚当·斯密的影响，而农业和农业经济理论则较多地受到阿尔布雷希特·特尔的影响。杜能说："在国民经济学方面亚当·斯密是我的师表，在科学的农业方面则是特尔先生。他们两位是两种科学的创始人，他们的不少学说将永远是无可非议的科学基础。"（第 329 页）但是，杜能并不满足于斯密和特尔的理论。他说："在我看来，这两位伟大人物的学说有未完善的地方，这些地方难以满足我的探求真理的需要，因而迫使我自行研究。"（第 329 页）杜能对斯密和特尔深表尊敬，同时又对他们持某种批判态度。

（二）

在德国，正如马克思指出的那样，政治经济学一直是外来的科学，它作为成品从英国和法国输入。当政治经济学处在古典时期时，在德国的现实中没有发达的资本主义经济关系。而当这种经济关系在德国出现时，资本主义生产方式的对抗性质和日趋激化的阶级矛盾已经不再容许资产阶级经济学家在他们的阶级视野内进行不偏不倚的和公正无私的研究。因此，在十九世纪三十和四十年代形成学派的德国资产阶级政治经济学，只能是庸俗经济学。

以威廉·罗雪尔为首的"历史学派"是庸俗政治经济学的典型。用马克思的话说,"他们同时也就是这门科学的坟墓"。(《马克思恩格斯全集》第26卷Ⅲ,中译本,第558页)历史学派否认客观经济规律的存在,否认政治经济学应当研究客观经济关系,否认经济研究中的科学的抽象法,宣扬所谓"历史的方法",企图用对经济现象和零碎历史事实的简单罗列和描述来取代理论分析。

在十九世纪上半期的德国资产阶级经济学家中,杜能可以说是一个例外。从方法论来看,"他有德国人的思维方式"(《马克思恩格斯全集》第32卷,第525页)。杜能反对简单描述经济现象,主张运用抽象法来探讨客观经济规律。他说:在研究过程中,"不将实际抽象难以达到科学的认识"。(第334页)只有借助抽象,才能"排除一切偶然的及非本质的因素"(第330页),得出"普遍有效的结论"(第334页),找到"普遍规律"(第49页)。杜能这样说明了自己的方法的特点:"几何学家在考虑'点'时是不计面积的,考虑'线'时是不计宽度的。两者在实际中是找不到的,同样,我们在考虑一种主导力量时可以排除一切枝节和偶然因素,唯有如此我们才能认识主导力量在我们所见现象中占多少比重。"(第12页)杜能对庸俗政治经济学鼻祖萨伊单纯描述经济现象的方法采取了批判的立场,他指出:"竞争只不过是深奥原因的外表现象,我们不能像萨伊那样,以把握外表现象为满足,而必须努力研究原因。"(第429页)

在罗雪尔等人用庸俗的历史方法反对科学的抽象法的时候,杜能坚持运用抽象法,这是难能可贵的。但是,杜能对抽象又表示某种忧虑。他说:"对实际的抽象有双重危险:1.人们在思想时,将事物的相互作用切断；2.我们的结论都根据各种前提条件，而我们对这些前提条件认识不清，所以无法阐明结论；因此，我们所认为普遍有效的结论，仅仅是在这些前提条件下才有效。”（第334页）杜能的这种担心，暴露出他对科学的抽象还缺乏正确的了解。他不懂得，抽象有科学的抽象和非科学的抽象。所谓“对实际的抽象有双重危险”，只适合于非科学的抽象，它们同科学的抽象是没有关系的。在经济科学中，抽象的规定是对客观事物的直观和表象加工的结果。抽象的规定形成之后，在思维行程中，又导致具体的再现。杜能提到的事物的相互作用以及前提和结论的关系等等，都要在思维中再现。其实，杜能有时虽然是不自觉地然而实际上也是这么做的。例如，在《孤立国》第一卷中，他作了一系列假设，以便得出一些抽象的规定。在第二卷中，他又取消了那些假设，以便观察所得到的抽象规定同现实符合到什么程度。杜能的抽象，既有科学的抽象，又有非科学的抽象。当他比较正确地运用抽象法的时候，他把资本主义竞争表现出来的现象加以舍弃，深入到现象背后寻求事物的内部联系，因而得出了一些有学术价值的成果。例如，杜能的生产布局理论和地租理论就是如此。但是，当他运用非科学的抽象法的时候，他错误地把资本主义经济关系撇开，去观察事物的所谓自然状态，然后再把关于自然状态的结论搬到资本主义现实中来。例如，杜能的工资理论和利息理论就是如此。杜能常常迷恋于这种抽象，在研究资本主义经济关系的地方，竟把资本主义生产方式、资本主义经济范畴和经济规律赖以存在的社会条件和历史条件都抽象掉。这样，杜能就无可避免地掉进他曾经自我警告过的“有双重危险”的深渊之中。

在经济研究中，杜能运用了一些具体方法。马克思把杜能运用的具体方法归结为“借助观察、微分学、实用会计学等等”。（《马克思恩格斯全集》第32卷，第525页）杜能在自己的著作中试图把实验科学的观察方法、经营农业的会计核算和高等数学结合起来。在这里，我们着重说一下杜能的数学方法，特别是他的增量分析法。

杜能重视在经济研究中应用数学方法，并在著作中广泛借助代数学和微分学来分析经济问题。他认为，数学方法有助于准确地认识规律性的东西，要是反对在经济学中应用数学，那就很难改变这门科学的落后状态。他说：“在非用数学不能求得真理的地方，使用数学是允许的。如果人们在其他知识门类像农业和国民经济学一样有厌恶数学的倾向，那么我们现在仍处于对天文规律完全无知的境地。”（第464—465页）

杜能是第一个把微分学应用于经济研究的资产阶级经济学家。他在不少场合，特别是在考察生产费用和运输费用的变化同经济效益之间的关系时，比较多地运用了微分学。借助微分学对经济变量的增量进行分析，这种方法可以叫作增量分析法。在西方经济论著中，这种方法经常被叫作“边际分析法”。

对于杜能的数学方法，国外学者存在着意见分歧。德国学者海因里希·文蒂希在为《孤立国》1910年新版本写的序言中批评说：“杜能好用代数式表达，又迷信数学在经济学中应用的功能。”英国学者埃里克·罗尔在《经济思想史》（1973年版）中则赞扬说：由于杜能运用边际分析，并且肯定资本具有生产性，因此，他的著作在形成现代经济学上成为重要的有贡献的成分。苏联学者阿尼基在《科学的青春》(1979 年版)一书中从另一个角度对杜能的方法表示欣赏,他说:杜能更加广泛而彻底地把边际方法用来研究经济现象,他经常用这种方法来说明某种均衡状态或最佳状态的逐渐接近。这是一种富有成效的方法。联邦德国学者列曼在《李嘉图和杜能在古典劳动价值理论上的边际分析法》(《经济学杂志》1976 年第 1 期)一文中则认为,应当区分古典边际分析法和庸俗边际分析法。他说:在庸俗经济学边际分析法同古典劳动价值论有关的类似分析方法之间的差别,当时还没引起多大注意,现在,当经济现象的最佳化与马克思主义价值理论之间的联系在社会主义经济学中起着越来越重要的作用的情况下,这种差别就特别重要了。列曼认为杜能的方法属于古典边际分析法。

批评杜能迷信数学在经济学中应用的功能,这未必中肯。杜能尽管在著作中广泛运用了数学方法,甚至有时在用文字叙述时实际上还是用的数学语言,然而他恰当估计了数学方法在经济研究中的作用,正确地指出这一方法只"为我们提供了辅助手段"(第 49 页)。杜能没有把数学方法看作经济研究的主要方法,更没有看作唯一方法。

赞扬杜能的边际分析法,可能出自不同目的。杜能把微分学首次引进经济学,并且借助微分学取得了一定的积极成果,对以后的经济学家提供了一种新的有益的启示。从这一方面说,杜能确实有值得赞扬之处。但是,西方经济学家赞扬杜能,往往是出于另一目的。他们认为,杜能的"贡献"主要在于提出了边际要素生产力论,特别是边际资本生产力论。

应当指出,增量分析只是一种方法,它本身并不是一种经济理论。这种方法既可以为科学的经济理论服务，也可以为庸俗的经济理论服务。作为方法，不存在古典增量分析法和庸俗增量分析法之分。增量分析法可以用来说明古典的级差地租理论，也可以用来说明庸俗的边际效用价值理论。增量分析法和所有其他的数学方法一样，所推导出的结论是否正确取决于赖以出发的前提条件。从正确的前提出发，可以推导出正确的结论。反之，从错误的前提出发，必然得出错误的结论。事实上，在杜能那里，这两种情况都可以见到。一方面，杜能借助增量分析法建立了有独到见解的生产布局理论和地租理论；另一方面，他又企图用增量分析法"论证"他的庸俗的最后生产力分配理论，包括劳动最后生产力工资理论和资本最后生产力利息理论。

（三）

杜能是现代西方工业布局理论的先驱者。他认真地研究了孤立国的生产布局：不仅充分讨论了农业、林业、牧业的布局，而且也考虑了工业的布局。

成本和价格是孤立国确定生产布局的决定因素。在成本项目中，运输成本是一个重要的构成部分。杜能常常把生产成本和运输成本并列，以强调运输成本的重要性。因此，产品的生产地和消费地的距离问题便成了孤立国生产布局的一个重要问题。

在研究生产布局时，杜能提出了一些假设条件。他假定，有一个与世隔绝的孤立国，全境的土地全是沃野平原，土壤肥力完全相等，都适宜于耕种。全国只有一个城市，位于平原中央，没有可通航的河道。矿山和盐场都位于城市附近。除了这个城市之外，其他地方都是农村。离城市最远的地方是尚未开垦的荒野。城市所需的食物由农村供给,全国所需的人工产品则由城市供给。杜能的这些有趣的假设,是他长期经营庄园的经济环境在理论上的表现。正像马克思说的那样,“杜能是有一些动人的东西的。梅克伦堡的这个容克……,把他的特洛庄园看作农村,把梅克伦堡的施韦林看作城市”。(参阅《马克思恩格斯全集》第32卷,第525页)

从上述假设出发,杜能得出了生产布局的原则和措施。他主张,孤立国全境的生产布局以城市为中心。运往城市所需费用大的产品,安排在城市近郊生产。易于腐烂的鲜货也安排在近郊生产。离城市越远,产品的运输费用越大。因此,以城市为中心,在生产布局上形成许多有规则的、界限相当明显的同心圈境。每个圈境都有自己的主要产品。相应地,每个圈境也有自己的耕作制度。

孤立国共有六个圈境,由内向外依序排列。

第一圈境主要生产蔬菜、水果、牛奶等鲜货,谷物生产处于次要地位。这个圈境离城市最近,产品全部为了向城市出售。圈境内离城市愈近的地方有利条件愈多,从城市取得肥料和向城市运送产品的费用愈低。这个圈境的地租很高,不容许有休耕地,更不容许有荒地。在这个圈境要多投入劳力,以最小的土地面积生产最大的产量。这里实行自由农作制,据杜能解释,“作物的种植将轮流交替进行,以求种植每种作物在土地上获利相等;……这种情况也就是所谓自由农作,自由农作就是作物的更换种植不按预定的计划进行”。(第22页)圈境内离城市愈远的地方运输肥料和产品的费用愈高,在自己生产肥料比从城市购买肥料便宜的地方,就是第一圈境的尽头和第二圈境的起点。

第二圈境主要发展林业生产，向城市出售燃料和木材。在燃料和木材价格已定时，如果它们的产地离城市太远，以致运输费用超过价格，即使生产费用和地租为零，也不可能将这些燃料和木材运到城市出售。因此，林业应当配置在离城市不太远的第二圈境。杜能的这一主张，显然是以原始森林已经绝迹，一切林木都是人工产品为前提的。他认为，只有在燃料和木材的销售价格足够补偿生产成本和运输成本并支付地租时，这些产品才可能运往城市出售。

第三、四、五圈境主要生产谷物。这些圈境离城市越来越远，向城市运输谷物的费用越来越高，在谷物价格已定时，生产谷物的地方离城市越远，收益越低。与此相联系，这三个圈境分别采取三种不同的耕作制：第三圈境采用轮栽作物制，第四圈境采用轮作休闲制，第五圈境采用三区轮作制。按照杜能的说法，由城市向外，当距离无止境地增加时，最终必定会到达这么一点，那里谷物的生产费用和运输费用之和同在城市的售价相等，这里的地租即行消失，以运往城市出售为目的的谷物的种植便告终止。这里也就是农业圈境的尽头和畜牧圈境的起点。

第六圈境主要经营畜牧业。在离城市远的地方从事畜产品生产，由于地租和谷物价格低，生产费用就低。但是，由于离城市远，运输费用就高。当节省的生产费用能够补偿或超过所增加的运输费用时，生产就能进行。畜牧圈境的面积很大，人口稀少。

在畜牧圈境之外，便是荒无人烟的原野。只有一些猎人散居在树林之中，靠狩猎生活。他们同城市的唯一交往，是用兽皮交换生活必需品。

关于工业布局，杜能提出，不要把所有的工厂和工场都集中在首都，大部分都应设在原料价格最低的地方。杜能先假设孤立国只有一个城市，后来他说，这种假设只是为了使复杂的情况简单化，实际上除了存在一个大城市，还存在许多较小的城市。在孤立国，“城市的大小及相互间距必须最有利于国计民生”(第 349 页)。

杜能把必须最有利于国计民生看作是工业布局的“最高原则”，他说：“如果工场和工厂在它们的所在地，能够以最低廉的费用进行生产，以最便宜的价格向消费者提供产品，这就算符合这一原则。”(第 349 页)

在杜能的生产布局理论中，有一些合理的因素。他把生产费用最小和销售价格最低看作是生产布局的最高原则。为此，工农业生产的布局都必须考虑接近消费地的原则，工业布局还必须考虑接近原料产地的原则，以便使运输费用最小。工业不应集中在首都，而应在大城市和较小的城市作合理的分布。城市是经济中心和工业集中的地区，每个城市都应有布局合理的蔬菜、水果、牛奶、燃料、粮食和畜产品等等供应基地，这些基地的分布应力求符合生产费用和运输费用最小、销售价格最低的原则。从现代生产布局的观点看，杜能在一个半世纪以前提出的这些思想因素仍然有积极意义。其实质是，生产布局要尽可能节约社会劳动，以最少的耗费，生产最多的产品。

(四)

在地租理论方面，杜能是有所建树的。在《孤立国》第一卷中，杜能在尚未读到李嘉图的《政治经济学及赋税原理》的情况下，独自构想出一套和李嘉图的颇为近似的地租理论。

关于地租概念，杜能区分了“田庄的收入”和“土地的收益”，或“田庄租金”和地租，也就是区分了土地的租金和纯地租。在这个问题上，杜能先批判斯密，然后提出自己的见解。他指出，斯密由于把土地上投资的利息包括在地租之内，因而使地租这一概念失去了明彻性和规定性。杜能正确地认为，只有从田庄收入或田庄租金中扣除投在土地上的资本的利息，才能得到真正的地租。他说：“田庄的收入与土地的收益不同，我们必须仔细加以区别。田庄上总有房屋建筑、垣篱、树木等等有价值的东西，这些东西可与土地分开对待。这就是说，田庄提供的收入并不完全来自土地，部分是投资于上述有价值的东西所生的利息。在田庄收入项下，扣除房屋、树木、垣篱等一切可与土地分开的东西的价值所生的利息，剩余之数属于土地本身，我称它为地租。”（第29页）

杜能研究的地租是级差地租，更准确地说，是级差地租的第一形式。他说：“一个田庄的地租是由于它的位置和土地比最劣的、但为了满足城市需要又不得不从事生产的田庄优越而产生的。”（第193页）杜能的意思是说，只要一个农庄比最劣的农庄优越，就会产生地租。他所说的优劣包括两个方面：一是田庄位置的优劣，一是田庄土地的优劣。由此可见，杜能在这里说的地租，就是同土地位置好坏的差别和土质好坏的差别相联系的级差地租。但是，在进一步研究级差地租时，他抽象掉了孤立国全境的土地肥沃程度的差别，把注意力完全集中到土地位置即离城市的远近这一因素上，而没有研究土地肥沃程度不同所造成的地租量的差别。因此，他对级差地租第一形式的说明是片面的。

杜能正确地把生产谷物的土地的地租看作是第一性地租，把生产其他作物的地租看作派生性地租。他说："地租量是由种植谷物决定的，因此现在种植亚麻的土地，地租也不能高于种植谷物的地租。"（第264页）这样，杜能就把对地租的研究归结为对种植谷物的土地的地租的研究。

杜能从经验中懂得，地租是农产品价格超过生产价格的余额。他说："城市只有支付这样的价格，即至少足以补偿最远地点生产的为城市所需的谷物的费用和运输的费用，才能得到谷物的供应。"（第190页）而他所说的费用，通常都包括普通利润。杜能认为，各圈境的谷物在城市都按统一价格出售，而每个圈境的谷物的生产和运输费用是不等的，离城市越远，费用越高，离城市越近，费用越低。如果谷物价格大大超过费用，就支付高地租；如果谷物价格只稍微超过费用，就支付低地租；如果谷物价格只够补偿费用，地租就等于零。城市谷物价格是由离城市最远的第五圈境生产和运输谷物的费用决定的。位置最差的第五圈境的谷物价格等于费用，没有地租。第一、二、三、四圈境的位置都比第五圈境优越，因而都存在地租。离城市越近，谷物价格超过费用以上的余额越大，地租就越高。

在论证级差地租理论时，杜能是以先近后远的耕作序列为前提的。在他看来，人们总是先耕种离城市近的土地，随着城市对农产品需求量的不断增长，才耕种离城市越来越远的土地，这样，先耕种的土地就产生地租。杜能说："如果谷物的消费增长，则现有的耕地不再能满足城市的需求，而市场供应不足将会引起价格上

涨。价格的上涨使最远的、历来没有地租的田庄获得盈余，产生地租。”（第191页）

在一般场合，杜能在理论上否定绝对地租的存在。他总是强调，当农产品价格等于生产和运输费用之和时地租为零。不过，杜能仅凭自己长期经营农业的实践经验也知道，绝对地租的存在是一个事实。因此，他又说，《孤立国》第一卷“对地租起源的解释，并不尽善尽美，因为本书第二卷研究的结论是，如果各个田庄的地力、距离销售市场的远近，以及一切与田庄价值有关的因素完全相等，然而只有在荒地不出代价得不到的情况下，土地才能产生地租”。（第193页）因此，杜能提出：“地租的产生除了上述一个田庄比另一个田庄优越以外，还有更深一层的原因。”（第193页）在这里，杜能实际上接触到了土地所有权问题，接触到了土地所有者凭借土地私有权垄断取得地租的问题，因为他现在说的地租，不是同“田庄的地力”、“距离销售市场的远近”相联系的地租，而是由于“荒地不出代价得不到”才不得不支付的地租，也就是绝对地租。

杜能提出了剥夺地租的进步主张。他说：“地租不是劳动和投资的产物，而是田庄所处的位置和土地性质的偶然优势带来的，因此也可予以剥夺，这么做并不会妨碍或减少投资和劳动。”（第283—284页）杜能颇有理由地反问：“土地所有者为什么能不劳而得地租？工资为什么不能提高到使历来的地租全部分配给看来要求是很合理的工人呢？”（第378页）这些话是当时还具有反封建的革命性的资产阶级经济学家所敢说的话。

马克思重视杜能的地租理论，指出，杜能“独自构想出李嘉图的地租论。这是可敬的，同时也是可笑的”。（《马克思恩格斯全集》

第32卷,第525页)李嘉图根据劳动价值理论说明级差地租,论证地租是价值规律作用的结果,使地租理论带有较强的逻辑性;杜能则根据实践中获得的大量数据,借助观察法、微分法和会计核算法说明级差地租,使地租理论带有经验的和实验的性质。李嘉图主要考察了在土地肥沃程度不同的条件下由于劣等地的耕种而在优等地和中等地产生的级差地租,杜能则主要考察了在土地离城市远近不等的条件下由于最远的土地的耕种而在最近的和较近的土地上产生的级差地租。他们各自强调一面,而在说明级差地租第一形式时二者应是互相补充的。李嘉图把从优等地到劣等地的耕作序列当作是产生级差地租的必要前提,杜能则把离城市先近后远的耕作序列当作是产生级差地租的必要前提。二者形式互异,但错误性质相同,都把级差地租形成的条件当作是形成的原因,都不知道他们认定的耕作序列并不符合历史,也不是级差地租理论所要求的。李嘉图为了逻辑,完全否认绝对地租;杜能由于经验,在否认绝对地租之后,又以另一种方式承认它的存在。这是杜能超过李嘉图的所在。李嘉图认为最坏的土地的地租等于零,杜能不仅认为地租可能等于零,而且认为在特殊情况下还存在负地租,他说:"由于畜牧圈境中最僻远的田庄的地租等于零,因此……可推得一个重要的规律,即在近郊(自由农作圈境除外)从事畜牧,地租必定为负数。"(第333页)这是杜能比李嘉图更为可笑的地方。

如上所说,杜能的级差地租理论是在没有读到李嘉图著作的情况下独自构思出来的。后来杜能看了李嘉图的《政治经济学及赋税原理》,又看了萨伊的书,他在地租理论上坚决反对萨伊而拥护李嘉图。

(五)

杜能最重视自己的工资理论,生前就请人在他的墓碑上刻上他建立的自然工资的公式。

在工资性质问题上,杜能和许多资产阶级经济学家一样,也从资本主义经济的表面现象出发,把工资说成是"劳动的价值"。他也不懂得劳动和劳动力的区别,错误地以为工人出卖给资本家的是劳动,而不是劳动力。因此,在他看来,只要工资等于"劳动的价值",就不存在剥削。杜能声称:"如果工人在他的工资中得到的是他的劳动价值,那么,工人的困境就不是地主和工厂主唯利是图造成的,因为地主和工厂主……不可能对劳动支付超过劳动价值的报酬。"(第 471—472 页)其实,劳动本身没有价值。工人出卖给资本家的不是劳动,而是劳动力。工资在表面上呈现为劳动的价值或价格,实质上它只是劳动力这一特殊商品的价值或价格的掩蔽形式。马克思在致杜能传记作者海尔曼·舒马赫的信中明确指出在工资理论上同杜能、舒马赫的"重大分歧",他说:"杜能和您本人把工资看作是实际经济关系的直接表现,我则把工资看作是外表形式,它掩盖着同自身表现有本质区别的内容。"(《马克思恩格斯〈资本论〉书信集》,第 338 页)

就像在说明地租概念时区分了田庄的收入和地租一样,杜能在说明工资概念时区分了劳动者的收入和工资。他把工人自己的家禽、家畜、家具和小工具看作是工人的"资本",使用这些"资本"也要付"利息"。杜能认为,从劳动者的收入中减去这种"资本"的"利息"的余额,才是工资。杜能批判了工资等于最低生活资料的观点，他认为，工资不应只等于必要生活资料，而应在购买必要生活资料之后还有剩余。他把这种剩余叫做“工人所得的剩余”。杜能用“A”表示工资额，用“a”表示必要生活资料，用 $A-a$ 表示工人收入的剩余。杜能认为，工资的量不仅取决于必要生活资料的量，而且取决于劳动产品(用“p”表示)的数量。也就是说，A 不仅是 a 的函数，而且是 p 的函数。

杜能的工资理论的主要部分就是研究工资的量(A)同必要生活资料的量(a)和“劳动产品”的量(p)之间的精确的数量关系。他不是从资本主义这种特定的生产关系出发，而是从一个不存在资本和资本家的社会出发来研究工资的决定。他认为，人类的发祥地在热带国家。那里的芭蕉、椰子等可供人们充饥，芭蕉叶和树干可供人们搭小屋住，芭蕉叶可供人们遮体，树枝可用来制造弓背，芭蕉干和椰子壳纤维可用来制作弓弦和编织渔网。大自然的馈赠不仅供给人们的必要生活资料，而且还有剩余。杜能从热带国家跳到他的孤立国，他说：“在孤立国可耕平原的边境，无主的土地取之不尽，那里的工资量不是由资本所有者的意志、工人的竞争和必要生活资料决定的，而是劳动产品本身就是劳动工资的尺度。亦即是说，这里就是自然工资形成之地，这一工资成了孤立国全境的标准。”(第 433 页)按照杜能的看法，当无主土地不再存在，即当全部土地都被占领并成为个人财产的时候，当劳动生产的资本大量增加的时候，社会上就分为两种人，一种人是资本所有者，另一种人是受资本雇用的劳动者。杜能提出一个庸俗的论点：这时，劳动产品是劳动和资本的共同产物，所以应在资本所有者和工人之间进行分配。劳动产品扣除归资本的利润(利息)之后的余额为工

资。下面的例解有助于了解杜能的自然工资学说。

设总劳动产品为 p,总工资为 A,总利润(利息)为 $p-A$,利润(利息)率为$\frac{p-A}{A}$。又设总工资中用于必要生活资料的部分为 a,工人所得的剩余总额为 $A-a$。这个剩余总额 $A-a$ 按利润(利息)率$\frac{p-A}{p}$投资,可以获得的收入为$\frac{p-A}{A}(A-a)=p-A-\frac{ap}{A}+a$。为了求出工资的最大值,必须使 $p-A-\frac{ap}{A}+a$ 的一阶导数为零,即:

$\frac{\mathrm{d}\left(p-A-\frac{ap}{A}+a\right)}{\mathrm{d}A}=1+\frac{ap}{A^2}=0$。由此得到 $A^2=ap$,即:$A=\sqrt{ap}$。

杜能说:“这项不是由供求关系形成的,不是由工人的需要计算出来的,而是工人自己自由决定的工资 $\sqrt{ap}$,我称之为合乎自然的工资或自然工资。”(第 446 页)按照杜能的说法,自然工资取决于工人必要生活资料量和劳动产品量二者的中间比例数,把用谷物或货币表示的工人必要生活资料量乘以用同一尺度表示的工人劳动产品量,然后将二者的乘积开方,便求出自然工资。

杜能在提出上述自然工资理论的同时,又提出劳动最后生产力工资理论。他说:“工资等于在大规模经营中最后雇用的工人所增加的产品。”(第 465 页)杜能认为,“最后雇用的这名工人所得的工资,必然是同等技术和同等能力的全体工人的标准,因为同等工效不能付以不等的报酬”。(第 471 页)如果工资提高,最后雇用的工人的收入就会超过他的“劳动的价值”。这时,雇主就会解雇工人,直到最后留用的工人的产品价值等于提高了的工资。反之亦然。杜能用下列数字例子说明最后单位劳动的生产力。从表中的数字可以看出，随着雇用工人数的增加，最后雇用的工人增加的产量是递减的。例如，当雇用工人数从 4 人增加到 5 人时，总产量从 80 个单位增加到 86.6 个单位，最后雇用的工人即第 5 个工人增加的产量是 6.6 个单位。当雇用工人数增加到 6 人时，最后雇用的工人即第 6 个工人增加的产量只有 4.4 个单位。余此类推。杜能认为，工资就是由最后雇用的工人所增加的产量决定的。他说："企业主，不论是田庄主还是工厂主，他们雇用工人的数量只能增长到这样的限度，即增雇的工人还能对他们有利，这是符合他们的利益的，因此，增雇工人的界限就在于，最后一名雇佣工人的增产量能够弥补他所得的工资；反过来说，工资等于最后一名雇佣工人的增产量。"（第 467 页）

雇用工人数	总　产　量	最后雇用的工人增加的产量
4	80.0	
5	86.6	6.6
6	91.0	4.4
7	94.0	3.0
8	96.0	2.0
9	97.3	1.3
10	98.2	0.9
11	98.8	0.6
12	99.2	0.4

接着，杜能从他醉心的理想世界转向现实的欧洲，他承认，欧洲的现实情况和他的孤立国完全不同。杜能不否认资本主义社会的阶级对立，他说："这里资本家的利益和工人的利益不仅是分离的，而且是背道而驰的。"（第 490 页）又说："只要无产者和有产者利益的冲突不曾消除，那么这一对抗的利益就是双方敌意对立和始终不妥协的原因。"（第 490 页）杜能发现，随着工厂制度的普遍建立，国民收入在不断增长，可是工人阶级并没有得到任何好处。他甚至承认，在资本主义制度下，无产阶级生产得越多，所受的压

迫就越重。杜能简直是在用愤慨的语言揭露这一无可否认的事实，他说："社会上人数最多的阶级，他们的劳动效率越来越高，创造越来越多，然而却越受压迫，这是反自然的矛盾现象。"（第406页）

共产主义学说广泛传播和工人运动的蓬勃发展，使政治神经紧张的杜能感到恐惧。他说："共产主义者的观点的流传和深入民心……这是颇为令人担忧的事。"（第359页）又说："当前，工人对于自己的地位和权利日益觉悟，未来他们将以不可抗拒之势参与国家和社会的组织。现在提出国民收入的分配如何合乎自然，这个问题成了国家和社会兴亡的问题。"（第376页）

至此完全明白，杜能绝不是一个只过乡村生活的隐居者，他不是在学究式地探讨什么纯粹的和抽象的工资理论，而是在激烈的阶级斗争中为资产阶级制造工资理论并提出实际建议。他觉得，如果资产阶级没有一种足以蒙骗和麻痹工人群众的理论，阶级战争就将是不可避免的。杜能忧心忡忡地预言："一旦民众觉悟，提出并试图实际解答这一问题：'工人在自己的产品中占有合乎自然的份额应该是多少？'那么就可能发生野蛮蹂躏整个欧洲的战争。"（第357页）

杜能幻想寻找缓和与消除资本主义社会阶级矛盾和阶级斗争的途径。他时而认为，无产阶级的贫困的根源在于现行工资低于自然工资。因此，消除贫困的办法在于把现行工资提高到自然工资的水平。杜能说："**只要工资始终**$=\sqrt{ap}$（**这个公式极端重要**），**那么工人始终不会遭受贫困和饥馑**。"（第489页）杜能时而认为，无产阶级的贫困的根源在于无产者的人口增长过快。他操着马尔萨斯的语言，说：“因为这个阶级早婚，繁育很快，以致工人几乎总是供过于求，因此工资降到很低，仅仅够满足最必需的生活品的需要。……由此可见，工人劳动所得如此微薄，是自己的过错。”（第361页）因此，消除贫困的办法在于限制工人家庭人口的增长。杜能时而认为，无产阶级的贫困的根源在于工人所受的教育太少。由于企业家和工人所受教育的差异悬殊，所以企业家收入和工人收入的差距也大。因此，消除贫困的办法在于改进对工人群众及其子女的教育。

杜能提出的缓和阶级矛盾的工资政策建议，主要是适当提高工资。他说，现在欧洲各国“即使不可能恢复合乎自然的工资，但是，如果工人工资中包含其劳动产品的一部分，那么困境也可缓和得多”。（第491页）关于不断增长的国民收入的分配，杜能认为，“社会组织只需让工人获得其中五分之一的利益，千家万户就会感到欢欣和满意，如果这样，那么1848年春工人要求提高工资而举行的暴动就会中止，从前存在于主仆之间的宗法纽带也就不会撕裂了”。（第490页）

杜能并不想掩盖资本主义的弊病，这一点使他同那些用玫瑰色笔调把雇佣劳动制度描绘成美妙的和谐制度的庸俗经济学家有了区别。但是，杜能企图把资本主义的一切弊病归结为分配问题，这一点又使他同那些在资本主义范围内通过改变分配比例以消除一切弊病的庸俗幻想有了共同之点。杜能的典型说法是，“工人与产品相分离是弊病的根源”。（第491页）这句话暴露出杜能根本不了解资本主义一切弊病的真正根源。工人同自己的劳动产品相分离，这是结果，而不是原因。因此，杜能对弊病的揭露，充其量也只是反对结果，而不是反对产生这种结果的原因。分配是由生产决定的。工人同自己的劳动产品相分离，是工人同生产资料相分离的结果。不消灭资本主义生产资料所有制，就不可能根本改变资本主义的分配制度。

从方法论的角度看，杜能研究工资理论所用的抽象法是十分荒唐的。他抽象掉了资本和资本家，抽象掉了资本主义经济关系，抽象掉了资本主义工资产生的一切前提和条件，然后讨论什么是自然工资。这样的所谓自然工资，既不是资本主义制度下的工资，也不是资本主义以前的商品生产者的收入。在前一场合，工资同工人的劳动产品的量没有内在联系，而是取决于由纯生理的要素和历史或社会的要素构成的劳动力价值；在后一场合，商品生产者的收入就是他的劳动产品，而不是像杜能说的那样是必要生活资料和劳动产品二者的中间比例数。

劳动最后生产力工资论，同下面就要说到的资本最后生产力利息论一起，构成了要素最后生产力论。这种理论是十九世纪末出现的“边际生产力论”的最初形式。它的提出，表明杜能已经陷进了为资本剥削劳动辩护的边际生产力分配论这一新的庸俗理论泥潭。以后的历史表明，资产阶级十分欣赏这种否认剥削的理论。

尽管如此，对资产阶级来说，杜能的工资理论毕竟包含有不祥之兆。他说自然工资是必要生活资料量和劳动产品量二者的中间比例数，这就无意中承认工人在工资形式上所得到的小于他们在生产中所创造的。也就是说，他无意中承认，工人即使获得自然工资，他们的一部分劳动产品仍然被别人无偿占有。更何况欧洲各国的工资又都远低于自然工资。政治嗅觉敏锐的克拉克赞赏杜能的劳动最后生产力工资论而反对杜能的自然工资论。他从杜能的自然工资论中嗅出了一种不大对头的味道，说："杜能对他所提出的最后生产力的公式，远不及另外一个完全不同的公式那样重视，这个公式他看作是表示正确的、有利于社会的工资标准的公式。……杜能的工资理论，显然是剥削劳动的理论。"（《财富的分配》，商务印书馆 1959 年版，第 243 页）同样，马歇尔也只是欣赏杜能的劳动最后生产力工资论，而把自然工资论看作是从"空想而不现实的假设"中得到的"一个奇怪的结果"加以摈弃。（《经济学原理》下卷，商务印书馆 1965 年版，第 196 页）

（六）

杜能把资本看作是物，看作是牲畜、粮食、机械，而不是看作经济关系。他承认，"资本是劳动的产物"，"资本只能是劳动者所生产的多于他们所消耗的那部分东西构成的"（第 408 页），但是他没有能力说明劳动者创造的剩余产品是怎样和为什么会转化为资本的。他觉察到，作为劳动产物的资本反过来成了统治劳动的力量，而创造资本的工人却从资本的主人变成了资本的奴隶，但是他没有能力揭示其中的奥秘。杜能大惑不解地提问："如果回头来看看我们在最初研究时曾经指出的……资本本身不过是人的劳动的产物……那么似乎完全不能理解的是，人怎么会落入他自己的产物——资本——的统治下，并且从属于这个产物；然而，因为实际上情况确实如此，所以不禁要问：工人作为资本的创造者，怎么会由资本的主人变为资本的奴隶呢？"（《孤立国》第 2 卷第 2 编，罗斯托克 1863 年版，第 5—6 页。引自：《马克思恩格斯全集》第 23 卷，第 681 页）马克思对杜能在这一方面的论述的评价是，“杜能的功绩在于提出了问题。他的回答却十分幼稚”。（《马克思恩格斯全集》第 23 卷，第 681 页）

杜能没有沿着自己比较正确的说法前进。他的资本最后生产力的错误说法往往使他忘记比较正确的观点。杜能的资本最后生产力论是十九世纪末出现的资本边际生产力论的最初形式。

杜能断言，劳动和资本的关系是“合作”关系，“劳动产品系劳动和资本的共同产物，……所以应在资本所有者和工人之间进行分配”。（第 421 页）他声称资本家和工人之间存在“共同利益”，这个“共同利益在于提高生产。如果生产下降，双方都蒙受损失；如果生产增长，双方都受益”。（第 488 页）

杜能断言资本无异于工人，也有生产力，能作出劳动，并能带来效益。他认为，随着资本积累的增长，资本的生产力从而资本带来的效益是递减的。杜能写道：“在扩充资本时，凡是后投入的资本带来的效益比前投入的要小些。”（第 454 页）他认为，利润（利息）决定于最后投入的资本的生产力。杜能说：“最后形成的或最后投入的一小部分资本——其利率应当由其效益决定——是很小的，确切地说是无限小的。”（第 454 页）又说：“资本的价格，即出借资本所得的租金，并不根据全部资本对借方提供的效益而定。……全部资本在出借时提供的租金是由最后投入的那部分资本的效益决定的。这是利息学说的要义之一。”（第 405 页）杜能用下列数字说明资本最后的生产力。

使用资本量	总　产　量	最后使用的资本增加的产量
5	205.4	
6	223.2	17.8
7	239.2	16.0
8	253.6	14.4
9	266.6	13.0
10	278.3	11.7
11	288.8	10.5
12	298.3	9.5

从表中的数字可以看出，随着使用资本量的增加，最后使用的资本增加的产量是递减的。例如，当使用资本量从 5 个单位增加到 6 个单位时，总产量从 205.4 个单位增加到 223.2 个单位，最后使用的一个单位资本即第 6 个单位资本增加的产量是 17.8。当使用资本量增加到 7 个单位时，最后使用的一个单位资本即第 7 个单位资本增加的产量是 16。余此类推。杜能认为，资本的报酬或租金就是由最后使用的单位资本所增加的产量决定的。由于资本最后生产力递减，所以资本的报酬或租金也递减。杜能由此得出结论说："由此可见，资本增加则租金降低，这对工人有好处：提高了劳动的报酬。"（第 405 页）

以上就是杜能的资本最后生产力论的基本内容。资本最后生产力论是杜能经济理论中最庸俗的部分，它是为了否认资本剥削劳动而制造出来的。这种理论把资本剥削劳动的关系描绘成资本和劳动平等合作的关系，二者共同参加生产，各自都作出贡献，并按照各自的贡献获得应有份额。杜能的这一理论，实际上是旧的庸俗的"生产要素论"、"资本生产力论"、"生产率递减规律"等等的混合物。按照杜能的这一理论，劳动不仅没有受到资本的剥削，相反，资本的收益有一部分似乎还被工人所无偿占有。克拉克对此是心领神会的，他说，杜能的"资本最后生产力的理论似乎也包含了以前各个单位的资本受到同样的剥削的意思"。（《财富的分配》，

第 243 页)

(七)

关于杜能在经济思想史上的地位问题,国外学者的意见极为分歧。他们对待杜能有两种极端的态度,一种是贬低杜能,无视杜能及其著作的历史存在,在经济思想史中不给他以任何地位;另一种是过分地抬高杜能,甚至宣称在经济理论上杜能超越了李嘉图。资产阶级经济学家多数采取前一态度,少数采取后一态度。但是在这些少数人当中有马歇尔、熊彼特这样一些很有影响的人物。例如,自称为斯密、李嘉图的后继者的马歇尔说,他"爱戴"杜能"超过自己所有其他大师"(《马歇尔回忆录》,剑桥 1925 年版,第 360 页)。熊彼特认为,只是由于政策主张的关系,李嘉图的影响才超过杜能。"如果我们完全按照纯粹理论能力的总和来评价他们,那么,我认为,杜能应置于李嘉图之上,或者说,应置于这个时期的任何经济学家之上。"(《经济分析史》,牛津 1954 年版,第 465 页)资产阶级经济学家的这些偏颇的观点,绝不可能对杜能作出正确的评价。

马克思研究了杜能的《孤立国》,对杜能作出了公正的评论。一方面,马克思把杜能同德国庸俗经济学家区分开来,指出:"我向来认为杜能在德国经济学家当中几乎是一个例外,因为独立的、客观的研究者在他们中间十分少见。"(《马克思恩格斯〈资本论〉书信集》,第 338 页)另一方面,马克思又明确表示自己和杜能之间"存在重大分歧"(《马克思恩格斯〈资本论〉书信集》,第 338 页)。

杜能是德国早期资产阶级经济学家的重要人物,在经济思想史上占有一定的地位。他的经济思想比较复杂，既有某些比较科学的因素，又有大量的庸俗的东西。在他关于研究方法、生产布局、地租等问题的论述中，有一些内容确实丰富了资产阶级的经济科学。然而，他的最后生产力分配论却为庸俗的“边际生产力论”开了先河。可以说，杜能的左脚还停留在古典理论的世界里，而他的右脚却已经迈入了新的庸俗理论的世界之中。

* * *

本书第一卷、第二卷导言、第一至十五节系吴衡康所译，谢钟准校；第二卷第十六节至二十三节及附录一、二系谢钟准译，吴衡康校。

第 一 卷

关于谷物价格、土地肥力和征税对农业影响的研究

目　次

（第一卷）

关于杜能

约翰·海因里希·冯·杜能于1783年6月24日生于奥尔登堡耶弗兰他父亲的卡纳林豪森田庄，是弗里斯兰自由地主家族的后裔，他的身上体现着高尚的德心和独立的意志。杜能早年丧父，他父亲当时以数学和机械学著称，本来可以是杜能的良师益友。杜能的外祖父是法兰肯迁来的书商，任耶弗市参议，杜能的母亲容德兼备，能干而有教养，对子女的教育完全独立自理，直至1789年改嫁。杜能幼年就好深思，严肃认真，他母亲对他影响必定很深。杜能在中年回忆童年时说：是我母亲的泪水培育了我。

母亲改嫁，新居在耶德河畔的一个小埠霍克齐尔，杜能随之移居。他智慧过人而体质较弱，最初入当地的小学，十四岁起在耶弗的当时称作"高级学校"就读。继父冯·布特尔是个商人，喜好数学，这对杜能的影响很深，后来在杜能学术著作中起了颇为重要的作用。然而不久杜能须接管父亲的田产，这也正符合他的志向，所以1799年起就埋头学习农业，最初在耶弗某贵族的格里茨豪森田庄见习，他力求掌握必要的技术知识。后来又求学于汉堡附近大弗洛特贝克农业学院——院长施陶丁格尔——并且与熟知当时颇负盛名的英国农业的预算专家福格特交往很密，学业进步很快，但他并不自满。遇到任何实际问题，他都用理论加以贯通，这种精神使他勤奋求知永不满足。关于那时的求学情况，杜能二十岁时向他的兄弟抱怨说，学校布置的作业太多，学术研究则太少，颇为遗憾。直到 1803 年杜能在策勒遇到伟大的农业理论家阿尔布雷希特·特尔，他的求知欲才得到满足。除了亚当·斯密之外，特尔是杜能毕生敬崇的老师。

同年秋天，杜能入戈丁根大学，他本想完成理论上的深造，但仅过了短短的一年他便中止学业。1804 年秋杜能为实地见习而去梅克伦堡，这次旅行使他生活发生了一次意外的转折。杜能爱上了他同学的妹妹海伦·柏林，订婚以后因急于成家，最后决意提前离开大学，他变卖了父亲的瓦森斯田庄，随后移居梅克伦堡经营农庄。然而时间的进程表明，他的经营并不顺利。因此直到 1806 年 1 月 14 日才完婚。由于时局不稳定，杜能只在安克拉姆附近租了鲁布科田庄做试验，经仔细检查发现，庄稼种植得并不好，收获量也低。加上战祸、驻军、赋税、疾疫相继而来。这位年轻的农庄主尽管竭尽全力，仍未能克服重重困难。1808 年 6 月，他终于放弃田庄，后来他觉得这是件额手称庆的事。

杜能即使处于这种困难境地，仍继续从事他的学术研究，这证明他内心对学术研究的需要。特尔主张英国的轮栽作物制，杜能对此持适度的批判态度。他要进行彻底的分析，但还缺乏资料和从容的时间。杜能犹豫很久，终于决定购置特洛田庄，从而结束了他的不定的生活。1810 年他携带眷属在那里定居。他在那里过了十年隐居生活，将他的田庄治理成为当时最著名的模范。他将空闲时间用于研究记载极为详细和精确的账务。这成了他后来进行深远理论探讨的厚实基础。杜能在致他兄弟的信中说，“我亲理特洛田庄的会计，范围很广，凡是我能登记的及合乎我计算目的的，我都记载入册，如工作量、谷物量和钱币的计算必须既详细又精确，这一切几乎全由我一人承担，否则我担心整个会计失去系统，影响内部的可靠性。”唯有极高的学术热情才能胜任这种兴味索然的工作。

大约在1820年末杜能的目的才达到。他发表了一些篇幅较短的关于这一时期农业问题的专门论著，这些文章是他主要著作的先导。他研究和深思的结果，经过了许多年才敢公布于众。《孤立国》的萌芽可以追溯到很远的过去。著者后来自述说：“在青年时代，当我在汉堡附近弗洛特贝克施陶丁格尔先生的学院中学习农业时，关于孤立国已有最初的雏形。”1803年杜能在论述大弗洛特贝克村农业的文章中已最初暗示过这一点，以后著作的结构越来越完整。现在，这部著作如此精美，杜能自然也爱不释手了。确实他并不爱慕虚荣，不想以名作家炫耀自己。他担心著作发表后会受到敌意的攻击，他不愿作令人厌恶的无休止的论战。像李嘉图一样，杜能用明晰的洞察力只是为了写作，而他的朋友们几乎强行从他手中夺过书稿送去出版。汉堡书商佩特斯接受了书稿。全书稿酬为78塔勒，必须在出售四百本以后才能付款。这些就是书商给著者的这部不朽作的稿酬！它反映了时代的面貌。

1826年，该书第一卷题为《孤立国同农业和国民经济的关系》问世，副题为“关于谷物价格、土地肥力和征税对农业影响的研究”。《孤立国》出版影响深远，1830年罗斯托克大学哲学系一致通过以名誉博士授予杜能。再版有所增订，1842年与读者见面。然而，著者自己认为暂时只完成了使命的一半。1826年杜能写下了《重要内容的梦想：论工人的命运》(*Ein Traum ernsten Inhalt-*

es:*Über das Los der Arbeiter*),从中我们看到了这位孤寂的思想家对普世的爱。杜能对工人问题的研究至少大致已经完成。1850年发表了《孤立国》第二卷,副题为“论合乎自然的工资及其与利率和地租的关系”,在这一卷中杜能写下了最重要的研究成果。

以后,杜能有生之日不多了。早在1848年,他就因年迈体衰没有出席法兰克福国民会议。杜能记述说,“我一生由于健康原因而没有出席许多会议,唯独这次最感内疚。”1850年9月22日脑溢血夺走了他的与世无争的生命。杜能死于特洛。生前他对家事作过悉心的安排,包括他的学术遗著在内。遗著后来编入《孤立国》第二卷第二节及第三卷*,后者于1863年出版。杜能的信件也许较为重要,1868年舒马赫—察希林编写杜能传记时将这些信件一并发表。幸而得到这些信件的补充,我们在研究杜能的著作时才能获得全貌。

杜能的墓碑上刻有一个数学式$\sqrt{ap}$,他认为这是符合自然的或者说这是自然工资的表式。杜能自己说:“符合自然的工资就是工人的需要及其劳动产品之间的中间比例数,只要将工人的不可或缺的需要(用谷物或货币表述)乘以工人劳动产品(以同样尺度计算),再将乘积开方即得。”今天谁都明白,这种原理对实际毫无用处,杜能在世时也知道这一点。即使在孤立国中,在杜能所设的先决条件下,这一工资数学式也是不正确的,后来从各个方面看,以及用各种观点衡量,最终证明它是错误的。杜能好用代数式表

* 本书据以翻译的1921年耶拿古斯塔夫·菲舍出版社出版的本子,仅有第一、第二两卷,第三卷系杜能逝世以后他人所编,本版未收入。——译者

述，又迷信数学在经济中应用的功能，上述数学式就是他积习的表现。

尽管如此，格林贝格教授仍适当地强调指出，杜能在经济学史上，特别在德国，是最为重要的人物之一。在杜能之前，德国对在英法土地上成长起来的经济学说曾持全盘接受的态度。到杜能时发生了转折。当然杜能思想上并没有摆脱亚当·斯密的束缚，在经济学方面杜能是把斯密看作师表的。但是杜能的写作没有单纯重复或更精确地阐述外国人的思想。他不是一个“小气的编辑匠”。他的一系列独到的见解充实了我们的知识，他的著作以其自有的方式为经济学今后专门的研究树立了榜样。

杜能于 1820 年除夕夜致他的兄弟信中写道：“今天我的一生将告一个重要而愉快的段落。因为我费时十年，历尽艰辛，今天完成了一部著作。十五年前，最初我在探索关于植物吸水和吸收养分的规律时，颇为兴奋，我觉得这种思想极为重要，值得我毕生为之奋斗。当时我踌躇满志，我富于幻想，不断推论，且总有新的发现。但不久产生了烦恼，我发现，凡是在这样情况下的创作，最后结果总与实际不相一致，如果我想拿出一些真正有用的和实际需要的东西，我必须以经验作为研究的基础。当我认识到这一点以后，我就为自己作出严格规定，停止好高骛远的追求，竭尽全力以探索实际。”

自从杜能抱这种观点以后，他就确认任何理论观察必须以经验内容为坚定不移的出发点。但是，求知欲迫使他超越经验的范围。杜能以充分的理由责备亚当·斯密，认为他在一些重要问题上只描写状况，而不解释原因。杜能不允许自己到此止步，他“探求理性，以此作为自己的目的，而不是存在”。杜能当时还不知道李嘉图，最初开卷写作时应用他那娴熟的抽象孤立的方法，杜能称之为“观念的一种形式”，这在他“全部著作中是极为重要的东西”，他应用得非常广泛。

这种观念形式就是“孤立国”，亦即是一种可以“用其观察经济力的器械”，正如“用以观察物理力的空间”一样，是一种“形象的叙述，便于综览和开阔视界”，也是“理论所立的一面镜子，在这面镜子中可以无偏见地看到种种杂乱无章、错综复杂的现象的线条”。所以孤立国是一种“辅助结构，一种精神的运用方法，类似我们在物理学和农业中所运用的种种试验方法，亦即是我们在那里只求从数量上提高探索的能力，令其他一切因素都不变化”。杜能这样研究就不必放弃实际的牢固基础。确切地说，形成孤立国的原理，在实际中也存在；但是这里所述的现象，是以改变了的形式表述出来，因为同时还有许多其他关系和情况在起作用。杜能说：“几何学家在考虑‘点’时是不计面积的，考虑‘线’时是不计宽度的。两者在实际中是找不到的，同样，我们在考虑一种主导力量时可以排除一切枝节和偶然因素，唯有如此我们才能认识主导力量在我们所见现象中占多少比重。”

然而，我们不禁要问，为了精确地断定各种经济因素及其作用之间的关系，为了科学的探讨，如果我们将“主导力量”孤立起来，“排除一切枝节和偶然因素”，这样可行吗？杜能有自己的一套方法，据说“能广泛应用”，但并没有宣称为独一无二的正确的方法。然而在应用上有一个不易办到的条件，如何正确区别主次；此外，通过孤立处理各种因素而得的结果，又如何同复杂的实际重新相结合。杜能自己研究的结果恰好告诉我们他的方法的效用范围。杜能用此方法研究谷物的价格、土地的肥力和征税对农作的影响，获得了不朽的真理；特别是根据李嘉图的地租理论校正了亚当·斯密错误的地租理论，然而他又与李嘉图不同，以为地租起源于主要不是土地的肥瘠不等，而是土地位置的远近。杜能的方法简直已经否定了他热衷追求的关于自然工资的抽象推论，而他还自信他的这一部分学说最具有理论和实际的价值。

这位务农的隐士早在十九世纪二十年代中期就已远见到，现代社会如果根据科学研究使用和平调解的方法，仍不能回答下面的问题，“工人在自己的产品中所占的符合自然的部分应该是多少?”那么它将遇到可怕的危险。杜能于1842年写道：“人类的发展进步是经过无数倒退以后才成为事实的，而且是数代人付出流血和痛苦的代价才换得的，当然这一点并不是世界精神或天意规定的。处身于优越地位的人，如果能认识真理和公道，克制利己主义，自愿放弃不正当的占有，那么导致人类发展和掌握更好的命运的办法就在其中了。”

杜能认为，社会问题的核心，亦即是如何缓和经济上的阶级矛盾，如何排除每个工业企业家(例如工厂主、承租人甚至经理)的报酬和手工业工人的工资的不相称，归根结底是个教育问题，这个问题从教育角度看“唯有改造国民心”方可解决。杜能问道：“如果国民心得到改造，工人获得像中等阶级那样不贫困的生活，他们把对子女进行精神教育认为必要的事，如果这种必要条件没有保证就不结婚成家，那么结果将会怎样呢?”杜能回答说：“待业的工人将会减少，工资将会提高，这是首先直接的效果。”如果人们愿意：工人为了给予子女以良好的教育而在未来作出牺牲，实行晚婚，那么必须在目前年青一代中唤起对精神发展的需要。但是，这一点唯有通过较好的学校教育才能达到。因为目前的工人既无意志，又付不起接受良好教育的费用，教育设施不得不依仗国家出资才能建立和维持。

杜能继续说："如果上述之点已经办到，工资已经提高，工人所受学校教育可与工业企业家比美，那么阶级间的阻隔就不再存在，企业家的垄断地位也就消失；而且习惯于较少需要的工人子弟起而与企业家竞争，那么工业利润就将减少。工业企业家（包括经理和助手等）中低能的部分，为竞争所迫，沦为工人阶级，才能优异的人将放弃他所从事的只提供微薄报酬的职业，改治学业，去当国家官员，因此在这一专业中出现了激烈的竞争，这将降低国家官员的报酬，节约了国家行政费用。"

杜能认为，社会在这种情况下，只有少数非常富裕的人能不劳而生；手工劳动报酬很高，手工业工人、工业企业家和国家官员的报酬远较目前的差别要小。现在一部分人在体力上几乎疲于奔命，生活几乎没有乐趣；而另一部分人则认为劳动可耻，荒弃使用体力，因而健康受到损害，精神并不爽快。所以大多数职业等级应该把时间用于精神劳动和适度的体力劳动，这样人们重又回到符合自然的状态，不负训练能力和才智的使命。如果人们最终认识到，智育训练得到普及，那么在工业和农业中能作出发现和发明的人就越多，这类发现和发明将使人们劳动的效率提高，生产增长；如果人们最终认识到，精神文化越发达，体力辛劳就越减少，那么就可以得出结论，数千年之后人类社会将能达到天堂乐土，那时人人将不会游手好闲，都将适度地从事精神和体力以及有益于身心的活动，以终天年。

杜能于 1826 年所设计的关于人类社会新秩序的“梦境”，也许比杜能的前辈和后人的“梦境”更接近实际。二十五年以后杜能说，梦境中关于人类未来的见解尽管让人很称心，因为它使命运同我们协调，并且在历史的进程中将让我们看到对人类颇为好感的天意，但是在它的实现的可能未经证实之前，这种梦境只不过是乌托邦。因此，唯有从人类组织中发展必然的东西，才能实现这种梦境。

1850 年杜能大声疾呼说，“我们虽然抱着提高工资、改善工人教育的虔诚愿望，如果不能证明，这两者合乎人类天性，又是力量所能办到的，那么这又有什么用呢？难道我们没有看到，工资有了增长，工厂即行停业；工资有了提高，整片较贫瘠的土地即停止耕种，遭到荒弃，那么工人的命运岂不比现在更糟吗？”唯有较深入地研究才会使我们明了起源于人类天性的规律的科学，才能解决这些难题；如果我们愿意认识与人类命运深切有关的对象，即使前进的道路颇为荒凉而且荆棘丛生，我们也应当献身于这种科学的研究。

杜能已先于我们在这条荆棘丛生的道路上前进了。杜能与李斯特和洛贝尔图斯三位研究者另属一派，虽然他们处于学院生活之外，因而不依附于任何一派，但他们是德国社会经济学新发展的开路先锋。杜能更是一位有深思远虑的思想家。认识的实际目的，他并不切切在心，像他同时代人李嘉图一样，认识本身却是他热衷的需要。杜能具有两种研究科学的天赋，一种是精细的观察能力，另一种是合理的思维能力，如此完美地集中于他一身，真是难能可贵。洛贝尔图斯强调指出，杜能把“最精确的方法同最热爱人的心相结合”，产生了他的著作，他的著作是天才的不朽的作品。所以罗雪尔在谈到杜能的著作时说得好：“如果我们的学术一旦衰败，不能振作，那么杜能的著作将属于有可能复兴之列。”

海因里希·文蒂希

（哈雷大学教授博士）

再版前言

本书[*]初版于1826年，脱销已经七年。

这次再版，书中论地租、农作均衡学、家畜和菜籽种植各章作了重大增补。全书也作了仔细校阅，个别之点作了更明确的阐述，凡是后来的长期经验校正了我错误判断的地方，我都作了修正。

我的精力主要是放在：详细讨论和阐述部分是由于我的过错、部分不是我的过错而引起读者误解之点。我希望本书通过再版大大便于读者理解。

与本书讨论对象有关的资料颇为丰富，可以另成第二卷，所以我把已经出版的著作的第二版，称为第一卷。

在第二卷中是另设不同的前提条件对孤立国加以考察，以求了解和研究不同于这里讨论的力量的作用。此外，我想在第二卷中叙述土地的耕作费用和纯收益的计算(这些原是本书的根本问题)，扩大关于林业经济的研究，增添关于中距离计算和公路建设等篇。

第二卷中所包括的各篇，可以与第一篇分开独立成卷，而我对于全书能否完成，尚无把握，所以第二卷也许以单行本形式出版，不与第一卷合订成册。

---

* 指第一卷。——译者

我恳请那些愿意不惜时间和精力研究本书的读者，不要对本书一开始所设的、离开现实的那些前提条件产生恐惧心理，不要把它们看作是任意的、无目的性的条件。这些前提条件对于说明和了解某种力量的影响实是不可或缺的，这种力量我们在现实中只能获得模模糊糊的印象，因为它总是处在与其他同时发生作用的力量的冲突之中。

我利用这种观念形式在一生中探明了许许多多问题，我觉得这种形式可以非常广泛地使用，所以我把这种观念形式认为是本书最重要之点。

J. H. v. 杜能

1842 年 3 月于特洛

第一章 孤立国的形成

第一节 假设条件

今假设有一个巨大的城市，坐落在沃野平原的中央，那里没有可以通航的自然水流和人工运河。这一平原的土地肥力完全均等，各处都适宜于耕作。离城市最远的平原四周，是未经开垦的荒野。那里与外界完全隔绝，我把它称作孤立国。

这一平原除一个大城市外，没有别的市镇，亦即是，这个城市必须供应全境一切人工产品，而城市的食品则完全仰给于四周的土地。

供应整个国家所需的金属和食盐的矿山和盐场，假设就在中央城市附近。我们所写的这个城市是唯一的一个城市，后文中我们直接称它为城市。

第二节 任务

于是产生下列问题：在这种情况下，田间耕作的情况将会怎样，如果最彻底地经营农作，那么离城的远近将对农作产生什么影响？

一般地说，近郊应该种植这样的产品：相对于其价值来说是笨重而体积大的东西，往城市运输费用很大，从远地供应这些产品不合算；再则就是易于腐烂、必须新鲜消费的产品，这是很清楚的事。离城远的地方总是逐渐地从事生产那样的产品：相对于其价值来说，只要求较小的运输费用的东西。

由于这一原因，城市四周将形成一些界限相当分明的同心圈，每个同心圈内有各自的主要产品。

如果改种别的作物，并把它看作主要目的，那么农作的全部形式就将随之改变，因此我们在不同的圈界内，将看到完全不同的农作制度。

第三节　第一圈境　自由农作

较精美的园圃菜蔬和果品，部分因经不起长途车运，如菜花、草莓、生菜等类，只能肩挑进城，部分只能在极新鲜时小批量发售，所以只能在城市附近生产。

所以园圃设在离城市最近的地方。

除了较精美的园圃菜蔬和果品之外，鲜奶也是城市必需品之一，鲜奶的生产必须在这第一圈境中进行，因为运送牛奶不仅困难，费用昂贵，而且牛奶容易败坏，特别在炎热的天气，经几个小时就不能食用了，所以不能从远地往城里输送。

牛奶的价格必定上升到如此之高，以致用于生产牛奶的土地，如果用于生产别的东西，其产品的价格不能高于牛奶的价格。在这一圈境内，由于地租很高，所以在这里很少计较多用劳力。这里面临的任务是，以最小的面积生产最大量的饲料。所以人们就尽可能多种苜蓿，奶牛则在厩内饲养，因为很明显用这种方法饲养，苜蓿可以及时收割，同样大小的面积比放牧可以多养牲畜，放牧中幼草常遭践踏和撕断，不能成长。如果考虑到干净，宁愿放牧，那么牧场可以小些，牲畜大部分可以用收割下来的新鲜苜蓿和残弃的番薯、白菜、萝卜等来饲养。

这一圈境内的特点是，肥料的极大部分可以购自城市，不像较远的地段，肥料必须由自己的田庄生产。

这一点是本圈境的一种优越条件，是远处所不具备的，它能使本圈境的产品完全出售，而其他圈境内为保持土地的肥力，必须将产品留作自用。

本圈境除出售牛奶外，还以出售干草和麦秸为主要目的。因为较远地段在这一点上无法与它竞争，所以这类产品的价格必定上升到如此之高，以至于土地最大限度被利用来生产干草和麦秸。谷物的生产却成了次要的事情，因为远处地租和工资较低，可以廉价生产谷物。如果不是为了获得麦秸，谷物的种植将没有必要，人们将完全放弃种植谷物，他们密播种子，牺牲一部分谷物的收获，以求收割更多的麦秸。

除了牛奶、干草和麦秸之外，本圈境还必须供应城市凡从远地运输费用太贵的一切产品，例如番薯、白菜、萝卜、新鲜苜蓿等类。

不宜出售的小块番薯，以及残弃的白菜、萝卜等等，都可充作奶牛的饲料，这些东西在这里利用率最高。

这一地段没有休耕荒芜的土地，原因有二：第一，因为地租太贵，不允许有一块大面积的土地不加利用；第二，购买肥料没有限制，土地虽然不休耕养息，仍不影响地力，种植作物的收获量总能近于最大限度。

作物的种植将轮流交替进行，以求种植每种作物在土地上获利相等；但是人们决不会单纯为了轮作而种植从本地看比价不利的作物。这种情况也就是所谓自由农作，自由农作就是作物的更换种植不按预定的计划进行。

第一圈境内各地，向城市购买肥料，离城最近的地方最为便利。距离越远，就越不便利，因为不仅运送肥料，而且运送农产品也因此而费用递增。离城越远，直到某一地点，那里向城里购买肥料，是否还有利可图，产生了怀疑。及至更远，那里自己生产肥料，显然比购买有利。那里就是第一圈境的尽端，第二圈境的开始。

第四节　规定孤立国各地谷物价格的原理

我们在考察第二圈境及其余圈境的农业经济之前，必须先试着确定，谷物产地离城距离不一，其价格应如何变动。

我们曾假定：

1. 中央城是谷物的唯一市场；

2. 孤立国内没有通航的水道，谷物必须车运进城。

在这种情况下，城市谷物的价格就是孤立国的标准。但是农村谷物的价格可以不像城市市场价格那么高，因为城市的价格包括运费在内，运费多少，农村的价格就比城市的价格低廉多少。

如果用数字来说明谷物价值相差的情况，那么有必要借用现实生活中某一地点作例子，并将它引用到孤立国之中。

例如，特洛田庄距罗斯托克市场 5 英里，运送一车谷物进城，按 5 年平均计算，每车谷物运往城市，运费为 3.6 罗斯托克斗黑麦和 1.52 枚“2/3 新币”*；折合柏林斗为 2.57 斗，折合金币(5 枚合 1 金路易)则为 1.63 金塔勒。①

用四匹马拉的货车，通常载重量为 2,400 磅。四匹马两天的所耗的草料约为 150 磅，也须随车携带。所以一车的载谷能力为 2,400 磅－150 磅＝2,250 磅，等于 37.5 罗斯托克斗或 26.78 柏林斗。**

假定。孤立国的中央城市黑麦的平均价格，柏林斗 1 斗为1.5 塔勒，谷物的运费即为我们实际生活中从特洛田庄运至罗斯托克的费用。

现在我们提问，在这样的前提条件下，孤立国内离城 5 英里的田庄，谷物价格应该是多少？

一车黑麦 26.78 柏林斗，每斗市价为 1.5 塔勒，共计 1.5×26.78＝40.17 塔勒。运费为 1.63 塔勒和 2.57 斗黑麦。从上数中扣除运费，则收入为 38.54 塔勒再减去 2.57 斗黑麦。或者说，运往城里的黑麦 26.78 斗，运费为 2.57 斗，总共为 29.35 斗，货币收入为 38.54 塔勒。因此 1 斗值 1.313 塔勒。

假定田庄离城 10 英里，车运往返需 4 天。

随车携带饲料为300磅，那么谷物载量为2,400－300＝

*　“2/3 新币”系货币名称。——译者

①　罗斯托克 1 斗折合柏林 5/7 斗；14 枚“2/3 新币”在本书中都作 15 枚金塔勒计算。本书下文所称塔勒或斗，如果未作其他说明，均为金塔勒和柏林斗。

**　罗斯托克 1 斗＝60 磅，柏林 1 斗＝84 磅。——译者

2,100磅。

运费为2.57×2=5.14斗黑麦,加上1.63×2=3.26塔勒。

按上述方法计算,离城10英里的田庄1斗黑麦的价值为1.136塔勒。

离城更远的田庄的谷物价格也可使用这一方法计算,兹列表如下:

柏林斗1,000斗黑麦的价值	塔勒
在城市里	1,500
离城5英里的田庄	1,313
离城10英里	1,136
离城15英里的田庄	968
离城20英里的田庄	809
离城25英里的田庄	656
离城30英里的田庄	512
离城35英里的田庄	374
离城40英里的田庄	242
离城45英里的田庄	116
离城49.95英里的田庄	0

在这种情况下,从50英里处运输谷物,就不可能了,因为车上装载的谷物或它的价值在往来的途中将被马匹和车夫消耗殆尽。

所以,离城50英里处种植谷物,即使完全不花费用,也必定无人耕种;由于生产谷物无论何地都需要劳力和费用,因此土地耕作的纯收益早在离城50英里之前就已不再存在,随着纯收益的终止,土地耕作也就停止。

在计算长距离运输的费用时，假定马匹往返所需的饲料由马车携带，这显然是不合算的，因为不如多载谷物，饲料可以在归途购买，较为便宜。

然而途中购买饲料，所付的价格并不真正等于当地出售的价格，还需支付店主或中介人所得的交易的好处。但是这种商业利润不能等于长途自载饲料。

长距离运输需注意下列一点：

上述运费是按离城 5 英里距离实际所需计算的。农庄所养马匹，夏季用以整地，冬季用以运送谷物，不必专门饲养马匹。运送谷物的入账费用，即增加马匹劳动直接产生的那些费用，例如打马掌、车辆折旧、增加饲料等等。但马匹作为资本值的利息，冬季本应消耗的饲料不应计算在内。

然而远距离运送谷物需另备车具马匹，由此增加的运输费用以斗黑麦表示，颇为可观。

这一增加了的费用大约与中途购买饲料所能节约的好处相等；至少可以减少两者计算上的错误，我做过多次试验，用别的方式计算运输费用，觉得上述方法最为确当，有优越性。

往下讨论，我们往往觉得，我们必须会计算上表所列各地黑麦的价值。所以我们必须有一个普遍的计算公式，在深入讨论之前，须先解决下列这个问题。

离市场 x 英里的田庄黑麦的价值应为多少？

车子载重为 2,400 磅，以每斗黑麦折合 84 磅计算，或者说载重 2,400/84 斗。但是载重内应扣除携带的马匹饲料，每 5 英里为

150 磅，亦即是每 x 英里等于 $30x$ 磅。

运往城里的重量仅仅是 2,400 磅$-30x$ 磅，或者说$\frac{2,400-30x}{84}$斗黑麦；收入以每斗 1.5 塔勒计算，$\frac{2,400-30x}{84}\times 1.5=\frac{3,600-45x}{84}$塔勒。

运费每 5 英里为 2.57 斗黑麦和 1.63 塔勒；每英里的运费为(2.57x 斗$+$1.63 塔勒)/5

收入$\frac{3,600-45x}{84}$塔勒中必须减去运费$\frac{2.57x\text{ 斗}+1.63\text{ 塔勒}}{5}$得数为$\frac{3,600-45x\text{ 塔勒}}{84}-\frac{1.63x\text{ 塔勒}}{5}-\frac{2.57x\text{ 斗}}{5}$，或$\frac{18,000-361.92x\text{ 塔勒}}{420}-\frac{2.57x\text{ 斗}}{5}$。

这是运送进城一车$\frac{2,400-30x}{84}$斗黑麦的收入；$\frac{2,400-30x}{84}$斗黑麦的价值$=\frac{18,000-361.92x}{420}$塔勒$-\frac{2.57}{5}$斗黑麦，或$\frac{2,400-30x}{84}$斗黑麦$+\frac{2.57}{5}$斗黑麦$=\frac{18,000-361.92x}{420}$塔勒，所以$\frac{12,000+65.88x}{420}$斗黑麦$=\frac{18,000-361.92x}{420}$塔勒，或 $12,000+65.88x$ 斗黑麦$=18,000-361.92x$ 塔勒。

于是得出黑麦每斗的价值为$\frac{18,000-361.92x}{12,000+65.88x}$塔勒。

这一公式，仅有极微小的出入，可以简化为$\frac{273-5.5x}{182+x}$塔勒。

车辆满载 2,400 磅运至城市的费用计算

车辆如需满载货物或产品进城，那么必须另备载运马匹所需饲料的车辆。

离城 5 英里，一车可载 2,250 磅谷物或货物，150 磅饲料。现在有 15 车每车满载 2,400 磅物品进城，就需另备一车载运马匹的饲料。

16 辆马车的运输费用为 16×(2.57 斗黑麦＋1.63 塔勒)，但仅有 15 车货物运抵城市，每车的运费为$\frac{16}{15}$(2.57 斗黑麦＋1.63 塔勒)。

离城 10 英里，每车本应携带饲料 300 磅，载货仅为 2,100 磅。亦即是，满载的车 7 辆就需载运饲料的车 1 辆，每辆车满载进城的运费为$\frac{8}{7}$(2.57 斗黑麦＋1.63 塔勒)。

离城 x 英里，每车携带饲料为 $30x$ 磅，每车载货为 2,400 磅－$30x$ 磅。现在假设有若干车辆满载谷物进城，那么每辆车所需的 $30x$ 磅饲料必须由另外的车辆携带。亦即是一辆车可以为其他$\frac{2,400-30x}{30x}$车携带饲料，或者说每$\frac{2,400-30x}{30x}$辆满载的车需要一辆载运饲料的车。

现在有$\frac{2,400-30x}{30x}+1$ 辆$=\frac{2,400}{30x}$进城，每车的费用为

$$\frac{2.57x\text{ 斗黑麦}+1.63x\text{ 塔勒}}{5},$$

$$总费用为\frac{2,400}{30x}\frac{(2.57x\text{ 斗黑麦}+1.63x\text{ 塔勒})}{5},$$

而满载进城的车仅为$\frac{2,400-30x}{30x}$辆。

亦即是，每辆货车的运费为$\left(\frac{2.57x\text{ 斗黑麦}+1.63x\text{ 塔勒}}{5}\right)\times\frac{2,400}{2,400-30x}=(2.57x\text{ 斗黑麦}+1.63x\text{ 塔勒})\frac{16}{80-x}=\frac{41x\text{ 斗黑麦}+26x\text{ 塔勒}}{80-x}$。现在离城 x 英里处一斗黑麦的价格$=\frac{273-5.5x}{182+x}$。

如果我们用上述公式计算黑麦的价格，算式如下：

$$\frac{11,193x-225x^2}{(182+x)(80-x)}+\frac{26x}{80-x}=\frac{15,925x-199.5x^2}{(182+x)(80-x)}。$$

这一式子除无足轻重的差异外与下列式子相同：$\frac{199.5x}{182+x}$。

下文计算每车满载 2,400 磅的运费时，我均用$\frac{199.5x}{182+x}$塔勒这一式子。

离城（英里）	每车满载的运费（塔勒）
$x=1$	1.09
$x=5$	5.33
$x=10$	10.4
$x=20$	19.8
$x=30$	28.2

第五节(一)　地租的概念

田庄的收入与土地的收益不同,我们必须仔细加以区别。

田庄上总有房屋建筑、垣篱、树木等等有价值的东西,这些东西可与土地分开对待。这就是说,田庄提供的收入并不完全来自土地,部分是投资于上述有价值的东西所生的利息。

在田庄收入项下,扣除房屋、树木、垣篱等一切可与土地分开的东西的价值所生的利息,剩余之数属于土地本身,我称它为地租。

有一田庄,庄上全部房屋、树木、垣篱都遭焚毁,凡想购置这一田庄的人,在估值时总首先考虑,田庄建设完备之后,这块土地的纯收益是多少,然后扣除建造房屋等投资的利息,根据剩余之数确定买价。

这个例子说明在实际生活中有些事是非常简单的,然而在学术观点上却会遇到许多困难,并导致概念的混乱。

亚当·斯密认为——他在这方面的观点至新近已为大多数政治经济学家所信奉——,从田地产品中,或者说从这些产品的货币总值中,减去租地者支付工人的工资和经营费用以及投资的一般利润之后,剩余之数即为“地租”。

由此,以及从亚当·斯密关于“地租”的用词中可见,斯密把田庄主从出租的田庄中所得的收入称之为“地租”。

这项租金,我在下文称之为“田庄租金”,如上所述,包括地租和房屋等价值的利息。

在这种情况下，在田庄的投资量和地租之间是没有一定的比例，两者之间的比例宁可说是根据产品的不同价格，土地的不同性质而定。这就是说，亚当·斯密的地租(实质是田庄租金)绝不是原来意义的地租的标准。人们把商品的价格分解为三部分：工资、资本利润和地租，而地租本身，按亚当·斯密的观点，又包括不定量的资本利润，这样，概念的明彻性和规定性就消失了。

如果有人想以此说明，在工资和地租不变的情况下资本利润的变化将对商品价格产生怎样的影响，那么包括在地租(田庄租金)中的资本利润的部分被忽略了。如果有人想从另一方面来叙述，假定工资和资本利润不变，地租上升将怎样影响商品的价格，那么在地租上升的同时，也提高了包含在地租中的资本的利润部分，而这一部分在假定中是不变的，因此，从这两个例子中都得不出正确的结果。

亚当·斯密的地租观点是由下列观察得来的：

投入田庄房屋的资本不能再撤回投于其他工业。因此资本仿佛与土地融成一体，唯有耕种土地，才能获得利息。现在假定，由于农产品价格下降，田庄租金很低，还少于投于房屋的资本的利息，这样地租不仅消失，而且甚至变负数。但是这不会妨碍田庄主继续经营耕作，否则他的投资的一切收入将全部丧失。假定田庄的租金不变，而一般利率上升，那么地租减少之数恰好等于投资得益的增加。这就是说，地租和投资得益存在着互相影响的关系。而且地租即使成了负数，由于农作仍可继续进行，所以人们仿佛觉得将田庄租金分成地租和投资得益是不容许的，又是无益的，因为田庄租金(亚当·斯密称地租)是自然的调节器。

上述的观察如果仅限于个别事例和短暂时间内，那当然是这种情况。然而放眼看普遍情况以及最终的结果，则情况并不如此。

我们设想，有人通过勤劳和节俭集得新资本，而在现有工业中按一般利率找不到使用场所，资本占有者于是决定，垦殖迄今无价值的荒地，在荒地上兴建房屋，资本占有者在其投资中恰好获得当地通常的利润。我们现在撇开垦殖费用不谈——不同时考察两个相互完全独立的投资，可以免考察发生混乱——在这样的情况下，全部田庄的租金就是资本利润，而地租本身等于零。

现在假定，利率由4％升到5％而田庄收入不变，那么地租则成负数，因为投于房屋的资本不再变化，农作可以继续进行。

但是，假定房屋遭受火灾，毁于一炬，那就筹集不到予以复兴的新资本，土地重又荒弃。

火灾可以顷刻焚毁田庄；岁久失修也可以摧毁建筑物，不过时间要久得多。如果房屋由于历年太久一旦不能使用或倒塌，那么在上述条件下也无法重建，土地仍将荒弃。

现在假定一百年间，一百所这样的田庄相继建立，又假定这类田庄上的建筑可以经历一百年，这样，每年将有一所田庄遭到废弃，一百年以后全部经营重又消失殆尽。

所以，关于土地是否能持续垦殖并不决定于田庄租金的大小，而是决定于地租的多少。

亚当·斯密的地租观点，把投于建筑的资本的利息，看作土地的收益，因此他的学说体系出现不少谬误，现在举例于下：

1. 无论何处，土地一经垦种，就产生地租；

2. 农业劳动比工业劳动获益多，是更生产性的；

3. 农业中得自然界的协助，而制造业中则没有。

对这几点提出不同看法，简述如下：

1. 如果不扣除工场房屋价值的利息，那么工业也能提供租金。

2. 如果上述利息不作扣除，那么工人的劳动产品，在企业家扣除其辛劳报酬以及投于机器、库存等资本的一般利息之后，所余要比工人所消费的多许多；所以也可以说工人劳动是非常生产性的。

3. 如果没有自然力的协助，工业和农作一样都可能难以经营。

亚当·斯密是个伟大的思想家，我从他的研究国民财富的书中获得了教益的无尽源泉，它向读者开放了研究和创造的思想境界；这样一位伟人对于地租的本质却很模糊，而他对国民经济的其他许多事物则阐述得非常清楚。也许下列原因可予解释：

亚当·斯密的体系源起于重农学派体系。重农主义者的错误命题说："投于农作的劳动是唯一生产性的劳动。"亚当·斯密虽然缓和并校正了这一命题，然而他对农作的内在实质并不够清楚，因此不能用自己的观点来排除重农学派的谬误。

李嘉图在他的论政治经济学的著作中校正了亚当·斯密的地租观点，并提出了下列命题："地租是地主以他的土地所固有的和不可摧毁的力量供人使用而获得的金额。"我在写本书初卷时还没有看到李嘉图的这一著作。

根据这一定义，李嘉图也已把投于房屋的资本的利息与土地的收益分开来了。

萨伊对李嘉图著作作过评注，在他的评注和《政治经济学概论》一书中，他竭力坚持错误的地租理论，反对李嘉图的正确观点，读一读萨伊是如何反对的，这很有意思且富有启发。

像萨伊这样见解透彻的人还会产生这种观点，那么对每一个人说来就是一个警告，警告我们要小心谨慎地保持思想的独立自由。

为了理解与自己的谬误格格不入的真理，并能够接受真理，我们必须有抛弃成见的毅力。

信奉亚当·斯密地租概念的至今还不乏其人，如果将他的地租概念移用到我所称的地租概念上，必然会对本卷所讲的地租概念发生混乱，所以我曾相信，应当将两种对立的见解陈列出来，以免误解。

第五节(二)　谷物价格对地租的影响

现在我们来看著者本来已经开始研究之点。

著者受内在必然性所驱使，感到有必要清楚地了解谷物价格对农作的影响以及决定谷物价格的规律。

为了解决这一任务，必须由实际生活中作出关于农作和一切农务的费用的详尽计算。

著者经营特洛田庄，亲理会计，记载非常详细，著者认为可以用于上述目的。

特洛田庄的日记账对田庄的一切工作都有记载，年终将日记账汇成总账，账上对耕锄、收割需要多少人工，一工的工作量、车马的能力等等都有反映。

货币账、谷物账与人工账相结合，提供计算劳动力费用的数据，例如短工家属的生活费用、车马及耕锄的费用等等。

土地耕作和谷物收获所需的劳动量以及劳动费用构成作物的

生产费用;农作物的毛收益扣除生产费用,就是种植作物的纯剩余。

1810 至 1815 年的五年间,我在特洛田庄对各种谷物、制酪、牧羊等各种经营的纯收益作过计算,这种特殊计算得出的纯收益总数每年比较仅差 29.8 塔勒。

这一计算的结果是本书后面出现的各项计算和推论的根据。

由于我们是从某一田庄在某一时间内提供的经验出发的,我们今后研究的根本任务将是:

> 假定谷物的价格逐步下跌,特洛田庄的地租和经营方式必将发生怎样的变化。

这种研究完全不脱离实际,孤立国只是一种形象描写,是一种便于综览和扩大视野的一种形式,①我们不允许弃之不用,下文说明,这种形式的效果很显著的。

在孤立国中,田庄离城市越远,则谷物的价格越低。如果我们

① 我曾将手稿请一位朋友审阅,他在这里作了如下的评注:

“孤立国是理论所立的一面镜子,错综复杂的现象线条在镜中被理清了。”

“孤立国是一种形式,由此可以到达现象的中心焦点,我们通过思想的综合同时符合自然地建立起总体观念,因此,通过分析几乎可以阐明混杂在一起的各方面的问题。”

“我们所做的事,从根本上说,是力图将经验中的某一小小的定点,例如一个田庄,提高到科学的高度,亦即是使其具有普遍意义;因为实际上有机整体中的每个枝节也是以个别形态来表露自身的普遍特征的,再则,我们只能通过这类确定的根据证明普遍的规律,或者看清个别事物的本来面貌,这时我们才能说,现象世界及其规律我们已经清楚了。就这个见解来说,我们是有充分理由的,不得不这么办,因为市民社会和国家在因果方面是分离的,它们不是机器,而是真正的有机体,各环节可以为因,也可以为果,简而言之是互为因果的。”

“在相互作用的情况下,只要在整体中起作用的任何环节,为了能起作用,自身也必定包括全部联系,这是非常清楚的。根据联系的需要,洞察这类联系,是有头脑的农业经营者的任务,他们正因此而被迫去研究国民经济学。过去认为它对外界是迫切和必要的,现在则满意地认为它是内部发展的规律。”

为特洛田庄计算出，谷物持续跌价将如何影响经营的方式，那么我们就能证明，孤立国中任何一种谷物的价格是在离城多远的地方。我们可以设想将田庄迁至那里，这样我们便能获得一个形象的概念，仿佛得到一张田庄因谷物价格下降而发生变化的情况图。

与谷物生产有关的工作可以分为两类：

1. 根据土地量而定的工作；

2. 与收获量有关的工作。

属于第一类的工作，如耕锄、耙耘、播种、平整土地等等，因为不论土地收成多少，这些工作是一成不变的。这些工作的量的大小是由土地的物理性能决定的，而不是收成决定的。我称这些工作为耕作，其费用称为耕作费用。

属于第二类的工作，如谷物的入库、运肥、脱粒等等。入库和脱粒的工作量显然是以收获量为转移的，运肥的情况也是如此，因为地力的消耗是与产量成正比的，土地消耗地力较大，需要补充的肥量也较大。这些工作的费用，我总称为收获费用。

同一块土地的收获量的大小，如果经营方法和其他起作用的力量不变，取决于滋养庄稼的土地肥力。①

---

① 这里所谈的是土质相等而肥力不等的土地。由于耗竭地力的种植，原来收益为10斗谷物的土地，产量下降，只能收获4斗。收成既然减少，当然收获费用也相应减少，但耕作费用则与以前收成较高时相等。

物理性能不同的土地，如施以同等的肥料和培以同等的沃土，收获也可能大不相同，黏土地也许谷物收益为10斗，沙地不过6斗，前者的耕作费用较之后者要超出很多。本书中，不同土质对产量和经营费用的影响不作讨论。我趁此机会必须指出：这里出现的比例数字得自个别经验，因此也只适用于个别场合；如从另一地点进行计算，则应使用别的数字，当然所得的结果也不相同；然而这里的观察方法是普遍有效的，从任何地点出发所作的观察总能得出相同的结论。

由于耕作费用始终不变，收获费用则与谷物产量成正比增减，所以我们——如果已精确地区分开这两类支出——就能计算土地肥瘠程度不等的田庄的货币收益量。

将特洛田庄经验中取得的数据使用于上等大麦地，使用于梅克伦堡的七区轮作休闲制的农田，结果叙述如下。七区轮作休闲次序为：1. 休闲，2. 黑麦，3. 大麦，4. 燕麦，

5. 牧场，6. 牧场，7. 牧场。

今假定土地面积为100,000梅克伦堡平方丈*，谷物产量每100平方丈为黑麦10柏林斗，①黑麦在田庄上的价值每柏林斗为1.291金塔勒（已扣除运费），

毛收益 …………………………………… 5,074塔勒

各项支出：

1. 三种谷物及苜蓿的播种费用 ……………… 626塔勒

2. 耕作费用 …………………………………… 873塔勒

3. 收获费用 …………………………………… 765塔勒

4甲. 不能分配在农作方面的经常费用，即

(1)管理费用，

(2)房屋维修费用，

* 1梅克伦堡丈=4.6625米，1梅克伦堡平方丈=21.739平方米。根据本书第78页数据计算。以下，丈和平方丈均为梅克伦堡丈和平方丈。——译者

① 这里称“每100平方丈土地可以收获多少柏林斗”，行文太长，太累赘，文中又须不断使用，所以我在下文直接称“谷物收益”，或“谷物产量”，用这一词时，我总是指每100梅克伦堡平方丈土地出产多少柏林斗，以避免无一定标准。

(3)火灾和雹灾保险费用，

(4)教堂和学校的开支，

(5)经营资本的利息(动产值的利息已经分配)，

(6)田庄上济贫费用，

(7)巡夜费用，

(8)道路、桥梁和沟渠的维修费用，

(9)与经营整体有关的杂项支出。

4 乙. 房屋和垣篱的造价的利息

经常费用以及房屋等价值的利息在利率为 5%

时共为①………………………………… 1,350 塔勒

或者说等于毛收益的 26.6%，这项支出与毛收益相比虽然不十分精确，但大多数情况下是合比例的。

各项支出的总数为 ………………………… 3,614 塔勒

毛收益为 ……………………………………… 5,074 塔勒

毛收益扣除总支出即得土地纯收益

(或称地租) ………………………………… 1,460 勒塔

我还须提请注意，在上述的农事支出中没有包括向国家缴纳的赋税。我们研究的目的，要求我们一般地考察这个孤立国，并且在不向国家缴税的条件下专门研究农业。我们所称的地租是指土地的纯收益，其中还没有扣除赋税。

同一块土地，由于滋养庄稼的肥力降低而列入较低级地块之中，根据上述各项收支，我们也能计算出它的地租量。

① 下文所称“经常费用”系包括 4 乙项下的支出。

今假定黑麦的产量为 8 斗。黑麦的产量同时是今后种植两种谷物及牧草收成的标准,因此与全部毛收益成正比。

地力为谷物收益 10 斗,毛收益为 5,074 塔勒

地力为 8 斗,毛收益为 8/10×5,074 =4,059 塔勒

播种费用未变 =626 塔勒

耕作费用仍旧 =873 塔勒

收获费用以收成而定,8/10×765 =612 塔勒

经常费用以及房屋价值的利息

与毛收益成正比,为 8/10 ×1,350 =1,080 塔勒

总费用 =3,191 塔勒

地租为:4,059 塔勒—3,191 塔勒 =868 塔勒。

但是,以货币作为尺度的计算,只适应于一定的地点和一定的谷物价格,这里的价格为每斗 1,291 塔勒,谷物价格稍有变化,结数也随之变化。因为在本书所述的孤立国内,黑麦的价格在不同的境圈内是很不相同的,所以我们必须把黑麦作为尺度设计一个普遍有效的公式,凡是收支都可折算成黑麦,都应用黑麦计算。

在上述这个七区轮作休闲制的田庄,毛收益部分得自谷物,部分得自饲养牲畜。谷物除黑麦外还有大麦和燕麦,这两种谷物可以按其所含价值和营养的比例,折合为黑麦,因此,全部谷物的收成都可用黑麦若干斗来表示。

黑麦和畜产品——肉类、黄油、羊毛等——的比价,可设想有两种情况:

1. 肉类有较丰富的营养,可取代较多量的面包,所以肉类和面包的价格有固定的比例。

2. 畜产品的生产与谷物产品的生产比较，费用或多或少，所以运到市场也能以或高或低的价格与谷物价格成比例。

我们的研究以第一种情况为基础，现在假定，畜产品的价格在孤立国的任何地方都与谷物价格成同一比例。

因此，农业提供的畜产品的价值也可以折算成为若干斗黑麦，毛收益全部可以用黑麦来表示。

但是这种假定是否适用于孤立国呢？下文将有解答。

农事的各项支出中，播种几乎全部消耗谷物，根据谷物的实际消耗量直接折算为黑麦。

在耕作费用、收获费用以及经常费用中，一部分也是以谷物支付，例如脱粒工资、长工的膳食、马匹的饲料等类。另一类则以谷物或货币合付。例如普通工人的日工资和手艺工人的劳动价格并不完全根据谷物的价格；但是，在谷物平均价格高的地方，他们的报酬也高，谷物平均价格低的地方，他们的报酬也低。所以这项支出必须同时用黑麦和货币表示，而各以劳动价格中所包含的量为准。支出的第三部分亦即是最后一部分，与谷物的价格完全无关，例如盐和各种金属；虽然这类物品在产地和加工地与当地的谷物价格有一定的联系，但是在需要消耗这类产品的地方，当地黑麦的价值完全不能成为它们价格的准绳；谷物价格最低贱的地方，那里如必须从非常遥远的地方运输盐和五金，那么盐和五金的价格将最昂贵。所以支出的这一部分不得不用货币表示。

在全部支出中，以货币或以谷物支付和表示的究竟各占多少，这在各国，甚至在各省必然都不相同。一个国家生产自己需要的物品越多，工厂和矿山越能遍及全国，商品交换中的运费越省，那

么黑麦就越能成为各类物品的价值尺度，而与农事有关的支出中能以黑麦表示的部分就越大。反之，一个国家如果工厂越少，通过商品交换和远地贸易获得的必需品越多，亦即是消费者和生产者相距越远，那么上述支出中必须以货币表示的部分就越大。

不同的地点，这项比例以数字表示必定很不相同，然而可以肯定，任何地方都有这一类比例，没有一个地方是完全以货币计算，也没有一个地方是完全以谷物计算的。地点不同，计算时应用的数字也不同；但从这一比例推算结果，所用的方法无论何地都是相同的。

下面计算，我们假定某地全部支出中 1/4 以货币支付，3/4 以谷物支付。

那么，前面所举例子，每 100,000 平方丈农地的收益计算将得到下列情况：

在地力的谷物收益为 10 斗时，毛收益为 5,074 塔勒，毛收益的这一货币值是在田庄上黑麦每斗价值为 1.291 塔勒时得出的。

以黑麦表示毛收益等于 5,074/1.291＝3,930 斗。

种子的价值为 626 塔勒，或者 626/1.291＝485 斗黑麦。

耕作费用为 …………………………… 873 塔勒，

其中 1/4 以货币支付，计 ………… 218 塔勒，

以谷物支付的尚有 ………………… 655 塔勒，

655 塔勒折合黑麦等于 655/1.291＝507 斗。

收获费用为 …………………………… 765 塔勒，

其中 1/4 以货币支付，计 ………… 192 塔勒，

以谷物支付的尚有 ………………… 573 塔勒，

573 塔勒折合黑麦等于 573/1.291＝444 斗。

经常费用为 ………………………… 1,350 塔勒，

其中 1/4 以货币支付，计………… 337 塔勒[①]，

以谷物支付的尚有 ……………… 1,013 塔勒，

1,013 塔勒折合黑麦等于 1,013/1.291＝784 斗。

总计四项支出，共为黑麦 2,220 斗和货币 747 塔勒。我们将毛收益的黑麦 3,930 斗扣除 2,220 斗支出，尚余 1,710 斗黑麦，其中必须再扣除 747 塔勒的货币支出，其余数即为纯地租。因为这种扣除并不是实际如此扣除的，所以这里用“÷”号表示之。

因此，地租等于黑麦 1,710 斗－747 塔勒。我们已经为地租量找到了一个非常简单的公式，无论谷物价格如何，地租额都可以用货币折算。

(1)如果黑麦每斗价格为 2 塔勒，则地租为 2 塔勒×1,710－747 塔勒＝2,673 塔勒。

(2)如果黑麦每斗价格为 1½塔勒，则地租为 1½塔勒×1,710－747塔勒＝1,818 塔勒。

(3)如果黑麦每斗价格为 1 塔勒，则地租为 1 塔勒×1,710－747 塔勒＝963 塔勒。

(4)如果黑麦每斗价格为 1/2 塔勒，则地租为 1/2 塔勒×1,710－747 塔勒＝108 塔勒。

由此可见，地租的下降比谷物价格的下降的比例大得多。如果 1,710 斗黑麦的价值等于 747 塔勒，即每斗黑麦值 0.437 塔勒

① 为了计算不致过分困难，在这里以及在后文中将采取四舍五入法。因为这里计算的数字很大，略去分数不至于根本上影响结果的准确性。

或21先令，那么地租完全消失。

土地肥瘠不等，地租计算如下：

（一）谷物收益为10斗的土地	黑麦（斗）		货币（塔勒）
毛收益…………………………	3,930		
播种费用…………………………	485		
耕作费用…………………………	507	＋	218
收获费用…………………………	444	＋	192
经常费用…………………………	784	＋	337
支出共计	2,220	＋	747
地租等于…………………………	1,710	－	747

假定黑麦每斗价值为0.437塔勒，则地租完全消失。

假定地力的谷物收益减少1/10，则：

1. 毛收益减少……………………393斗
2. 收获费用减少……………………44斗又19塔勒

 （原来为44.4斗又19.2塔勒）

3. 经常费用减少……………………78斗又34塔勒

 （原来为78.4斗又33.7塔勒）

4. 地租减少……………………271斗－53塔勒

（二）谷物收益为9斗的土地…………	黑麦（斗）	货币（塔勒）
毛收益…………………………	3,537	
播种费用…………………………	485	

耕作费用……	507	＋	218
收获费用……	400	＋	173
经常费用……	706	＋	303
支出共计	2,098	＋	694
地租等于……	1,439	－	694

假定黑麦每斗价值为0.482塔勒，则地租完全消失。

（三）谷物收益为8斗的土地

毛收益……	3,144		
播种费用……	485		
耕作费用……	507	＋	218
收获费用……	356	＋	154
经常费用……	628	＋	269
支出共计	1,976	＋	641
地租等于……	1,168	－	641

假定黑麦每斗价值为0.549塔勒，则地租＝0。

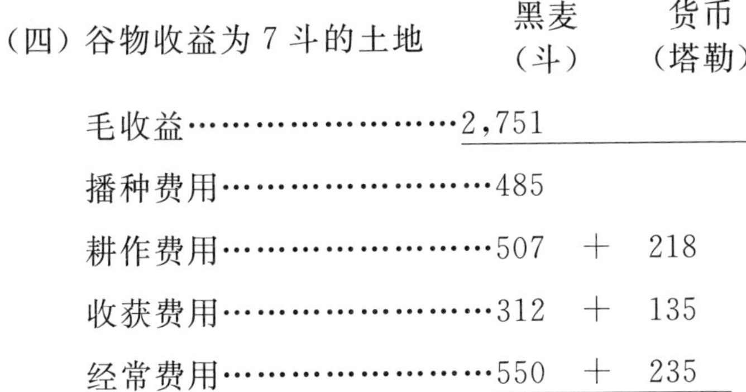

（四）谷物收益为7斗的土地	黑麦（斗）		货币（塔勒）
毛收益……	2,751		
播种费用……	485		
耕作费用……	507	＋	218
收获费用……	312	＋	135
经常费用……	550	＋	235

支出共计	1,854	+	588
地租等于……………………	897		588

假定黑麦每斗价值为 0.656 塔勒,则地租=0。

（五）谷物收益为 6 斗的土地

毛收益……………………	2,358		
播种费用……………………	485		
耕作费用……………………	507	+	218
收获费用……………………	268	+	116
经常费用……………………	472	+	201
支出共计	1,732	+	535
地租……………………	626		535

假定黑麦每斗价值为 0.855 塔勒,则地租完全消失。

（六）谷物收益为 5 斗的土地

	黑麦（斗）		货币（塔勒）
毛收益……………………	1,965		
播种费用……………………	485		
耕作费用……………………	507	+	218
收获费用……………………	224	+	97
经常费用……………………	394	+	167
支出共计	1,610		482
地租等于……………………	355	−	482

假定黑麦每斗价值为 1.358 塔勒,则地租=0。

（七）谷物收益为 $4\frac{1}{2}$ 斗的土地

毛收益……………………	1,769		
播种费用……………………	485		
耕作费用……………………	507	＋	218
收获费用……………………	202	＋	87
经常费用……………………	355	＋	150
	1,549	＋	455
地租等于……………………	220	－	455

假定黑麦每斗价值为 2.068 塔勒，则地租＝0。

这里存在着一个普遍规律，兹叙述如下：

土地的肥力越低，则谷物生产的费用越高，所以只有在谷物价格高时，肥力较低的土地才值得耕种。

在继续研究之前，必须先回顾一下至今所使用的观察方法，试问从某一地点得来的观察，是否可以被解释为普遍有效的规律。

有人可以说，有人将会说：

“关于工作的费用、关于毛收益和纯收益的比例的计算，即使来自实际生活，非常精确，不过只对某一地点、某一田庄有效。用于邻近的田庄一定全然不同，因为这里的土地不同于前者，这里的劳动者也不同于前者。土地的耕作有难有易，劳动者的勤奋程度和能力有大有小，土地本身要求劳动量有多有少，工作本身又因劳动力的强弱不同而费用不等。所以第一田庄的计算在这里完全不适用，计算的正确性仅仅限于其所在的地方。对于一地有效的东西，在别处不见得有效，这里不能得出普遍有效的规律。”

我的回答是：

固然不错，这些计算在邻近的田庄已不完全适用，因此在非常遥远的田庄，在另一天下，劳动者的民族性都不相同，自然更不适用。但是我要提问：今有这么一位田庄主，他长期住在某一田庄，对一切经验，他都能极为注意，对于农事的费用和纯收益有精细的了解，今移居另一田庄，他在第一田庄获得的知识，难道一点儿也用不上了吗？如果是这种情况，那么每个田庄主只要一更换地方就得从头学起，方能胜任，那么谁也学不会农业了，除非他居住在某一地方。这一点是没有人能够承认和愿意承认的。在某一地方获得的知识中必有一些是普遍有效的，不受时间和地点限制的。我们在这里努力探求的正是那些普遍有效的东西。

前面所讲的被视为普遍有效的主要有三个命题，本书讨论正确与否决定于这三个命题正确与否，因此我在这里再概括地叙述于下：

第一个命题。田庄离市场越远，则庄上谷物的价值越低。

田庄离市场越远，谷物的运费就越大，因此田庄上谷物的价值就越低。

谷物与一切其他商品一样，如果找不到需要它的消费者，则完全没有价值。在本书谈的孤立国中，生产谷物除了自用而外，还供应城市居民，此外，没有别的消费者。如果现在从非常遥远的地方，运谷物进城，途中牵引的牲口须耗食车载量的一半，或者说运载价值的一半，只有半数可以运到城里供销售和消费，那么乡间出售两斗黑麦所得的货币，不能超过城里出售一斗的所得，这是非常易于理解的。

这一命题也许只需求证而毋需说明。

第二个命题。田庄所需物品的价格并不都与谷物的价格成比例；或者说种植土地所需费用，在不同地方不能用等量的谷物支付。

这一命题是由第一个命题引申出来，因为一件在城里与一斗黑麦等价的商品，在那个非常遥远的地方（那里黑麦只值城里的一半），价格就等于二斗，先决条件是，这件商品必须是城市生产的。

上文我们说过，食盐和五金就是这类商品，布匹等乡间不能生产的商品也属此列。

较高等级的薪俸和报酬也是如此。医师和官员等只能在城里获得教育，他们为受教育所耗费的资本，是以城市的物价为标准，为了收回所耗的资本，他们工作的报酬不能以他们居住地的黑麦价格的比例支付。

第三个命题。谷物生产的各种费用，部分与耕种面积的大小成比例，部分与收获量成比例。

我把播种和耕作的费用归于前一类，把收获和经常费用归于后一类。

我如此分类是否正确，也有人提出质疑，有人会说，同一面积的产量发生变化，播种和耕作的费用不是仍然不变吗？此外，大小不等的面积收成可以相等，而收获费用仍然可以不等。但是，无论如何总不能认为，耕锄工作以收获量为准，谷物入仓的工作完全以土地面积为准。我所作的分类，虽然也可以加以修正，但毕竟可以归结为：一部分工作与耕作的土地大小成比例，另一部分工作与收获量成比例，承认这一点，就是对我的上述命题的承认了。

如果现在有人选取另一田庄——情况与特洛田庄不同——作为考察的地点，根据从实际生活中得来的资料计算工作费用、谷物生产费用以及地租等等，然后根据上述命题和方法继续进行计算，并由此得出结论，那么这两种研究比较的结果是，计算所用的数字虽然完全不同，但可以发现，许多结果和结论，如果用语言来表述的话，又是完全相符合的。

现在以同一方法使用于第三和第四田庄等等，凡得出相同和一致结果的东西，那么我们必须承认它们是普遍规律了，因为从不同地点出发考察，所见仍然相同，那么它们必定具有不受地点和时间限制的普遍有效性。

在本书后面阐述的结论中有一些如果可以提前展示的话，我们是可以视为榜样的；但是我们肯定可以引用前面阐述过的规律：土地越贫瘠，谷物生产的费用越昂贵。

这类规律正因为具有普遍性，所以对于任何农业，任何田庄都是有效的。收成的好坏，纯收益的多少等等就是这类规律的明显的反映，当然也受一些当地情况的影响。

如果我们从某一地点探求自然中反映自然自身的量（绝对不作任意的假定），然后彻底地从已知的量和普遍的原则中得出结论，那么我们可以肯定，即使这些结论只是从某一地点得来的，但这些结论中已经说出了普遍规律。当然不是每个已发现的结论都是普遍规律，许多结论仅仅是对当地有效的法则。

由于一个人不可能对许多地点的情况进行研究，更不能设身处地去每一地点从事研究（上文所述的普遍有效的规律与单纯对某地有效的法则在试验之下就能区分开来），所以，各位观察者要设法将普遍规律和仅对某地适用的法则区别开来，找到识别之点，这非常重要。

代数计算为我们提供了辅助手段。如果某物的性质可以以字母代数计算，如果结数(判断)与数字计算所得一致，那么这个结数(判断)就是一个普遍规律，而不是受地方性限制的法则。

现在举例说明这个方法，我们设地租＝0，用一个普遍公式来描写地租和黑麦的价格。

谷物产量　　$=x$

毛收益　　　$=ax$ 塔勒

播种费用　　$=b$　塔勒

耕作费用　　$=c$　塔勒

毛收益和与收获量成正比的费用，即收获费用和经常费用之和，其比例为 $1:q$，而 q 必定为一分数，因为这一费用只是收获量的一部分，绝不会占全部收获。

因 $1:q=ax:aqx$，所以与毛收益有关的费用$=aqx$ 塔勒。

工作费用和经常费用中的一部分须以货币表示，计占 p 部分，必须以谷物表示的部分为 $1-p$，而 p 是个分数。黑麦在田庄上的价值为 h 塔勒。

如果同时用谷物和货币的支出，而各按其中包含的量为准，那么计算的方式如下：

毛收益等于………………$\frac{ax}{h}$斗黑麦

播种费用…………………$\frac{b}{h}$斗黑麦

耕作费用……$\frac{(1-p)c}{h}$斗$+pc$ 塔勒

收获和经常费用为$\frac{(1-p)aqx}{h}$斗$+apqx$ 塔勒

地租等于

$$\left(\frac{ax}{h}-\frac{b+(1-p)c+(1-p)aqx}{h}\right)\text{斗}-p(aqx+c)\text{塔勒}$$

如果地租$=0$,则

$$\left(\frac{ax}{h}-\frac{b+(1-p)c+(1-p)aqx}{h}\right)\text{斗}=p(aqx+c)\text{塔勒},$$

即$[ax-b-(1-p)(aqx+c)]$斗$=hp(aqx+c)$塔勒,

即 1 斗$=\frac{hp(aqx+c)}{ax-b-(1-p)(aqx+c)}$塔勒。

这种计算的目的是,在地租等于 0 的情况下,研究谷物产量的增减对谷物价格的影响。

但是上列公式中,由于 x 不仅见于分子,也见于分母,所以还不清楚,当 x,或者说谷物的产量增长时,谷物的价格是上升还是下跌。因此我们对这一公式需作些变动。

每斗价格$=\frac{hp(aqx+c)}{ax-b-(1-p)(aqx+c)}$塔勒,

亦即是$=\cfrac{hp}{\cfrac{ax-b}{aqx+c}-(1-p)}$

现在我们定 $aqx+c=z$;如果 x 增长,z 也增长,反之,亦是如此。由上式整理得 $x=\frac{z-c}{aq}$。将 x 的这一值代入上列公式,则得:

$$\cfrac{hp}{\cfrac{az-ac-baq}{aqz}-(1-p)}=\cfrac{hp}{\cfrac{a-\left(\cfrac{ac+baq}{z}\right)}{aq}-(1-p)}。$$

如果 z 越大，无疑 $\frac{ac+baq}{z}$ 值越小；然而，分母中负的部分越小，则分母总数越大。现在由于如果 z 增大，x 也增大，当 x 增大时分母也越来越大，而分子则没有变动，所以 x 越大，分数量则越小，黑麦的价格就清楚了；反之，x 越小，黑麦的价格越高。

“土地肥力越减，谷物生产的费用越贵”这一规律，由此完全得到了证实。

一个简单的、已众所周知的命题，稍加思索即能确信，实际上不值得用详尽的算式予以证明，如果为了说明如何能予证明的方法，为了一劳永逸地确信下文用以进行研究的观点，那自当别论了。

习题。某田庄，谷物收益为 8 斗，离城 x 英里，求地租。

谷物收益为 8 斗的耕地 100,000 平方丈，地租＝1,168 斗黑麦－641 塔勒。

按第四节所述离城 x 英里的田庄，黑麦每斗价值为 $\frac{273-5.5x}{182+x}$ 塔勒。所以地租等于 $\frac{1,168\times(273-5.5x)}{182+x}-641$ 塔勒，

$$=\frac{202,202-7,065x}{182+x}$$

如果与市场的距离 x 为：	则 100,000 方丈的耕地在谷物收益为 8 斗时的地租为：
1 英里	1,066 塔勒
5 英里	892 塔勒

10 英里	685 塔勒
15 英里	488 塔勒
20 英里	301 塔勒
25 英里	124 塔勒
28.6 英里	0 塔勒

第六节　谷物价格对农作制度的影响

假定。在孤立国内的土地，除了第一圈境之外，各地的肥力均为：在七区轮作休闲的制度下，在休闲之后，黑麦的收益为 8 斗(每 100 平方丈收获 8 斗，或马格德堡亩收获 9.44 斗)。未开垦的荒野也具有相同的土质和相同的滋养庄稼的肥力，因此收益率与已开垦的土地相等。

按第五节所述，谷物收益为 8 斗的土地，每 100,000 平方丈的地租为 1,168 斗黑麦－641 塔勒。

如果 1,168 斗黑麦等于 641 塔勒，即每斗值 0.549 塔勒，那么地租就消失，或等于零。

于是产生一个问题：在孤立国内什么地方，黑麦每斗值 0.549 塔勒。

在第四节中我们发现，黑麦每斗在离城 x 英里处价值为 $\frac{273-5.5x}{182+x}$塔勒。现在我们设定 $0.549=\frac{273-5.5x}{182+x}$，则解方程式可得 $x=28.6$，即在离城 28.6 英里处，黑麦每斗的价格为 0.549 塔勒。

所以，在假定的条件下，在离城 28.6 英里处的田庄，就不再有地租了。

在离城远于 28.6 英里的地方，地租将变成负数，亦即是农业经营必然会有亏损，所以那里土地不再有人耕作。

如果说这里是轮作休闲制田庄耕作的界限，那么还不能得出结论，这里是耕作的绝对界限，因为如果有一种农作制度可以节省耕作劳动，因此可以节约费用，那么在每斗黑麦价格为 0.549 塔勒时，仍有盈余，仍有地租，也就是说离城更远的地方，土地仍可以耕作。

我们现在必须注意，属于一个田庄的耕地，即使土质完全相等，收益完全相等，但是因土地离农舍有远有近，价值仍非常不等。运肥至农地，谷物等入仓，其费用与农地至农舍的距离成正比。其余田间工作，如人力、牲畜往返需耗时间，耗费的时间也随与农舍的距离一起增长。工作费用在农舍附近的农地比远处的少，所以，如果土地肥力相等，近处的纯收益则高于远处的纯收益。

一个田庄实行轮作休闲制，在黑麦每斗价格为 0.549 塔勒时，如果其收益等于零，但是离农舍近的一半农地的收益大于较远的一半，那么可以得出结论，前一半农地的纯收益必定为正数，后一半的纯收益为负数，耕作近处农地获得的盈余被耕作远处农地造成的亏损抵消，因此整个纯收益下降为零。

实行轮作休闲制的田庄，全部纯收益等于零，如果将离农舍较远的农地弃之不耕，只耕作较近的农地，那么又可以获得纯收益。在这种情况下，离城 28.6 英里处的土地，农作仍可进行。

然而，这种只种植近处土地的轮作休闲制田庄，如果在离市场更远的地方，或在谷物价格更低的时候，最后总有一个定点，那里的纯收益将消失，如果要使那里的土地不荒弃，必须设法节省劳动。

在轮作休闲制的经济中，特别费工的是垦殖用作牧场的休闲地，准备冬播。实行 Mürbebrache——这是一种在谷物收获后不种牧草的休闲制——，开沟做畦的工作可以省却，耙地的工作大约可省一半。所以，实行轮作制的田庄，在无纯收益的地方实行不种牧草的休闲制，仍然有利可图，先决条件是谷物产量应保持不变，这种做法通过调整耕地和牧场的比例总是可以实现的。

但是，实行不种牧草休闲制的田庄，唯有不再将耕地降为牧场，而是每年进行耕作，并将较远的地方改为永久性牧场，这样才能经营下去。由于牧场无须播种苜蓿草籽，又多了一项节约。

这种农作的变更必然符合事物的本性，我们的农作制在最主要之点与这三区农作制是一致的。下面我们将详细讨论这一如此广泛传播的农作制度。

在描述轮作休闲制和三区农作制的关系时，必须回答下列四个问题：

1. 耕作不种牧草的休闲地比耕作种牧草的休闲地便利多少？

2. 工作费用与农田离田舍的远近的关系怎样？

3. 三区农作制与轮作休闲制一样，土地都应保持同等的肥力，不从外面补充肥料，那么三区农作制中农田和牧场的比例必须是多少？

4. 如果有两块肥力完全相等的农田，一块实行轮作休闲制，一块实行三区农作制，那么前者的谷物产量与后者的比例应为多少？

答复第三和第四个问题,必须具备农作均衡学*知识,没有这些知识便无从了解也无法阐述。

所以,我认为有必要先将农作均衡学的若干重要原则陈述于下。但是,由于详尽介绍这一理论太占篇幅,所以我只能提出这些原则,不阐述原因,也不详作解释。因此我不得不向我的读者,凡是对这一门新学科还不太熟悉、并希望作进一步了解的人们,推荐特尔、冯・武尔芬、冯・里泽、比尔格尔、冯・福格特、扎伊特尔的有关著作,[①]以及发表在《梅克伦堡年鉴》第八期上的我的论文,以供阅读。

第七节(一) 农作均衡学的若干原则

土地出产谷物必将减少土地中所含的植物所需的养分。一块农田,产黑麦 100 斗,它便减少了产 100 斗黑麦所需的养分。

任何庄稼都不可能在一年之内将农田中全部肥力消耗殆尽。

一年之内庄稼消耗土地中植物所需的养分和土地中的全部肥力之比,我称之为相对的吸收。这一点在下次收成的减少中可以见到。例如,第一次黑麦产量为 100 斗,而第二年黑麦的收成,虽然耕作相同,气候相同,其他有关条件也相同,但仅为 80 斗,因此

---

* 原文为 die Statik,本意为静力学,本书用此词是指对均衡状态的研究,所以译作均衡学。详细内容见第七节(一)和第七节(二)。——译者

① 赫鲁贝克教授先生的著作《植物的营养和农作均衡学》(*Die Ernährung der Pflanzen und die Statik des Landbaues*),我是在完成了本卷写作以后才得到的,所以我很遗憾,写作本卷时未能引用和参考他的著作。

我们可以说，黑麦相对吸收地力的量为 1/5。

从这相对吸收量中我们可以推导出土地的全部肥力，例如第一次黑麦的产量为 100 斗，相对吸收量为 1/5，因此在收获以前土地含有 500 斗黑麦所需的养分，在收获之后，还有 400 斗的养分。

种植黑麦，每斗产量吸收植物养分的量，可以称之为度，用“1°”来表示。

其他谷物对地力的吸收量，可以用它们的价值和营养价值同黑麦之比来测定，我认为收获

小麦每斗吸收地力的量为 $1\frac{1}{3}°$，

大麦每斗吸收地力的量为 3/4°，

燕麦每斗吸收地力的量为 1/2°。

我根据特洛田庄所得的经验及观察，在一块上等大麦地分七区轮作，可假定各区的产量如下：

如果第一区 1,000 平方丈产黑麦 100 斗，

那么第二区 1,000 平方丈产大麦 100 斗，

第三区 1,000 平方丈产燕麦 120 斗。

第四、第五、第六区为牧场，平均每 270 平方丈提供奶牛一头所需的草料，每头奶牛每天需食折合干草 17 磅的青草，每年有 140 天放牧（无须护理牧场），牛能自己觅食。

第七区为种草休闲，该区提供的草料仅为一个牧场区所供应的 1/5。

根据特洛田庄于 1811 和 1816 年所称谷物和柴火重量的比例，以及与梅克伦堡其他一些田庄所作的结果相比较，我认为可得

如下的平均比例：

黑麦 1 斗 …………………………… 麦秸(柴火)190 磅

小麦 1 斗(如麦秆没有倒伏) …………………… 190 磅

小麦 1 斗(如 $^1/_3$ 麦秆倒伏) ………………………… 200 磅

大麦 1 斗 ………………………………………………… 93 磅

燕麦 1 斗 ……………………………………………… 64.5 磅

小麦和黑麦产量相等，但小麦的麦秸的体积较黑麦的麦秸小，但小麦麦秸却比黑麦麦秸重得多，后来几年我曾发现小麦一斗留下的麦秸重量并不比黑麦小，然而，如果小麦长势不好，麦秆短小，那么这一情况又当别论了。

特洛田庄于 1810 至 1815 年的五年间，饲养和垫厩用的麦秸、饲养用的干草和谷物都有极详尽的计算，再与起厩后车载的肥料数相比较，所得结果为：肥料一车是由饲养和垫厩用的 878 磅干草转化而成的。如果假定，通常四马牵引的一车肥料重 2,000 磅，那么一磅干草饲料可以获得 2.28 磅厩肥。这一数字与国家顾问特尔先生的看法非常相符，特尔通过观察在多年前已经确定肥料增产的乘数为 2.3。

我以后的计算就以乘数 2.3 为准，一车 2,000 磅的肥料，是由 2,000 磅/2.3＝870 磅干饲料得来的，下文所称的一车肥料就是饲养和垫厩用的 870 磅饲料构成的，其中 2/5 为干草和 3/5 为麦秸。

由此，我们可以计算出谷物收成后通过麦秸归还的肥料量。

黑麦收成 100 斗，麦秸收成为 190×100＝19,000 磅，由此可产肥料 19,000/870＝21.8 车。

大麦收成100斗，麦秸收成为 93×100=9,300 磅，可产肥料 9,300/870=10.7 车

燕麦收成120斗，麦秸收成为 64.5×120=7,740 磅，可产肥料 7,740/870=8.9 车。①

牧场或休耕可以增加地力，这是人所共知的事。

我根据多年的观察，觉得下列一点是非常近乎实际的，牧场滋生青草和苜蓿等类，需要耗费营养，但草根仍留在土内，在翻耕休闲地后终归腐烂，土地肥力又得到补偿；休闲地放牧时，牲口留下的粪肥可以认为增加了土地的肥力，但是土地休闲不得超过三年，这是个条件。

从牧场所能牧养奶牛的数量，可以推算出休闲地牧草的产量。一头活奶牛，体重约500至550磅，每天食草折合干草17磅，放牧140天，共食草2,380磅，这是奶牛所需的、270平方丈土地的产量。由此推算1,000平方丈的土地可产(2,380×1,000)/270=8,815磅干草。在一块大麦地上，黑麦的收益率为10粒，用作牧场，一年之内可收肥料 8,815/870=10.1 车。

休耕有两重效用，第一，使土地的植物养分继续有效地增长；第二，休耕地上生长的草类，部分为牲口所食，部分犁耕后被埋在土内，转化为肥料，用以有效地增长土地的肥力。

我估计土地肥力的增长为，育草休闲地等于育草牧场的1/5，三区农作制中不种牧草的休闲地，如果到夏至时才翻耕，则等于

① 这里的计算还存在这样一个假定，由饲养和垫厩用的100磅麦秸所得的肥料量大于由100磅干草所得的；麦秸肥的质量则不如干草肥，麦秸肥的质量差则由数量多作了补偿。

育草牧场的三分之一。

在一个维持均衡状态的农田，亦即是土地的产量和肥力保持不变的农田，必须保持被吸收的地力和补充的肥料相等。谷物种子吸收地力，带来产量，我们将产量用黑麦斗表示，土地获得的厩肥和牧草肥的补充以车为单位表示，在谷物吸收地力和肥料补充保持均衡的情况下，可以计算出一车肥料包含若干斗黑麦所需的养分，或者说若干斗黑麦从土地中吸取了一车肥料。

这一算法使用于不同土质的土地，其比例因土质好坏而不同。如收获量相等，肥沃的土地所耗的肥料较之贫瘠土地节省些。

下面所作的计算，是以七区轮作休闲制中的一块土地为准，不必施以等于被吸收肥力的肥料，土质约等于上等大麦地，在那里生产 3.2 斗黑麦耗费地力为一车肥料，或者说一车肥等于 3.2°。

七区轮作休闲制土地的肥力状态每区按 1,000 平方丈计算

	产量（斗）	吸收地力（度）	土地肥力（度）	补充肥料（车）
轮作开始时的肥力	—	—	500	—
第一区黑麦	100	100	400	21.8
第二区大麦	100	75	325	10.7
第三区燕麦	120	60	265	8.9
第四区牧场 第五区牧场 第六区牧场	—	—	—	30.3
第七区休闲	—	—	—	2.0
生产肥料总数	—	—	—	73.7
种燕麦后留在土地中的肥料	—	—	265	—
73.7 车肥料，每车折合 3.2°，总计			235.8	
第二次轮作开始时	—	—	500.8	

三区农作制土地的肥力状态每区按 1,000 平方丈计算

	产量（斗）	吸收地力（度）	土地肥力（度）	补充肥料（车）
轮作开始时的肥力	—	—	500	—
第一区黑麦	100	100	400	21.8
第二区大麦	100	75	325	10.7
第三区休闲	—	—	—	4.1
生产肥料总数	—	—	—	36.6
种大麦后留在土地中的肥料	—	—	325	—
36.6 车肥料，每车折合 3.2，总计	—	—	117.2	—
第二次轮作开始时	—	—	442.2	—

在轮作休闲制田庄中，在土地肥力为 265°时，一个牧场区产肥为 10.1 车。一块土地，在收获大麦以后，土地肥力为 325°，如用作牧场可产肥(325/365)×10.1＝12.4 车。因为已作假定，不种牧草的休闲地产肥量为牧场区的 1/3，所以计算得肥 12.4/3＝4.1 车。

第七节(二)　农作均衡学续论

土地有这么一种作用，如果在一块土地上施以一定量的植物所需的养分，例如一车肥料，这块土地的收成就比另一块好些，我把这项作用称之为土地的性质(或土质)，我用黑麦若干斗来表示土质的高低度数，即农田消耗一车肥料可以生产黑麦几斗。黏土地比沙土地质量高些，上等小麦地的土质为 3.8°至 4°，而上等燕麦地的土质仅为 2.5°左右，土中含沙量越高，土质越劣，散砂之地则肥力降到零度。

经验告诉我们，两块土质不同的土地，如果同样耕作，不继续施肥，则以后相继的收成相对减少的数量是很不相等的，沙土地比黏土地收成减少得多。

土地引起这种现象的作用，被冯·武尔芬先生称之为“土地作用”。然而在其他条件相等的情况下，产量的降低是由于土中植物所需的养分降低之故。对统计学作出杰出贡献的冯·武尔芬先生就这个问题说过这样的话：地力应该被看作是两种因素的产物，即土地的作用和土地的肥力。地力的大小可以在产量上看到。今设土地的作用为 T，土地肥力为 R，收成为 E，则 $E=TR$。土地的作用表示，土地中植物所需养分有几分之几转入收成，亦即是有多少养分被产量所吸收。土地的含砂量越多，则土地的作用越大，就这一点而言，土地的作用的大小与土质的好坏成反比。现在假设土地在纯休闲以后，黑麦的收成作为土地作用量的尺度，则作用量在大麦地为 1/6 至 1/5，而在黑麦地则上升到 1/4 至 3/10。

今以等量的植物所需的养分，例如 10 车肥料，施于土质不同的土地，例如一块为 3.8°黏土地，一块为 2.5°沙土地，则第一块土地增加地力的公式为 $10\times3.8=38$ 斗黑麦；第二块土地为 $10\times2.5=25$ 斗黑麦；或者说前者土地肥力增加 38°，后者增加 25°。所以说，土地肥力本身是两种因素的产物，如果我们把土地所含的肥料和腐殖质的量称为 H，把土质称为 Q，则 $R=HQ$。

土地的肥力不是物质，而是生产能力。肥料不是肥力，必须通过土地的作用才变为肥力。等量的肥料施于不同的土地，产生的肥力的度数也不相同。

在同一块土地上，肥料的含量，或者说能被植物吸收的养分的含量，同土地的肥力或生产的能力成正比。所以人们可以把“土地肥力”这个词同两种概念，即物质的概念和生产能力的概念结合在一起，这不会产生不良的结果，本书也是这么做的。

但是，只要是全面地讨论以各种土地作为考察对象的均衡学，那么应把物质和生产能力两者区别开来。

我称“腐殖质”为“土地的肥力”，与冯·武尔芬同一意思。但是我并不把腐殖质理解为一切可能的存在于土中的可以被焚毁的物质，例如树根、草根、腐草和腐土等等，而是把“腐殖质”这个词的意义局限于上次施用粪肥的残留部分和两年至多三年的休闲地所残留的腐草。因此，我在研究地力均衡状态时先决定有一块土地，这块土地已经百年的种植，一切原来所含的植物质已经完全消耗殆尽，只含有粪肥，这块土地每次轮作为牧场从不超二、三年。

今将 $R=QH$ 值代入方程式 $E=TR$，则得 $E=TQH$。

以此来表示收成，那么 T 和 Q 两个因素属于土地本身，即矿物质的成分，而 H 因素则是腐殖质，是动植物残留物质。

所以，土地对于收成的全部作用可见于 T 和 Q 之中，或者说是 T 和 Q 两种因素的产物。

今以任何一块土地 A 为观察之点，与另一块自然性质不同的土地 B 作比较。这两块土地所含的腐殖质的量相等，质也相等，而且来源也相同。如果对这两块土地施以完全同等的耕作，而收成则不等，那么我们应把收成不等的原因归于土地的自然性质的不同。

一块土地的全部作用对收成的多少产生影响，与另一块选作观察点和观察单位的土地作比较，我和冯·福格特男爵[①]把土地的全部作用称为“土地的能力”（das Erdvermögen），简称为 V。

我们在上文已经指出，土地的全部作用等于 TQ，因此 $V=TQ$，或者说，土地的能力等于土地的作用乘以土地的质量。

土地 B 尽管腐殖质与土地 A 相等，假定它的收成仅为土地 A 的十分之九，那么土地对收成多少的影响，或者说 A 地的土地能力与 B 地的土地能力相比为 1∶9/10。

1 与 9/10 之比等于 10∶9 或 100∶90。由于计算分数很不方便，这里只求比例相同，所以我们可以任意将 A 地的土地能力与 B 地之比，看作 10∶9 或 100∶90。

冯·福格特男爵假定土地能力为一个整数，也得到这里的证实。只是不应忘记，唯有在对两块土地作比较时，才允许对土地的能力任意假定为一整数。如果没有比较，任意假定数字则毫无意义，计算也不可能清楚。

例如。今有土地一块，土地作用＝1/6，土质＝3°；另一块的土地作用＝1/8，土质＝3.6°，那么第一块土地的能力＝1/6×3＝0.50，第二块的土地能力＝1/8×3.6＝0.45，两者土地能力之比为 0.50∶0.45＝10∶9。

土地 D 与土地 A 的自然性质相等，两块土地所含的腐殖质不等，因此，尽管耕作完全相同，结果收获量并不等。

---

① 这一点自然与冯·福格特男爵在他的《均衡学见解》（*Die Ansiichten der Statik*）中所下的关于土地能力的定义并不一致，他在书中时而解释为土地的作用，时而解释为土地的质量。冯·福格特先生已逝世多年，但是我看到我们之间的通信，我相信他用“土地能力”一词是同我在这里所下的定义有联系。

假设。土地所含的植物养分性质相同而数量不等，虽然土质、气候、上期种植、耕作、表土层的深浅，以及一切与植物有影响的作用都相同，但收获量则与土地所含的植物所需的可溶性养分的多少成正比。

如果农田 A 和农田 D，其自然性质相同，腐殖质的含量为 1∶8/10，那么根据上述假设，A 和 D 的收成同样应为 1∶8/10 或 10∶8。

习题。今有农田 A 和农田 B，土地能力不等，但所含腐殖质相等；农田 B 和农田 D 则反之，土地能力相等，而所含腐殖质不等，试求 A 和 D 收成的比例。

农田 B 的土地能力与 D 相等，假定为 A 的 9/10。D 所含的植物养分与 B 和 A 比较，假定为 8/10∶1，则收成的比例如下：

$A:B=1:9/10$

$B:D=1:8/10$

因此 $A:D=1:9/10\times 8/10=1:72/100$。

一般可作如下的表述：

	土地能力	含腐殖质量	收成
农田 A	V	H	E
农田 B	v^*	H	
农田 D	v	h^*	x

因此各农田的收成如下：

$A:B=V:v$

$B:D=H:h$

* 因为量小，所以用小写字母。——译者

因此 $A:D=VH:vh$。

农田 D 的收成亦即是 vh/HV 乘农田 A 的收成，或者说 $x=(vh/VH)\times E$。

用文字来叙述这一比例，即，两块农田收成的比例，仿佛是土地能力和腐殖质含量的乘积之比。

$(vh/VH)\times E$ 这一式子，可以由下列各式表叙，其值不变：

$(vh/VH)\times E=vh\times(E/VH)=vh:(VH/E)$。

最后一个公式的意思是：

农田 A 的两个因数(V,H)的乘积除以该田的收成(E)，得出的商数即为：生产某一标准数量的黑麦，例如一斗黑麦，需要这两个因数的乘积若干单位。再用这个商数去除农田 D 的两个因数(v,h)的乘积，便得农田 D 的收获量。

这一方法最初由冯·武尔芬先生应用，后又被放弃，但以后为冯·福格特先生所接受，尽管遭到许多非议，他始终没有放弃。

这一方法是否正确，经过上述推断，无可怀疑。但冯·福格特先生把土地的腐殖质含量同土地的肥力混淆了，因为福格特先生所称的肥料能力(Dungvermögen)，根据上述方法的性质不可能是 $R=QH$，而是 H，在他看来，土地的能力也不是 TQ，而是 T 乘以 60。为了使福格特先生的公式同这里所述的方法协调起来，则以度表示的肥料能力必须除以 Q，但土地能力应乘以 Q，除以 60，因为福格特先生为了取得整数曾增加到 60 倍。

对土质不同的土地，其土地能力的大小至今还很少研究。我觉得，土地能力的最高点既不在沙土地，也不在黏土地，而在所谓适中的土地，也许在第二等的大麦地。如果能将新鲜肥料的两种作用,一种使土中所含的腐殖质发酵,另一种是直接滋养植物,加以区别,而对后者的作用予以阐述,那么在施以一车肥料之后,在下次收获时增产的数量就是土地能力的尺度,今有这么一块土地,施肥以后,在下次收获中增产最多,那么这块土地同时具有最高的土地能力。

如果我们将类似上述的方法,用于不同土质和不同土地作用的地块上,所得的结果如下:

农田 A 和农田 B,土地作用 T 和腐殖质含量 H 相等,但土质之比为 $Q:q$。

农田 B 和农田 C,土质 q 和腐殖质含量 H 都相等,土地的作用为 $T:t$。

农田 C 和农田 D,土质 q 和土地作用 t 都相等,腐殖质含量之比为 $H:h$。

于是各田收成之比为:

$$A:B=Q:q$$

$$B:C=T:t$$

$$\underline{C:D=H:h}$$

因此 $A:D=TQH:tqh$。

或者说 A 和 D 收成之比为两块农田的三个因数,即土地作用、土质和腐殖质含量的乘积之比。

然而土质乘腐殖质的含量等于土地肥力,如果我们以 R 代 QH,r 代 qh,则 A 和 D 的收成之比为 $TR:tr$,而 x 或者说 D 的收成 $=\frac{tr}{TR}\cdot E$。

亦即是，我们通过自己的研究得到了冯·武尔芬的公式，他的公式说明，两块农田的收成之间存在着一种比例，即土地作用和土地肥力两种因素的乘积之比。

D 的收成为 x，现在有三种表述方式，即：

$$\text{Ⅰ}.\quad x=\frac{vh}{VH}\cdot E$$

$$\text{Ⅱ}.\quad x=\frac{tqh}{TQH}\cdot E$$

$$\text{Ⅲ}.\quad x=\frac{tr}{TR}\cdot E$$

x 的三种表述方式，其根源是一个，因此都是正确的；三式的不同仅仅在于，第Ⅰ和第Ⅲ式中的三个因素 T、Q、H 已与别数相联结。在第Ⅰ式中 T 和 Q 相联结，乘积为 V；在第Ⅲ式中 Q 和 H 相联结，其积为 R。

均衡学者历来很少合作，问题不在于他们对事物本身的看法有过多的分歧，而是对应用的方法有不同意见。我认为主要原因在于，他们没有将对收益力有关的一切因数都列入他们的公式，而且联结的方式也不一致。

著者希望对调解这些意见分歧有所贡献，因而从对形式的讨论导致对事物本身的讨论，我较详细地讨论这一问题，似已超出了一本并非为均衡学所著的书籍的范围。

除了上述三项可能的因素，土地的作用、土质和腐殖质的含量之外，前茬作物和土地耕作两项对收获量的影响也十分重大。

我们知道，冬麦播种于谷物田内，较之种于经过纯粹休闲之后而土地肥力相等的土地，其收成不过为 70%—80%，种于豌豆地收成为 80%—85%；此外，我们知道，将燕麦种于苜蓿或豆荚作物之后，比种于谷类之后，在土地肥力相等的条件下，产量也高些。

我把前茬作物的影响——它与前茬作物所要求的不同耕作有关——看作是一个独立的因数，我称之为“种植和耕作因数”(Faktor der Kultur)，用“K”表示，我把这个因数设为 1，代表纯粹休闲之后第一次种植。

由此得出下列方程式，可用以计算中等年成的收获量。

$$E = TQHK$$

冯·武尔芬先生将因数 T 作了改动，表示前茬作物的影响，因此也常常遭受非议，因为 T 是土地的作用，这一因数在同一块土地不允许有不同的量。

如果我们将前茬作物和耕作的影响——亦即是田庄主所掌握的因素——看作是一个独立的因数，我觉得事情就清楚了；但土地的作用可以视为是土地所固有的一种特性。天气对各年收获量的影响，对农作均衡学无关紧要，正如这种影响对收成的估计、对根据收成估计而订的购买田庄和租用田庄的价格无关紧要一样。在关于均衡学的一切研究中，总是以中等年成为前提条件，多年的平均产量就是中等年成的标准。

中等年成一块土地的产量我们称之为该土地的收益力。

历来农作均衡学的一切体系都有这么一个前提，即土地的收益力与该土地的肥力——因此也与该土地的腐殖质的含量——成正比，因此，具有两倍腐殖质的土地也就能提供两倍的产量。

实际上，如果没有这项假设，也就无法研究均衡学。

下文对这个问题的观察得到的结果如下：

1. 田地多块，土质和肥力相等，每 100 方丈土地施 3 车、4 车、5 车、6 车……肥料，每增加一车肥料所提供的增产越来越少；

2. 连续种植吸收地力的庄稼，不补充肥料，产量不会降至零，根据土地的不同自然性质逐渐接近到一个稳定不变的状态。

后一种情况得到特洛田庄明显的证实。特洛田庄有一块耕地，在一次施肥以后，连续种了十二茬，除了暂时用作牧场以外，未曾施过任何肥料，而收获还很可观，后面六茬的产量没有发现减少。

如果说，用数学方法来肯定构成事实的一系列环节中的某个有普遍意义的环节，或者说一系列环节据以运动的规律，已有充分的事实根据，那么至于那种现象是什么原因产生的，这对均衡学本身来说，是无关紧要的。但是，如果事实不足，数学方法不能应用，那么我们更有必要予以说明，我根据目睹的现象发表过如下的观点：

肥料、腐殖质，甚至整个干草垛，如果多年暴露于空气中，几乎会全部消失，只剩下少量矿物质。这种物质的逐渐消失是有目共睹的。也有我们感觉所不及的，甚至迄今化学分析还没有弄清究竟的，那就是土地能重新从大气中吸收营养植物用的气体，我总称之为“腐殖质气”。这种吸收确实存在，可以得到证明。试从地下掘出原土，起初原土完全没有肥力，但经几年空气的沐浴，就会产生肥力，可以滋生植物。即使从枞树沟中取出的沙子，堆它十年，再填入沟中，就有明显的肥力，但只能维持几年。关于土质原因，均衡学的研究已经先验地同观察自然所得的原则相一致了。

土地和大气之间的湿度和温度有调节作用，久旱的土地会吸取大气中的潮湿，反之，潮湿的土地会蒸发水分，因此，土地和大气之间腐殖质气的容量总是在相互作用，寻求平衡。土中水分蒸发的强度视土中所含水分的程度，但是，如果土中含水量和大气中含水量差距越大，那么干旱土地吸收水分就越多。因此我们可以类似地推论，土地含有腐殖质气越多，向大气散发腐殖质气越多，但是土地含有腐殖质气越少，吸收腐殖质气就越多，所以大气对土地有劫富济贫的作用。

根据这种见解可以想见，土地不断种植谷物，如不施肥料，由于腐殖质含量的减少，吸取大气中物质的能力就会加强，再辅以谷物根和草根腐烂后留下的少量肥力，产量也能维持在一定的程度上，而且长期保持不变。

虽然土地的腐殖质含量与产量没有正比例的关系，但是，由于腐殖质含量的增加能提高产量，所以两者之间必定存在着某种比例关系。

试问这是什么比例呢？

假设。有土地两块，土质相等，但腐殖质的含量不等，施以同样的耕作，产量的比例犹如两块土地的腐殖质含量的平方根之比。

例如。土地 A，每 100 平方丈所含的腐殖质中可供植物营养之量，等于 36 车肥料，该土地的谷物收益为 10 斗；而土地 B 的腐殖质的含量为 25 车，A 和 B 的产量之比为 $\sqrt{36}:\sqrt{25}=6:5$。

由于 A 的谷物收益为 10 斗，则 B 的收益 $=10\times5/6=8\frac{1}{3}$ 斗。

使用同样的方法，我们可求得：

腐殖质含量	谷物收益
16	$10\times4/6=6\frac{2}{3}$ 斗

9	10×3/6=5 斗
4	10×2/6=3⅓斗

大气的作用和植物都不可能将土地中的腐殖质含量吸收至尽。当土地的腐殖质含量减少到一定的程度，供植物吸收的腐殖质，则可由植物的根和草皮补充，这样就出现稳定状态。这时土地的收益力——来自大气中的物质——，我称之为固有的收益力。

固有的收益力与土地的自然性质特别是土地的含水量有密切关系，如在沙地可以降至为零，在黏土地也许为 3—4 粒，如果大气中含有的腐殖质气丰富，收益力也许还可提高一些。

不同质土地所具有的固有收益力是很不相同的，从这个事实中可以得出一个重要的结果，生长在贫瘠土地上的植物的养分，不仅由枝叶吸收大气中的物质，而且土地也吸收这些物质，数量也很可观。

我很不相信，上述假设——所谓土地收益力与土地的腐殖质含量的平方根成比例——已经发现了观察自然界的规律。但是，用这个假设，再同所谓土地含有腐殖质越贫乏，吸收腐殖质气越多的这个见解相结合，则上述的两项事实虽与理论相矛盾，但由此也就协调了，这种设定在实际中应用也就可以了，待以后经过试验和观察获得新的数据再行调整，那时我们对规律本身有了深一层的认识。

在谷物种植次序与地力关系表中，主要是要解决，所安排的谷物种植次序是吸收地力还是增加地力这一问题，关键是要调查各区土地肥力的状况，因此，产量与土地肥力成正比的假设也是可以应用的，因为各区的土地肥力与平均肥力相差并不很大，不会因使用前面那个假设而产生重大的误解。

但是，如果有人提问，增加土地肥力的报酬有多少，增加土地肥力而无利可图的界限在哪里，那么使用前述的那个假设就完全不许可了，否则会引入歧途。

如果在同一块土地上产量和腐殖质含量不成正比，那么土地的作用、土质、腐殖质的含量，从而土地的作用和肥力相互都不是独立的量，而是相关的量，这里只能意会，无法详细论述。这里有着观察、试验和研究的广阔领域，有待年轻一代学者去探索。只要有了充分的资料，农作均衡学必定也会像几何学那样找到自己的欧几里得。

由于化学的发现——主要是施普伦格尔教授的研究取得了丰硕的成果——，我们知道，一切植物都含有矿物质，例如钙盐（石灰）、钾碱、硫酸、氧化镁等等，这些物质可以认为是植物的养料，农田经常是施了矿肥以后才肥沃起来。

在农业的实践中，灰泥土、石膏等许多矿物质的作用已完全证明了这一点。

然而，我们和冯·武尔芬先生在均衡学中，只把土地看作是提供植物所需养分的工场，把已死的动植物视为植物养分的主要来源。

这里看来土地和腐殖质一定程度上是对立的。经过化学研究，两者的对立又消失了。于是均衡学结构的根基似乎发生了动摇。甚至有人不但否认均衡学的存在，而且认为根本不可能存在。

如此严重的责难是否正确，有待检验；所以我敢把我的关于施用矿物肥料取得巨大成效的条件和情况的经验以及我的由经验而得来的见解陈述如下：

我在特洛田庄取得的经验是，将灰泥土施于干燥的沙地、生黏土地，以及农舍附近百年来种植未息的、地力很强的土地，效果很小，甚至等于零，而施于潮湿的、长酸模(Sauerampfer)的中等地，则效果显著，收成可提高30%—40%。这一经验，以及我发现适当地施用灰泥土酸模会从农田自行绝迹的现象，使我产生这么一种思想，灰泥土的作用与土地中存在酸性有关，1829年我已将这一看法发表在《梅克伦堡农业年鉴》第16卷上，早于施普伦格尔研究成果的发表。

奎策诺的施勒德先生可惜早年逝世，我的见解促使他在各种农田做过一系列的实地试验，他的研究报告载于《梅克伦堡农业年鉴》第16卷第520页上。

以试纸试测各种土地的泥浆，结果如下：

测量田舍附近的肥田，试纸呈红色，然而很弱；离田舍越远，土地肥力越减，试纸所呈的红色越显明，而长期用作牧场的田地，试纸的红色则非常强；在施过灰泥土及灰泥土不起作用的田地，试纸的颜色很少变化或完全没有变化。

由此可见，灰泥土的作用的大小与试纸呈红色的程度，也就是同土地含酸性的量成比例，灰泥土的功能可以在土地对试纸的反应上预先测知。

施勒德先生在继续的试验中发现，将灰泥土施于原先使试纸呈红色反应的土地上，能使试纸恢复呈蓝色；如添加粪肥，呈红色的试纸也能恢复蓝色，虽然程度上不如灰泥土。在这一方面，羊粪的性质最近于灰泥土，马粪次之，牛粪又次之。

施勒德先生由此得出重要结论，粪肥，特别是羊粪能中和土地中的酸性，由此可以说明，灰泥土在粪肥充足的土地上效果很小的原因。

根据这些经验及研究结果，土地中酸性——可能是腐殖质酸——的存在，却是石灰能成为肥料的条件，然而石灰只不过是个媒介物，将腐殖质酸转化为可溶解的、植物所需的养分。

上述这些由使用灰泥土的经验得来的见解，并没有遭到后来研究这一课题的施普伦格尔教授的驳斥，反而得到证实。施普伦格尔认为，腐殖质酸石灰是植物的良好养分，它同粪肥中的氨相化合则易于溶解，而腐殖质酸本身是很难溶解于水的。

此外，矿质肥料和动植物肥料有很大区别，下列事实中也可见到：如果土地中已含有一定量的矿质肥料，额外再添该种矿肥，这对植物的生长丝毫不起促进作用，反之，只要增添动植物肥料，植物长得越茂盛，不过产量不总是增加的。

在特洛田庄和在梅克伦堡其他田庄，在每平方丈土地上施以10方尺、20方尺或40方尺的灰泥土，效果未见有什么区别。再将含11%的灰泥土和含30%的灰泥土等量施于相邻的两块田中，下期谷物生长的情况也没有多大区别。田里第一次使用灰泥土很适当，第二次再用，全无效果，而酸模重又生长，不过潮湿的土地是个例外。

使用石膏也有类似的现象。在特洛田庄做过一次试验，每平方丈土地上施用半磅石膏和12磅石膏，苜蓿生长没有什么区别；

而在一块草地，九年来，每平方丈地年年施以半磅石膏，成效越来越减。

这种现象在近代化学中也能找到解释。植物的矿物质含量很微，少量矿物质施于田中足可供植物多年的需要。如果这种物质施于田中超过植物化学构成和中和土地酸性的需要，那么过剩之量对植物的生长关系不大，只不过起物理作用，犹如黏土和沙土。

然而也有几种土地，施以大多数矿质肥料，完全没有效果。[①] 例如在特洛田庄，在靠近田舍的土地施以灰泥土，其中高地完全没有作用，在低地只有非常微弱的作用；施以石膏也只有微弱的作用，而石膏在远离田舍的土地则有很大的效果。在那里施以骨灰和食盐做试验，迄今没有取得任何成效，在整个田庄的土地上也一样。

在远离田舍的土地使用矿质肥料不能提高产量，而应使用粪肥。

尤其是长期耕作、泄水良好、粪肥充足的田地，施以矿质肥料只有微弱的效果，或全无效果。

通过化学分析知道，粪肥中，这里是指干草与牲畜排泄物的混合物，已包含植物所需的一切矿物质。因此，定期在土地上勤施丰富的粪肥，自然不会缺乏那些矿物质，额外补充矿质肥料收不到效果。

根据前述定义，腐殖质就是以前所施粪肥的残余物，因此，腐

① 我应指出，凡含氮物质，如硝酸、氨及其化合物，我不列为矿质肥料，而列为有机肥料。

殖质中，农作物所需的各种矿物质都已应有尽有。

然而，如果频繁地种植吸取腐殖质中某种成分最多的作物，如油菜吸取钾盐量，苜蓿吸取石膏，亚麻吸取氧化镁，能使腐殖质成分的比例失去平衡；或者，如果土地长期休闲，泄水不良，腐殖质可以酸化；最后，如果腐殖质中原有的盐基成分，因灌溉过多而被漂去，那么在这种情形下，按我的看法，增添矿物质将会取得巨大成果。

农业中均衡学所称的“腐殖质”与化学家所称的“腐殖质”，完全不允许混淆，因为化学家把一切已经腐败的有机物，不考虑其来源，一概称之为“腐殖质”。腐殖质的主要成分是腐殖质酸，泥煤中及残留的粪肥中都存在。然而，土地中的腐殖质酸来自泥煤还是来自以前所施的粪肥，对农作物的繁育有很大的区别，植物对这两种都称为酸的反应说明，这两种酸绝不是相同的。由此可见，化学对植物真正的养分，土中腐殖质酸的分析还没有解释。利比希教授认为，化学家现在已经认识到，从泥煤中提取的或从淀粉中提取的腐殖质酸，碳、氢、氧的成分是完全不同的，这一见解颇为重要，将来也许会带来丰硕的果实。

从农业的均衡意义上说，在正常情况下腐殖质已含有植物所需的一切矿物质，额外增添这种矿物质只起机械和物理的作用，与其他泥土一样，所以说泥土与腐殖质是对立的，也不无道理。

均衡学的任务是：土地经过生产，收益力损失多少，土地施以一定量的粪肥收益力增长多少，对不同类的土地均以数字予以说明。

至于粪肥和腐殖质中哪种成分是植物的主要养分，是否如冯·赫尔蒙特所说的水，哈森弗拉茨所说的碳素，或者如近代化学所说的，粪肥中含有的矿物成分是对植物繁育产生有益影响的原因，这些不是均衡学研究的任务。均衡学关心的仅仅是粪肥中所含的一切肥料成分的总作用量。所以，均衡学与农业化学毫无关系，通过观察和试验获得的一定量肥料的作用的数字是一成不变的，不管现在和将来人们可能认为粪肥中哪种成分是主要养分。

如果要大家一致同意粪肥是如何以及通过哪种成分起作用，才愿去从事农作，那么人类早就饿死了。但是，实用农业和均衡学都不允许把自己的深入研究推延到解决那个问题之后。

但是，化学的应用成效显著，如施普伦格尔教授将化学应用于农业，许多问题，我们如通过单纯地观察也许需要几百年时间才能解决，而化学转瞬间就能解决，因而也大大促进了均衡学的发展。如果腐殖质中各种成分的正常比例遭到破坏，化学就能告诉我们，田地中应该加添什么物质，以使田地更加肥沃，对实际农作最为有利。凡是精明的田庄主都不能忽略化学知识。

根据数量而论，碳素是农作物的主要成分；在粪肥和腐殖质中碳素也占最多的量；土地所施粪肥，亦即为碳素越多，谷物长得越茂盛；土地不断耕作种植，产量将依次不断递减，然而，如果补充粪肥，亦即是碳素，土地又恢复原有的肥力。

从这些简单的事实中可知，作物所需的碳素大部分取自土中。

然而，新近利比希教授在他的《有机化学》一书第 56 页上，提出了如下的见解：

“一般说来，植物在正常发育的情况下，它的碳素含量并不取自土中；反之，植物使土地含碳量更丰富。”

尽管这种奇特的见解并没有危及均衡学，但是利比希教授的著作却耸人听闻，碳素对于植物养料学的地位是太重要了，这里对这个问题不能不闻不问。

上述见解主要有如下两个依据：

1. 施普伦格尔认为，腐殖质酸一份能溶解于2,500份的水中；腐殖质酸与碱、石灰及苦土相化合，从而构成（利比希教授补充说）具有同样可溶性的化合物。

于是利比希先生计算，多少腐殖质酸连同植物灰中的碱基被植物吸进体内，他发现这种腐殖质酸中的碳素含量与植物的碳素含量相比，微不足道。

利比希先生引用施普伦格尔的观点为依据，然而，施普伦格尔认为，溶解腐殖质酸碱并不需要2,500倍的水，而只需要半倍水。

假设已是错误的，那么直接据此得出的计算，便无价值可言。

2. 根据利比希教授的报告，在2,500平方米（约合115梅克伦堡平方丈）的土地上：

(1)种树，每年可产风干木材2,650磅，其中含碳素1,007磅；

(2)播种黑麦，收获麦粒和麦秸2,580磅，碳素含量为1,020磅；

(3)种植甜菜，可收18,000—20,000磅，不计菜叶，含碳素936磅；

(4)在同样的面积用作牧场，平均可收干草2,500磅，含碳素1,008磅。

2,500 平方米的土地用以育草造林，产碳素…1,007 磅；

同样面积的农田，种甜菜，不连叶，产碳素………936 磅；

种谷物产碳素…………………………………1,020 磅。

利比希先生于是作出下列的观察及结论：

“人们不禁要问，牧场的青草，林地的树木，最初没有施肥，从何处获得碳素；为什么土地中的碳素非但没有贫乏，反而年年有所增加。”

“肥料对于农作物的发育具有影响，没有人敢于否定，但人们有充分把握断定，肥料对植物产生碳素并不起作用，也没有直接的影响，因为我们知道，施肥的土地产生的碳素并不比没有施肥的土地多。肥料的作用问题与碳素的来源问题，是毫不相关的。植物的碳素必有其他来源，土地既然没有提供，那么来源只能是大气了。”

然而，《有机化学》的作者忽略了一点，牧场如不进行灌溉和施肥，2,500 平方米的面积是得不到 2,500 磅干草的产量的，产量将年年递减，进入稳定状态时产量不过为以往的 1/4。

干草产量减少，从而收割的干草中所含的碳素量也减少，因为大气中碳酸气的含量始终未变，所以其原因只能是，前面几茬收成已经将土地中的一部分碳素作为养分吸收了，后面几茬青草只能吸取到土中少量的碳素。

《有机化学》的著者所提出的自己认为正确的根据，恰恰证明其论断的谬误。

植物从大气中也从土地中吸取必要的碳素，两者的比例以植物不同而不同，树木不同于谷物，又不同于豆荚类。这一点在均衡学和实用农业中是早已了解并且承认了的。探求这一比例正是均衡学的最重要也是最艰巨的任务之一。

本卷第一版问世至今已有16年,16年来经过连续不断的仔细观察,我的对非常年轻的科学农业均衡学的见解,有了很大发展,有些观点有了改变,这是在所难免的。我没有充分时间可将本卷中根据农业均衡学原理所作的计算重新改写,但我目前的观点并不曾改变重大的结论,否则本卷不应再出第二版。

幸而本卷中完全没有谈及均衡学中最困难也是最少有定论的原理,即在不同等级肥力的土地上肥力与产量是什么关系,当土地种类发生变化,土地的作用和性质发生什么变化。本卷所谈的始终是相同的土地,即其肥力处于稳定状态,在纯休闲之后谷物收益为8斗。

虽然本卷谈的是相同的土地,收益虽分不同的等级,但不讨论与这些收益等级相应的土地肥力。我们可以把收益多于或少于8斗的土地肥力,设为未知数 x,这样不致影响结果。只是在不同经营制度下,关于土地肥力的均衡表中,它才有偏差。我们的计算都以经验中获得的原则为基础,即在谷物收益为8斗的大麦地,1,000平方丈的地面相对吸收为1/5,土地肥力为400°。但是在表格中土地收益不是按8斗,而是按10斗计算,土地肥力则为500°,也就是与产量成正比的。依我现在的看法,这么做并不正确。因为表格仅仅用作比较,从收益为8斗作为依据之点出发,也能得出同样的结果,不会是别的。

如果以8斗收益和400°地力取代原有数字,这很容易,但是,本卷中必有许多处要求修正，而研究的结果则并无变动。

我后来的经验告诉我，本卷中所引用的均衡学的部分，数字比例应作一些修改；但是，这些修改并不会动摇用文字表述的这些研究结论的正确性。

然而，我后来得到的经验，关于油菜的产量和地力吸收的结果，与我以前的假设有很大偏差。所以油菜种植这一章已完全改写。

为了便于读者综观我后来所补充的均衡学的理论，同时说明我的计算方式，所以我在本卷末的附录说明一之后列出最近拟定的十区农作制均衡表一份，这项农作制现已在特洛田庄靠近田舍的一半土地上实施。

第八节　实行三区农作制，如果田地保持肥力不变，农田与牧场的分配应作如何比例？

实行三区农作制，轮作循环之初土地肥力为 500°，循环结束时土地肥力为 442.2°，亦即是一次循环消耗肥力 57.8°。

一车肥料等于土地肥力 3.2°，所以 57.8°肥力等于肥料 57.8°/3.2°＝18 车。实行三区农作制，如果要保持肥力不变，每年应补充 18 车肥料。

如果这些补充的肥料全部来自与农田相关的牧场，那么试问，需要开辟多少平方丈的牧场，方能为农田提供 18 车肥料。

由于三区农作制的牧场从不翻耕，所以牧草远没有轮作休闲制牧场长得好，生产率仅为 2 与 3 之比，所以在三区农作制的牧场，养牛一头或取代牛一头的若干只羊，270 平方丈不够用，必须有 405 平方丈的牧场。轮作休闲制的牧场，每 1,000 平方丈的土地可产肥料 10.1 车，因为肥料的生产与青草的生产成正比，所以三区制的牧场只能生产这一数量的 2/3，亦即是 $10.1\times2/3=6\frac{3}{4}$ 车。

如果牧场用来放羊，夜间羊群圈在牧场的栏内，那么农田只能得到牧场所提供的肥料的一半。在这样的条件下，1,000 平方丈的牧场只能为农田提供 $6\frac{3}{4}\times\frac{1}{2}=3\frac{3}{8}$ 车肥料。

农田需要肥料为 18 车，生产这些肥料需要牧场为 1,000 平方丈 $\times\dfrac{18}{3\frac{3}{8}}=5,333$ 平方丈。

这就是说，三区农作制所需肥料如果完全由自己生产，则 3,000 平方丈的农田必须配以 5,333 平方丈的牧场；换句话说，8,333 平方丈的地面应将 3,000 平方丈划分为农田，5,333 平方丈划分为牧场。

今有土地面积 100,000 平方丈，按上述比例划分，农田应为：

$8,333:3,000=100,000:x, x=\dfrac{3,000}{8,333}\times100,000=36,000$ 平方丈，牧场为：$\dfrac{5,333}{8,333}\times100,000=64,000$ 平方丈。

纯粹的轮作休闲制，如果没有牧场，将与纯粹三区农作制一样不能生存，因为冬天饲养牲畜，如果不用高价的谷物，就必须用干草。

但我们研究的目的，要求我们将农田的货币收益和肥料生产单独计算，亦即是与牧场分开计算，现在我们可以提问，在一个农田和牧场联合经营的田庄中，农田和牧场各自的纯收益和肥料生产占总的纯收益的比例是多少。

干草的价值分两个部分，一部分为饲料价值，另一部分为用作饲料后产生的粪肥的价值。

干草的饲料价值可以从乳牛和羊所提供的收益中计算得到。

干草的肥料价值，我按下列原则确定：

今假定有一田庄，将所属同等性质、同等肥力的土地分成两区，牧场所产的肥料全部施于第一区，第一区实行轮作休闲制，它播种的谷物量较多，种子唯有靠增施肥料才能获得相等的肥力。第二区也实行轮作休闲制，其谷物播种量只能与以自身之力保持原有肥力的牧场区相适应。第一区以同样的面积获得的纯货币收益较高，这是增添肥料所致，增加的货币量与增添的肥料量相比，得出每车肥料的价值。

均衡学能提供这类计算的数据。

如果农田需要肥料的一部分依靠牧场，那么三区农作制的农田和牧场的比例将作怎样改变，请见下列例子：

假设农田和牧场的面积为 100,000 平方丈，此外连带草地一块，草地产青草，每年产量合干草 100 车，每车重 1,800 磅。

一车干草重 1,800 磅，用作饲料，可产肥料 1,800/870＝2.07 车，今干草 100 车，可得厩肥 207 车，都施用于农田。

一块农田面积 3,000 平方丈，每年需要补充 18 车肥料；那么 207 车肥料足够施于 3,000×207/18＝34,500 平方丈农田。如果从总面积 100,000 平方丈中减去这 34,500 平方丈，则尚余65,500 平方丈，这块土地没有外界的肥料可得，只能自供自给。在这样的情况下，农田的面积，应如上述原则计算，等于总面积的36/100，牧场等于总面积的 64/100。今总面积为 65，500 平方丈，则农田为 65，500×36/100=23，580 平方丈，牧场为 65，500×64/100=41，920 平方丈。

根据上述计算可得：

1. 农田肥料由草地供给的，面积为 34，500 平方丈，

2. 农田肥料由牧场供给的，面积为23，580 平方丈，

   农田总面积为 58，080 平方丈。

3. 牧场 41，920 平方丈，

等量的肥料如施于谷物收益力较低的农田，面积还可更大些。

第九节　如果在两块肥力完全相等的农田分别实行轮作休闲制和三区农作制，在不同制度下黑麦的收益将怎样？

如果将三区农作制改为七区轮作休闲制，那么田庄中所堆的肥料，以前施于第三区的，现在则施于第七区。

因此，在变更以后的第一年，黑麦的收成一定比以前三区农作制时好一些，但是，这一产量的提高并不证明整片土地肥力的提高——整片土地的肥力在第一年是不可能发生改变的——，仅仅证明一部分土地的肥力比较集中而已。

所以，我们完全不能将黑麦的谷物收益率相等的七区轮作休闲制和三区农作制进行比较，我们必须计算在两块农田肥力相等的情况下谷物的收益率应为多少。

各区土地的肥力总和就是土地肥力的总和。夏天土地中的植物养分量不断发生变化，因为农田上庄稼繁育吸收肥力，牧草正在生产肥料对牧场也发生影响。所以，我们选择春季为从事观察的时间最为确当，那时植物还未发育，各区土地所含的肥力，可以视为收益率的标准。

为了在这一方面能对两种农作制作一比较，那么在田地实际所含的肥力之外，还须将场院中所堆的、由去年收成所产生的，或者尚在生产中的肥料，一并计算进去。因为一种农作制在春天已经施肥，另一种农作制则在完成播种以后才施肥，如果我们仅仅注意到田地中所含的肥力，那么将看不到一种作物的收获总共需要多少肥力。施肥较后的农作制，如果没有堆在场院上的肥料作补充，则不可能有预期的产量。

这类计算的数据，我们可以从第七节所列的关于轮作休闲制和三区农作制土地的肥力状态的表中读到。这里只需指出一点，在轮作休闲制经济中农田用作牧场，是将牧场所产的肥料留在原来地面，并不运回场院，因为牧场每区产肥 10.1 车，所以，每区每年增加土地肥力为 $3.2^{\circ}\times10.1=32.3^{\circ}$。

实行七区轮作休闲制谷物收益为 10 斗的土地的肥力

第一区　黑麦，含肥力……………500 度

第二区　大麦………………………400 度

第三区　燕麦………………………325 度

第四区　牧场………………………265 度

第五区　牧场……………………297.3 度

第六区　牧场……………………329.6 度

第七区　休闲……………………361.9 度

加厩肥 41.4 车，每车折合 3.2 度，共…132.5 度

7,000 平方丈共含肥力………2,611.3 度

1,000 平方丈为……………………373 度

实行三区农作制谷物收益为 10 斗的土地的肥力

第一区　黑麦，含肥力……………500 度

第二区　大麦……………………400 度

第三区　休闲……………………325 度

加厩肥 32.5 车，每年折合 3.2 度，共……104 度

3,000 平方丈共含肥力…………1,329 度

1,000 平方丈为……………………443 度

种植黑麦，为了使土地的收益为 10 斗，则在三区农作制经济中 1,000 平方丈的土地就需要肥力 443 度；如在轮作休闲制经济中，土地肥力 373 度就足够了。反之，含肥力 373 度的 1,000 平方丈土地，在三区农作制的经济中，收益只能达到 8.4 斗，因为

$$443^\circ : 373^\circ = 10 : \frac{373}{443} \times 10 = 8.4$$

同一块农田，实行三区农作制，收益为 8.4 斗，如改为七区轮作休闲制，则收益为 10 斗，无须将全部土地的肥力提高；或者说，轮作休闲制经济中收益为 10 斗的农田，改为三区农作制，收益为 8.4 斗，而肥力等级并没有变化。

种植豌豆之后种植马铃薯和黑麦，其地力各为 500 度，此时六区轮栽作物制的土地肥力

第一区　马铃薯……………………500 度

第二区　大麦………………………400 度

第三区　苜蓿………………………325 度

第四区　黑麦………………………299 度

第五区　豌豆(在施肥后下种，用作青饲料)525 度

第六区　黑麦………………………500 度

6,000 平方丈共含肥力……………2,549 度

1,000 平方丈为……………………425 度

六区轮栽作物制的经济几乎能将去年收成所产的肥料全部在春天施于马铃薯和豌豆地。因此，这里不再计算场院中的堆肥。

如果将六区轮栽作物制经济同七区轮作休闲制经济的货币收入作比较，并假定两种农作制的黑麦收益率相等，那么前者的土地肥力为 425 度，后者为 373 度。

如忽略上述这种情况，将会导致很危险的错误。

在比较两种农作制度时，无可争辩地必须以肥力相等的土地作基础。在七区轮作休闲制经济中适中肥力与种植黑麦区的肥力之比为 373°∶500°，但是在六区轮栽作物经济中其比例为 425°∶500°。一块具有中等肥力 373°的农田，在六区轮栽作物制经济中黑麦区则为 439°，因为 425°∶500°＝373°∶439°。换句话说，如果将七区轮作休闲制改为六区轮栽作物制，那么黑麦区土地肥力不是现在的 500°，而是 439°，谷物的收益由于这一原因便从 10 斗降

为 8.8 斗。

第十节　三区农作制的工作量与七区轮作休闲制的比较

我不能从一片土地上多年取得的工作量计算方法，例如对种牧草的休闲地的工作费用的计算，用于不种牧草的休闲地。但是我早年曾在两所田庄工作过，亲自观察和极大部分也亲自计算过不种牧草的休闲地与种牧草的休闲地的工作费用，关于这些情况，我作有记录。后来我也曾有过机会对两者进行比较观察。根据我的记录，结合这些比较观察，得出如下的计算结果：

	2/3 新币（塔勒）	2/3 新币*（塔勒）
在七区轮作休闲制经济，10,000 平方丈		
种牧草的休闲地，其费用为……		274.5
不种牧草的休闲地，减少的费用如下：		
1. 耕锄……	43	
2. 耙平地头……	17.6	
3. 耙平种草休闲地需花费 24.3 新塔勒，现在只需 6.5 塔勒，可节省……	17.8	
4. 耙平转弯处不需 21.4 新塔勒，只需 16 新塔勒，可节省……	5.4	
5. 填平沟壑，不需 9.3 新塔勒，		

* “2/3 新币”是币制名称，行文累赘，以下均译作新塔勒。——译者

只需 4.6 塔勒，可节省…………………4.7

总计节省　88.5

因此不种草休闲 10,000 平方丈所花费用为　186(2)[①]

第十一节　田地与田舍的距离对农作费用的影响

就这方面而言，工作可分为如下四类：

第一类，凡工作量以距离的远近为转移的工作，例如，运肥、谷粒的归仓等。

第二类，凡每天必须往返两次，遇雨天往往中断的工作，例如，收割、打捆等收获工作。我假定这类工作每天回田舍休息两次，因此往返造成三倍时间的损失，这类工作应列入计算之内。

第三类，凡每天必须往返两次，遇雨天就不易施工，但至少不像收获的工作必须中断，例如，犁锄、耙平、播种、挖沟等等。

驾牛犁田似不属这类工作，犁田者早晨去农田，傍晚才归来，所以每天去劳动场所及返回，仅有一次。然而耕牛每天必须更换三次，因此每天往返是四次，路途遥远很耗费时间。所以犁田应当列入这类工作之中。

第四类，凡场院上的工作，例如打谷、堆肥、装卸谷物等等都是。这些工作与农田离田舍的远近没有关系。

田亩的施肥费用及谷物从田间运回费用则不能归于同一类。

① 括弧内的数字与本卷末附录中的说明有关。

田亩的施肥工作可分几类，驾车运肥属于第一类，撒肥属于第三类，场院堆肥属于第四类。

关于田亩施肥费用的细则计算如下：

总费用的 7/10 属于第一类，

总费用的 1/10 属于第三类，

总费用的 2/10 属于第四类。

谷物运回场院的工作也分几类，车载运输工作属第一类，在田地上将束捆装车为第二类，卸车、堆垛或运仓贮存属于第四类。

在我的计算中装卸一项，田间的工作费用几乎占全部的 1/3，场院上的工作费用占全部的 2/3。

特洛田庄有田地 160,000 平方丈，地形很不规则，田地离田舍的平均距离*约为 210 丈。

如果这一距离发生变化，那么工作费用将发生什么变化，如果田舍至田地的距离等于零，那么工作费用中哪一部分还存在？

田庄的劳动时间在农事最忙季节，自 3 月 24 日至 10 月 24 日，平均每天 10 小时又 40 分钟。

根据我的观察，劳动者往返 210 丈路途大约需 32 分钟。

第二类的工作，每天需往返三次，因此每天需费 32×3=96 分钟，占整天工作时间的 3/20。

第二类**的工作，每天往返需费时间 32×2=64 分钟，工作时间因此而缩短了 1/10。

---

* 平均距离的概念，参阅本节附录。——译者

** 疑是第三类之误。——译者

平均距离的计算是以田舍的中心，顺直线至作为平均距离之点。这两点之间的距离上存在着麦地、草地或深沟，劳动者和车马无法走直线，从一点至另一点必须或多或少迂回行走。整片田地中直线的距离与迂回的距离之比，要较准确地说出一个平均数，这几乎是不可能的。如果不作介绍，那么唯有熟悉特洛田庄地形的读者，才能将这里的计算方法应用于其他田庄，所以我不得不姑且估计一下，我认为特洛田庄的直线平均距离与实际所走的道路的距离相比，约为 100∶115。

根据观察所得，劳动者往返的路程，以直线计算为 210 丈，需时 32 分钟，所以由此可知，32 分钟内两次实际经过的路程为 $210\times\frac{115}{100}=241\frac{1}{2}$ 丈。

如地形相似而面积不等，实际所走的路程同两地地形的平均距离成正比。

在同一田庄上，直线平均距离同实际所走的路程的比例，是根据田亩和种植区位置的分配而变化的。如各区的位置不直接对着田舍，而是以直角穿插于田间才能到达，那么至少每区的一部分土地，其直线距离与迂回距离之比，犹如直角三角形斜边与两股长短之比。等腰直角三角形，斜边与两腰之和之比为 $\sqrt{2}$∶2，即 1∶$\sqrt{2}$，如果斜边为 100，则两腰之和为 141。

所以，在将田地划分种植区时，这一环节应予重视。

特洛田庄的田亩面积为 70,000 平方丈，平均距离为 210 丈，谷物收益为 10 斗，常常引用的计算如下：

耕作费用为 569.8 新塔勒

收获费用为 499.5 新塔勒

根据分类计算，列表如下，也许占用了过多的篇幅：

	第一类	第二类	第三类	第四类
(1)耕作费用(新塔勒)			568.3	1.5
其中距离造成的费用所占比例			1/10	0
等于(新塔勒)			56.8	
(2)收获费用(新塔勒)	160.1	96.8	13.8	228.8
其中距离造成的费用所占比例	1	3/20	1/10	0
等于(新塔勒)	160.1	14.5	1.4	

70,000 平方丈田亩，距离田舍为 210 丈，谷物收益为 10 斗，农作所需费用(开垦费用不计)如下：

(1)耕作费用为……………………………………570 新塔勒

距离造成的费用占总费用 10%，

即 57 新塔勒

与距离无关的费用为 513 新塔勒

(2)收获费用为……………………………………500 新塔勒

距离造成的费用占总费用 35.2%，

即 176 新塔勒

与距离无关的费用为 324 新塔勒

上述田亩面积的收成在扣除工作费用及经常费用之后，尚可产生地租……………………………………………954 新塔勒

如果我们假设,距离造成的费用等于零撇开不谈,或者说距离等于零,那么

570 新塔勒的耕作费用中可节省……………………57 新塔勒

500 新塔勒的收获费用中可节省 ……………………176 新塔勒

因此,在距离等于零时,地租为…………… 1,187 新塔勒

距离每增加 210 丈,地租就递减…………… 233 新塔勒

由此计算可得:

距离 0,地租为……………………………1,187 新塔勒

距离 210 丈,地租为 …………………………954 新塔勒

距离 420 丈,地租为 …………………………721 新塔勒

距离 630 丈,地租为 …………………………488 新塔勒

距离 840 丈,地租为 …………………………255 新塔勒

距离 1,050 丈,地租为 ………………………22 新塔勒

距离 1,070 丈,地租为……………………………0

谷物产量较低的田亩,耕作费用依旧,收获费用则随产量而减少。距离造成的费用如旧。

谷物收益为 9 斗,属于距离造成的费用:

(1)耕作费用中占……………………………… 57 新塔勒

(2)收获费用中占 ………………176×9/10=158 新塔勒

共计 215 新塔勒

亦即是地租增减,每距离 210 丈为 215 新塔勒。

谷物收益每减 1 斗,因距离造成的费用就减少 18 新塔勒(精确地说为 17.6 新塔勒),所以,谷物收益为 8 斗,属于距离造成的费用为 215－18＝197 新塔勒。

根据这一计算可得下列表格：

70,000 平方丈农田的地租表

农田与田舍的距离	谷物收益				
	10 斗新塔勒	9 斗新塔勒	8 斗新塔勒	7 斗新塔勒	6 斗新塔勒
距离=0,地租为	1,187	975	763	551	339
距离每增 210 丈,地租就减少	(233)	(215)	(197)	(179)	(161)
距离 210 丈地租为	954	760	566	372	178
距离 420 丈地租为	721	545	369	193	17
距离 443 丈地租为	—	—	—	—	0
距离 630 丈地租为	488	330	172	14	
距离 646 丈地租为	—	—	—	0	
距离 813 丈地租为	—	—	0		
距离 840 丈地租为	255	115			
距离 952 丈地租为	—	0			
距离 1,050 丈地租为	22				
距离 1,070 丈地租为	0				

附　　录

一、论农田与田舍的平均距离

所谓“平均距离”,由于它不同于通常的概念,所以需要加以说明。

今有地形规则的田地一区,例如为等腰三角形,用马车往田间送肥,马拉了第一车、第二车、第三车……直至完成全部土地的送肥工作,如果我们将马走过的全部路程加以测量并记录下来,其总和除以马车送肥的次数,便得出我们在这里所称的平均距离。现在由田舍*向田边方向划一条直线，将这区农田分成相等两区，如果我们在这条线上找到离田舍平均距离的点，那么这一点似乎就是整区各个部位距离的代表。就运肥经过的路程来说，不论是将肥运至该区的各部位，还是将全部肥运到哪一点上积成一堆都行。

如果不运送肥料，而运送灰泥土，那么寻找平均距离的任务更简易些。但是施肥的田地必须是有规则的，例如是一个直角的四方形，我们可以设想将它分成许多小的正方形，在每一交点投放一车灰泥土。将每个交点至方形的每一角（堆灰泥土的坑）的距离总和，除以交点总数，即得平均距离。

据我所知，数学上还没有人解决上述意义的平均距离，至今还未见计算的公式。我曾作过多年的努力，试图谋求一个公式，然而久久没有成果，在本卷第一版中我曾声明，我未能找到确定平均距离的普遍规律。

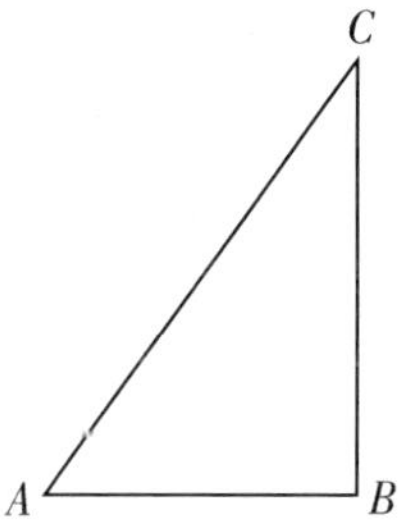

我的声明促进了经济顾问扎伊德尔先生对这一问题的研究（见《经济新闻》1829 年第四期），他发现直角三角形 ABC（其底边 $AB=r$，高 $=x$）的各点与顶点 A 的平均距离为

C

A　B

$$\frac{2}{3}\sqrt{\left(r^2+\frac{x^2}{3}\right)}.$$

根据我的判断（曾经著名数学家证实），扎伊德尔先生还没有证明他所创立的公式的正确性。

扎伊德尔先生是用积分计算的，他把根式 $\sqrt{(a^2+y^2)}$ 中由于

* 田舍的位置，著者并未交代。——译者

y 增长而产生的级数各项相加，每一项在那里仍处于平方根之内，计算时又似乎平方根完全不存在——这是不允许的。

扎伊德尔先生解决问题不能使我满意，所以我又重新研究，几年前终于达到了长久期望的目的，我找到了一个公式，它的正确性经得起数学的严格的检验。

如果在这里详述求得这一公式的方法及其证明情况，将会占用许多篇幅，因而会中断本书的主要研究对象的讨论很久，所以我不得不留在第二卷中介绍，这里我只限于陈述研究的结果。

直角三角形 ABC，其底边等于 r，高等于 x，三角形中各点与顶点 A 的平均距离为

$$\frac{1}{3}\sqrt{(r^2+x^2)}+\frac{r^2}{3x}\lg.nat.\left(\frac{x+\sqrt{(r^2+x^2)}}{r}\right)$$

如 $r=1$，则 $\frac{1}{3}\sqrt{(1+x^2)}+\frac{1}{3}\lg.nat.(x+\sqrt{(1+x^2)})$。

如扎伊德尔的公式 $r=1$，则为 $\frac{2}{3}\sqrt{(1+\frac{1}{3}x^2)}$。

两个公式的计算结果比较：

$r=1$，则平均距离为

	扎伊德尔公式	我的公式	两者差别
$x=1/2$	0.6939	0.6935	0.0004
$x=1$	0.7698	0.7652	0.0046
$x=20$	7.7268	6.7365	0.9903

由这一例子可见，扎伊德尔的公式，如高不大于底边，两公式的差别很小，如高超过底边很多倍，那么我的公式计算结果明显为

小。例如 $x=1$，相差仅为 6/10%；$x=1/2$，仅差 6/100%；$x=20$，则相差 14.7%。

虽然扎伊德尔先生的公式在数学上不能证明正确，但是它在许多情况下则颇为实用。如果不要求十分精确，而三角形的高不超过底边的长度，那么使用扎伊德尔的公式不会有明显的差错；他的公式比我的公式优越，因为计算比我的简单得多，使用我的公式还必须经常查阅对数表。

我们验明，扎伊德尔的公式在一定范围内是精确的，在这个范围内使用他的公式颇受实用农业的欢迎。

二、论梅克伦堡田庄的形势

如果我们考察梅克伦堡和前波美拉尼亚大多数田庄，必定会对那里不合理的结构，感到惊讶。

田庄的结构显然还具有最初建立时的痕迹，这一点可以看作是原始移民的历史纪念品。凡有湖泊、河流、溪涧的地方，田舍就傍水而建，田亩往往在田舍的一边，延展范围很广。古代人民开辟洪荒原野，他们靠近湖泊、河流、溪涧而居，这是正确的，因为水是第一需要，取水要方便，最初垦殖农田很少，田地离田舍的距离极不重要。但是经过数百年之久，财富和居民增长，农田范围扩展，牲畜繁殖，那时田庄主放牧牲畜走得很远，直到天然的障碍，如河流沼泽之类，或者到了邻近境界，邻人使用暴力阻止他继续扩展为止。在较近时期，甚至放牧牲畜的草地，极大部分也变为农田。由于距离过远，农田往往产生负效益。

因此出现了现代的田庄，随着时间的进程现代田庄还在变化；

但是大田庄的田舍还在原始移民建立草屋的地方。

在没有河流和湖泊的地方，事情反而好些，然而田庄交界犬牙交错。两个相邻的田庄，**一个**田庄的农田伸展到**另一个**田庄的田舍附近，后者的农田又靠近第三者的田舍。

通过上述的计算，我们可以将由于田舍位置不合理所造成的损失用数字表述出来，这一点很重要，值得再次陈述如下：

今假定田庄 A 有一块田地面积 70,000 平方丈，谷物收益为 8 斗，田亩距田舍 400 丈，而离邻庄 B 的田舍只有 100 丈。田庄 B 也有大小相等、土质相等的一块田地，离 B 的田舍为 400 丈，而离田庄 C 的田舍则为 100 丈。

如果田庄 B 将距离 400 丈的田亩让与田庄 C，而从田庄 A 获得距自己田舍 100 丈远的田亩，那么地租将增加多少呢？

田庄 B 有田 70,000 平方丈，谷物收益为 8 斗，

1. 距离 100 丈，地租为

$$763-197\times\frac{100}{210}= \qquad 669\text{ 塔勒}$$

2. 距离 400 丈，地租为

$$763-197\times\frac{400}{210}= \qquad \underline{388\text{ 塔勒}}$$

经过交换，田庄 B 获得地租　281 塔勒

以 5%利率计算的资本值为　5,620 塔勒

田庄 C 通过交换获得 70,000 平方丈

离自己田舍 100 丈的田亩，地租为　669 塔勒

资本值为　13,380 塔勒

通过交换田庄 B 获得资本值　5,620 塔勒

田庄 C 获得资本值	13,380 塔勒
	总计 19,000 塔勒
田庄 A 由于出让 70,000 平方丈的田亩,价值损失为	7,760 塔勒
扣除之后尚余	11,240 塔勒

所以,这三个田庄仅仅是通过改善田亩的分配就获得资本值 11,240 塔勒。

值得注意的是,这种地产交换的得益,不能以寻常的一桩所谓好生意来看待,一方所得,为另一方所失;这种得益是国民收入和国民财富纯粹的增加。

如果考虑到这一事实:几乎没有一个田庄的建筑物是在田亩的中心,几乎每个田庄的田地都可以相互交换而各有所得的,那么我们势必为资本量对国民财富毫无补益的损失感到惊讶和痛心。如果有人愿意将梅克伦堡国民财富的这一损失以货币计算一下的话,那么结果至少也会有数百万塔勒。

人们可能不禁会问,田庄的这种界限为什么如此不可改变,甚至比国界还不可改变?

保持历来自己所占的地产的心理与交换是格格不入的。人们很容易过高估计自己长期所占的或祖传的地产的价值,为了改善田庄曾花费过心血和成本。但是保持自己地产的心理是长期处在同明智的见解和非常清楚的利益斗争之中的,这种心理状态不可能世世代代,数百年之久阻碍交换,此外还有别的实在原因在起阻碍作用。

这类原因,列举如下:

1. 征税过重,在梅克伦堡不仅出售整个田庄,而且出售田庄的附属物也需纳税。如果是交换,则有两重征收,即根据双方交换地块的价值纳税;

2. 丈量买卖的土地、税册过户也需纳税;

3. 如田庄有负债情况,未得田庄债权人的特别同意,出售和交换均不许可。

变卖整个田庄征以重税,这对土地的耕作并无害处,反有益处,因为重税可以阻碍和减少田庄轻率转让,改变所有主;但是对于田庄的部分土地进行交换课税,这对国民财富极为不利。

这种征税以及其他种种困难,足以使几乎一切土地交换陷于停止,所以,废除这种税收,实有必要,即使国家收入略有减少也应照办。如果考虑到这笔赤字,那么只需略略提高出售整个田庄的税收就可以弥补,这无害于农作。

至于是否能排除以及如何排除第三个原因,即田庄债务情况造成的困难,我不敢妄作判断。但是我可以预料,我们处在陈旧的世界之中,如果我们不知摆脱习惯的束缚,那么我们在农业和国民财富方面,将迅速地落在新世界中蒸蒸日上的国家的后面。

一些乡村,那里是农民聚居的地方,他们的田亩零零落落,不相连贯,田地近则在村舍旁边,远则在村落土地的边界,那里地租的损失比地形不规则、面积过大的田庄大得多。这些乡村,具有大田庄的一切劣点,而无一优点。一个国家,如果尽是这样的农村,则不可能有殷实的国民收入,所以在防御外来之敌时,必将软弱无力。

乡村中人畜的力量白白地耗费于远途的往返。通常一户农家种植肥沃的土地，所得的粮食本可供两家之用，但在这里一家的劳动从土地所得，几乎只够一家消费，供养城市居民用的粮食就非常少了。

要想改变这种情况也很困难，因为远离这些乡村的土地通常非常贫瘠，土地承担不了建筑新舍的费用，也难供养家口。再往下讲就不属于本书的研究范围了。

第十二节　三区农作制的地租如何确定

我根据特洛田庄获得的经验，对轮作休闲制的地租的确定作过计算，三区农作制的地租如何确定，我也完全以上述的计算为根据，这里有必要将我的计算，叙述于下：

七区轮作休闲制，田亩面积为 70,000 平方丈，谷物收益为 10 斗

每区田亩为 10,000 平方丈	播种费用（新塔勒）	耕作费用（新塔勒）	收获费用（新塔勒）	经常费用（新塔勒）	毛收益（新塔勒）	地　租（新塔勒）
第一区休闲	—	274.5	—	—	21.8	—
第二区黑麦	143.5	2.2	217.6	—	1,274	—
第三区大麦	122.3	165.0	158.5	—	932.8	—
第四区燕麦	125.0	125.3	123.4	—	757.8	—
第五区牧场	18.5	2.8	—	—	109.4	—
第六区收场	—	—	—	—	109.4	—
第七区牧场	—	—	—	—	109.4	—
总计	409.3	569.8	499.5	882	3,314.6	954
			50	88.2	331.5	193.3
按 100,000 平方丈计并折合成金塔勒*	626.4	872.2	764.6	1,350	5,073.4	1,460.2

* 新塔勒（即“2/3 新币”）14 枚合金塔勒 15 枚。——译者

上列计算也是第五节中确定轮作休闲制田亩的地租的根据。

10,000 平方丈田亩,实行种草休闲需费…… 274.5 新塔勒

如不种草休闲,如第十节所述,可节省…… 88.5 新塔勒

所以 10,000 平方丈田亩实行不种草休闲需费…… 186 新塔勒

12,000 平方丈田亩则需费……………………223.2 新塔勒

三区农作制种植大麦区的耕作费用以及黑麦及大麦的收获费用,如谷物收率相等,则与轮作休闲制的费用相等。

1. 牧场利用的毛收入为…………………… 91.7 新塔勒

2. 因牲畜遗粪,可节省运肥费用……………17.7 新塔勒

10,000 平方丈暂时用作牧场的毛收益为 109.4 新塔勒

在三区农作制经济中没有运肥费用可节省,牧场的利用与轮作制经济相比,面积相等,收益为 2∶3。所以 10,000 平方丈的牧

三区农作制,田亩为 100,000 平方丈,其中 12,000 平方丈休闲,12,000 平方丈种植黑麦,12,000 平方丈种植大麦,64,000 平方丈为牧场,谷物收益为 10 斗

	播种费用(新塔勒)	耕作费用(新塔勒)	收获费用(新塔勒)	经常费用(新塔勒)	毛收益(新塔勒)	地　租(新塔勒)
第一区休闲	—	223.2	—	—	43.8	—
第二区黑麦	172.2	2.2	261.1	—	1,528.8	—
第三区大麦	146.8	198.0	190.2	—	1,119.4	—
牧场 64,000 平方丈	—	—	—	—	391①	—
总计	319	423.4	451.3	820	3,083.0	1,069.3
折合成金塔勒	341.8	453.6	483.5	878.6	3,303.2	1,145.7

① 在轮作休闲制经济中 10,000 平方丈田亩

场的利用，收益为 91.7×2/3=61.1 新塔勒，如 64,000 平方丈，则等于 391 新塔勒。

第十三节　农田与田舍的距离对三区农作制工作费用的影响

根据上节所述，36,000 平方丈农田的

耕作费用……………………………423.4 新塔勒

收获费用……………………………451.3 新塔勒

参照第十一节所作的工作分类

	第一类	第二类	第三类	第四类
(1)耕作费用(新塔勒)			324.4	1.2
其中距离造成的费用占比例			1/10	—
等于(新塔勒)			42.3	—
(2)收获费用(新塔勒)	145.9	86.8	12.3	206.3
其中距离造成的费用占比例	1	3/20	1/10	0
等于(新塔勒)	145.9	13	1.2	0

与田舍的距离每递增 210 丈，

耕作费用增加…………………………… 42.3 新塔勒

收获费用增加 ……………………………160.1 新塔勒

总计 202.4 新塔勒

谷物收益为 9 斗时

耕作费用中距离造成的费用为………………42.3 新塔勒

收获费用中距离造成的费用160.1×9/10=144.1 新塔勒

总计 186.4 新塔勒

实行轮作休闲制，全部可耕面积都可以耕作种植；而实行三区农作制，100,000 平方丈的面积中仅有 36,000 平方丈为耕地。

在轮作休闲制经济中，100,000 平方丈农田与田舍的平均距离为 210 丈，试问在三区农作制经济中，36,000 平方丈最靠近田舍的农田的平均距离为多少。

如果地形相似，那么平均距离为地面积平方根的比例，

亦即是 $\sqrt{100,000} : \sqrt{36,000} = 210 : x$

或 $316 : 190 = 210 : x, x = \frac{210 \times 190}{316} = 126$。

这就是说，在全部面积相等的情况下，轮作休闲制农田与三区农作制农田的平均距离之比为 210∶126。

由于距离造成的各项费用，在三区农作制经济中，如果农田为 36,000 平方丈，谷物收益为 10 斗，农田与田舍的平均距离为 210 丈，那么为 202.4 新塔勒。

这些费用的增减与距离成正比；所以距离为 126 丈时，费用为

$210 : 126 = 202.4 : x, x = \frac{126}{210} \times 202.4 = 121.5$ 新塔勒。

其中耕作费用为 25.5 新塔勒，

收获费用为 96 新塔勒。

所以，三区农作制比轮作休闲制，如果地面积相等，因前者农田离田舍较近可节省

耕作费用　　42.3－25.5＝16.8 新塔勒

收获费用　　160.1－96＝64.1 新塔勒

总计 80.9 新塔勒。

如果谷物收益为 9 斗，

耕作费用可节省……………………16.8 新塔勒

收获费用可节省 64.1×9/10＝57.7 新塔勒

74.5 新塔勒

三区农作制，谷物收益为 10 斗，费用、毛收益和地租表

	播种费用（新塔勒）	耕作费用（新塔勒）	收获费用（新塔勒）	经常费用（新塔勒）	毛收益（新塔勒）	地　租（新塔勒）
平均距离为 210 丈	319	423.4	451.3	820	3,083	1,069.3
如为 126 丈可节省	—	16.8	64.1	—	—	—
两项相减	319	406.6	387.2	820	3,083	1,150.2

折合成金塔勒

谷物收益为 10 斗	341.8	435.6	414.8	878.6	3,303.2	1,232.4
每递减 1 斗相差			(41.5)	(87.8)	(330.3)	(201)
谷物收益为 9 斗	341.8	435.6	373.3	790.8	2,972.9	1,031.4

如果将播种费用和毛收益两项，全部以谷物计算——黑麦每斗价值为 1.291 金塔勒——，耕作、收获费用和经常费用则 3/4 以谷物计算，1/4 以货币计算，于是从上表可以得出下表，表中的分数采用四舍五入法。

三区农作制，100,000 平方丈田亩，费用、毛收益和地租表

谷物收益	播种费用 黑麦(斗)	耕作费用 黑麦(斗) 及金塔勒	收获费用 黑麦(斗) 及金塔勒	经常费用 黑麦(斗) 及金塔勒	毛收益 黑麦(斗)	地　租 黑麦(斗) 及金塔勒
10 斗	265 斗	254 斗 109 金塔勒	241 斗 103 金塔勒	510 斗 220 金塔勒	2,560 斗	1,290 斗－ 432 金塔勒
(每减 1 斗)			(24 斗 10 金塔勒)	(51 斗 22 金塔勒)	(256 斗)	(－181 斗＋ 32 金塔勒)
9 斗	265 斗	254 斗 109 金塔勒	217 斗 93 金塔勒	459 斗 198 金塔勒	2,304 斗	1,109 斗－ 400 金塔勒
8 斗	—	—	—	—	—	928 斗－ 368 金塔勒
7 斗	—	—	—	—	—	747 斗－ 336 金塔勒
6 斗	—	—	—	—	—	566 斗－ 304 金塔勒
5 斗	—	—	—	—	—	385 斗－ 272 金塔勒
4 斗	—	—	—	—	—	204 斗－ 240 金塔勒
$3\frac{1}{2}$ 斗	—	—	—	—	—	113 斗－ 224 金塔勒

第十四节(一)　轮作休闲制与三区农作制地租的比较

我们如果想将两种农作制度产生的地租作一比较，那么条件必须是土质相等，土地面积相等，而且农田的肥力相等。

第九节中谈到，某块田地实行轮作休闲制，黑麦收益为 10 斗，在肥力相同的条件下实行三区农作制，黑麦收益仅为 8.4 斗。

为了探明，在一定的条件下实行哪种农作制最为有利，我们必须将谷物收益为 10 斗的轮作休闲制经济的地租与收益为 8.4 斗的三区农作制经济的地租作一比较。

根据第五节所述，在轮作休闲制的经济中，100,000 平方丈的田亩在收益为 10 斗时，地租为 1,710 斗黑麦－747 塔勒，

根据上节所述，在三区农作制的经济中，在谷物收益为 8.4 斗时，地租为……………………1,000 斗黑麦－381 塔勒。

如果谷物收益为 8 斗，

地租为………………………………928 斗黑麦－368 塔勒，

如果谷物收益上下变动 1 斗，则地租增减为 181 斗黑麦－32 塔勒，因此变动 4/10 斗，即为

(181 斗黑麦－32 塔勒)×4/10＝　72 斗黑麦－13 塔勒，

所以 $8\frac{4}{10}$ 斗时，地租为 1,000 斗黑麦－381 塔勒。

根据这一计算，地租

(1)在黑麦每斗价格为 $1\frac{1}{2}$ 塔勒时，

在轮作休闲制经济中为　1,710×$1\frac{1}{2}$－747＝1,818 塔勒，

在三区农作制经济中为　1,000×$1\frac{1}{2}$－381＝1,119 塔勒，

轮作休闲制经济的地租多……………………………699 塔勒。

(2)在黑麦每斗价格为 1 塔勒时，

在轮作休闲制经济中为　1,710×1－747＝963 塔勒，

在三区农作制经济中为　1,000×1－381＝619 塔勒，

轮作休闲制经济的地租多……………………………344 塔勒。

(3)在黑麦每斗价格为 1/2 塔勒时

在轮作休闲制经济中为　1,710×1/2－747＝108 塔勒，

在三区农作制经济中为　1,000×1/2－381＝119 塔勒，

轮作休闲制经济的地租少　………………………11 塔勒。

推论。由此可见，轮作休闲制比三区农作制优越并不是绝对的，采取这种制度或是那种制度更有利，决定于谷物的价格。谷物价格非常低廉，则宜实行三区农作制，谷物价格高，则宜实行轮作休闲制。

如果黑麦每斗的价格为 0.437 塔勒，轮作休闲制的地租为

1,710×0.437－747＝0 塔勒，

三区农作制的地租为

1,000×0.437－381＝56 塔勒。

推论。如果谷物价格低到轮作休闲制经济得不偿失时，而土地实行三区农作制尚有利可图。

谷物必定会有这样一种价格，在这种价格时，田地实行轮作休闲制或三区农作制，利益相等。只要使两种农作制的地租相等时，即得这一价格。例如在谷物收益为 10 斗

1,710 斗黑麦－747 塔勒＝1,000 斗黑麦－381 塔勒

－(1,000　　＋747　　＝1,000　　＋747　)

710 斗黑麦　　＝　　366 塔勒

亦即是在 1 斗黑麦＝0.516 塔勒的情况下。

如果黑麦的价格高于 0.516 塔勒，那么谷物收益 10 斗的农田实行轮作休闲制获益较多；如果价格低于此数，则实行三区农作制纯收益较多。

在我们所述的孤立国中，城市中的黑麦平均价格为 $1\frac{1}{2}$ 塔勒，按第四节的叙述，在离城 29.9 英里的田庄，黑麦的价值也正好等

于 0.516 塔勒。

如果孤立国的平原上，谷物收益不是以前所假定的 8 斗，而是 10 斗，那么轮作休闲制将推行到离城 29.9 英里的地方，再远就让位给三区农作制。

在谷物价格越低的地方，实行三区农作制的地租也越小，最后必定会有一地点，那里地租刚好等于零。那个地点的谷物价格是：

1,000 斗黑麦－381 塔勒＝0，

或者说 1,000 斗黑麦＝381 塔勒，

亦即是 1 斗黑麦＝0.381 塔勒。

在离城 34.7 英里处的田庄上，谷物的价格就是此数。

这就是说，离城 34.7 英里处的三区农作制经济，只要土地具有上述的肥沃程度，还可以耕种，三区农作制所占的集中圈境的开阔度为 34.7－29.9＝4.8 英里。

这里的计算是根据谷物收益为 10 斗的情况作出的，如应用于地力较差的田地，可参考下表：

土地肥力相等		三区农作制产生的地租	地租将＝0	
轮作休闲制的谷物收益	三区农作制的谷物收益		当谷物价格为（塔勒）	或离城为（英里）
10 斗	8.4 斗	1,000 斗—381 塔勒	0.381	34.7
每减 1 斗	(0.84)斗	(－152 斗＋27 塔勒)		
9 斗	7.56 斗	848 斗－354 塔勒	0.417	33.3
8 斗	6.72 斗	696 斗－327 塔勒	0.470	31.5
7 斗	5.88 斗	544 斗－300 塔勒	0.552	28.6
6 斗	5.04 斗	392 斗－273 塔勒	0.697	23.6
5 斗	4.20 斗	240 斗－246 塔勒	1.025	13.3

土地肥力相等		三区农作制产生的地租	地租将=0	
轮作休闲制的谷物收益	三区农作制的谷物收益		当谷物价格为（塔勒）	或离城为（英里）
$4\frac{1}{2}$斗	3.78斗	164斗－$232\frac{1}{2}$塔勒	1.418	2.2
一般表示 10－x斗	$(10-x)\frac{84}{100}$斗	1,000斗－381塔勒 －152x斗＋27x塔勒	$\frac{381-27x}{1,000-152x}$	
据此，5.4斗	4.53斗	—	0.854	18.6

土地肥力相等		地租数量		两种农作制的地租相等	
轮作休闲制的谷物收益	三区农作制的谷物收益	轮作制	三区农作制	当黑麦价格为（塔勒）	或离城为（英里）
10斗	8.4斗	1,710斗－747塔勒	1,000斗－381塔勒	0.516	29.9
9斗	7.56斗	1,439斗－694塔勒	848斗－354塔勒	0.575	27.8
8斗	6.72斗	1,168斗－641塔勒	696斗－327塔勒	0.665	24.7
7斗	5.88斗	897斗－588塔勒	544斗－300塔勒	0.816	19.8
6斗	5.04斗	626斗－535塔勒	392斗－273塔勒	1.120	10.5
5斗	4.20斗	355斗－482塔勒	240斗－246塔勒	2.052	
$4\frac{1}{2}$斗	3.78斗	220斗－$455\frac{1}{2}$塔勒	164斗－$232\frac{1}{2}$塔勒		
一般表示 10－x斗	$(10-x)\frac{84}{100}$斗	1,710斗－747塔勒 －271x斗＋53x塔勒	1,000斗－381塔勒 －152x斗＋27x塔勒	$\frac{366-26x}{710-119x}$	
据此，5.4斗	4.53斗	—	—	1.5	0
6.3斗	5.3斗	—	—	1.0	14

三 区 农 作 制

土地肥力		离城若干英里开始	离城若干英里终止	圈境开阔若干英里
轮作休闲制谷物收益	三区农作制谷物收益			
10 斗	8.4 斗	29.9	34.7	4.8
9 斗	7.56 斗	27.8	33.3	5.5
8 斗	6.72 斗	24.7	31.5	6.8
7 斗	5.58 斗	19.8	28.6	8.8
6 斗	5.04 斗	10.5	23.6	13.1
5.4 斗	4.53 斗	0	18.6	18.6

经仔细研究这些表格，我们可以发现，在一定的谷物价格下，较肥沃的土地实行轮作休闲制得益较高，较贫瘠的土地则实行三区农作制较好。因此在某一地点，那里谷物价格相等，而土地的地力不等，轮作休闲制和三区农作制可以并行存在。例如黑麦价格每斗为 1 塔勒，如果田地的肥力实行轮作休闲制谷物收益为 6.3 斗，实行三区农作制为 5.3 斗，两种农作制的地租相等，在这种情况下，实行哪种农作制是无关紧要的。然而产量较高的土地应当实行轮作休闲制，产量较低的土地应当实行三区农作制。然而土地的肥力是一个可变的量，肥力的大小决定于田庄主之手。所以当谷物价格不变时，也可应用增加土地肥力的办法，在同一田庄上有目的地实行收益较高的农作制。

在孤立国中，全境的田地地力完全相等，如果这里的土地谷物收益不是 8 斗，而只有 5.4 斗，而谷物价格为 1½ 塔勒，那么轮作休闲制将全部被三区农作制所排挤。在这种情况下，如第一圈境内的土地不能从城市获得肥料以增加肥力，那么三区农作制必将扩展到城市四郊。

推论。谷物价格低贱，地力微薄，对农作制的选择有同等的作用，两者都引向三区农作制。

第十四节（二） 说明

孤立国有下列的前提条件：

1. 全国农业的经营是合理的；

2. 农作单位的土地肥力始终处于稳定状态；

3. 各圈境土地，除自由农作圈以外，地力均相等，在纯粹休闲以后，实行七区轮作休闲制，谷物收益均为 8 斗。

综观上述三个条件，对于孤立国土地的性质来说，处于目前的状况下，想要增加土地肥力超过 8 斗，并无好处，想要降低肥力低于这一点，也无益处。

至于上述各项前提条件本身是否协调，特别是谷物收益为 8 斗的土地再增加肥力有无好处，这个问题的讨论不属本卷的任务，待留到本书第二卷中去考察，因为两类不同性质的研究容易混淆，这里想要阐明它，很难办得到。

本卷的任务是，讨论和比较在面积相同、肥力相等、农作经济稳定的条件下，不同农作制度的货币收益的情况，在这一任务解决以后，再讨论和解决在何种情况下及至何种程度，增加土地肥力才有好处。

为了能开始我们的研究，必须先确定土地的产量，为了不过多地偏离全省的实际平均产量，我曾假定孤立国的谷物收益为 8 斗。对于上述任务，假定谷物收益为 8 斗，足以被认为是与各项条件的因果性是协调的，而且是一致的。

因此，孤立国中田亩的谷物收益均为 8 斗，没有其他产量，然而上列表格中土地产量却分各种等级，从 5 斗至 10 斗不等，这需要作一番说明。

如果实际中土地的性质和情况与孤立国内相似，谷物收益仅为 5 斗那么土地必须通过合理经营增加肥力，使收益达到 8 斗，从而不实行三区农作制，而实行轮作休闲制。如果不作合理的经营，这在实际生活中是屡见不鲜的，土地肥力稳定地处于低级状态，那么实行三区农作制比实行轮作休闲制有利。

在上列表格中，我将土地产量分为各种等级（而在孤立国内收益可以都是 8 斗），这种产量等级是存在实际经济中的，实际经济中所处环境有类似孤立国的，则产量相等，始终处于稳定状态，因此不受彻底性原则的检验。

在别种不同于这里论述根据的土地，即使经过合理经营，稳定的收益也不是 8 斗，在砂土地低于 8 斗，在黏土地则高于 8 斗。

在孤立国中，如果依次取别种土地作为讨论根据，而将所得的结果并列比较，那么合理的经营，收益也会有区别。

然而，由于土地种类不同，耕作费用很不相等，所以对每种土地必须分别计算，然后将会发现，这类土地的地租与上列表格中根据相等的谷物收益计算出来的地租大相径庭。根据我们计算，当 1 斗黑麦价格为 $1\frac{1}{2}$ 塔勒，谷物收益为 $3\frac{3}{4}$ 斗时，三区农作制的地租即行消失，然而，砂土地在谷物收益为 3 斗时三区农作制还可以耕作。

实际上也许可以证明，在谷物收益为 $2\frac{1}{2}$ 斗时三区农作制还在经营，但是，在这种情况下，农民通常是经营副业的，依靠副业为生。这里应当研究农作是否能偿付现有房舍价值的利息，尽管土地还在继续耕作，地租是否是负的。

第十五节　轮作休闲制和三区农作制产肥及种植谷物面积的比例

前面早就声明过，整个讨论过程中也可见到，本书所谈的轮作休闲制经济和三区农作制经济，都是依靠本身力量，而不是依靠外来的肥料保持土地肥力的。

在三区农作制，牧场所产肥料的一半施于农田，亦即是用于培育谷物，而这类牧场产肥也并不丰富。三区农作制由于产肥不足，所以100,000平方丈的面积，仅有24,000平方丈可以种植谷物，这样才能保持土地肥力不变。

在轮作休闲制经济中，牧场情况较好，所产的肥料全部能被利用，所以它的3/7的面积，亦即是100,000平方丈中的43,000平方丈，可以用来种植谷物，而能保持地力不变。

轮作休闲制经济虽然产肥较多，种植谷物的面积较大，但在谷物价格较低时，三区农作制仍比轮作制有利，可以继续经营，而实行轮作制则出现负的纯收入，势必需要停止生产。

在谷物价格非常低时，轮作休闲制经济多产肥料所耗的费用，也不能为多种谷物的收益所抵消，换句话说，即生产肥料的费用大于它的价值。

在相反的场合，如谷物价格昂贵，或是地力很肥，或是两个原因都存在，那么轮作休闲制的地租将远远超过三区农作制。例如谷物收益为10斗，谷物价格每斗为$1\frac{1}{2}$塔勒，100,000平方丈的地租为：

实行轮作休闲制……………………1,818 塔勒

实行三区农作制……………………1,119 塔勒

轮作休闲制的地租多………………699 塔勒

这时，轮作休闲制生产肥料所耗的费用，与因多种谷物多得收益相比，就微不足道了。

第十六节　产肥较为丰富的农作制度

从上述情况也可推论，如谷物价格非常高昂，地力又很肥，我们最终必定会到达某一地点，在那里生产比轮作休闲制经济更多的肥料，将能得到丰厚的报酬。

增加肥料的生产是有可能的，原因很清楚：

1. 轮作休闲制经济还有纯粹休闲的土地，这些土地虽然在某些方面是很有益的，但对生产肥料却作不出贡献，因为它只产生牧场产肥量的 1/5。

2. 牧场本身也远不能达到它原有的产量，因为牧场经常被耕作，在施肥以后，种植谷物三茬，所以肥力处在较低的等级。

休闲地的好处主要不外乎下列两点：

1. 耕地改作的牧场经休闲以后，只需花费极少的劳动即可冬播，虽然这类牧场可以在春天耕作，但是劳动花费就要增多，比夏天正常的耕作要多 30%—50%，因为夏天青草翻过来以后易于腐烂，便于工作。

2. 田地休闲以后，土地所含的肥料和腐殖质能发挥很大的作用，这种作用在前茬作物的田地是达不到的。

例如一块土地，在休闲以后黑麦收益为 6 斗，在种豌豆割青以后，收益只不过约为 5 斗。所以土地休闲是冬播最好的准备，至于有几年或某些土质例外，自当别论，但不能推翻这一原则；这里所假定的比例为 6∶5，但是这一比例数字也会因为土地、工作和气候的不同而有差别。

在种植豌豆以后，黑麦的减产，也不完全由于豌豆吸尽了地力之故，土地在豌豆收割以后肥料含量与休闲后相等，所以其原因不外是耕作不很完善，土地中的肥料和腐殖质只有一部分可供植物作营养之用，我把这种现象称之为“肥料效用的折减”。

前茬作物带来的益处有两点：

1. 获得牲畜饲料的价值；

2. 获得肥料的价值，饲料能提供的肥料的价值比田亩生产饲料所需费用更多，因此能扩大谷物的种植。

前茬作物的害处是：

1. 增加耕作费用，

2. 增加播种费用，

3. 在前茬作物之后直接冬播，产量将减少。

于是产生下列问题：在谷物价格为多少，田地谷物产量为多少时，种前茬作物的利弊相等？

如果有供作这种计算的数据，那么必定能算出无可争议的准确的一点来，犹如对轮作休闲制和三区农作制的界限作出规定。然而这种计算非常繁杂，我至今尚未能完成，一则是必须知道青饲料吸收地力的程度，应比迄今所了解的更确切；二则是我无暇可以从事这类计算。所以我只得在这里讲几个要点，我相信，这几个要点与计算大致相当。

中等肥力的田地，如果谷物价格很高，则停止休闲可能有利，虽然多花的耕作费用立即得到高昂的谷物价格的补偿，但是冬播谷物的减产颇影响纯收益，所以扩大种植谷物至总面积的一半，还难以弥补损失，只有谷物价格很高才能抵偿。

在与孤立国相同的情况下，即由于存在未垦殖地带的竞争，牲畜价格很低，饲养牲畜的土地地租很微，甚至没有地租，因此收获草料的价值很难弥补上述的损失。

但是，如果是上好地力的土地，则情况大不一样了。

在一定程度内，田地的肥力越增，谷物的产量也越高。

但是，谷物产量的提高不像肥力可以是无限的；增长有一定限度，原因在于植物的天性，虽然给以极丰富的养分，但产量总不能超过一定数量。如果土地的地力已很厚，播种谷物已能达到最高的产量，再额外施肥料并无益处，甚至反有害处，因植物会倒伏减产。

假定某块土地种植黑麦，最大限度的收益为 10 斗。如果我们再将这块土地提高肥力五分之一，如果植物的天性许可的话，土地则有能力生产 12 斗，那么这块土地在纯粹休闲以后应种谷物。如果土地不休闲而种豌豆青饲料，那么地中肥料的作用就会减少，下次谷物的收益又为 10 斗。

在这种情况下，则前茬作物对后继的冬播谷物的害处等于避免了。前茬作物的害处仍然是耕作费用和播种费用增多，但是，这些费用在谷物价格适度时，由于多获肥料，扩大了谷物种植，因而得到了补偿。

所以，在这样的情况下，废止休闲无疑是合理的，不过前提条件是，土地的自然性质及气候并不要求土地非休闲不可。

废止休闲以后，轮作休闲制的全部形式便会发生变化。在暂时用作牧场的休闲田，为谋求种植前茬作物的方便，休闲不宜为三年，而应是一年，最多为二年。然而，不让田地纯粹休闲，则很容易贫瘠，为避免这一点，特别应注意谷物种植的最佳次序。次序应该这样选择：对每茬作物都能施以最好的耕作，收割以后，土中的肥力应对下茬作物产生最大的实际效用，所以应小心从事，虽然这在轮作休闲制经济中并不多余，但也不很必要，因为所要注意的还有其他方面。总而言之，如果地力厚，谷物价格又高，可将轮作休闲制改为轮栽作物制*。

如果某块土地黑麦的最高平均收益为10斗，在实行七区轮作休闲制经济中，前提条件应该是每1,000平方丈土地的平均肥力为370°，那么在这种农作制的形式中，再增添肥力就毫无用处，因为这只会使庄稼倒伏减产。凡认为轮作休闲制是耕作种植的极限，那就不可能从田地的肥力中利用存在于腐殖质和灰泥土中的财富，或者把施于土地的肥力通过扩大播种立即收回，因而土地不可能有扩大的生产资本。

但是，在实行轮栽作物制中，远远超过平均肥力的土地，还能得到有益的利用：因为1. 由于各区田地肥力的分配比较均匀，为求黑麦的收益达到10斗，肥力必须比较丰富，2. 由于前茬作物的关系降低了肥料的有效性，如果要使黑麦达到最高限10斗，必须大大提高黑麦区的肥力。

* 参见第九节末。——译者

由于第一项原因，如果要使黑麦区在种豌豆饲料以后地力达到 500°，根据第九节所述的六区轮栽作物制；田亩平均地力为 425°；由于第二项原因，凡收益 10 斗，地力应有 600°。

马铃薯和青饲料的最高产量也不及谷物，前两者种于肥力超过 500°的田亩最为有利。如果各田区土地肥力像第九节所述的情况，黑麦的收益为 10 斗，马铃薯田的肥力也有 600°，然后将平均肥力提高 1/5，亦即是由 425°增至 $425 \times 1\frac{1}{5} = 510°$。

在轮栽作物制与轮作休闲制相比，土地的肥力仅仅对冬播谷物的效用减少，而对马铃薯、夏谷及青饲料则不同，因此轮栽作物制的纯收益也比收益为 10 斗的轮作休闲制高得多。

所以，在轮栽作物制下，平均肥力为 510°可得到生产的有益利用，而在轮作休闲制只有 373°的平均肥力可被有益地利用；换句话说，轮栽作物制可以有 510°平均肥力作为土地资本生息，而轮作休闲制仅有 373°。

在谷物生产和消费相抵，亦即是没有谷物进出口的国家中，人口与生产粮食的总数必定存在某一种比例，如果面积相同，三种农作制的黑麦收益相等，那么轮作休闲制经济所产的粮食比三区农作制多得多，比轮栽作物制少得多；如果轮作休闲制收益为 10 斗，每平方英里能供养 3,000 人，那么三区农作制大约只能供养2,000 人，轮栽作物制也许为 4,000 人。

轮栽作物制是高效率利用肥沃田地的良好方法，但是实行于贫瘠土地则会使纯收益消失，在贫瘠土地上实行其他两种农作制本来是可能有纯收益的。

如果将由耕地改的牧场所产的青草量，同牧场如果种红苜蓿所产的干草量相比，我们就会发现肥力均等的土地产量是很不相同的，苜蓿的产量要多。

如果牧场育草，极大部分能种红苜蓿，种红苜蓿的优越性是存在的，但是牧场育草或种苜蓿在生长期经常遭受牲畜撕断和践踏，不利于生长。

所以将休闲的牧场改为专门收割青饲料的田地，牲畜留在厩中饲养，不再放牧，那么产肥及收获草料都会有可观的增长。

实行厩中饲养，产肥量便有增长，谷物种植再次可以扩大面积，根据约略的计算，轮栽作物制如果实行放牧，大约有50%的土地面积可以种植谷物，如果实行厩养，也许有55%的面积可以种植谷物，而肥力保持不变。[①]

在气候暖和的地方，如土地肥沃，在收割谷物之后还可以种第二茬，如萝卜、芦笋等，这样循环轮种，一年可以两熟。在气候较寒冷的地方，这是两年的事。第二茬作物往往用来喂养牲畜，而且只选择这样的作物，用以喂养牲畜产生厩肥，肥量应能超过种植它所耗的肥力，这样，谷物吸取的肥力总是为第二茬作物产生的肥料所抵消。谷物吸取的肥力部分得到第二茬作物供肥的补偿，所以这种农作制可以将田地面积的60%—70%用于种植谷物或经济作物，而不至于耗竭土地的肥力，这是不足为奇的。

但是，如果要这两次急如风暴的收获（一个匿名著者的语言）抵

① 这里所谈的都是良好的高地，没有外来肥料的补助，实行七区轮作休闲制能维持原有的地力。对较差的土地来说，如果种植谷物过多，就会损害地力，如在良好的田地，种小麦而不种黑麦，同样也会出现这种情况。

偿其费用，那么除了土地应特别肥沃以外，产品还必须价高才行。

一些有声望的著者证实，红苜蓿在许多田地中并不吸取肥力，反而增加肥力。

根据梅克伦堡的实地经验及大多数人的意见，红苜蓿应被视为是一种吸取地力的作物。

此外，在梅克伦堡和新波美尼亚常常可看到，三区农作制的田地改为轮作休闲制，在最初的几次循环种植中，苜蓿长得很茂盛，红白两色都有，然而在以后的循环种植中，虽然增加了肥力，也施了灰泥土，苜蓿的产量仍没有达到最初那么高。

这两个看来是矛盾的事实，怎样才能统一呢？

我觉得，这些经验可以用下列观点来理解，如果我们承认，肥料中存在着某种物质——至于它是什么物质，什么名称，这无关紧要——，它对谷物并不很需要，但对苜蓿却特别有益。

如果苜蓿长在长期耕作的、历来都是种谷物的熟地，那么苜蓿就能得到过去施肥留存下来的这种物质，这种对苜蓿特别合适的、蕴藏很丰富的营养使苜蓿长得异常繁茂。土地失去的是苜蓿生长所需的、而对谷物则无关的物质，而得到的是苜蓿的根株，这正是谷物所需的肥料。再种谷物就能吸取到对谷物相宜的大量养分。如果将种苜蓿前和种苜蓿后谷物生长情况作比较，我们必定觉得苜蓿给予土地的肥力远远超过它所吸取的肥力。

然而，如果苜蓿轮作太频繁，苜蓿所特需的养分便会枯竭，那么下一茬苜蓿的生长将只能依靠新施肥料中所含的这种特别物质。由于苜蓿所需的养分不充足，就会加强侵占谷物的养分，所以人们觉得苜蓿不能增加土地肥力，反而吸取肥力。

适宜于红苜蓿和白苜蓿的物质，即使并不相同但也相似，由于在轮作休闲制经济中总是遍野种植白苜蓿，所以苜蓿所需的养料不会在地里堆积。如果偶然在土地上换种红苜蓿，那么它也必定侵占宜于谷物的养分，于是看来红苜蓿也在吸取地力。

这一解释不论是否适当，但是根据我历来的经验和观察，豌豆青饲料和红苜蓿，如果各自循环轮种，都不能增加土地的肥力。我不得不承认，这些作物本可提供大量饲料，但定期重复种植，则提供的数量只能以吸取肥力多少为准，这会起损害土地肥力的作用。但是我也确切地感觉到，长在适宜田地上的红苜蓿，收获所得扣除肥料的耗费尚有较多的剩余，这比将这块土地用作休闲放牧强得多。

厩中饲养牲畜同放牧比较，好处在于：

1. 饲料增多，

2. 产肥量增加，因此可以扩大谷物的种植面积。

弊害在于：

1. 播种豌豆和红苜蓿同播种苜蓿后将田地改为牧场相比，费用较大，

2. 种植豌豆，耕作费用较多，

3. 青饲料运往田舍需耗费用，

4. 将青饲料变成的肥料运往田地，需耗费用；如果放牧，这笔费用完全可以节省。

厩中饲养牲畜增加不少费用，除非大地有很高的地力，否则扩大谷物的种植和增加饲料的生产不能抵偿费用，更不能超过费用。

地力较差的土地没有能力支付这些费用，这种农作制对这类土地损害很大，土地比预期饲料和肥料增产要少，因为草料在这里

不肯生长，收益还不如牧场的苜蓿和其他青草，所以几乎还难以补偿所消耗的种子费用。

在谷物收益为10斗的轮作休闲制的田庄中，按照第十一节所述，离田舍535丈的田地，其价值等于近田舍农田的半数。

在实行厩中饲养牲畜的轮栽作物制田庄中，与田舍距离成正比的各项工作量，如谷物由田间运归入仓，肥料运至田间的工作量，都有明显的增加。如果像轮作休闲制那样仔细计算，大概就能发现，在轮栽作物制下，离田舍300丈的田地，价值已经降为田舍附近的一半。

所以有把握可以认为，轮栽作物制实行厩中饲养牲畜，只能在田亩面积不大的田庄中才行得通。在大田庄中，虽然土地的价值很高，也只能在田地的前一部分实行这种制度，方有利可图，较远的田地则实行轮作休闲制较为合算。

在价值高的土地——由于土地肥沃和产品价格较高——小田庄实行轮栽作物制并附有厩中饲养，比实行轮作休闲制收益高；反之我们也可以得出结论，如果土地价值不断增长，适度面积的田庄与大田庄相比则越来越占优势；事实上，我们在所有农作发达的国家可以发现，那里田庄都是中小规模的。

第十七节　比利时和梅克伦堡农作制度的比较结果

对两种农作制进行比较，我们设定土地的黑麦相对吸收力均为六分之一。

我们在这里作为考察对象的比利时农作制，其种植的次序如下：

1. 马铃薯，
2. 黑麦和第二茬作物萝卜，
3. 燕麦，
4. 苜蓿，
5. 小麦和第二茬作物萝卜。

我们在这里用以作比较的梅克伦堡的农作制，其种植次序就是七区轮作休闲制中的种植次序，前面我们已经引述过。

比利时农作制的土地肥力和收益

每区10,000平方丈	土地肥力	收 益
1. 马铃薯……………………	7,680度	11,500斗
2. 黑麦……………………	6,974度	1,056斗
萝卜……………………	——	6,500担(50公斤)
3. 燕麦……………………	7,650度	1,650斗
4. 苜蓿……………………	6,910度	3,150担干草
5. 小麦……………………	7,349度	1,056斗
萝卜……………………	——	6,500担

50,000平方丈田地共含肥力36,563度，

每10,000平方丈平均为……7,313度。

梅克伦堡农作制的土地肥力和收益

每区10,000平方丈	土地肥力	收 益

1. 黑麦……………………6,336 度　　1,056 斗
2. 大麦……………………5,280 度　　1,056 斗
3. 燕麦……………………4,488 度　　1,267 斗
4. 牧场……………………3,854 度　　898 担干草
5. 牧场……………………4,145 度　　898 担干草
6. 牧场……………………4,435 度　　898 担干草
7. 休闲(春季含有的肥力)4,726 度　　180 担干草

再加上麦秸肥………………… 1,552 度

70,000 平方丈田地共含肥力……34,816 度

每 10,000 平方丈平均为……4,973 度

如果种植冬麦,谷物收益相等,则梅克伦堡田地的平均肥力与比利时的比较为 4,973 度：7,313 度,或者说 100：147。

我的计算最后提供两个一览表如下：

A. 比利时农作制,100,000 平方丈田亩费用和地租表

谷物收益	播种费用(新塔勒)	耕作费用(新塔勒)	收获费用(新塔勒)	经常费用(新塔勒)	合计费用(新塔勒)	毛收益(新塔勒)	地　租(新塔勒)
10.56 斗	672	2,060	2,382	3,188	8,302	11,081	2,779
10 斗	672	2,060	2,256	3,046	8,034	10,494	2,460
(每减 1 斗)	0	0	(225.6)	(254.4)	(480)	(1049.4)	(569.4)
9 斗	—	—	—	—	—	—	1,890.6
8 斗	—	—	—	—	—	—	1,321.2
7 斗	—	—	—	—	—	—	751.8
6 斗	—	—	—	—	—	—	182.4
5.68 斗	—	—	—	—	—	—	0

B. 梅克伦堡农作制,100,000平方丈田亩费用和地租表

谷物收益	播种费用(新塔勒)	耕作费用(新塔勒)	收获费用(新塔勒)	经常费用(新塔勒)	合计费用(新塔勒)	毛收益(新塔勒)	地　租(新塔勒)
10.56斗	612	814	754	1,357	3,537	5,137	1,600
10斗	612	814	714	1,296	3,436	4,865	1,429
(每减1斗)	0	0	(71.4)	(109.7)	(181.1)	(486.5)	(305.4)
9斗	—	—	—	—	—	—	1,123.6
8斗	—	—	—	—	—	—	818.2
7斗	—	—	—	—	—	—	512.8
6斗	—	—	—	—	—	—	207.4
5.32斗	—	—	—	—	—	—	0

(一)

首先应当指出的是,比利时冬麦的产量与特洛田庄平均小麦产量几乎相等。特洛田庄曾尝试提高小麦的平均产量,但因小麦发生倒伏减产而停止了。所以我们可以把比利时的平均产量10.56斗看作是肥沃高地的最高平均产量。①

(二)

实行轮作休闲制,如谷物收益为10.56斗,地租则为1,600新塔勒,因为谷物收益不可能再有提高,纯粹轮作休闲制存在着纯粹休闲地,即使一切肥料都施上,地租也不可能提高。

---

① 特洛田庄100平方丈的田亩平均产量(柏林斗)如下:

时　间	小麦	黑麦
1810—1820年	10.93斗	9.65斗
1820—1830年	11.37斗	11.30斗
1830—1840年	10.03斗	11.10斗
	10.78斗	10.68斗

最后一时期与前两时期相比,小麦减产,部分原因是灰泥土的作用降低,部分原因是种植次序有了变化,可能有更多的小麦种子被播到了前茬作物的根茬上了。

反之，比利时的农作制，在谷物收益相等的情况下，地租为2,779新塔勒；或者说，谷物收益为10.56斗，梅克伦堡的农作制的地租与比利时的相比，为100∶174。

两种农作制的毛收益为5,137∶11,081，或者说100∶216。

我们设想，如果两个国家以同样的规模推广这两种农作制，那么两国在财富、人口和力量方面必定会有巨大差别。

人口与毛收益似乎处于即使不是正比例关系，也近似这一比例关系。上文我们曾经假定，当然纯粹是一种推测，实行轮作休闲制，谷物收益为10斗，一平方英里的面积可供养3,000人。照此类推，谷物收益为10.56斗时，每一平方英里可供养3,200人。由于轮作休闲制与比利时农作制的毛收益为100∶216，因此，实行比利时农作制的国家，每平方英里可以容纳6,900人。

如果将这些推理的计算与实际相比较，并试图通过实际予以证实，也不会徒劳无益的。

根据哈瑟尔的《土地志和统计手册》(*Handbuch der Erdbeschreibung und Statistik*)记载1817年比利时六省的情况如下：

省　　　份	幅员(平方英里)	居民人数	每平方英里人数
昂内戈	79.38	430,156	5,419
南布拉邦特	66.24	441,222	6,660
安特卫普	47.88	287,347	6,001
东佛兰德	49.10	600,184	12,223
西佛兰德	68.04	519,400	7,634
北省	109.90	871,990	7,932
总计	420.54	3,150,299	

表中所列的6个省份是比利时农业经营最好的省份，土地面积

为 420.54 平方英里，居民 3,150,299 人；平均每平方英里 7,491 人。

据我所知，比利时通常不需要进口谷物。如果这种情况属实，亦即是比利时居民的粮食可以自给，那么我们的计算还落后于实际情况。

如果一个国家的财富不再增长，而是进入静止状态，那么地租就被国民中的不生产阶级所耗尽。国家能供养不事生产的人数主要与地租量有关。

军队也属于国民中的这一阶级，所以地租量越大，国家能建立和维持的军队越多，对外越强大。

（三）

比利时的农业占优势，真正的原因在什么地方呢？是气候、土地、地理条件优越吗？还是农民的力量，采用了较高的，虽然不是非常高的农作技术？

为了解答这些问题，我们必须将比利时的农作田亩所含的肥力与梅克伦堡的作一比较。

根据本节开始时所作的计算，比利时的农作制要求田亩的平均肥力，每 1,000 平方丈为 731.3 度；而梅克伦堡仅为 497.3 度，前者比后者多 234 度。

比利时的农作制与梅克伦堡相比，土地面积相等，冬麦的谷物收益相等，但田亩的肥力几乎高出近 50％。

由此可见，比利时农作制中虽然面积相等，地租较多，但地租是取自不相等的田亩肥力；无论气候、土地、种植次序、比利时的民族性等等有某种影响，但土地的肥力的充实总是根本性的条件，没有这一条件，一切其他有利影响都不可能获得高产。

（四）

两种农作制下地力较差的农田的比较

仔细观察上列关于两种制度下的地租，我们会发现，比利时农作的光辉优势随着土地的谷物收益递减而逐渐消失；如果谷物收益为 6 斗，轮作休闲制的地租已经高于比利时的农作制，当收益为 5.68 斗时，后者的地租＝0，而轮作休闲制的地租要在收益为 5.32 斗时才消失。

如果想到比利时的农作与梅克伦堡的相比，虽然谷物收益相等，但土地肥力前者大得多，那么上述的结论就更引人注目。

比利时农作为达到谷物收益为 10.56 斗，100,000 平方丈的田亩需要肥力 73,130 度；即收益 1 斗需肥力 6,925 度。

梅克伦堡农作为达到相等的产量，100,000 平方丈的田亩只需要 49,730 度，亦即是收益 1 斗需肥力 4,710 度。

因此，收益为 6 斗时，

比利时农作需要肥力为 6,925 度×6＝41,550 度，

轮作休闲制需要肥力为 4,710×6＝28,260 度。

这里可见，比利时农作制与轮作休闲制相比，肥力高 13,290 度，而地租还不如后者。

在谷物收益为 5.68 斗时，比利时农作制的地租＝0，田亩的肥力还有 6,925 度×5.68＝39,334 度。

梅克伦堡农作制的地租，当田亩的谷物收益仅为 5.32 斗时才消失，肥力为 4,710 度×5.32＝25,057 度。

一块农田，100,000 平方丈，含有 39,334 度肥力，实行比利时农作制，完全没有地租可获；如实行轮作休闲制，则谷物收益为 39,334/4,710＝8.35 斗，地租为 818.2＋305.4×0.35＝925.1 新塔勒。反之，如果在这样地力的土地上实行比利时农作制，那么轮作休闲制历来所得的 925.1 新塔勒地租，就会消失。

这一点可以看作是一个警告，如果我们对这种农作制成因的一切情况没有摸透，这种农作制的内在本质没有研究彻底，那么就不能贸然仿效或引进外国的农作制。

此外，这一点也可以说明，为什么比利时殖民者的事业及领地总是没有好的结果，殖民者通常在自己获得的土地上实行母国的农作制，这是一种愚蠢行为，如果他们不改行当地的农作制，是必定要失败的。所以比利时的例子不是效法的榜样，而是对一切革新的警告。

在北布拉邦特省今天还有一些巨大的荒芜土地。这些土地就其物理性质说并不很坏，能生长杂草，部分地块还长着橡树，地处平原，比附近的海平面略高一些；此外，这些土地四周由大城市环抱，大城市附近土地价值很高，比利时人的勤劳却不能开垦这些土地，这岂非令人惊奇。

原因究竟在什么地方呢？

比利时农作费用昂贵，在这类土地上经营农业肯定得不偿失，比利时的种植次序也肯定不能使贫瘠的土地增加肥力，而只能使肥力完全枯竭。比利时人似曾在这里作过一种类似的、虽然不等同于富地农作的试验，这种试验的失败也是必然的。

比利时农民的尝试没有获得成功，如果梅克伦堡农民去一试，也许能够成功。如果马斯(die Maas)河畔的农民知道轮作休闲制并已采纳的话,也许——我想说可能——那里的荒地早就变成耕作的熟田了。

在谷物收益为10.56斗的轮作休闲制与收益为7.18斗的比利时农作制经济中,土地所含的肥力正相等,即100,000平方丈田亩含49,730度。

在轮作休闲制经济中,这一肥力的田亩地租为1,600新塔勒,

在比利时农作制下,这一肥力的田亩地租为854.3新塔勒。

因此,轮作休闲制利用土地的肥力比比利时农作制高得多,如果土地肥力非常之高,轮作休闲制种植谷物会发生倒伏,不能利用,而对比利时农作制则很有利。

(五)

比利时农作是,全部农田的60%种植谷物,同时能保持地力,而梅克伦堡的农作只有43%的农田可以种植谷物,这样的比例,依仗自己的力量才能保持地力。

比利时人获得这一结果是由于:

1. 他们把苜蓿视为产肥最重要的作物,与冬麦等量齐观,种于非常肥沃的土地;而梅克伦堡人则把种植过三茬谷物、大部分肥力已经被消耗了的农区选作牧场。

2. 比利时人的苜蓿地不让牲畜践踏,牲畜践踏能使苜蓿几乎减产一半,减产三分之一的肥料。他们刈割苜蓿,用以在厩中喂养牲畜,这两种原因共同起作用,使得比利时种植苜蓿的田区只占全部农田面积的20%,产肥量几乎等于梅克伦堡三个牧场区,后者

则等于全部农田面积的43%。

3. 比利时人在冬麦收割之后，同年种上萝卜，在冬麦吸取地力后的田地上又收获一茬作物，这茬作物还给田地的肥料多于它所吸取的。

我对每一田区的货币收益、费用、肥料的消耗和补充都有计算，我本是很愿意公布于众的，可以听听公众的评判，但是这些计算必须要作许多讨论和解释，这会占用过多的篇幅，因此不便向读者报告。我的计算的结果是，10,000平方丈的马铃薯田区所生产的作为饲料的马铃薯的价值，在扣除消耗的工作费用以后，仅仅剩余25.5新塔勒，马铃薯喂牲畜以后产生的肥料抵除马铃薯在生长过程中所消耗的，仅仅剩余折合肥力为46.2度。[①]

由此可见，马铃薯在上述两方面几乎可以看作是一种中间作物。如果将这块土地休闲，在货币收益和肥料生产上没有重大的变化。但是，种植马铃薯可比轮作休闲制中田地的休闲，节省许多昂贵的耕作费用，因为种植马铃薯之后，田地只需犁耕一次，就能播种黑麦，而荒田则需犁耕四次。由此可见，马铃薯的种植对比利时农作的纯收益具有重大意义。

种植饲料作物的纯收益在比利时和其他地方一样，都寥寥无几，但是种植苜蓿和萝卜由于产肥丰富，可以扩大谷物的种植，种植马铃薯由于能节约下一茬的耕作费用，因此都是重要和必要的。

（六）

从本节开始时所列的收益和田亩肥力对照表，可以计算得出

① 参阅本卷附录第5节关于这一问题的讨论。

下表：

生产下列作物	田亩所需的肥力	
	a. 比利时农作	b. 梅克伦堡农作
1 斗小麦	6.95 度	—
1 斗黑麦	6.6 度	6 度
1 斗燕麦	4.64 度	3.54 度
1 斗大麦	—	5 度
1 斗马铃薯	0.667 度	—
1 担苜蓿干草	2.2 度	—
1 担牧场干草	—	4.3 度
此外，我假定梅克伦堡农作生		
产 1 斗小麦	—	6 度
1 斗马铃薯	—	0.667 度

如果将小麦和黑麦合并在一起，那么比利时生产 1 斗冬麦需要土地肥力 $\frac{6.96+6.6}{2}=6.78$ 度，

而梅克伦堡生产 1 斗冬麦为 6 度。

所以，在纯粹休闲以后，土地肥力 6 度与种植前茬作物以后 6.78 度对于植物的生长效用是相等的。亦即是肥料的效用在纯粹休闲以后与种植前茬作物以后相比为 6.78∶6＝11.3∶10；或者说在纯粹休闲以后谷物收益可达 11.3 斗，在种植前茬作物以后只有 10 斗。

凡土地耕作不如比利时完善的地方，前茬作物对土地肥力效用的危害也更大，从一般耕作情况看，以前假定的比例 12∶10 就相当适宜了。

种植燕麦总不在土地休闲之后，但对燕麦来说土地的肥力不论在比利时还是梅克伦堡都有同样效用。我们在比利时发现，生产 1 斗燕麦耗肥力 4.64 度，在梅克伦堡仅为 3.54 度。这种差别

的原因，我们认为在于对燕麦的不同耕作方法上。比利时人如果在燕麦之下播了苜蓿，那么他们是在燕麦种子播下以后才施强烈的肥料。这项施肥办法对燕麦几乎完全不起作用。但是，也许比利时人愿意这么做，为使燕麦不致倒伏，不致使苜蓿窒息，使全部肥料不折不扣地为苜蓿所利用。

比利时的苜蓿，虽然土地肥力与别处相等，但产量几乎可得双倍，部分原因在于比利时的气候非常适宜苜蓿的生长，然而主要原因还在于：梅克伦堡的苜蓿田任牲畜放牧践踏，而比利时的则完全不让牲畜侵害，苜蓿实行定期收割。

（七）

从谷物和马铃薯的收益中扣除所播种子，将得出的剩余同生产谷物和马铃薯所消耗的工作费用相比较，即得出生产这些作物每斗需要多少工作费用（一般经常费用未计算在内）。

我所计算的结果如下：

生产作物	需费工资	
	a. 比利时农作 先令（新币）	b. 梅克伦堡农作 先令（新币）
1斗小麦	19.7	—
1斗黑麦	18.7	25.9
1斗大麦	—	15.3
1斗燕麦	13.4	11.5
1斗马铃薯	3.3	—
种子及工资费用		
1担干苜蓿	4.3	
1担萝卜	1.3	
牲畜在牧场所食草料，折合干草1担	—	0.7

必须指出，上面的计算以黑麦每柏林斗价格 1 新塔勒 12 先令为准，工作费用与谷物价格涨跌有关，所以只能以一种谷物的价格进行计算才有效。

在梅克伦堡生产一斗黑麦的工作费用为 25.9 先令，在比利时只需 18.7 先令。在这里可看出，不使田亩休闲而种植马铃薯，节省工作费用的成效是很显著的。

在马铃薯之后种植黑麦，是一种不良的作物种植次序。比利时人不顾这一点，他们获得了黑麦多年平均产量的最高值，由此可见，作物种植次序尽管不好，但在肥沃的土地上给以精耕细作，是可以得到弥补的。然而，这种违反作物种植次序的做法，如果实施于较贫瘠的土地上，则会受到严厉的惩罚。

几点补充说明

著者敢以比利时和梅克伦堡的农作物作比较，是因为我仔细地阅读了施韦茨的关于比利时农业的杰作。书中有许许多多珍贵的资料，著者叙述严谨、完整，内部连贯，所以我相信，如果将书中所讲的内容与我自己的经验作一比较，不失为一件极富教益的事情，我想，按此去做，将也不会失望。

著者在作这一比较时，最初并不曾想到把它纳入本卷，本卷的大部分在初版问世前六年已经写毕，但后来这一比较工作完成以后，著者发现所得的结果与本卷的许多立论有非常密切的关系，所以敢于把这些结果公之于众——自知比较工作有缺少统一立场的缺点，只能把它看作是，只愿意把它看作是一种尝试。

计算时凡是遇到施韦茨著作中没有提及的各点，我只得单独讲特洛田庄的情况，这在确定收获费用，特别是确定一般经常费用时，部分是不可避免的。

为了进行计算，作了一些关于块根作物和青饲料吸收肥力以及补充肥料的数量和价值的假设，这也是不可避免的，著者所作的假设，根据自己的经验和观察的总结觉得是极其正确的。但是这些假设著者并不认为是一成不变的，我更热切地希望今后通过决定性的试验，通过经验，从总体上校正的我的见解。

施韦茨所引的用作饲料的马铃薯、苜蓿、干草等某些作物的市场价格，同我计算的这些饲料作物的价格有很大的偏差，因此必须在这里作一点解释。

这些作物的市场价格中包含着下列三种内容：

1. 饲料价值，

2. 肥料价值，

3. 这些作物从产地至市场的运输费用。

经过仔细检验和比较计算，我深信比利时畜牧的纯收益及牲畜所食的饲料的价值都不很高，比利时的这些饲料作物的市场价格高，大部分是由于这个国家的肥料价值高。

根据我的计算，比利时农作田亩 100,000 平方丈，租价为3,797.2新塔勒。

田亩的实际租价，按迪克森所说（载于施韦茨著作第二卷第398 页），每邦德(Bunder)为 54 弗洛休(Florin)，折合 100,000 平方丈田亩则为 3,706 新塔勒。

我的计算与实际地租之间的差距为 91.2 新塔勒，或者说相差2.5%。

在我的计算中谷物价格都是根据迪克森先生的记录，黑麦每柏林斗为1新塔勒12先令。在对比利时农作和梅克伦堡农作做比较时，必须确定两地的谷物价格相等，所以这里定为黑麦每斗1新塔勒12先令。这一价格与本卷中其他各节所定的价格几乎是相似的，但并不完全相等。由于这一原因，以及也由于一般经常费用和均衡学的一些论点有一些更动，所以这里计算的轮作休闲制下的地租，与以前计算的这种农作制的地租相比，也不完全一致。

此外，对比利时农作的计算，由于与我们以前的研究不是出于同一立场，所以不能回答比利时农作制在我们所述的孤立国内位置。因此，上面所作的比较只能被视为一篇独立的插入文章。

第十八节　选择农作制度还应考虑的其他几点

上文我们已经研究过，谷物价格和土地肥力两种力量如何决定选择农作制度。这两种力量固然极为重要，但绝不是唯一的、影响选择农作制度的力量。为了研究上述两种力量的影响，我们必须排除其他力量与它们的实际矛盾关系，把它们看作是独立的力量，在一定条件下任何东西显然都可以是独立的东西。因此我们曾经把一切其他力量假定为一成不变的量，唯有这两种力量是变量，我们在研究中考察的正是这两个变量。

但是在别的情况下，或是以别的观点看，一种或几种我们视之为固定的量，也可以设想为可变数；这样，这些可变数的消长对农作制度的影响，就成为新研究的对象了。

从这种变化不定的假设中从事新的研究，固然基本上不是本卷的目的，但是我相信，为了避免误会起见，也应将此类考虑中最重要的几点在这里提一下。

一、使土地肥力增长的农作

在作两种农作制度比较时，人们往往认为，田亩经过不同制度的循环种植，以肥力及产量有所提高者为优胜。

但是，增加土地肥力或损耗土地肥力，并不是这种或那种农作制度的实质本性。不论轮作休闲制、轮栽作物制，还是三区农作制都可以损耗地力。六区轮栽作物制种植四次谷物，以及七区轮作休闲制种植四次谷物都损害地力；反之，七区轮栽作物制种植三次谷物，六区轮作休闲制种植两次谷物，都能增加土地肥力。一种农作制是增补肥力还是损耗肥力，原因不在于作物的种植次序，不在于农作制度，而在于制造肥料和损耗肥力的作物之间的比例，下面我简称为“播种比例”。

今将两个田庄实行两种不同的农作制，并予以比较，一个采用增补土地肥力的播种比例，另一个采用损耗肥力的播种比例，如果想从最后的结果——不论是从正确的计算得来还是从实际经验中得来——作出判断，哪种农作制优越，那么这一研究只能回答这样的问题，土地经过爱惜地力增补地力的农作，其价值是否比维持较贫瘠原状的土地更有价值。回答这一问题并不困难。

在作这种比较时，总以那种采用最能增补地力的播种比例的农作制为最佳。

作多种农作制的比较，为了不致引起概念混乱，善于分辨，必须清楚地区别下列观点：

1. 如果农作的目的是使土地的肥力保持稳定状态，试问哪种农作制可获最高的货币收益？

2. 在什么情况下，牺牲货币收益而提高土地肥力是有利可图的？土地肥力增加到何种程度才是有利的？

3. 如果农作的目的不在于追求最高货币收益，而在于增加土地肥力，试问哪种农作制能以最低的费用增加土地肥力？

本卷的研究对象是解决第一个问题，而不是第二、第三个问题；我们虽然曾经将肥力不等的田地并列作过比较，但总是把田地看作稳定状态，而且不得不这么看待。第二、第三个问题几乎更比第一个重要，然而只能期待农作均衡学将来进步方能解决。

二、草场干草产量与农田大小的比例

如果一个田庄实行轮作休闲制或三区农作制而没有草场，牲畜在冬天只喂以干草，那么牲畜就会瘦弱不堪，以致在牧场上所吃的青草极大部分只能用以维持身体的消耗，极小部分才能用以制造牛奶或羊毛。在这种情况下，畜牧业的毛收益将很微薄，以致难以抵偿饲养费用，不但所喂的干草，而且连牧场都不能得益。

因此，补救的办法是，在冬季给牲畜喂些谷物饲料，或者喂以纯谷物，或者喂以脱粒未尽的干草，使牲畜保持健壮状况，至少不使牧场全无收益。

用作牵引的牲畜，大家知道，更须健壮，这样才能胜任所需的劳动。如果缺乏干草，就需以谷物饲料替代。

如果我们将苜蓿和马铃薯的生产费用同谷物相比较，就会发现，谷物用作饲料比苜蓿和马铃薯贵得多。

在计算比利时农作时我们知道，生产

1 斗燕麦，所需的费用为 13.4 先令

1 斗马铃薯……………………3.3 先令

1 担干苜蓿……………………4.3 先令

此外，根据其他观察材料和计算——详细情况这里不能一一列举——我可以假定，1 斗燕麦，包括收割的麦秸，用以喂养肉用牲畜及部分喂养牵引用牲畜——不是全部谷物量可以用干草代替的——，其价值相当于 117 磅干苜蓿，或 $2\frac{1}{3}$ 斗马铃薯。

生产 117 磅干草需耗费 $\frac{117}{100} \times 4.3 = 5\frac{1}{3}$ 先令，

生产 $2\frac{1}{3}$ 斗马铃薯　　$2\frac{1}{3} \times 3.3 = 7.7$ 先令，

生产 1 斗燕麦……………………13.4 先令。

所以，燕麦饲料的费用与马铃薯相比为 100∶58，与干草饲料相比为 100∶40。*

或者说，迄今为止是以价值 100 塔勒燕麦喂养肉用牲畜的，如果代以马铃薯，可以节省 42 塔勒，如果用于苜蓿则可节省 60 塔勒。

由此可见，在三区农作制或轮作休闲制下，干草非常缺乏，或者数量不很充足，解救的办法不是用谷物饲料，而是必须种植饲料作物。在轮栽作物制下种植饲料作物最为便宜，虽然谷物价格不很高，田地的肥沃程度没有能达到使这种农作制的全部耕田面积

* 这里的比例数字，似是根据上列数字，$2\frac{1}{3}$ 斗马铃薯折合谷物 1 斗，117 磅干草折合谷物 1 斗计算出来的。——译者

符合要求，但是这种田庄也应将自己耕地面积划出必需的一部分，实行轮栽农作，种植苜蓿、马铃薯等作越冬饲料。

然而，饲料作物的生产仅仅在肥沃的土地才合算；在贫瘠的土地，苜蓿不能生长，马铃薯的产量也很低，以致生产费用很可能等于产值的两倍，这一点我们作过计算。

由此我们又产生了一个有趣的新问题。

也就是说，在缺乏草场的情况下，划出一部分中等肥力或贫瘠的农田，施以大量肥料，实行轮栽作物制，即使是牺牲了其他大部分土地的肥力，增加了这部土地的肥力，是否适宜呢？

对这一问题，我不敢下定论，但是我相信，经过仔细研究，是会得到肯定答复的。

总的说来，田地越贫瘠，土地的物理性质越低劣，则种植饲料作物越困难，由此可见，这类土地占主要地位的地区，为什么草场的价值如此之高，以致是否占有草场几乎成了能否经营农作的条件。

在孤立国中我们都假设，农田都附有草地，草地的面积足以提供轮作休闲制和三区农作制所必需的干草；我们都假设由干草产生的肥料不足施于全部农田面积，而仅够用于农田中的特别轮作区。这一轮作区我们不再予以注意，我们的研究仅限于较大面积的农田，这些农田必须自力维持地力，所需的干草以饲料价值支付并以干草所产生的肥料交换。

我们本来也可以假定——也许这样事情就更清楚了——，在完全没有草场的情况下，每所田庄的农田面积都应分成两区，其中较小的一区实行轮栽作物制，用以生产必要的冬天饲料，较大的一区实行哪种农作制，则根据谷物价格和土地肥力的变化规律而定。

三、厩中饲养

经验告诉我们，用丰富的饲料喂养奶牛与低水平的饲养相比，虽然多耗费些饲料，但所得远远超过所失。

厩中饲养，通常奶牛不仅在夏季，而且在冬季也能得到丰富的饲料。

将一头冬夏都得到丰富饲料的奶牛的收益，与一头夏天放牧得到丰富的饲料而冬天营养不足的奶牛相比，即可知道，不仅毛收益，而且纯收益也有很大区别，厩中饲养的收益高。

然而，冬天饲料不足并非必然与放牧业有不解之缘。为什么放牧业在冬天不能像厩中饲养那样，给以丰富的饲料呢？这是完全没有理由可答的。

所以，在作厩中饲养和放牧业比较时，我们必须仔细区分下列两种观点：

1. 厩中饲养的奶牛的收益较高，究竟多少成分应归于常年喂养得充分与均匀呢？

2. 如果放牧的奶牛得到丰富和均匀的喂养，与厩中饲养的一般无异，那么厩中饲养还存在哪些优点呢？

饲养牲畜饲料需常年均匀丰富，这一点最为重要。夏天厩中饲养，青饲料非常充足，均匀喂养容易办到。在放牧业中要做到这一点则很困难，因为在五六月间青草长得很茂盛，牲畜不可能全部吃光，一部分长成柴火，而七八月间青草生长缓慢，如果只靠牧草牲畜通常已感草料不足。

为了弥补这一缺陷，在七八月间应当时时将收割过一次的草地和收割过的苜蓿地开放为牧场，也可将刈割的青饲料运到牧场去喂牲畜，以补不足。

如果使用这种方法，牲畜能够得到均匀的喂养，放牧的奶牛冬天能得到与厩养相等的饲料，那么无论放牧的奶牛还是厩养的奶牛都没有理由吃等量的饲料不生产等量的牛奶和黄油。

所以，我在第十六节中讨论厩中饲养时，不曾说厩中饲养奶牛比放牧耗费同样饲料可得较高的利用，而只是就厩中饲养本身的重大优缺点作了讨论。

厩中饲养的根本条件是，土地应当尽可能肥沃，这样才能生长长茎苜蓿，以备割用和代替牧场的苜蓿和青草。

如果这项根本条件已经具备，那么厩中饲养的另一重大优点便是，牲畜所需的苜蓿是割刈的，而不是放牧觅食的，这样饲料的产量就能大大增加，几至达到两倍，肥料产量也能增长，这就是说，土地面积和肥力相等，所获得的肥料，除补充作物所吸收的以外，有较多的剩余。

至于厩肥是否比牧场遗粪价值高，牲畜呼出的气息是否非常滋养植物，长期以来我是持怀疑态度的。较长期的经验向我证实，如果青草生长情况相同，田地两年用为牧场，土地增加的肥力不及一年牧场的两倍，三年用作牧场则更少于三倍；牧场的遗粪暴露在空气中越久，亦即是休闲地翻耕得越晚，肥效丧失得越多。

但是另一方面，厩中饲养有放牧业所没有的许多工作和费用，如割运青饲料，夏天出厩肥，运肥至田里等等。

至于厩中饲养有利，还是放牧有利，这完全取决于：厩中饲养多获得的饲料和肥料的价值是否大于厩中饲养所引起的费用总额。

然而，这一点又以饲料和肥料价格的高低为转移，这里我们也可看到，除土地肥力之外，农产品的价格最终决定着何时何地实行厩中饲养较之放牧优越。

四、论各种农作制度的变化

我们研究的结果说明，因谷价有贵贱，土地肥力有高低之别，田地实行三种不同的经济制，即三区农作制、轮作休闲制和轮栽作物制是必要的。

这三种农作制的特征，就我们在这里所考察的，有下列各点：

(一)三区农作制

1. 田地的一部分是永久性的牧场，

2. 农田的三分之一，每年轮流纯粹休闲，

3. 所产的全部肥料都用于纯粹休闲地。

(二)轮作休闲制

1. 全部农田面积轮流种植谷物和用作牧场，

2. 每次循环中有一区为纯粹休闲，

3. 所产的全部肥料用于休闲地，

4. 谷物及豆荚作物成熟以后，田地接种苜蓿或豌豆青饲料，不作休闲；肥力最差的谷物区则辟为牧场。

(三)轮栽作物制

1. 一切农田都种谷物等作物，不作纯粹休闲，

2. 所产的肥料都用于饲料作物，选择肥力最高的农田区种植

饲料，

3. 谷物及饲料作物轮流种植。

这些农作制并非一成不变的制度，可以废除一种制度中的某一个特征，而吸收另一种制度中的某一个特征。因此形成混合农作制，这些农作制处于纯粹农作制的中间，是一种向另一种过渡的形式。

混合农作制的形式多种多样，有时离某种纯粹农作制近些，有时远些，因此不可能将它们一一列举，更不可能将它们纳入理论讨论。这里将纯粹农作制可能遇到的几种主要变化形式，列入不同的纯粹农作制之间，形成一个阶梯，现将它陈述于下我看就足够了。

1. 纯粹三区农作制。

2. 这样的一种三区农作制，其牧场大约每 9 年翻耕一次，不施肥料种植谷物数次，然后又改作牧场。

这种农作制肯花耕作牧场的费用——也许谷物的收成都不足以补偿——是为了收获干草，为了给原来的农田增添肥料，同时避免牧场年头过多。

3. 各种轮作休闲制，在每轮循环种植之内，除了暂时改作牧场的休闲地以外，还有不种草的休闲地，然后将这块土地改为牧场，历时需三年以上。这里谈一种十二区轮作休闲制，其作物的种植次序为：(1)暂时改为牧场的休闲，(2)冬麦，(3)夏麦，(4)不种草的休闲，(5)冬麦，(6)夏麦，(8)—(12)牧场。这种农作制由于保存不种草的休闲地，又将土地依次多年改为牧场，所以仍具有三区农作制的痕迹。这种农作制耕作暂时改的牧场权限于田地面积的

1/12，所以减少了耕作费用；然而缺点是，牧场经历了四五年之久，青草和肥料产量就低了。

4. 纯粹的轮作休闲制，是没有不种草的休闲地的，而只有暂时改作牧场的休闲地。

5. 轮作休闲制，除了休闲地以外还对部分田地在种植后或种植前施以粪肥。这种农作制在外表上与纯粹轮作休闲制完全相似，但是它已有自己的特征，牧场不再设在贫瘠的田地，而设在肥沃的田地，至少部分是如此，这一点与轮栽作物制是共同的，所以可以把它视为向轮栽作物制的过渡形式。

6. 纯粹的轮栽作物制。

即使全部田地面积，自田舍至边缘地区肥力均等，也可以有上列的各种变化。但是实际情况往往是，远处的田地比其他部分贫瘠，那么更会有新的变化。

远处的田地农作费用较贵，这将产生这块田地在种植上与其他田地分离的趋势。如果那里的土地肥力不等，那么这种分离就更为必要。因此，在轮作休闲制中就有所谓“内田”与“外田”之分。两者在种植上的区别在于，如果与全部田地在循环轮作上作比较，谷物区与牧场区的比例在内田区较大，在外田区则较小；所以内田多种谷物，外田则主要辟为牧场。

第十四节中我们讲过，孤立国中的谷物价格，黑麦每斗虽然只有 0.47 塔勒，已可实行三区农作制；在价格每斗高于 0.665 塔勒时，实行轮作休闲制才比三区农作制有较大的纯收益。现在，如果除了这两种纯粹的农作制以外，没有别的农作制，那么当谷物价格徘徊于 0.47 塔勒和 0.665 塔勒之间，土地只能实行三区农作制。

如果能用比纯粹轮作休闲制更低的费用，生产多于三区农作制所能提供的肥料，这是有利可图的。实行混合农作制可以办到这两点。

此外，第十六节中说过，实行纯粹轮作休闲制，1,000 平方丈田亩平均肥力需 373 度；如果实行轮栽作物制则平均肥力需 510 度才有利可图。现在，如果土地肥力在增长，轮作休闲制突然要改为轮栽作物制，那么对这里要采用的农作制说来，土地肥力尚不够丰富，因而纯货币收益就会减低。轮作休闲制在第三谷物区增施了肥料，平均肥力超过了 373 度，它是可以很好利用的，而不必比粹纯轮作休闲制多花因农作结构变化的费用，这样它就成了由纯粹轮作休闲制向轮栽作物制过渡的有益的阶梯。

如果我们设想，谷物价格和土地肥力逐渐缓缓地而又持久地上升，而不是稳定不变的状况——实际生活中往往也是如此——，那么在每一田庄中，随着时间的消逝必定会出现各种形式的农作制，前面我们是把它们看作为孤立的、相互并列存在的形式。

谷物价格和土地肥力两种因素上升到一定程度，实行一种比三区农作制多花一些费用是值得的，然而要有利可图地实行轮作休闲制，却还不够高，这时可以实行一种介乎两种形式之间的混合农作制。混合农作制变化形式多种多样，时而可能接近这种形式，时而可能接近那种形式，根据谷物价格和土地肥力的程度可以找到一种相应的农作制形式。在合理、彻底的经营条件下，随着上述两个因素的逐渐上升，农作制形式也总在逐渐变革，直到最后这种混合农作制过渡到纯粹轮作休闲制。

如果上述这两种因素继续上升，那么纯粹轮作休闲制仅仅是暂时的停顿，并没有休止。

这种农作制的肥力在越益增长的情况下，达到了休闲地不能容忍更多肥料的程度时，应当将多余的肥料施于最后的田区，即第三谷物区，在那里播种苜蓿。苜蓿原来种于最贫瘠的土地，现在则种于肥沃的土地，这一田区在经过几年为牧场之后，又经休闲，本当不施肥料或施以很少肥料。第三谷物区能够得到肥料的部分，在每次循环轮作中不断扩大，直到使用肥料的目的达到为止。以后土地肥力如继续增加，则可以废止休闲，随着休闲的废止，轮作休闲制便消失，代之以轮栽作物制。

在山区只有谷地才能用作农田，山上只能用于放牧。如果山上完全不能耕作，那么山区就不能完全实行轮作休闲制。如果谷物价格和土地肥力持续上升，这里不像平地，这里不可能从三区农作制，经过轮作休闲制，过渡到轮栽作物制去。

如果山区的平地与山区牧场和草地相比，面积非常之小，以致尽管实施收拨地力的三区农作制，土地肥力仍在增长，那么产生这么一个问题：这种农作制怎样以及在肥力增至什么程度才能过渡到轮栽作物制。

我的计算没有涉及这一特殊问题，所以我在理论上对此作不出什么判断。但是实践早就解决了这一问题，在这种情况下，休闲地的一部分，或者是整个休闲地可以种植马铃薯、苜蓿、豌豆、亚麻等作物。休闲地一经耕作种植，它就不再是休闲地了。在这种情况下，三区农作制就丧失了自己最基本的特征。这种农作制在其主要点，即废止休闲和利用全部农田面积方面，与轮栽作物制一致了；然而，由正确的作物种植次序获得的种种好处，却不存在了。在这种情况下，实行轮栽作物制仍比连带耕种休闲地的三区农作制更为有利，这是无可怀疑的；我们的农业科学老师特尔早已教导我们懂得轮栽作物制，轮栽作物制已经成了一切有教养的务农人士深思的对象，事实上，从那时起西里西亚、梅伦和萨克森山区的三区农作制已经在向轮栽作物制过渡了。

我们在研究中虽然把土地的肥力分为若干等，但土地的自然性质我们仍视为是等同的。实际上，我们发现每一田庄的土地性质几乎也是不等的。本卷的目的不允许我们深入讨论这一问题，但是事情很清楚，在同一田庄上除了田地离田舍的距离不等以外，又有肥力不等、土质不等的情况，可见选择农作制的任务是多么复杂；事情也很清楚，农业理论将来总会完备的，但是农作者从事经营，如果他不是盲目仿效者，他总是想知道自己据以经营的原因，如果他不是呆板的人，那么他总会要求对自己的立场，对资产阶级社会的状况作严肃、深刻的研究。

这个问题就讨论到这里为止，下面我们可以回过来叙述孤立国，叙述规定城市四周圈境的原理。

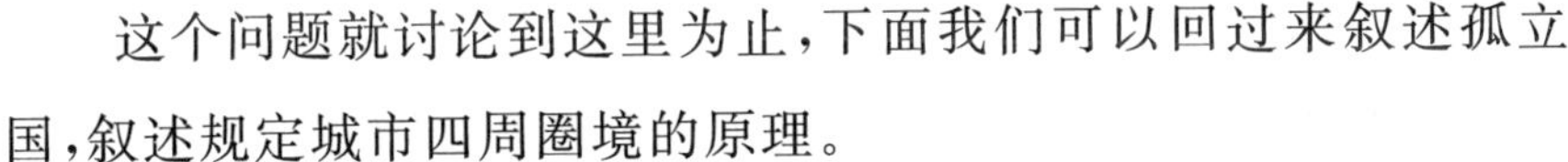

第十九节　第二圈境　林业

孤立国中的平原，除了供应城市粮食以外，还须供应城市所需的柴薪、木材和木炭等等。

现在产生一个问题,孤立国中生产木材的地方在哪里。

我们假定,城市木材的价格已经规定,例如每法登(Faden,合224立方英尺)山毛榉柴薪价格为16塔勒,运费每法登每英里为2塔勒,由此可知,如果去8英里外运柴薪进城就没有可能了,即使生产木柴丝毫不耗费用,土地也不收地租。

因此,在远离城市的地方,生产以向城市销售为目的的木材的可能性就被排除了,木材应当在城郊生产。

今假定谷物价格为已知(黑麦每斗价格为1.5塔勒),试问在此情况下,城市中木材价格应为多少,回答这一问题是非常困难的。

木材和谷物的使用价值不同,不具有相同的比较标准,两者不可能相互取代。

有人会说,“虽然黑麦每斗仅为1.5塔勒,为什么每法登木材不能值40塔勒呢?如果这种情况是可能的,那么上述木材只能在城市近郊生产的结论岂不完全失效了;木材也可以从远地供应。你们反对这种意见,认为不可能有这种价格比例,这不能判断是非,因为原始森林几乎到处都有残存的部分,即使当地已经消失了,市场所需的木材多少可以由别处原始森林供应。原始森林生产木材不耗费人工,不需护理,不用投资,所以木材在产地,不论使用价值有多高,交换价值几乎不比水贵。然而,在孤立国中,研究对象总是有穷尽的东西,在那里一切原始森林应当被认为已经绝迹,一切林木都是人工的产品。所以,如果你们认为你们的结论是有效的话,那么你们必须证明谷物价格和木材价格之间的内在联系。”

我们必须对这一责难的逻辑推理予以答复，我们可以满足所提出的要求。

城市中一法登木材的价格为未知数，或等于 y 塔勒。

今假定有 100,000 平方丈山毛榉林地一区，我们把它分成 100 块林地，每年砍伐一块，如果按规则经营，那么我们在第一块林地获得一年的树木，在第二块林地获得二年的树木……直至第一百年的树木。

砍伐一块林地的收益为……………………500 法登

砍伐各林地中丛生过密的树木收益为……500 法登

总计收益为 1,000 法登

与经营林业有关的费用，如管理、看守费用，已砍伐林地的播种、移种和补种等费用，扣除饲养禽畜和狩猎所得，每年尚须支付 500 塔勒。

一个田庄在经营农事中，不是全部纯收益，而只是其中的一部分，即全部纯收益扣除投入房屋或其他有价值物品的资本的利息以后所剩余的部分，可以看作为地租，同样，在经营林业中，我们也不能把全部收益，而只能把一部分，即扣除了造林投资的利息以后的剩余部分，看作为地租，或看作为土地本身的收益。

要经营农业，不可能不投资兴建田舍；经营林业的必须首先知道，树木的生长期，有一年的，有百年的或更久的。

如果市场有充分需求，我们可以将所有 100 块林地的树木一次全部伐完，出售，将所得的货币存放生息，但只有在每年砍伐林地一块的纯收益超过存款所得的利息时，我们才重视土地本身的价值。

今假定 100 块林地的林木的价值为 15,000 法登木材，在利率为 5%时，林木投资的利息等于 750 法登木材。现在从每年林木收益 1,000 法登中扣除这一数字，那么土地本身的收益为 250 法登。

一切与造林有关的费用，都由这 250 法登中支付，如果某人一次砍伐了全部林木，并将它变成货币资本，那么他就无须再支付这些费用，为了获得 250 法登剩余收益，还需支付与造林有关的费用。

如果每年的各项支出为 500 塔勒，则每法登木材的生产费用为 2 塔勒，砍伐的工资还没有包括在内。

在这些生产费用之内，按我的定义，并没有包括地租，只有真正超过生产费用的剩余才是地租。

如果砍伐林木的费用，每法登为半塔勒，那么当地木材每法登就值 2.5 塔勒。

这一价格同其他以货币表示的物价一样，只在某一地点适用，它随着谷物价格变化而变化。进一步计算，需要有一些附加条件，这些条件在孤立国中的任何地点都是有效的。

所以我们在这里也必须按照前面计算农事的办法，1/4 费用以货币表示，3/4 费用以黑麦表示。

木材每法登的生产费用＝$2\frac{1}{2}$塔勒，亦即是 $2\frac{1}{2}\times1/4=0.62$塔勒，以货币表示；$2\frac{1}{2}\times3/4=1.88$ 塔勒，以谷物表示。如果每法登费用为 $2\frac{1}{2}$塔勒的计算，只对黑麦每斗价格为 1.291 塔勒的地方有效，那么 1.88 塔勒的价值等于 1.88/1.291＝1.46 斗黑麦；因此，通常可以说，每法登木材的生产费用为 1.46 斗黑麦＋0.62 塔勒。

现在我们按照第四节所述，可以计算孤立国中各地黑麦的价格，即在离城 x 英里处黑麦每斗的价格为 $\frac{273-5.5x}{182+x}$ 塔勒。如果黑麦以这一价格计算，那么 1.46 斗黑麦＋0.62 塔勒＝$\frac{511-7.4x}{182+x}$ 塔勒，或者说，离城 x 英里处木材每法登的生产费用为 $\frac{511-7.4x}{182+x}$ 塔勒。

此外再问，木材每法登从 x 英里远的地方运往城市，运费为多少。

根据第四节的计算，一车载运 2,400 磅，运输 x 英里，运费为 $\frac{199.5x}{182+x}$ 塔勒。

如果每法登木材需用两车载运，则每法登的运费为 $\frac{399x}{182+x}$ 塔勒。

如果木材产于不生地租的土地，那么木材售价足够抵偿生产和运输费用，就可以运往城市出售。

我们现在以轮作休闲制的地租为标准，在这种农作制下，离城 28.6 英里处就不再有地租。现在将 x 值为 28.6 代入计算木材生产和运输费用的公式之中，则求得城市中每法登木材的价格必定为 55.6 塔勒。

因为木材为城市必不可少的需要，如果近地不能获得廉价的供给，则不得不支付高昂的代价。

在城市附近造林，可以减少运费，但是木材必须在支付地租的土地上生产，因此，木材的价格不仅需要偿付生产和运输费用，而且还需要偿付地租。

根据第五节的计算，在离城 x 英里处 100,000 平方丈的农田的地租为 $\frac{202,202-7,065x}{182+x}$ 塔勒。土地种植木材的收益，每 100,000 平方丈为 250 法登，亦即是每法登木材应当承担地租 $\frac{809-28.3x}{182+x}$ 塔勒，小数四舍五入。

城市中木材的价格包含三个部分：

1. 生产费用 $\frac{511-7.4x}{182+x}$ 塔勒，

2. 运输费用 $\frac{399x}{182+x}$ 塔勒，

3. 地租 $\frac{809-28.3x}{182+x}$ 塔勒

总计 $\frac{1,320+363.3x}{182+x}$ 塔勒。

所以城市里木材每法登的价格为 $\frac{1,320+363.3x}{182+x}$ 塔勒，如果我们逐渐更换 x 值，那么必定可以得出，孤立国中何地木材供应城市最为廉价。

如果 x 或与城市的距离	则 y 或木材每法登在城市里的价格

28.6 英里……………………………55.6 塔勒
20　英里……………………………42.5 塔勒
10　英里……………………………25.8 塔勒
7　英里……………………………20.4 塔勒
4　英里……………………………14.9 塔勒
1　英里…………………………… 9.2 塔勒
0　英里…………………………… 7.2 塔勒

我们暂且设想，柴薪产于不生地租的土地，则每法登在城市中的价格为 55.6 塔勒。近郊的居民立即发现，他们的土地如果种植树木将比种植谷物更有价值；他们将以较低的价格供应木材，于是孤立国中远地居民的木材将被排挤出市场。最后，发展的结局将是，以向城市出售为目的的造林限于城市的近郊地区，从那里可以最低廉的价格提供木材。

但是，种植林木，在播种以后需待百年才能收获，所以土地的种植不可能旦夕改成。实际上我们发现，有些地方土地和位置都适宜造林，却没有见到林木，就是这个原因，因此不足为奇了。

最后，为了能够确定孤立国中心城市木材的价格，还须假定城市的需求量。城市的需求量决定必须造林的面积，从这一面积的最远点能供应城市所需木材的价格，作为城市的木材价格的标准。例如，造林之地如果可以在离城 7 英里处，那么城市中每法登木材的价格为 20.4 塔勒。

造林圈境最远一边的土地产生的地租与经营农作的土地相等，或者确切地说虽多也无几。离城只近一英里，木材运费就能节省不少，一块同样面积土地的地租就要增加不少，因此，生产林木的土地的地租，离城越近，增长越多，比例比轮作休闲制下地租的增长大得多。

至此，我们可以说，谷物和木柴两种产品，虽然不能相互取代，但其价格比例上存在着内在联系，这一点是可以证明的。

相互可以取代的两种产品，亦即是使用价值有共同标准的产品，其价格的升降将是共同的，而两者的价格比例本身则很少变化，或根本不变。

在没有共同标准的产品中，一种产品的需求发生变化，另一种产品与它的价格比例就会发生较大的变化。

如果孤立国中发明了一种节能炉灶，城市中木柴的消耗大大降低，以致造林圈境的半径5英里，而不是7英里，生产的木材，就足够供城市的需求，于是每法登的价格将下跌4塔勒，或者约20％。

造林圈境外边的土地已经成为多余，于是改为农作，生产谷物。这一部分与整个农作面积相比微不足道，所以对谷物价格的下降只能起微弱的作用。

如果木柴每法登原价等于14斗黑麦，经过这一变化以后，则约值12斗黑麦。

生产上的新发明及改革起了类似减低消费的作用。

著者在上述林业的计算中所列的支出和收益的数字，不像农事计算的情况，可以取材自实际生活，这些数字都是根据估计假定的，仅仅是为了可以从事计算。一项研究，凡是用估计和假设进行的，即使结论是多么彻底，但也只能说明是在这种假定下的结果，并不是实际上就是如此。

如果能确定一个范围，在这个范围内知道这些假定数字可能是偏离实际的；如果人们能证明，在可能的范围内所得出的结论是有效的，那么结论的正确性就不容怀疑了。

我们想把这一范围尽可能地扩大，大于任何现实存在的可能性，现在假定，在某一种情况下木材的生产费用为我们上述假设的8倍，在另一场合则只为上述假设的1/8。

第一种情况。生产费用为上文假设的8倍。

生产费用的增长可以有两种原因：或者是1.木材收益量不变，而与造林有关的一切费用都有增长；或者是2.一切费用不变，而木材的收益降低。

1. 与造林有关的一切费用增长到上述假定的8倍，而木材的产量如旧，那么

$$生产费用=\left(\frac{511-7.4x}{182+x}\right)8=\frac{4,088-59.2x}{182+x},$$

$$运输费用=\cdots\cdots\cdots\cdots\cdots\frac{399x}{182+x},$$

$$地租=\cdots\cdots\cdots\cdots\cdots\cdots\frac{809-28.3x}{182+x},$$

$$总计\frac{4,897+311.5x}{182+x}$$

木材每法登的价格，

如$x=20$英里……………………55塔勒，

$x=10$英里……………………42塔勒，

$x=0$英里 …………………… 27塔勒。

2. 木材的收益仅为上述假设的八分之一，而费用如旧，那么

生产费用=…………$\frac{4,088-59.2x}{182+x}$，

运输费用=…………$\frac{399x}{182+x}$，

地租=$\left(\frac{809-28.3x}{182+x}\right)8=\frac{6,472-226.4x}{182+x}$，

总计$\frac{10,560+113.4x}{182+x}$。

木材每法登的价格，

如x=20 英里………………63 塔勒，

x=10 英里………………61 塔勒，

x= 0 英里………………58 塔勒。

第二种情况。生产费用仅为上文假定的八分之一。

1. 费用减少到八分之一，但收益如旧，那么

生产费用=$\left(\frac{511-7.4x}{182+x}\right):8=\frac{61-0.9x}{182+x}$ 塔勒，

运输费用=……………………………$\frac{399x}{182+x}$塔勒，

地租=……………………………$\frac{809-28.3x}{182+x}$塔勒，

总计$\frac{870+369.8x}{182+x}$。

木材每法登的价格，

如x=20 英里……………………………41 塔勒，

x=10 英里……………………………24 塔勒，

$x=0$ 英里 ………………………… 5 塔勒。

2. 费用大致相等，收益则提高 8 倍，那么

$$生产费用=\left(\frac{511-7.4x}{182+x}\right):8=\frac{61-0.9x}{182+x}塔勒，$$

$$运输费用=\cdots\cdots\cdots\cdots\frac{399x}{182+x}塔勒，$$

$$地租=\left(\frac{809-28.3x}{182+x}\right):8=\frac{101-3.5x}{182+x}，$$

$$总计\frac{162+394.6x}{182+x}。$$

木材每法登的价格，

如 $x=20$ ……………………40 塔勒，

$x=10$ ……………………21 塔勒，

$x=0$ …………………… 1 塔勒。

这里所考察的各种情况无论如何可以得出这样的结论，城市近郊所产的木材比遥远地区所产的木材，运至城中出售价格要低廉些。我们蛮有把握地论断，在合理的经营下——因为如不合理地经营，就没有规则和界限可说——造林的收益和支出总不能超过这里所确定的界限，所以，这一“林木的生产应在城郊进行”的话便得到了证实。

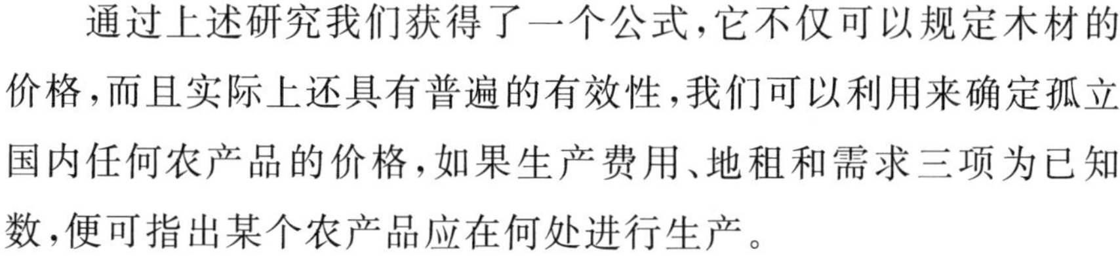

通过上述研究我们获得了一个公式，它不仅可以规定木材的价格，而且实际上还具有普遍的有效性，我们可以利用来确定孤立国内任何农产品的价格，如果生产费用、地租和需求三项为已知数，便可指出某个农产品应在何处进行生产。

为了举例来说明这一点，我们提出这样的问题：“黑麦每斗价

格应为多少便能供应城市,在何处种植黑麦最为有利”,下面我试图予以回答。

根据第五节所述,农田 100,000 平方丈黑麦的毛收益为 3,144 斗;而一车满载为 2,400/84=28.6 斗,3,144 斗合满载 3,144/28.6=110 车。

与获得这些收成有关的支出,即生产费用,计黑麦 1976 斗+641 塔勒,分摊于 110 车,则每车的生产费用为黑麦 18 斗+5.83 塔勒。

假定黑麦每斗的价格为$\frac{273-5.5x}{182+x}$塔勒,则每车的生产费用为$\frac{4,914-99x}{182+x}+5.83=\frac{5,975-93.2x}{182+x}$塔勒。100,000 平方丈的农田的地租,或者说 110 车黑麦中地租占$\frac{202,202-7,065x}{182+x}$,以 110 车除之,则每车中地租占$\frac{1,838-64.2x}{182+x}$。

黑麦满载一车为 28.6 斗,各项费用如下:

生产费用……………………$\frac{5,975-93.2x}{182+x}$塔勒,

运输费用……………………$\frac{199.5x}{182+x}$塔勒,

地租……………………………$\frac{1,838-64.2x}{182+x}$塔勒。

总计$\frac{7,813+42.1x}{182+x}$

根据计算黑麦的价格	每车	每斗
如 x=20 英里	42.9 塔勒	$1\frac{1}{2}$塔勒

$x=10$ 英里　　42.9 塔勒　$1\frac{1}{2}$塔勒

$x=\ 0$ 英里　　42.9 塔勒　$1\frac{1}{2}$塔勒。

对这个问题，我们作出的答案是：孤立国中任何地方（凡是种谷物都有地租可得的地方），黑麦均可按每斗 $1\frac{1}{2}$塔勒的价格供应城市，孤立国中一切地方种植谷物获利相等。

这也是必然的，因为各地地租量的计算恰恰都是按城市中黑麦每斗 $1\frac{1}{2}$塔勒为前提的。上列计算虽不能使人扩大认识，但它却很有意思地证明人们观察方法的正确性；同时也说明本身的极端重要，因为我们现在对任何作物，如果其生产费用、分摊到每车的地租与谷物的比例为已知，就可以确定在城市中必需的售价，以及必须在什么地方予以生产。

这一公式可以应用于各种作物的计算。

第一种作物，其地租与种谷物的地租相等，但生产费用仅为谷物的一半，那么

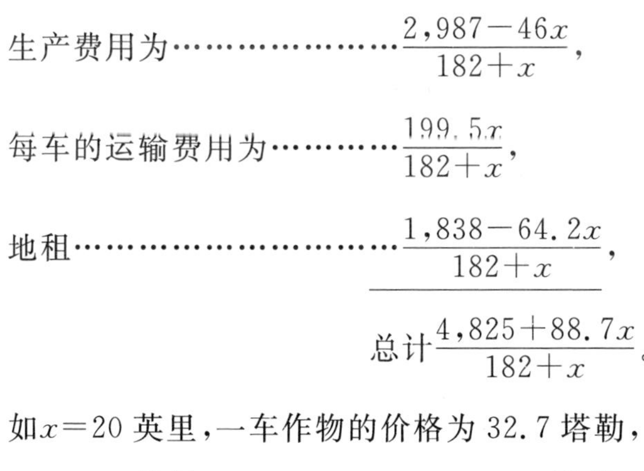

生产费用为……………………$\dfrac{2,987-46x}{182+x}$，

每车的运输费用为…………$\dfrac{199.5x}{182+x}$，

地租……………………………$\dfrac{1,838-64.2x}{182+x}$，

总计$\dfrac{4,825+88.7x}{182+x}$。

如$x=20$ 英里，一车作物的价格为 32.7 塔勒，

$x=10$ 英里，……………………29.7 塔勒，

$x=\ 0$ 英里，……………………26.5 塔勒。

所以，这种作物在近郊比远地供应价格低廉，为满足城市的需要，这种作物在城市中应售的价格可以计算求得，只需知道这种作物的种植面积扩大到什么地方就行。

第二种作物，其地租与种谷物的地租相等，但生产费用为谷物的两倍，那么

这里各项费用的总数为$\frac{13,788-51.1x}{182+x}$，

如$x=20$英里，则一车作物的价格为63.2塔勒，

$x=10$英里……………………………69.2塔勒，

$x=0$英里……………………………75.7塔勒。

所以，种植这种作物宜在离城较远的地方。

第三种作物，其生产费用与谷物的生产费用相等，地租仅为谷物的一半，那么

这种作物的费用总数为$\frac{6,894+74.2x}{182+x}$，

如$x=20$英里，则一车作物的价格为41.5塔勒，

$x=10$英里……………………………39.7塔勒，

$x=0$英里……………………………37.9塔勒。

这种作物的种植应在城市附近。

第四种作物，生产费用与谷物的生产费用相等，地租为谷物的两倍，那么

费用总数为$\frac{9,651-22.1x}{182+x}$，

如$x=20$英里，则一车作物的价格为45.6塔勒，

$x=10$英里……………………………49.1塔勒，

$x=0$ 英里……………………………53.0 塔勒。

种植这种作物宜在离城市较远的地方。

仔细观察这里所谈的四种情况，可以得出下列两条普遍规律：

1. 如一车作物的生产费用与谷物的生产费用相等，则产生最高地租的作物应在离城最远的地方种植。

2. 如一车作物分摊到的地租量相等，则需要最高生产费用的作物应在离城较远的地方种植。

习题。一车农产品的生产费用为谷物生产费用的 14 倍，运输费用为 2 倍，如果这种产品不产生地租，试问以什么价格可以向城市出售。

生产费用为……………… $\frac{83,650-1305x}{182+x}$

运输费用为…………………… $\frac{339x}{182+x}$

费用总计 $\frac{83,650-906x}{182+x}$

如 $x=30$ 英里，每车价格为 266 塔勒，每磅合 5.3 先令，

$x=10$ 英里，每车价格为 388 塔勒，每磅合 7.8 先令，

$x=0$ 英里，每车价格为 460 塔勒，每磅合 9.2 先令。

由此可见，这种产品种植于离城 30 英里处，向城市出售的价格仅为近郊所产的一半。如果远地产品能满足城市需求，那么城市近郊生产这一产品必定会遭受巨大损失。

上面插入了别的问题，现在我们再回来考察林业。

前面计算曾假定，木材年收益为 1,000 法登，100 块林地的价值为15,000法登。按此比例，每年林木增长与总量相比为1∶15；或者说每年木材增长量为林木总量的1/15。

但是经验屡次告诉我们，购买田庄时，与田庄相关的林木，如按林木的现有总量估价，然后按价购买，这是极为危险之举。许多买主因此而遭受巨大损失，有的甚至倾家荡产。因为购买以后发现，树木不能产生充分的利息，即木材的年收益不及林木现有总量的1/20，而常常只有1/30，或只有1/40，所以购买林木的投资只能获得$3\frac{1}{3}$%或$2\frac{1}{2}$%的利息。

据林木专家估计，林木每年生长只及现有总量的1/40。

我们假定，经验告诉我们的事的原因就在于树木的天性，由于树木的这种天性，林木的生长每年不可能超过现有总量的1/40，如果对这里存在的后果展开讨论，我们将会感到非常惊讶。

1. 造林的土地不仅没有地租，而且土地的收益甚至是负数，将林木投资用于放息，所得一定为林木年收益的两倍。

2. 任何认识到自己利益的林业主，必定一次将全部林木伐光，出售，因为出售木材所得的资本，存放生息会有双倍的收益，而且还可将林地出售。如果市场有限，不能一下出售全部林木，那么林业主可以每年砍伐林木，以后不再种植树苗。长此下去，林木肯定会逐渐绝迹。

3. 由于林木的逐渐消灭，木材的价格必定会不断上涨，但是这里存在着一种特殊现象：木材价格极高，而造林却无利可图，也不能防止树林继续被砍伐，因为木材价格上涨，造林投资也在增长，如果用以放息，总是双倍于林木的收入。木材价格高，砍伐林木更有利可图，更刺激砍伐。只有将利率降低至2.5%，才能终止树林的毁灭。利率如果不降低，像木柴这种必不可少的东西又不允许绝迹，那么政府必须禁止私人任意砍伐林木，用政权限制林业主，只准享用所拥有的一半林产。然而，财产权遭到破坏，造林必将完全没有积极性，因此，这种措施也只能权作应急之用。

我们现在来考察幼树成长的情况，例如一棵幼枞，两年的枞树的重量也许是一年的十几倍，三年的枞树约等于两年的7倍，等等，亦即是树木每年生长不是树木已有的量的一部分，而是数倍于它。往后数年，绝对的量年年有所增长，但相对增长，即年增长量与树木现有量之比，则有减低，因为与之相比的现有量越来越大。五年的树，如果年增长量等于它本身的量，那么六年的树的增长量约为9/10，七年的树也许为81/100，等等。

相对增长的不断递减，无疑最后会到达这么一个时点，那时年增长等于树木本身已有量的1/20。

现在不讨论单棵的树，而讨论整个林区或一个地块，如果这一地块的树木年龄相同，那么这一面积必定也会出现这么一个时点，那时树木的增长量恰好等于该面积树木总量的1/20。

如果这一地块的林木刚好在这一时期砍伐，我们将木材的产量与各地块林木(自一年幼树至可砍伐的成材都有)的总量相比，则得出每年的收益多于林木总量的1/20，因为可砍伐的地块的林木的年增长量为1/20，但是生长幼树的各地块，增长量远远大于此数，所以平均来说，年增长量与全部地块的林木总量比，超过了1/20。

一方面完全可以断定，按树木的本性看，树木的相对增长可以超过1/20；另一方面又看到多数树林年增长仅1/40，这也是不可争辩的事实。因此可以推断，造林无利可图必定是经营非常不适宜，毛病很多所致。

在树林中，如果 100 年、200 年的树与 10 年、20 年的树混杂并存，其中有些树木已经停止生长，却占着很多空间，阻碍小树成长，因此绝对增长量很小，而又必须与很大的总量相比；那里相对增加量很可能下降至 1/40，甚至更低。

这样的林业，或者说低水平的林业，只有当那里的木材没有别的取代时，土地本身价值极其低贱，连清除树木，将林地改为农田的费用都偿付不了时，才是合理的。

过去数百年中，德国大部分土地就是这种情况。自此以来，情况已有很大变化，但是并没有普遍完成林业经营的改革，即使今天，我们还能发现许多树林的经营，仍是墨守成规，现在还极不合理。

然而，即使有了正确的认识，也只能逐渐改变树林的天然状态，因为树木的生命远远超过人的寿命，所以要正确地经营整片林区，非积几代人的努力不可。

合理的林业只允许相同年龄的树木共生在一起，在这些树木的相对增长值下降到 5%——孤立国所假定的利率——以前，必须砍伐。高干树林到那时将不能再尽量生长，树木从成活到采伐的时期远比树木的寿命短。于是产生一个问题，山毛榉林从成活到采伐，前面我们假设最久为 100 年，根据上述原理，是否应缩短些？

考虑到长成的树作为木柴，比幼树价值高，售价贵，采伐可以超过木材相对增长量为 5%的时点，但只能少许几年，因为木材用作燃料的增值不可能长期超过因利息损失而日益增长的生产费用。

建筑用木材的情况则完全不同，这种木材必须十分坚实才能使用，树木的生长没有达到这种坚实程度，不允许采伐。所以这种树木从成活到采伐的年限应比用作柴薪的树木长得多。因此建筑用材的生产费用也大得多。由于这种木材不可或缺，所以等同的量，例如一立方英尺，木质越坚实，价格则越昂贵，价格高到，各种坚实的木材的生产费用能完全得到补偿为止。

所以建筑用材与柴薪相比，重量相等则价格为高，运输费用与价值相比，前者少，后者多。

由于这一原因，在孤立国造林圈境内，生产建筑用材必定在离城市最远的地方。

建筑用材的下脚料可以用作柴薪，但运送城市的费用难以补偿，但是可以烧成轻质的木炭，然后运往城市，这就有利可图了，所以造林圈境最远的边缘地带，既供应城市建筑用材，又供应木炭。

造林圈境离城市近的一边，也许种植快速生长的树木较为有利，这种树木用作柴薪当然没有很高的价值，例如山毛榉，但是，等量的面积每年能提供较多的木柴，而较远地带只能供应城市价值极高的木柴。

因此造林境圈也分成若干部分，或称集中圈，各自种植不同的树木。

造林圈境必须供应城市和自由农作圈境以木材，然而并不供后边的，或者说离城市更远的圈境。那里对木材的需求能自给自足，但也没有木材可以供给城市，因此与城市没有关系，所以其他圈境的林业问题，这里不予考察了。

假定柴薪的价格每法登为 21 塔勒，那么试问林业圈境内各地区的地租应为多少？

每法登的收入为 21 塔勒，或 $21\times\frac{182+x}{182+x}=\frac{3,822+21x}{182+x}$塔勒。

每法登的生产费用为$\frac{511-7.4x}{182+x}$塔勒。

每法登的运费为$\frac{399x}{182+x}$塔勒。

从收入中扣除这两项费用，那么生产一法登木材的土地面积应得地租为$\frac{3,311-370.6x}{182+x}$塔勒。

100,000 平方丈的面积可产 250 法登的木材，因此地租为

$$\left(\frac{3,311-370.6x}{182+x}\right)\cdot 250。$$

如果$x=0$ 英里，地租为 4,548 塔勒，

$x=1$……………4,017 塔勒，

$x=2$……………3,492 塔勒，

$x=4$……………2,458 塔勒，

$x=7$……………　948 塔勒。

造林圈境最外层，林业提供的地租与接壤的农田相等，但是越靠近城市，由于节省不少运费，地租越高，在近郊处甚至达 4,548 塔勒，如果纯粹轮作休闲制来此经营，只能提供 1,111 塔勒的地租。

第二十节　再论第一圈境，特别讨论马铃薯的种植

从上文研究知道，柴薪的生产应在城市附近进行，经营林业与

农业比较，离城市越近，地租相差越大。

然而我们在前面曾经假定，自由农作的圈境应在离城市最近处。这一假定是有理由的，但是理由还没有充分阐述，还不足以证明立论的正确，所以我们必须再次来讨论这个问题。

自由农作和林业似乎会为争夺地盘而斗争，两者都要求在离城市最近处经营。但是两者不可能轮作，也不可能并存，因此出现这么一个问题：哪一方将取得胜利，哪一方能将另一方驱逐出去？

任何地方都必须合理经营某种作业，以求对土地的最高利用，因此上列问题可归为这样一个问题："哪种经济在城市近郊可提供最高的地租？"

所以我们必须研究，在城市附近种植一种作物能否提供比林业更高的地租，现在我们就这一问题来考察马铃薯的种植状况。

城市中马铃薯的价格

马铃薯和黑麦有一个共同的尺度，即营养力的尺度，如果——在这里应作为前提条件——对这两种粮食没有任何偏好，那么两者的价格应与两者的营养力完全合比例。

化学分析和饲养经验几乎完全一致，3 斗贮存的马铃薯不仅所含的淀粉而且营养力与黑麦相等，因此我们假定城市中 1 斗马铃薯的价格等于 1/3 斗黑麦的价格，即每斗为 1/2 塔勒。

下面计算马铃薯的收益及与种植马铃薯有关的费用，都以第十七节中关于比利时农作的研究为基础。

我们在那里假定，土地面积相等，肥力相等，种植黑麦收益 1 斗，种植马铃薯收益 9 斗；我们发现，生产 5.7 斗马铃薯所需的费用与生产1斗黑麦相等。

种作物，与黑麦相比，种植的面积相等，而能供应三倍的食物，并以双倍量的食物报偿人们的劳动，这种作物确实是值得惊异的。如能普遍推广，那是非常适宜的，农业经营将发生一场彻底的革命，因此我们必须在本卷中辟出一定的篇幅来讨论这一作物，虽然我们并不是因为要确定孤立国第一圈境的界限才要求这么做。

前面假定，孤立国的平原，除自由农作圈境能向城市购买肥料保持特别高的肥力以外，其他土地在纯粹休闲以后，肥力为黑麦产量8斗。在下面的计算中，我假定自由农作圈境的土地肥力，与第十七节中所介绍的比利时农作的土地肥力相等。

将收获的马铃薯饲养牲畜，能得到充分丰富的厩肥，它远远超过马铃薯生长所消耗的肥力。如果将马铃薯出售，而不喂养牲畜，情况则完全不同。

种植谷物时，并不是全部农田都用来种植谷物，必须留出一部分种植其他能回收肥料的作物，这种作物所产生的肥料应能超过它自身所吸收的肥力，这样才能补偿谷物所吸收的肥力。种植马铃薯如以出售为目的，则不能将全部农田面积都种马铃薯。

如果想计算一块一定的面积，例如为100,000平方丈，每年能产多少马铃薯，再将这些马铃薯所含的粮食与同面积所产的谷物相比，那么首先必须计算，在保持土地肥力不变的情况下，全部面积的几分之几可以用来种植马铃薯。

种植谷物，除谷物收益外还有秸草，这些秸草可以弥补被吸收的一部分肥力，但不足以补偿全部肥力。在七区轮作休闲制下，作物的轮作次序为1. 休闲，2. 黑麦，3. 大麦，4. 燕麦，5. 牧场，6. 牧场,7.牧场。可见牧场区与谷物区的数量相等。如果在肥沃的土地上实行这种农作制可保持肥力不变,那是由于,谷物一区必须有牧场一区为条件,谷物所吸收的肥力,除了秸草弥补一部分以外,还得到牧场造肥的补充;或者说,一个谷物区被吸收的肥力等于一个牧场区产生的肥料和秸草补偿的总和。

收获马铃薯,如果将根叶都留在田里,并无秸草可收,马铃薯所吸收的肥力,全靠种植会产生肥料的其他作物来补充。

为了易于理解,现在将牧场一区作为单位,我们试问,马铃薯一区为马铃薯所吸收的肥力,需要牧场几区产生的肥料才能补偿。

马铃薯种于越肥沃的土地,产量则越高,吸收绝对的肥力也越多;牧场产肥也是如此,在肥沃的土地产量就较贫瘠的土地高。为了补偿马铃薯区被吸收的一定的肥力,需要肥沃的牧场区数量少些,贫瘠的牧场区则多些。

关于这一问题,我的计算结果如下:

(1)如果马铃薯区的肥力等于大麦区,牧场区的肥力等于轮作休闲制下的牧场区,那么为补足马铃薯所吸收的肥力需要 $2\frac{2}{3}$(更确切些说为 2.76)牧场区。

(2)如果马铃薯区和牧场区的肥力相等,那么马铃薯区必须附有 $1\frac{5}{6}$牧场区。

(3)如果马铃薯种于原来种植苜蓿和其他饲草的非常肥沃的土地,苜蓿和马铃薯种植的土地肥力相等,那么马铃薯区被吸收的肥力应有 $1\frac{1}{2}$(确切些说为 1.46)苜蓿区予以补充。

如果我们将马铃薯产量所含的粮食与谷物相比,那么在第(1)种情况下,在轮作休闲制下每 100 平方丈收益为 10 斗的谷物田三区，每区 1,000 平方丈，收益折合黑麦为 235 斗；(2)马铃薯一区，肥力等于大麦区，产量为 720 斗，折合黑麦为 240 斗。为了弥补被吸收的肥力，谷物田三区须附以牧场三区；马铃薯一区须附 $2\frac{3}{4}$ 牧场区。为了生产 235 斗黑麦需用 6 个区，而生产 720 斗马铃薯，即折合 240 斗黑麦，只需 $3\frac{3}{4}$ 个区。

所以在 1,000 平方丈的一个田区，种植谷物所生产的粮食，折合黑麦为 235/6＝39 斗；但是种植马铃薯所提供的为 $\frac{240}{3\frac{3}{4}}$，折合黑麦为 64 斗。亦即是，谷物和马铃薯收益之比为 39∶64，或者说 100∶164。

上面初步研究所得出的比例，即面积相等的土地种植马铃薯，产量折合粮食等于黑麦的三倍，经过仔细检验，觉得要打一个折扣，不过，马铃薯产量的优势仍非常之大。

凡是自己不生产肥料的田庄，马铃薯吸收的肥力可以通过购买肥料补足，在那里，关于土地面积相等而马铃薯为人提供的粮食是黑麦的三倍的论断，仍然正确。

现在我们必须从两个方面来对马铃薯的种植进行考察，一、马铃薯所必需的肥料靠田庄自己生产，二、肥料靠购买解决。

一、马铃薯种植在依靠自力产肥的田庄，如要保持地力不变，马铃薯田一区就须有苜蓿田 $1\frac{1}{2}$ 区供给肥料。

根据我对这种田庄所作的计算，每车 24 斗马铃薯的各项收支如下：

1. 生产费用……………………………$\frac{489-4.7x}{182+x}$塔勒

2. 运输费用…………………………$\frac{199.5x}{182+x}$塔勒

3. 收入为 12 塔勒，或 $12\left(\frac{182+x}{182+x}\right)=\frac{2,184+12x}{182+x}$塔勒

从收入项下扣除生产及运输费用，余数为地租，

$\frac{1,695-182.8x}{182+x}$。

这就是每年为出售而生产的一车马铃薯所需的土地的地租。根据我的计算，在 100,000 平方丈的农田中，40,000 平方丈种马铃薯，60,000 平方丈种苜蓿，在剔除小的只适宜于喂牲畜的马铃薯以外，供出售的仅有 1,440 车。

根据这里的计算，100,000 平方丈的地租为

$\left(\frac{1,695-182.8x}{182+x}\right)\times 1,440=\frac{2,440,800-263,232x}{182+x}$。

如果距离城市	100,000 平方丈的地租为
$x=0$ 英里…………………………	13,411 塔勒
$x=1$ 英里…………………………	11,899 塔勒
$x=4$ 英里…………………………	7,462 塔勒
$x=7$ 英里…………………………	3,165 塔勒
$x=9.3$ 英里…………………………	0 塔勒

二、如果马铃薯所需的肥料须向城市购买，那么全部面积都可种植马铃薯，而前一种情况只能有 40% 的田亩面积种植马铃薯。100,000 平方丈的田亩现在不是产 1,440 车，而是产 3,600 车马铃薯。

然而，这种田庄有下列各项支出，而前者却是没有的：

1. 由城市运肥至农田的费用；

2. 购买肥料的费用。

根据我的估算，生产马铃薯 24 斗消耗农田 0.94 车肥料，为计算方便起见，假定为一车，亦即是向城市每供应一车马铃薯，就必须运回一车肥料。

如果向城市运送马铃薯的车子都运回一车肥料，那么采购肥料就不必另备车辆，但马匹往返都得拉重车，所以比较辛苦。由于缺乏实际经验，我假定回运一车的运费为一般运费的一半，因此一车肥料的运费为$\frac{199.5x:2}{182+x}=\frac{99.7x}{182+x}$。

现在问，城市里一车肥料的价格为多少，这一价格是根据什么原则规定的？

按亚当·斯密的观点，一切商品的价格都包含工资、资本利润和地租三个要素。我们的研究认为，农产品的价格可以分解为生产费用、运输费用和地租三个部分。虽然生产费用和运输费用无可否认又可分为劳动工资和资本利润，然而，我们在研究过程中至今还没有觉得有此必要。

现在我们在这里谈论人粪定价问题，人粪这一物质，既不能称为商品，又不能称为产品。如果问生产这种物质耗费了多少劳动工资、资本利润和地租；或者问生产这种物质的生产费用和运输费用是多少，地租是多少，都是徒劳无益的。这种物质的生产不以人们的意志为转移，产量的多少也不取决于需求量的大小。这种物质的所有主，即使花费很高代价也必将它清除掉。因此它对所有主来说具有负价值，这确实是一种奇特的物质，所以前述几项法则都不能规定它的价格，如何计算这种物质的价格是个引人入胜的问题。

这一问题我们现在还不能答复，只能暂时假定城市粪肥每车价格为未知数，或等于 a 塔勒。

在需要购买肥料的这种田庄中，按照我的计算，马铃薯每车需要

1. 生产费用…………………………$\frac{526-7.5x}{182+x}$塔勒

2. 马铃薯的运输费用…………………$\frac{199.5x}{182+x}$塔勒

3. 肥料的运输费用……………………$\frac{99.7x}{182+x}$塔勒

4. 粪肥的买价…………………………a 塔勒

费用总计$\frac{526+291.7x}{182+x}+\text{a}$ 塔勒

收入为 12 塔勒，或 $12\left(\frac{182+x}{182+x}\right)=\frac{2,184+12x}{182+x}$塔勒

收入内扣除各项费用，每车所余为地租，即

$\frac{1,658-279.7x}{182+x}-\text{a}$ 塔勒。

农田 100,000 平方丈产马铃薯 3,600 车，因此有地租

$3600\left(\frac{1,658-279.7x}{182+x}-\text{a}\right)$塔勒。

居住在自由农作圈境内的农民，或者愿在自己的田地上生产肥料，或者愿向城市购买，他们随时可以选择。他们只有当从城市购买肥料比在自己的田庄上生产便宜时才去城市购买。

我们已经知道两种农作的地租，今假定两者相等，由此必然可以推定粪肥每车的价格。

根据上述的计算如果

第一种田庄的地租　　　　等于第二种田庄的地租

或 $\left(\frac{1,695-182.8x}{182+x}\right)1,440=\left(\frac{1,658-279.7x}{182+x}-a\right)3,600$

即 $\frac{6,780-731.2x}{182+x}=\frac{16,580-2,797x}{182+x}-10a$

或 $10a=\frac{9,800-2,065.8x}{182+x}$

即 $a=\frac{980-206.6x}{182+x}$ 塔勒。

如果离城市　　　　粪肥每车的价值为

$x=0$ 英里……………………………5.4 塔勒

$x=1$ 英里……………………………4.2 塔勒

$x=2$ 英里……………………………3.1 塔勒

$x=3$ 英里……………………………1.9 塔勒

$x=4$ 英里…………………………… 0.83 塔勒

$x=4.75$ 英里………………………… 0 塔勒

由此可见，直接靠近城市的农民能出 5.4 塔勒购买一车粪肥，他并不觉得比自己在田地上生产一车肥料贵，但离城市较远的农民所能出的价格递减很快，最后到 4.75 英里处，虽然农民还能支付运肥的费用，但对于粪肥本身却无力支付了。

在规定城市粪价时存在完全不同的利害关系。城市居民虽然得不到任何代价，他们也必须舍弃粪便，即使需付运费也在所不惜。离城市近的农民可以出高价购买粪肥，而离城市远的农民只能出低价。试问哪种情况能占上风？哪种情况决定价格？

这里我们必须区别两种情况：

1. 如果城市里粪便量很大，直到离城 4.75 英里处的田庄还不能完全消费尽；

2. 如果城市里粪便量不很大，直至 4.75 英里处的田庄的需求还不能满足。

在第一种情况下，在到离城 4.75 英里处为止的全部地区都得到城市粪便供应之后，粪便尚有剩余，城市必须承担费用予以清除。在这种情形下，农民进城取粪，市民要求付费，例如 0.83 塔勒一车，那么住在 4 英里以外的农民就无意于购买粪便，剩余的粪便就越积越多，为清除这些粪便而耗的费用将大大增加。如果城市不想违背自己的利益，必然无偿地将粪便让与远地的农民。如果远地农无偿地得到粪便，城市还能够要求近处的农民购买吗？商品出售者能按照商品对购买者的利益定价吗？能卖给这个人便宜，卖给那个人贵吗？如无肆意的强制手段，这一点似乎是办不到的。因此我们必须假定，在这种情形下，无论何地的农民都可无代价地获得城市的粪便。

在第二种情况下，如果粪便量不足以满足能够有益地利用粪便的整个地区的需要，那么远近的农民将相互展开竞争。如果粪便在最初可以无偿地取得，那么一部分粪便将被运到远地，而非常重视粪便的近处的农民将不能满足需求。为保证自己的需求，住在近处的农民不得不为粪肥支付某一价格，这一价格足以使远地农民前来取肥无利可图。假定城市粪便量足够满足城市周围半径

4 英里圈境的需求，那么每车粪便将必须支付 0.83 塔勒，因为如果他们不愿出这一价格，例如只愿出 0.5 塔勒一车，那么在这一圈境后面的地带也可购买和运取肥料，而且会得到好处，这样近郊地区就得不到满足。

现在我们根据第二种情况计算地租，我们假定城市中，确切地说是城关外，每车粪便的价格为 0.83 塔勒。

今将 0.83 塔勒的值为 a，代入上列公式，则第二种农作 100,000 平方丈的地租为：

$$\left(\frac{1,658-279.7x}{182+x}-0.83\right)3,600 \text{ 塔勒。}$$

如果离城市	据此计算地租为
$x=0$ 英里	29,808 塔勒
$x=1$ 英里	24,126 塔勒
$x=2$ 英里	18,504 塔勒
$x=3$ 英里	12,948 塔勒
$x=4$ 英里	7,467 塔勒

在这一圈境中，随着距离与城市的接近，地租以不等比形式增大。这里有两个原因在共同起作用，第一，这里生产的是与其价格相比要求很大运费的产品，第二，粪肥的运费，与城市的距离成正比，越近城市越少。

根据我们的计算，离城最近的地区的地租，似乎非常之高，因此有必要提问：实际上是否有这么高地租的例子。

如果实际上举不出这类例子，因为第一，我们计算的土地，不仅具有最高的可供使用的肥力，而且具有优越的物理性质，这样的土地很难有连成一片的巨大面积，第二，实际上所有的大城市都是傍水而建的，以马铃薯供应城市的圈境有河流通航，因此这个圈境的范围就能扩大许多，其后果将是——下面将要叙述——马铃薯每斗的价格下降至黑麦价格的1/3以下。

经仔细研究我们就会发现，不仅有地租相等的例子，而且有更高的例子。

在十九世纪最初几十年中，汉堡近郊最靠近城市的牧场，租金每平方丈为1马克，每100平方丈约折合37金塔勒。

根据辛克莱(《农作原理》(*Grundgesetze des Ackerbaues*)，第558页)的记载，伦敦附近的1英亩*园圃的租金为10英镑，济贫税、什一税等捐税为8英镑，共计18英镑。据此计算，每100平方丈大约58塔勒。

租金不是纯粹的地租，租金中必须扣除暖房和温室玻璃窗以及防护设备的投资利息以后才是真正的地租，这笔利息也许很可观，然而纯粹利用土地的收益仍超过我们在孤立国中计算的数字。

大城市附近的土地由于利用价值高，土地的价格也很高，然而这一点无法同城里地产价值相比。有人想在城门之外建造新房，愿为此购买地皮，无异于购置园圃。在房屋落成之后，这块土地的地租就变成地产租，但是两个数额仍完全相等。在城里，越近市中心地产租越高，或者说，在主要市场近旁仅仅能建一所房屋的土地，一平方丈需付100塔勒以上。

---

* 1英亩＝4,047平方米。——译者

如果我们仔细研究原因，为什么这些房屋的地产租越近市中心越高，我们就会发现，越近市中心，经营业务越能节省劳动和时间，越得方便，因为我们认为地产租和地租是由同样的原理规定的。

我们在这里必须指出，虽然种植马铃薯产生的地租作过计算，但在这圈境里土地的地租究竟是多少，并没有规定，因为第一，作物的天性不允许作物长年种在同一地方，而不与别的作物交替种植；第二，这一圈境内还种有许多其他作物，部分作物比马铃薯提供的地租高，部分比马铃薯提供的地租低。

在任何田庄，马铃薯的种植只能占田地的一部分，全部田地的地租，只有在各种作物轮作完毕，在全部纯收益中才能计算出来。这种计算只有住在大城市附近、从自己经营中占有这方面数据的农民才能提供。从事这种研究是很困难的，但是极有意义，因为它能解释和阐明农业理论上的许多不清楚之点。

然而，在自由农作圈境马铃薯的种植总是占田地的大部分，我们可以从已知的马铃薯田提供的地租中推求实际地租，于是孤立国中自由农作和林业应位于什么地方，就能得到解答。

城市近郊的地租如下：

一、自己产肥培育马铃薯的田庄…………13,411 塔勒

二、购买粪肥培育马铃薯的田庄…………29,808 塔勒

林业，如果城市中每法登木材 21 塔勒……4,548 塔勒

离城 4 英里处地租为：

上述第一种田庄…………………………7,462 塔勒

上述第二种田庄……………………………7,467 塔勒

林业…………………………………………2,458 塔勒

种植作物有必要交替轮作，虽然必须种植这些作物，尽管这些作物对土地的利用不及马铃薯，虽然全部田地的地租只及种植马铃薯所产生的地租的一半，但是在城市附近实行自由农作的地租仍比林业的多许多。

由于近郊地租很高，林业不能立足，只得退避到地租较少的土地上。

直到离城 4 英里，或者说远到能向城市购买粪肥的地方，自由农作占优势是完全肯定的。超过这一距离，林业则与自己产肥培育马铃薯的第一种田庄发生竞争。如果这里土地的肥力与城市近郊相等，林业又得退避一个距离。但是我们作过假定，因而我们必须忠于自己的假定：只有在能向城市购买粪肥的地方，土地的肥力才超过大平原的其他部分。

所以现在只需研究，在肥力较差的、即在纯粹休闲以后收益为黑麦 8 斗的土地上，种植以销售为目的的马铃薯，其地租是否高到足以使林业退让，如果是，则在自由农作和林业的圈境之间将构成一个实行特别农作制的新圈境。

在作这项研究时，我们必须首先解决下列问题：在收益不等的土地种植马铃薯，一切工作费用有什么变化？

我的计算是根据特洛田庄的经验作出来的，结果如下：

如果 100 平方丈土地的收益为	那么马铃薯 1 斗的工作费用为
115 斗马铃薯	3.8 先令

100 斗马铃薯	4.2 先令
90 斗马铃薯	4.6 先令
80 斗马铃薯	5.1 先令
70 斗马铃薯	5.7 先令
60 斗马铃薯	6.5 先令
50 斗马铃薯	7.8 先令

这项计算虽然不如谷物种植那么准确，部分是因为马铃薯的种植不是大规模经营的，而主要原因则是，种植马铃薯的工作部分地只能总体计算，不能分门别类细算，所以在将各种费用分为与收益相比和与田地面积相比的费用时，不可避免有若干估计；但是我相信，上面所列的数字同完全详细计算的结果不会有大的差别。

必须指出，上列的工作费用不是生产费用的总数，因为生产费用中除了工作费用外，还应包括一般经常费用。

在这里我们可以发现，每 100 平方丈田亩产马铃薯 115 斗时，每斗的工资费用为 3.8 先令；然而按照第十七节所述，在比利时农作制中同样的产量只需 3.3 先令。这一差别，部分是由于这里的计算包括了马铃薯的贮存、移植、播种等费用，而比利时则不是如此，这里的计算为马铃薯在消费时的成本，而比利时是马铃薯在收获后的成本；另一方面应当是由于，比利时是大规模经营马铃薯的种植，农民种植技术较佳，所以生产费用较这里便宜。

由上面的比较可知，生产 1 斗马铃薯所需的工作费用，如果土地的产量越低，生产费用则越高；如果每 100 平方丈土地产马铃薯 50 斗，则生产费用与同样面积产 115 斗的相比，刚好增加一倍。在肥沃的土地上生产 6 斗马铃薯所耗的工作费用，约等于生产

1 斗黑麦的耗费,那么在较贫瘠的土地上生产 3 斗马铃薯所耗的工作费用约等于生产 1 斗黑麦的耗费。如果我们以工作量作为计算的尺度,那么可以得出这样的结果:在肥沃的土地上相等的工作量用于种植马铃薯,比用于种植谷物,能为人们带来两倍的食粮。但是,在较贫瘠的土地上,以相等的工作量投于种植马铃薯,比投于种植谷物,并不能获得更多的产量。

如果在谷物收益为 8 斗的土地上种植马铃薯,一方面,生产费用已是很高;另一方面,如果我们考虑到,在这样肥力的土地,不能种植苜蓿和实行厩中饲养,为了补偿马铃薯田区所吸取的肥力,必须配以 $2\frac{3}{4}$ 牧场区,所以农田中只能有少部分面积种植马铃薯,那么即使未经详尽的计算我们也可深信,在离城 4 英里处具有这样肥力的土地,如以销售为目的种植马铃薯,就不可能取得 2.458 塔勒的地租,因此,这种农作就不可能胁迫林业让位。

所以林业圈境同自由农作圈境是直接相邻的。

马铃薯的价格,我们总假定为已知数,从而计算出种植马铃薯土地的地租;现在我们反其道而行之,如地租为已知数,确定什么价格才能提供马铃薯。

研究这一问题,我仍以第十七节所述的比利时农作制为根据。

这种农作制,既不出售马铃薯,又不出售干草柴火,它的全部收入得自谷物和牲畜产品的出售,其地租为 3,749 斗黑麦除去 2,044 塔勒。

如果黑麦每斗值 $\frac{273-5.5x}{182+x}$ 塔勒,那么以货币表示的地租额为$\frac{651,469-22,664x}{182+x}$塔勒。

今有一块土地，实行平常的农作，产生上述这么多的地租，如果经营第一种田庄，以销为目的种植马铃薯，可生产马铃薯 1,440 车，每车费用如下：

地租……………………………	$\frac{452-15.7x}{182+x}$
生产费用如第一种田庄…………	$\frac{489-4.7x}{182+x}$
运输费用……………………………	$\frac{199.5x}{182+x}$
费用总计	$\frac{194+179.1x}{182+x}$

如果与城市的距离	每车的价格	每斗价格
$x=0$ 英里	5.2 塔勒	10.4 先令
$x=1$ 英里	6.1 塔勒	12.2 先令
$x=2$ 英里	7.1 塔勒	14.2 先令
$x=3$ 英里	8.0 塔勒	16.0 先令
$x=4$ 英里	8.9 塔勒	17.8 先令
$x=7.5$ 英里	12.0 塔勒	24.0 先令

马铃薯定价多少才可以运往市场，这完全取决于产地和消费地点的距离。在产地距市场 1 英里时，马铃薯每斗售价为 12.2 先令；但距离至 7.5 英里时，价格涨至 24 先令。

所以，种植马铃薯应尽可能在离消费地最近的地方，这是无可争辩的。只有在城市需求量很大，近邻的生产又不能予以满足的情况下，远地的马铃薯才可能运往市场。

需求量决定着马铃薯的价格，因此在大城市马铃薯就比小城市贵得多。但是，如果城市的需求量很大，为了求得满足，马铃薯的价格必然会涨到黑麦价格的 1/3 以上，这时谷物就成了比马铃薯便宜的粮食，于是马铃薯的消费便受到限制，价格重又下降到黑麦价格的 1/3。

黑麦和马铃薯有一定的营养比例，在马铃薯需求量很大时，它们的共同尺度决定着马铃薯的最高价格；但在需求量较小时，马铃薯的价格并不是由两者的营养比例决定的，而是受运往市场的费用调节的。

孤立国城市对马铃薯的需求，仅有自由农作圈境的供应是不能得到完全满足的，所以马铃薯的价格必然会涨至最高限度，我们在前面假定，城市中马铃薯的价格等于黑麦价格的 1/3，可见是有道理的。

现在应当指出，马铃薯与谷物比较，虽然相等的面积能提供大量的粮食，但是仅以马铃薯供应大城市，而不辅以谷物，是不适宜的。

在第一种田庄中我们发现，在肥沃的农田种植马铃薯，在离城市 9.3 英里处地租即已消失；而种植谷物，在远为贫瘠的土地上，在离城市 31.5 英里处还有地租可得。现在假定马铃薯为唯一的植物粮食，那么土地的种植在离城市 9.3 英里处只得停止了，因此孤立国的幅员将颇为狭小，城市本身也只能容纳很少的居民。

研究马铃薯的种植还为研究其他问题提供了材料。例如可以提问：

1. 如果马铃薯成为人们习用的粮食，那么马铃薯种植的推广将对谷物价格产生什么影响；

2. 如果用马铃薯饲养牲畜，马铃薯种植的推广对于畜产品的价格、对畜牧地租将产生什么影响。

关于这类问题，由于我们缺乏一些必要的前提条件，这里还不能展开研究和予以解答。不过这里可以指出下列几点以作替代。

前面我们讲过，在孤立国中马铃薯可以运往小城市以大城市价格的一半出售。实际上由于城市设在河道旁边，交通方便，这种价格的差别将会缩小，但不会消失。随着马铃薯逐渐成为主要粮食，谷物的消费受到限制，大小城市的工资的差别将逐渐扩大。虽然实际工资——亦即是工人以他的工资所能购买生活必需品的金额——在两个城市中是完全相等的，但是以货币表示的工资，因为最重要的生活必需品价格的不同而大有差别。

如果其他一切条件相同，工厂和手工业产品可以在工资最低的地方进行生产，而且最为便宜。因此，将马铃薯作为人们的粮食，较大量的消费，可以阻止城市向极大的方向发展。

第二十一节　第三圈境　轮栽作物制

轮栽作物制是否能在这里找到一席位置，为便于回答这个问题，应将孤立国中对于这个问题有密切关系的情况罗列于下，以便考察。

1. 所有的土地都具有同等的肥力，在七区轮作休闲制下，土地在纯粹休闲之后，黑麦收益为 8 斗，这种土地的肥力处于稳定状态。

2. 城市中黑麦每斗的价格为 1.5 塔勒。

3. 孤立国中只有一个圈境从事畜牧业，由于这一圈境的竞争，畜产品的价格降至非常之低，以致孤立国的其他地方，除自由农作的圈境例外，种植饲料作物，部分只能收很少的地租，部分甚至没有。

4. 根据第十五节*中对轮栽作物制所下的定义，仅仅交替种植有茎有叶的作物，还不是轮栽作物制，唯有废除纯粹休闲制并实行交替种植有茎有叶的作物，才是名副其实的轮栽作物制。

5. 本卷关于各种农作制收益的计算，都以这样一个田庄的经验为根据，在那里的土地及气候的作用下，在肥力均等的田地，在豌豆割青之后种植黑麦，其收益仅为土地在纯粹休闲之后种植黑麦的收益的 5/6；亦即是前者的收益仅为后者的 0.83 倍。

6. 种植田舍附近的农田，与种植远离田舍的农田相比，费用较小，因此在经营上有远近区别，在近处有精耕细作的趋势。

然而这么做也有困难，在远近分治以后，需将牲畜驱往远处牧场，而要做到这一点须有特种的牧场才行。所以实际上，如果田地的情况不允许分为内田和外田，通常就没有这种分类。

关于孤立国我们也假定这种困难很大，所以上述那种趋势不会成为事实，而全部田地只实行一种农作形式。

7. 我们的研究以第十五节**所讲的前提条件为基础，即农田必须连带草场，草场可供应实行三区农作和轮作休闲经济以必需的干草，然而干草所产的肥料则全部用于特别轮作的一部分农田，

* 第十五节并没有讨论这一问题。——译者

** 参阅第八节。——译者

关于这部分农田，这里不再考察了。

三区农作制和轮作休闲制都没有在农田种植草料以备牲畜越冬的需要。这两种农作制，只有在增产肥料的价值、多养牲畜的纯收益能抵偿种植饲料作物的费用时，才敢于在农田上多种饲草，如是这样就接近于轮栽作物制了。

这些条件，部分是我们所设的前提条件之中的，部分是由此得出的必然结果，如果说我们把这些条件作为第十六节中研究的轮栽作物制的根据，那么，即使没有作特别的计算，也能得出这样的结论：

> 一个没有纯粹休闲地的、全田庄都实行的轮栽作物制，在孤立国是没有位置的。

第十六节*所详细计算的比利时农作收益的结果，也非常肯定地说明，只有在比孤立国中所假设的、更肥沃的田亩实行精耕细作，才比租放经营更有利可图。

随着世界各国的日益富强，精耕细作制在农业中将占统治地位，但是在孤立国中，被称为第三圈境的地方只有具备了其他前提精耕细作制才能占统治地位，然而第三圈境的条件是设定的，特别是整个平原地力均匀，不很肥沃，所以那里不可能实行精耕细作制。

第二十二节　第四圈境　轮作休闲制

实行轮作休闲制的圈境，根据第十四节所述，应当终止在离城

* 应为第十七节。——译者

市 24.7 英里处，那里实行三区农作制较为有利，轮作休闲制不得不让位给三区农作制。

这一圈境幅员很大，这里到处都实行轮作休闲制，但不是只有单纯一种形式，它有种种变化，参阅第十八节所述。

这一圈境的前面部分，轮作休闲制可以保持它纯粹的形式，离城越远，谷物价格越低，农作制的形式则根据节约劳动的需要发生变化；这一圈境的后面部分，是轮作休闲制向三区农作制过渡的地方，前者的形式很接近后者。

第二十三节　第五圈境　三区农作制

根据第十四节所述，三区农作制开始于离城市 24.7 英里，终止于 31.5 英里的地方，那里的农作如以出售谷物为目的，则地租等于零。

这一圈境以外的地方，在黑麦价格为 $1\frac{1}{2}$ 塔勒时，就没有人愿意为向城市出售而种植谷物，因此，第五圈境提供的多余谷物正好等于城市的谷物需求量。

第二十四节　谷物价格　根据哪条规律确定？

为了能够回答这一问题，我们必须暂且假定，在我们展开研究、并已定形的孤立国中，城市里黑麦每斗的价格由 $1\frac{1}{2}$ 塔勒降至 1 塔勒。

离城市 31.5 英里的田庄，生产黑麦每斗的费用为 0.47 塔勒，运送进城，每斗黑麦的费用为 1.03 塔勒。

这一田庄，当黑麦市价每斗只有 1 塔勒时，就无法向城市供应谷物。凡是黑麦每斗的生产费用和运输费用超过 1 塔勒的其他一切田庄，都是这样的情况，凡是离城市超过 23.5 英里的一切田庄，就是如此。

由于离城市 23.5 英里以外的全部地带不再以谷物供应城市，今假定市民的消费不变，城市必然感到粮食奇缺，于是价格重又上涨。换句话说，黑麦每斗 1 塔勒的价格在这里是不可能的。

城市只有支付这样的价格，即至少足以**补偿最远地点生产的为城市所需的谷物的费用和运输的费用**，才能得到谷物的供应。

但是，城市所需的谷物量很大，为了满足这一需要，谷物的种植必须扩大到离城 31.5 英里处为止，因为在这一距离内，只有当黑麦每斗的平均价格为 1.5 塔勒时，才能为城市生产谷物，所以也不会出现更低的价格。

谷物的价格是由下列规律决定的，不仅孤立国是如此，实际也是如此：

> **谷物的价格必须保持这样的高度，即为了满足对谷物的需求，向市场提供谷物最贵的田庄的生产仍是必要的，它的地租不至于降到零以下**。

所以谷物的价格并非任意的，或偶然的，而是受固定规律约束的。

如果对谷物的需求经常变化，那么谷物的价格也随之经常变化。

如果谷物的消费减到，半径 23.5 英里内种植谷物的圈境就能满足城市的需求，那么谷物的平均价格，也将跌至每斗1塔勒。

反之，如果谷物的消费增长，则现有的耕地不能再满足城市的需求，而市场供应不足将会引起价格上涨。价格的上涨使最远的、历来没有地租的田庄获得盈余，产生地租；于是这些田庄以外的土地，用以耕种也有利可图，耕地将扩大到谷物生产还能提供地租为止。

只要是这样，生产和消费又恢复平衡，但是谷物的价格总维持如此之高。

生产的提高对谷物价格的影响与消费的减低相同。

如果孤立国土地收益由8斗增至10斗，城市的需求维持原状，那么平原满足城市所需粮食的土地远较以前为少。平原的其余部分对城市说来成为多余。土地具有这样的肥力，当半径23.5英里的圈境已能满足城市的需要时，黑麦每斗的价格便下降至1塔勒。

反之，如果谷物收益增长，消费也同样增长，谷物的价格如仍维持原状，那么这将导致人口和国民财富的大大增长。

如果土地收益为8斗的田庄，能以所产谷物的半数供应城市，那么土地收益为10斗的田庄至少能以5.5斗谷物供应城市。同时，如第十四节所述，土地产量增长，平原种植谷物的土地将从离城31.5英里扩大到34.7英里。由于精耕细作和粗放经营的种植同时增长，全国人口可以增加50%左右。人口增长这么多，仍能像人口较少时一样，得到丰富的粮食。

如果不是一两年，而是较长期地进行考察，就可知道，城市的消费量必定是与这个城市的收入量成比例的。因此，如果土地收益不变,谷物价格的涨落则取决于市民消费阶级收入的多少。

谷物的市价很难或者说几乎不能与谷物的平均价格相符合,确切地说,谷物的市价始终处于波动之中,时而高于平均价格,时而低于平均价格,这完全取决于谷物暂时的剩余或不足。

由于兴建房屋等农业投资须待许多年才能折旧回收,所以,一年的市价以及田庄一年的收入,也难以断定这笔投资是否适当。

历来的研究总是以最终的成果为准,而不注意从一种状态进入另一状态的过渡现象,所以我们只能从多年的市价中取得平均数,作为研究的根据。

第二十五节　地租的起源

如果离城市最远和最近两地同时将黑麦供应市场,远地的黑麦出售,不能低于每斗 1.5 塔勒,因为生产者消耗了这么多的费用;反之,远处的生产者可以半塔勒的价格出售他的黑麦,然而他消耗于生产和运输的全部费用,却能得到补偿。

近地的商品与远地商品质量相等,因此既不能强迫也不能期望近地的生产者,以低于远地生产者所要求的价格出售他的产品。

对于买主说来,近地的黑麦与远地的黑麦具有同样的价值,他并不关心这种黑麦的运费贵还是那种黑麦运费贵。

离城市近的生产者出售黑麦所得,扣除各项费用以后,其余数即是他的纯利润。

由于这项利润是持久性的,年年都有,所以获得纯利润的田庄也须每年支付租金。

因此，一个田庄的地租是由于它的位置和土地比最劣的、但为了满足城市需要又不得不从事生产的田庄优越而产生的。

这一优越的价值，以货币或谷物表示，就是地租量。

从我们前面的研究中所得出的对地租起源的解释，并不尽善尽美，因为本书第二卷研究的结论是，如果各个田庄的地力，距离销售市场的远近以及一切与田庄价值有关的因素完全相等，然而只有在荒地不出代价得不到的情况下，土地才能产生地租。

所以，地租的产生除了上述一个田庄比另一个田庄优越以外，还有更深一层的原因。

但是，这里讲的原因不会因此而遭到驳斥，也不会被否定，它肯定会被包含在普遍规律之中。

所以，实际上——通常任何不生地租的土地都已被种植——也是以某块土地对地力贫瘠的、位置处于最劣的、但已经被种植的土地所占的价值上的优势，作为地租大小的尺度的。

第二十六节(一)　第六圈境　畜牧

虽然第二十三节已经告诉我们，耕作土地，如果种植谷物以出售为目的，那么在离城市 31.5 英里处便告终止。然而不能由此得出结论说，这里就是种植的绝对界限，因为如果有别种产品，它们与谷物相比，价值较大，运费较小，那么在这里生产这种产品，还能有利可图。

饲养牲畜就能提供这种产品。现在我们来计算饲养奶牛产奶的收益。首先我们必须确定，从这里运送黄油进城的费用。

一车满载为2,400磅，根据第四节所述，运费为$\frac{199.5x}{182+x}$塔勒。如果我们设$x=31.5$英里，经计算，每磅黄油经过这段距离的运输，运费为6/10先令*。

然而黄油的运费，由于种种原因，不如谷物运费那么低廉。第一，黄油的运送不像谷物可以拖延到冬天（那时马匹处于农闲季节），而是必须乘新鲜，又只能以小批量运送发售。所以常常只有半车就必须往城里运送，或雇车夫装运。车夫以运货为业，以此为生，雇车运输比自己驾车运输费用要贵些。雇车运输，黄油的出售便不能由生产者自己经办，必须委托别人经手，所以黄油除运费外，还须支付经售费用。第二，运送黄油必须装置木桶，采购木桶需花费用，木桶的重量又增加了黄油的运费。

由于这些原因，我们假定，离城5英里黄油每磅的运费和经售费用为1/5先令，在25英里处为1先令，在30英里处为$1\frac{1}{5}$先令，费用比我们前面计算的谷物费用几乎多一倍。这里我们不计较，离城每增减1英里的运费为多少，我们认为费用出入不大，因为黄油的运费与黄油的价值相比是很小的，所以不计琐碎并不妨碍计算的正确性，去繁就简可以表述得格外清楚。

如果黄油的市价每磅（合36洛特〔Lot〕）为9先令（新币），

离城市	每磅运费	黄油在田庄的价值
5英里	1/5先令	每磅$8\frac{4}{5}$先令

* 48先令＝1塔勒。——译者

10 英里　　2/5 先令　　　每磅 $8\frac{3}{5}$ 先令

20 英里　　4/5 先令　　　每磅 $8\frac{1}{5}$ 先令

30 英里　　$1\frac{1}{5}$ 先令　　　每磅 $7\frac{4}{5}$ 先令

40 英里　　$1\frac{3}{5}$ 先令　　　每磅 $7\frac{2}{5}$ 先令

50 英里　　2 先令　　　每磅 7 先令

根据第四节所述，离城市 30 英里处的田庄黑麦每斗价值为 0.512 塔勒，亦即是大约仅为市价的 1/3。而黄油的价值在离城 30 英里处每磅尚有 $7\frac{4}{5}$ 先令，几乎为市价的 7/8。

靠近城市的地带对于种植谷物非常重要，对于生产畜产品却关系不大；在远地从事畜产品生产，费用较低，而近地生产节省运费较多。

饲养牲畜所需的工人的生活费用、厩棚的建造和维修费用，以及其他饲养牲畜的费用，极大部分都是以谷物价格为尺度，所以在黑麦每斗价值为半塔勒的地方，经营费用必定比黑麦每斗 $1\frac{1}{2}$ 塔勒的地方便宜得多。

但是，远地所节省的生产费用能否补偿或超过运费的增加部分呢？下列的计算将回答这个问题。

我在本卷第一版中，**仅仅**叙述了我的计算的**结果**，这引起了一些误解，为了消除这些误解，我认为首先应当将那个结果所依据的经验和推论叙述于下。

为了求得干草、麦秸和青草等饲料价值，这里以梅克伦堡设备较好的牧牛场在 1810—1815 年期间（系本卷一切计算的根据）出租收得的纯收益作为尺度。

在这一期间，设备较好的牧牛场通常租用奶牛一头，租金为

12.5 新塔勒，或 13 金塔勒又 18 先令，租用的条件是，租户没有谷物补贴，但是租用奶牛 10 头可加免交租费的奶牛 1 头，以及附带马两匹和驹一二匹所需的草地和粗饲料。

牧牛场一所，出租奶牛 60 头，收入为 60×12.5=750 新塔勒。

出租者需负担的费用，如供租户用住房、园圃、柴草、牧工的工资、投资买牛的利息、奶牛的折旧、夜间用栅栏的维修等支出，根据详细计算，费用为……………………303 新塔勒 25 先令，

尚余 446 新塔勒 23 先令。

此外还须扣除 53¼ 车干草(每头牛需 3/4 车干草)的费用，每车 1 新塔勒，共计……………………………………53 新塔勒 12 先令，

余纯收益 393 新塔勒 11 先令。

租养奶牛 60 头，另加免交租金奶牛 6 头；公牛 2 头，马 3 匹，总共 71 头，获得青草、干草和麦秸等饲料，产生 393 新塔勒 11 先令，每头获得饲料后平均生利 5.54 新塔勒。

必须指出，这里养的奶牛都是日德兰小种奶牛，活牛每头重为 500 至 550 磅。

但是，为确定干草、麦秸和青草而作的计算，并不能解答这里的问题，因为要解答这里的问题，奶牛的黄油产量和与黄油生产有关的一切费用必须为已知数。

所以，在牧场的经营中必须根据自己的账单进行收支计算，牧牛场的大小及设备好坏在出租时我们已经作过假定。我是将特洛田庄附设的一个小规模的牧牛场在 1810—1815 年的经验，作为这

里计算的依据的。

在这一期间，奶牛每头平均每年产奶为 1,185 波特(Pott)。

黄油除自用以外，全部运往附近城镇逐磅出售。这里有一种习惯，运往城市出售的黄油不称斤两，而用一种磅桶衡量。这种磅桶盛装黄油，分量超过 1 磅(32 洛特)。据多次称量结果，1 磅桶平均容量为 36 洛特。

奶牛的黄油产量，由于田庄自己消费黄油和乳酪量难以估计，所以不能直接从计算中求得。为了比较精确地了解黄油的产量，我曾在一年四季——然而不是逐月地——从一定量的牛奶中提取黄油，试验结果，100 波特牛奶平均产黄油 6 磅桶，每磅桶为 36 洛特。

梅克伦堡 1 波特通常约合普鲁士 4/5 夸脱。据我知道，但不敢保证一定正确，梅克伦堡 1 波特合巴黎 $45\frac{5}{8}$ 立升，普鲁士 1 夸脱则合巴黎 $57\frac{3}{4}$ 立升*。按此计算，梅克伦堡 100 波特等于普鲁士 79 夸脱。

69 头奶牛，2 头公牛，总共 71 头牛的牧场，如果不出租而自己经营，纯收益可按照下述数据计算：

1. 每头奶牛平均每年产奶 1,200 波特；

2. 100 波特可得 6 磅桶黄油，一头奶牛产黄油为 $1,200\times\frac{6}{100}=$ 72 磅桶(每磅桶装 36 洛特)，＝汉堡 81 磅(每磅合 32 洛特)，＝柏林 83.7 磅；

* 按计算应为 $57\frac{3}{10}$ 巴黎立升，不是公制的升。——译者

3. 黄油每磅桶(合36洛特)平均价格在扣除经售费用和运输费用以后为8 $\frac{3}{5}$先令(新币)。

由此可以求得下列收入:

奶牛每头产黄油72磅桶,69头共产4,968磅桶,每磅桶值8 $\frac{3}{5}$先令,共………890新塔勒5先令

生下牛犊的价值,以及提取黄油后剩下的脱脂奶可以制成乳饼作猪饲料,收益约占黄油价值的1/4,即为 ……………………………………222新塔勒25先令

收入总计1,112新塔勒30先令

支出各项如下:

1. 奶场女工的工资及膳食(如出租,则归租户支付)……………………………120新塔勒

2. 干草53 $\frac{1}{4}$车的费用为…………… 53新塔勒12先令

3. 在自己经营中,其他与饲养奶牛和制作黄油有关的一切费用,根据详细计算为……………………………………………542新塔勒4先令

支出总计715新塔勒16先令

从收入总数中扣除支出总数,剩余为397新塔勒14先令

如出租,收入为 ………………………393新塔勒11先令

差额为4新塔勒3先令

如果两个经营方式获利相等，那么奶场女工的工资还可以增长 4 新塔勒 3 先令。

支出总数再加上 4 新塔勒 3 先令，合计 719 新塔勒 19 先令

69 头奶牛，2 头公牛，共 71 头，

消耗饲料后得到的报偿为……………………393 新塔勒 11 先令

如果我们想从这里的例子计算，1 头奶牛耗食一定量饲料，生产多少黄油，得到多少收入，在扣除支出以后有多少剩余，那么上面求得的总数应以 71，而不是 69 除之。

每头奶牛

1. 黄油产量为$\frac{69\times72}{71}=\frac{4,968}{71}=70$ 磅桶。

2. 牛犊的价值以及提取黄油后剩下的淡奶的价值，假定为黄油收益的 $1/4=\frac{70}{4}=17\frac{1}{2}$ 磅桶。

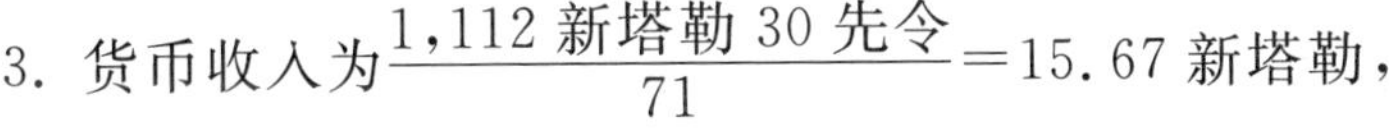

3. 货币收入为$\frac{1,112\text{ 新塔勒 }30\text{ 先令}}{71}=15.67$ 新塔勒，

或 87 $\frac{1}{2}$ 磅桶黄油，每磅桶值 8 $\frac{3}{5}$ 先令＝15.67 新塔勒。

4. 支出为$\frac{719\text{ 新塔勒 }19\text{ 先令}}{71}=10.13$ 新塔勒。

5. 剩余为$\frac{393\text{ 新塔勒 }11\text{ 先令}}{71}=5.54$ 新塔勒。

必须指出，在养牛和生产黄油的费用中尚未列入牛厩价值的利息和其他经常费用。由于从养牛提供的剩余中，扣除经常费用后的余数就是地租，所以就要问，养牛所需的经常费用应为多少，

应如何确定。

就我所知，现实生活中还没有纯粹的牲畜饲养业，大家知道，牲畜饲养业总是同农业结合在一起的，因此，上述这个问题我还无法用经验来作出回答。在农业和饲养业合并经营的田庄中，要确定一个分配原则，根据这一原则可以将经常费用分别归于两个部门，这是很困难的；或者说，整个田庄的经常费用，多少应由农业负担，多少应由饲养负担，是很不容易的。

当然，纯粹养畜业必须建造用作畜厩，用以堆草，以及充作受雇人员住所的各种房舍，所以，这些房舍价值的利息以及常年的维修费用应归养畜单位负担。

其余的经常费用，如第五节中所述的管理费、保险费等等，在纯粹养畜业也是有的。但是，在相等面积下这些费用比经营农业小，因为饲养牲畜要求工作量少，原产品的价值也比较少。经常费用的大小决定于原产品的价值和工作量。

特洛田庄的情况，我作过详细的估算，养畜所需的经常费用，定为原产品价值的 20%。

在特洛田庄 1 头奶牛的毛收益为…………15.67 新塔勒，

经常费用为毛收入的 20%，计 3.13 新塔勒，

工资为 10.13 新塔勒，

两项支出共计 13.26 新塔勒，

每头奶牛的纯收益，即畜牧地租为 2.41 新塔勒。

利用土地从事畜牧而得的地租与离城市的远近关系怎样，我们可以计算求得。

根据第十四节所述，在黑麦每斗价格为 0.47 金塔勒，或 0.47×14/15＝0.45 新塔勒时，地租为零。这一价格仅仅够补偿工资及种植谷物的其他支出，所以在离城市 31.5 英里以外的地方，黑麦的价格不能低于 0.45 新塔勒。所以我们把这一价格定为全圈境的价格。

在这一圈境，谷物不是贸易物品，因为不能运往城市销售。全部谷物仅仅限于满足当地的需要。

畜产品的价格随谷物价格起落，存在比例关系，上文曾将各项支出，部分以货币表示，部分以谷物表示。但在这一圈境内，谷物与畜产品的价值比完全不同于前面所述，如果想求得一个普遍有效的尺度，那么经营费用不能再用谷物和货币表示，部分支出必须用畜产品支付，以畜产品计算，不能折合谷物计算。

这里要作出非常准确的区别和计算，是很困难的。但是，我相信，如果以畜产品表示经常费用，工资则与以前一样，3/4 以谷物表示，1/4 以货币表示，那么我们离得出正确的结果就很近了。

奶牛的黄油产量为……………………………87 $\frac{1}{2}$ 磅，

其中 $\frac{1}{5}$ 为经常费用……………………………17 $\frac{1}{2}$ 磅，

余 70 磅（黄油）。

饲养 1 头奶牛的工资为…………………10.13 新塔勒，

其中 1/4 以货币支付……2.53 新塔勒，

3/4 以谷物支付……7.60 新塔勒，

特洛田庄黑麦每斗价值为1.205新塔勒,所以7.60新塔勒等于6.3斗黑麦。

因此,一头奶牛的纯收益一般可以这样表示:

70磅黄油减2.53新塔勒,再减6.3斗黑麦。

离城市5英里

70磅黄油,每磅$8\frac{4}{5}$先令,共计收入…………12.83新塔勒。

支出项目:

6.3斗黑麦,每斗1.313金塔勒,

或1.225新塔勒,共计 ………………7.72新塔勒,

货币 ……………………………………2.53新塔勒,

余纯收益2.58新塔勒。

离城市10英里

收入项目:

70磅黄油,每磅$8\frac{3}{5}$先令,共计………………12.54新塔勒。

支出项目:

6.3斗黑麦,每斗1.136金塔勒,

或1.06新塔勒,共计…………………………6.68新塔勒,

货币………………………………………………2.53新塔勒,

纯收益3.33新塔勒。

离城市20英里

收入项目:

70 磅黄油，每磅 8⅕先令，共计………………11.96 新塔勒。

支出项目：

6.3 斗黑麦，每斗 0.809 金塔勒，

或 0.755 新塔勒，共计………………4.76 新塔勒，

货币………………………………………………2.53 新塔勒，

纯收益 4.67 新塔勒。

离城市 30 英里

收入项目：

70 磅黄油，每磅 7⅘先令，共计………………11.38 新塔勒。

支出项目：

6.3 斗黑麦，每斗 0.512 金塔勒，

或 0.478 新塔勒，共计………………3.01 新塔勒，

货币………………………………………………2.53 新塔勒，

纯收益 5.84 新塔勒。

离城市 40 英里

收入项目：

70 磅黄油，每磅 7⅖先令，共计………………10.88 新塔勒。

支出项目：

6.3 斗黑麦，每斗 0.47 金塔勒，

或 0.45 新塔勒，共计………………2.83 新塔勒，

货币………………………………………………2.53 新塔勒，

纯收益 5.44 新塔勒。

离城市 50 英里

收入项目：

70 磅黄油，每磅 7 先令，共计……………… 10.21 新塔勒。

支出项目：

6.3 斗黑麦，每斗 0.47 金塔勒，

或 0.45 新塔勒，共计…………………… 2.83 新塔勒，

货币……………………………………………… 2.53 新塔勒，

纯收益 4.85 新塔勒。

由此可见，利用土地饲养牲畜，离城市最近地租最低，以后随距离增加而逐渐增加，在 30 英里处（实际是 31.5 英里）地租最高。超过这一界限，地租重又下降，但是下降很少，在 50 英里处地租还有 4.85 塔勒，亦即是几乎等于城市近郊的两倍。

离城市 50 英里处饲养牲畜仍很有利可图，所以这里还不是畜牧业的界限，还必须向外扩展，直至最后运费将收益耗尽，即地租=0 为止。

这一圈境的范围，必然非常之大，于是有非常多的畜产品运往城市，以致畜产品与运至城内待售的谷物不成比例，消费不掉。

生产可以暂时超过需求，但不能持久地超过需求，因为超过市场需求的货物，便找不到买主，必须降低价格出售，直到生产费用和运输费用都不能得到补偿为止。如果价格继续下降，生产或产品持续亏本，那么成本最高的那些生产者首先停止生产，于是生产必然递减，直到生产与需求重又保持平衡为止。生产者中只有那些地位和境遇最有利、在价格最低时尚能维持生产的人，才能生存

下去。

今假定，黄油运往市场发生很大剩余，价格由每磅 9 先令降至 5⅔ 先令，那么孤立国中什么地方应当停止黄油的生产呢？

如果黄油每磅的平均价格下跌 3.33 先令，那么饲养奶牛一头的收入将减少 3.33×70＝233 先令＝4.85 新塔勒，这一减少对离城市 5 英里或 50 英里的地方是完全一样的。

工资和经常费用，不会因黄油价格下降而发生变化，这两项费用与黄油每磅售价 9 先令时相等，所以，收入的减少只能从纯收益中扣除。

奶牛一头的纯收益

与城市的距离	黄油每磅 9 先令	黄油每磅 5.67 先令
5 英里	2.58 新塔勒	－2.27 新塔勒
10 英里	3.33 新塔勒	－1.52 新塔勒
20 英里	4.67 新塔勒	－0.18 新塔勒
30 英里	5.84 新塔勒	＋0.99 新塔勒
40 英里	5.44 新塔勒	＋0.59 新塔勒
50 英里	4.85 新塔勒	＋0　新塔勒

由此可见，如果黄油每磅价格为 5.67 先令时，城市近郊以生产黄油为目的的饲养奶牛，非但没有纯收益，反而有实际亏损。随着与城市距离的增大，这一亏损逐渐缩小，最后在离城市 21.5 英里处，亏损消失。从这里起奶牛提供纯收益，开始时随距离增加而上升，但是在 31.5 英里处则到达顶点，然后重又下降，最后在 50

英里处完全消失。

结果,黄油的生产只在远地有利可图,我们运用第十九节所述的公式也可求得。如果一种作物,其生产费用和一定面积的产量为已知数,就能指出这种作物应在什么地方生产。第十九节讨论过一种产品,就其生产费用与黑麦之比为 14∶1,运费则为 2∶1——黄油和谷物的生产几乎就是这个比例——,根据上述公式可以计算出,这种产品在近郊生产只能以每磅 9.2 先令,但离城 30 英里处可以每磅 5.3 先令供应城市。这里假定,如果城市的全部需求可以由远地供应,那么远地可以供应城市这种产品的价格,将支配城市中这种产品的平均价格,由此可以得出结论,**城市近郊生产这种产品必将遭受损失**。

由此可见,近城市的圈境必将完全放弃畜牧业,只从事于收获丰富的谷物种植。

如果没有特殊的自然法则进行阻碍,使谷物种植无法进行,情况无疑就是如此。

种植谷物需收取土中含有的植物养分,在自然状态下植物养分不是通过堆草沤肥给予补充,而是将干草麦秸等通过喂养牲畜变成肥料,然后肥田。

所以牲畜是变干草、麦秸为肥料的不可或缺的机器,即使牲畜不提供收入,饲养牲畜也总是与农作结合在一起。

在这种情况下不禁要问:“如果畜产品价格不断下跌,是离城较近的还是较远的地方应当放弃牲畜饲养”,还是另作决定?

较近的地方能够担负饲养牲畜造成的损失,因为种植谷物能生地租;较远的地方,除了饲养牲畜的收入以外,没有其他收入,一旦无利可图，饲养牲畜必须马上停止。

最后，为了确定城市黄油的价格，必须首先知道需求量，以及生产这一数量所必需的土地面积。

亦即是价格必须定在这样的高度，即最远的田庄为了满足城市需求不得不进行生产，而它耗于生产和运输的费用必须得到补偿。

我们假定，如果为了满足城市的需要，牲畜饲养业必须延展到离城市50英里的地方，那么黄油的价格必须定在这样的高度，即离城市50英里的田庄饲养牲畜的费用能够得到补偿。这就是说，70磅黄油在当地的价值为5.36新塔勒，即每磅为3.7先令，运费每磅为2先令，因此城市中黄油的平均价格为5.7先令。

离城市40英里处生产每磅的费用同样为3.7先令，

运送到城市，每磅的费用为……………………1.6先令，

共计5.3先令

围绕城市40英里纵深的圈境如果能满足城市的需求，那么黄油每磅的平均价格为5.3先令。在这种情况下，40英里处的土地已没有地租，如果土地的耕作延展到50英里，那么这一地带仍有地租可得。

离城市30英里处，70磅黄油的生产费用为5.54新塔勒，每磅价格为3.8先令。黄油由此运往城市，运费为1.2先令。如果这一圈境的产品能满足城市的需要，那么黄油每磅的价格可以是3.8＋1.2＝5先令。

第二十六节(二) 续

通过上面的研究,我们认识到一条重要的规律:

像在孤立国这样的情况下,畜牧地租在靠近城市的地方,除了自由农作的圈境,必定降至零以下,成为负数。

但是,人们往往并不知道,通过这一研究已经发现了一个规律,而是断言,这个已经取得的结果只是这样得来的:研究中选用了产奶和产黄油量少的奶牛,可惜不是选用别种产奶量高的奶牛。

为了检验这一断言是否正确,现在我将从另一立场出发,对产黄油量大的牧场的情况进行计算。

为了达到这一目的,下面的研究以下列假定为基础:

由于改善饲养,日德兰小种奶牛的黄油产量比以前增长一倍,即 70×2=140 磅(每磅为 36 洛特)或 158.5 汉堡磅。

我们将上述每头奶牛产黄油 70 磅的牧场称之为"A",而产 140 磅的牧场称之为"B"。

现在我们首先应当考虑,黄油产量增长了,支出又将怎样呢?

与饲养牲畜和生产黄油有关的费用,可以分为两类,即

1. 费用与奶牛的数量成正比,而与牛奶产量多少无关;

2. 费用与牛奶和黄油的产量成正比,随之增长或减少。

属于第一类的有:牧人的生活费、购牛资本的利息等等。

根据所设计的计算——然而不能保证完全正确——一头产黄油 70 磅的奶牛所需费用为 10.13 新塔勒,其中第一类和第二类费用各占一半。

黄油产量是上述二倍的奶牛，其费用，第一类仍如前不变，第二类则增加一倍，总费用增加 50%，亦即是 10.13×1.5=15.20 新塔勒，以黑麦和货币表示为：

6.3×1.5=9.45 斗黑麦，

2.53×1.5=3.80 新塔勒。

经常费用中有一部分，如厩棚的租金，属于第一类；另一部分，例如堆积干草用的仓库的租金，则属于第二类，管理费用大约在两类中各占一半。

如果其他费用也使用与这里相同的尺度，那么一头产黄油 70 磅的奶牛的经常费用为 17.5 磅黄油，产量为这两倍的奶牛，经常费用为 17.5×1.5=26 磅黄油。

所以 B 牧场每头奶牛的产量为：

黄油……………………………140 磅（每磅合 36 洛特）

牛犊和脱脂奶折合黄油为 $140\times{}^{1}/_{4}=35$ 磅

总计黄油 175 磅。

其中需扣除经常费用…………………………26 磅

收入为 149 磅。

如果黄油的价格为 9 先令（新币），则奶牛每头的货币收入为 $149\times{}^{9}/_{48}=27.94$ 新塔勒。

在离城市 25 英里处每磅黄油的运费为 1 先令，149 磅黄油的运费为 3 新塔勒 5 先令=3.1 新塔勒。因此，149 磅黄油运送 5 英里，运费为 0.62 新塔勒，运送 10 英里为 1.24 新塔勒。

如果我们将 B 牧场奶牛的收入减去 A 牧场奶牛的支出费用的 1.5 倍，就能获得 B 牧场奶牛的纯收益：

与城市的距离	每头奶牛的收入 新塔勒	运　费 新塔勒	其他支出 新塔勒	每头奶牛的纯收益 新塔勒
5 英里	27.94	0.62	15.38	11.94
10 英里	27.94	1.24	13.82	12.88
20 英里	27.94	2.48	10.94	14.52
30 英里	27.94	3.72	8.31	15.91
40 英里	27.94	4.96	8.04	14.94
50 英里	27.94	6.20	8.04	13.70
100 英里	27.94	12.40	8.04	7.50
160.5 英里	27.94	19.90	8.04	0

如果黄油每磅的价格为 9 先令，那么畜牧的圈境将能扩大到 160 英里，这样黄油将充斥市场，找不到销路。于是黄油的价格必然下降，生产发生缩减，直到产量与需求保持平衡为止。

如果奶牛的黄油产量提高一倍，那么为了有足够的饲料就需要扩大牧场和草场的面积，亦即是同样面积饲养奶牛的数量将可能减少，但黄油的产量将增加。如果说以前畜牧圈境必须扩大到离城 50 英里，方可满足城市的需求，那么现在半径 40 英里的圈境就足够了。如果情况真是如此，那么黄油的价格将下降到，离城市 40 英里处饲养奶牛的纯收益＝0。如果 149 磅黄油的收入刚好抵偿 4.96 新塔勒的运费和每头奶牛 8.04 新塔勒的其他支出，亦即是城市中黄油每磅值 4.2 先令。由于黄油的价格从 9 先令降至 4.2 先令，孤立国中任何地方的奶牛纯收益便会减少 14.94 新塔勒，因此：

离城市	每头奶牛的纯收益
5 英里＝	11.94－14.94＝－3.00 新塔勒

10 英里＝	12.88－14.94＝－2.06 新塔勒
20 英里＝	14.52－14.94＝－0.42 新塔勒
30 英里＝	15.91－14.94＝＋0.97 新塔勒
40 英里＝	14.94－14.94＝0　新塔勒

我们的任务是要指出，纯收益减少会有什么影响，如果我们前面的研究是建立在高产的牧场的基础之上，那么我们必须放弃上述的观点，并且不得不承认，奶牛的数量是根据每头奶牛的产量上升而减低，即黄油的总产量如前，亦即是畜牧圈境也如以前，扩大至离城市 50 英里的地方。

于是，在离城市 50 英里处奶牛的纯收益＝0，然而有一个前提，即 149 磅黄油应当等于 6.20＋8.04＝14.24 新塔勒。于是城市中黄油每磅的价格为 14.24/149＝0.0956 新塔勒＝4.6 先令。

如果奶牛每头产黄油 70 磅，畜牧圈境扩大到离城市 50 英里，那么城市中黄油的价格，就如我们已知的那样，每磅值 5.7 先令，亦即是比这里贵 1.1 先令。

如果黄油每磅价格为 4.6 先令，那么在前面计算的在黄油价格为 9 先令时每头奶牛的收入中，必须扣除 13.7 新塔勒，如此：

离城市	每头奶牛的纯收益
5 英里＝	11.94－13.7＝－1.76 新塔勒
10 英里＝	12.88－13.7＝－0.82 新塔勒
20 英里＝	14.52－13.7＝＋0.82 新塔勒
30 英里＝	15.91－13.7＝＋2.21 新塔勒
40 英里＝	14.94－13.7＝＋1.24 新塔勒
50 英里＝	13.70－13.7＝0　新塔勒

比 较 表

离 城 市	每头奶牛的纯收益	
	每头产黄油 70 磅	每头产黄油 140 磅
5 英里	−2.27 新塔勒	−1.76 新塔勒
10 英里	−1.52 新塔勒	−0.82 新塔勒
20 英里	−0.18 新塔勒	+0.82 新塔勒
30 英里	+0.99 新塔勒	+2.21 新塔勒
40 英里	+0.59 新塔勒	+1.24 新塔勒
50 英里	0	0

凡仔细注视这里研究的读者，一定会承认由此得出的结果是理所当然的。离开总体关系考察，一定会觉得，产黄油 70 磅的奶牛和产黄油 140 磅的奶牛提供的纯收益几乎相等，这岂不似是而非，岂不矛盾。

所以这里必须再次指出，如果消费量不变，生产普遍激增，结果必定是大量的或降低费用的产品落价，价格的下降可以缓和产量增长对纯收益的增进作用，甚至起促退作用。

如果个别农民提高了土地的产量，或颇有利可图地引进新的作物，例如种植油菜籽，增加的产物运至市场，对于这一产品的价格不会有明显的影响。但是，如果一个大国中所有的农民同样扩大种植某一作物，那么这种产品的价格将大大发生变化。如果某种作物，由于普遍种植而引起价格下降，而种植这种作物仍有利可图，那么这种作物将能长期生存，反之，只不过是暂时现象。

在局部范围是真理的东西，把它看作具有普遍意义；偶然对个别人有利的事，便无条件地加以推荐，这是很大错误的源泉，农业文献有这种记载，可以证明。

在研究普遍有效的规律时，我们不应忽视产量和价格高低之间的相互关系。所以，认识调节商品或产品价格的规律是合理的务农者所不可或缺的本领，国民经济学正由于这个原因而成为改善农业经营的基础。

我们的话扯远了，现在言归正题。

这里假定的日德兰小种奶牛每头平均体重为500—550磅，饲料只用青草和干草，全群牲畜平均每头产黄油140磅（每磅36洛特），合32洛特的磅158.5磅。但这种假设实际上是达不到的。

为了能获得近似这一产量，不仅需要选择优良牛种，而且在夏天必须有充足的草地供奶牛选择最嫩最富有营养的青草，在冬天只许喂以最精最细的干草，不能掺麦秸。

在畜牧圈境不能用块根植物甚或用谷物作饲料，因为这里母牛的纯收益是很低的，用这些作物作饲料喂养牲畜，纯收益马上会降至零以下，因为获得这些作物的劳动费用比获得干草要大。

奶牛得到丰富的营养，体重由550磅可能增至600磅，每100磅体重每年可产黄油158.5/5.75＝27.5磅。

大种奶牛，如奥尔登堡种或瑞士种，体重达1,100磅，每年可产黄油302磅。

这一数字超过我们所知的其他国家奶牛的黄油最高产量。

即使奶牛的黄油产量极高（实际上并不存在），然而结果是：

孤立国中靠近城市的地带从事畜牧，地租为负数。

据我看来，严格证明——当然可以用代数予以证明——这种结果的必然性似无必要，因为只需考虑到下列这样的情况就可以明白了，即与城市距离的增大，谷物价格便下降，黄油生产费用也随之下降，下降的量超过黄油运费增加的量。

我觉得这一规律对于农业科学，甚至对于实用农业都非常重要，所以我认为在本卷再版之际，有必要作详尽的探讨，尽可能将这一规律解释清楚，以消除误会。

第二十六节（三） 续

肉类和谷物之间存在着一种共同的尺度，即两者的营养能力，我们必须要问，肉类、黄油等等的价格，是否完全由将这些产品运送市场的费用*决定的，而不包含营养力的比例因素。

实际上在一切文明的国家，除了单纯的游牧民族以外，等量营养的肉食和面包，肉食的价格要比面包价格贵些。

肉价较高有两个原因：

1. 食肉已成了普遍的习惯，只要不是十分贫困的人，他都要以他收入的一部分购买这一可口而富于营养的食品。

2. 蔬菜和马铃薯到处——大城市例外——都比粮食，如面包和其他谷物制品便宜得多，但是蔬菜和马铃薯的营养不高，不宜作为劳动阶级的唯一的食物。肉类的营养比谷物更高，蔬菜和肉充作食物，完全可以代替面包和面食，工人可以不买谷物而买马铃薯，将所节约的钱购买较高价格的肉。这又促使我们讨论马铃薯的问题。

* 按著者前面论述的思想，应包括生产等费用。——译者

假定 1 磅肉所含的养分等于 2 磅黑麦所焙制的面包，那么 42 磅肉＝84 磅黑麦＝1 斗黑麦＝3 斗马铃薯，亦即是 14 磅肉＋2 斗马铃薯＝1 斗黑麦。

如果每斗黑麦值……………………………1 塔勒 24 先令

每斗马铃薯值 12 先令，2 斗则值 …………24 先令

因此工人可以节约…………………………1 塔勒。

工人用这一塔勒可以购买肉 14 磅；亦即是每磅肉支付了 3.4 先令，虽然他购买面包得到相等的养分只需 1.7 先令，但他并不蒙受损失。

坎贝尔认为〔见特尔：《合理化农业的原理》(*Grundsätze der rationellen Landwirtschaft*)，第 4 卷，第 222 页〕，育肥食用的牛，每用马铃薯 1 斗，可以长肉 3 磅。特尔(同上书，第 369 页)认为，每天用干草 40 磅饲牛，每天能长肉 2 磅。

根据坎贝尔的报告，生产 42 磅肉需费 14 斗马铃薯，我们的假定是 42 磅肉所含的养分等于 1 斗黑麦。如果马铃薯不用作饲料，则 3 斗马铃薯所含的养料等于 1 斗黑麦。

由此可见，马铃薯转化成肉，绝对的养分几乎只剩 1/5。

如果黑麦 1 斗可以用肉类 14 磅及马铃薯 2 斗代替，而生产肉类 14 磅，需费马铃薯 $4\frac{2}{3}$ 斗，那么马铃薯 $4\frac{2}{3}+2=6\frac{2}{3}$ 斗可以代替黑麦 1 斗。

在一块生产 1 斗黑麦的土地上，如果种植马铃薯，产量能超过 $6\frac{2}{3}$ 斗，所以按此计算——然而不能要求完全正确——推广马铃薯的种植能比原先种植谷物多养活一些人，但实际上远不是如某些人所断言的那样多许多。

前面曾假定，孤立国的农作处于稳定状态，荒野还有可垦殖的土地，现在我们暂时撇开这些前提条件不谈，我们设想，孤立国中历来从事畜牧的圈境，种植谷物，逐渐地推广至可垦殖土地的边缘，那么一方面供应城市的畜产品的量将减少；另一方面因平原推广种植，消费者人数将增长。少量的畜产品必须分配给较大数量的消费者，因此分配给每人的份额必然较以前小得多。

现在出现这么两个问题，这种变化将对畜产品的价格产生什么影响，这些少量产品在国民各阶级中将怎样分配。

市场供应肉类不足，购买者便发生竞争，价格随之上涨。穷人只是在比较肉类的价格与其他粮食的价格时，觉得值得才购买肉类。如果肉类价格高涨，穷人必定放弃或至少限制肉类的消费。富人为享受美味的肉食能够支付高于谷物价值比的价格。由于富人肯出较高的价格，穷人则不敢问津，所以富人的桌上的菜肴仍是丰盛如前，而劳动阶级只能限于廉价的、营养较差的素食。

所以，这种向更加文明的过渡在日用品上却产生了对劳动者的非常不愉快的限制。

然而，如果国民财富继续大幅度增长，畜产品的价格涨到，种植马铃薯是为了饲养牲畜且有利可图，那么畜产品将突然大量增长，于是分配给每人的份额又大大增加了。

根据我的计算，一莫根*土地种植马铃薯，用以饲养牲畜，比面积和肥力相等的种草牧场能多饲养牲畜 $1\frac{2}{3}$ 倍。

---

* 莫根(Morgen)，德国旧时的田亩面积单位，相当于 2，500—3，400 平方米。——译者

如果工资高到工人能够以较高的价格购买畜产品——人们必须把这一点作为前提，因为没有劳动阶级的竞争，肉价很难会上涨到这么高——，那么工人将增加肉食的消费，可以向舒适的生活过渡。

资产阶级社会的这种状况还有另外一个非常令人喜悦的方面。

如果在歉收的岁月，收成不足以满足需要，那么用以育肥牲畜的马铃薯可以直接供人食用，牲畜不待养肥即予屠宰，因此，本来转化为肉食的含养分物质几乎比肉多了四倍，一个国家，一旦达到了这么好的境遇阶段，就不可能再有饥馑之患了。

然而，一个国家中，由于马铃薯种植的推广，人口将增长，人口增长又造成工资的下降，以致工人的工资只够购买马铃薯，工人没有肉类佐餐，完全或极大部分必须依靠马铃薯为生，如果是这样，国家又陷于悲惨境地。

马铃薯不像谷物，可以隔年贮存，一年的剩余不能弥补下一年的不足。

如果马铃薯歉收，那么用廉价的食物取代高价的食物——像由肉类改食马铃薯——的办法，就没有了，于是出现一种马尔萨斯说过的状况，如果民众平时以最低廉的食物为生，那么这时除了也许有点树皮可以充饥外，别无其他补救办法，许多人必然死于饥馑。

所以在这种情况下，虽然看来是非常矛盾的，常常遭受饥馑的惩罚，正是马铃薯招致的。爱尔兰也许现在就是这种状况的例子。

自然的赐与供人们任意选择，不论你将自然的珍贵馈赠，用于造福还是酿祸。

牲畜的育肥

育肥后的牲畜赶往远地的市场，费用并不很多，在离城市远的地方育肥费用比市郊便宜，因为市郊地租高昂。然而远距离驱赶肥畜有许多困难，而且牲畜要大大掉膘，所以育肥可以在远地开始，然后将牲畜赶至市郊，再完成育肥工作。

饲养幼畜

幼畜从一个地方赶往另一地方，并不费劲，费用也不高。在畜牧圈境内，土地的地租和饲料的价值都很低，所以这里可以廉价供应幼畜，孤立国的其他地方都不能与这里竞争。

轮作休闲制的圈境，可以利用自己的土地饲养母牛，从事黄油的生产，这比饲养幼畜有利得多；这一圈境所需的幼畜，全部从畜牧圈境购买。

实际上，在有些地方，从位置或其他条件看都不宜饲养幼畜，但仍有个别农民为满足自己对幼畜的需要偶尔饲养，那是由于想培育比寻常优越的良种。但是在孤立国，我们假定所有的农民智力相同，对畜种的认识也相同，所以田庄的位置单独决定饲养是否合乎目的。

如果城市对畜产品的需求，要求畜牧业扩大到离城半径 50 英里，如前面所述，城市中黄油的平均价格每磅为 5.67 先令(新币)，其他畜产品的价格，如羊毛、肥肉等等也必定与黄油的这一价格成比例。

根据我们前面的研究，一头母牛的纯收入，

在离城30英里处为0.99新塔勒，

40英里　　0.59新塔勒，

50英里　　0。

所以在这一圈境内地租极为微薄，田庄的收益几乎仅能抵偿建造房舍和购置工具设备所耗资本的利息。

在这一圈境种植谷物不会多于从事畜牧业者自身的需要。因此，麦秸的收获也极少，所以牧养牲畜的数量不能超过这么一些麦秸和天然草场出产的干草在冬天所能供养的数量。

夏天，田庄的全部耕地几乎全是草地，青草非常丰足，牲畜食之不尽，所以一部分青草只能白白地腐烂。

可是，种植饲草及块根作物以增补冬季的饲料，却没有这种可能，因为牧畜的收益非常微薄，担负不了由此而产生的各项费用。

因此，草场是牧养牲畜数量的唯一尺度，从畜牧业收得的地租很少，地租完全依赖草场，因为牧场到处都是，唯有种草才算利用。

这一圈境就它巨大的面积来说，可以供应市场的畜产品是很少的。

这一圈境的居民异常稀少，面积相等的田庄，如在市郊可供养30户人家，而在这里几乎只能供3户人家工作和糊口。

离城市50英里处，畜牧业的地租最终也完全消失。超过这一距离，投于畜牧业的资本将得不到利息，因此最后畜牧业在此终止。

畜牧圈境之外，还可以有一些猎人散居在树林中生活。这些猎人的工作、生活方式和习俗将近似野人。猎人与城市的交往，唯一的就是以兽皮换取少许的必需品。

这里是城市向平原产生最后影响的地方，再向外便是荒无人烟的原野了。

一个穿越孤立国的旅行者，在几天之内就能实地看到上述的全部农牧业制度。他所见到的各种制度是循序排列的，这使人不致错误地认为，远地耕作不如城市近郊，似乎仅仅是由于农民的无知造成的。

较高的农作制由于巧妙、复杂，同时要求较高的洞察力和知识，所以看来有点使人眼花，有点诱惑力。

实行较高农作制已经习惯的地方，不可否认产量较高，土地利用得较好，因此认为，"只需具备必要的知识，就可将较高的农作制施行于较次的土地"，那是错误的，也是非常危险的。

我们的研究已经得出结论，如果将轮作休闲制或轮栽作物制实行于三区农作制圈境的田庄，必将被时间淘汰，并消失得无影无踪。

反之，三区农作制移植于轮作休闲制或轮栽作物制的圈境，也不能存在，但是这种尝试并不诱人，因为无利可图是尽人皆知的，用不着常常试验。

孤立国农作的情景就是一个国家在几百年中农业演变的情景。

梅克伦堡一百年前只经营三区农作，当时唯有三区农作才适应那里的情况。远在古代，看来只有狩猎和畜牧是人们生活的来源。再过一世纪这里将普遍实行轮栽作物制，以代替现在的轮作休闲制。

一国的财富和人口越增，土地越精耕细作得益就越多。如果条件成熟到，可以有力地利用较高的农作制度，那么最初实行这种农作制的农民，能立于不败之地。这种农作制不仅在他的田庄确立下来，而且不可阻挡将逐渐推广至整个地区，成为全境普遍的制度。

当梅克伦堡最初实行轮作休闲制时，情形就是如此，在英国当轮作休闲制和三区农作制不得不让位给轮栽作物制时，情形也是如此。

第二章　孤立国与实际的比较

第二十七节　对我们研究过程的回顾

上一章叙述孤立国的形成是以特洛田庄的情况为根据的，同时我们也论述了，如果考虑到田庄的农产品运往市场出售，距离有远有近，田庄的经营应作怎样的变化。

在第五节中我们假定，一个田庄的毛收入完全以谷物计算，而畜产品的价格与谷物的价格成比例。

当然，这种假定只是在一个务农国家的四周，没有被旷野的单纯的牧区所包围的情况下才是正确的、适当的。然而本书所作的描述告诉我们，特洛田庄的所在地，旷野的单纯的牧区对它的影响微不足道的，而孤立国中畜产品价格和谷物价格之间的比例则与特洛田庄的并不相同。

所以我们必须研究，如果畜产品的价格与谷物价格脱离关系，孤立国的结构将怎样变化。

黄油每磅（合 36 洛特）市价为 9 先令，扣除运输费用后特洛田庄实收为新市 $8\frac{3}{5}$ 先令。在孤立国中，黄油的市价根据我们的计算，可为 5.7 先令，但是黄油的价值不像谷物，随着距离的增加而迅速降低。现在我们以这一价格为计算的根据，那么我们将发现近郊的地租较低，但随着距离的增加这个地租并不非常迅速地减少。在离城 25 英里处的田庄，地租比我们上述的反而高些，因为这里的黄油，虽然市价较低，然而如与当地谷物的价格相比，价值已经高了一些。

此外，我们在研究中有一个原则，即务农的各项支出，必须 1/4 以货币表示，3/4 以谷物表示，因此，不论谷物价格发生什么变化，对于某一田庄，我们总能确定其纯收益和经营的方式。

然后我们再根据离市场的远近，亦即是距离，叙述谷物价格的变化，这样便勾画出了孤立国的轮廓。

然而，如第五节所述的各项支出以货币和谷物表示的比例，并不是一成不变的，而是随地点而转移的，这一点在孤立国中远比实际清楚。

孤立国中的农民只能从城市获得的一切制成品和原料，其价格并不以农民居住地的谷物价格为准，农民必须支付城里所要求的价格，再加上从城市运往该地的运费。

居住在农村的手艺工人的产品，其价格包含下列两项：

1. 垫付在工作时间中所消耗的粮食和其他必需品的费用，

2. 垫付原料的费用。

手艺工人加工的原料，例如生铁，如果是向城市购买得来，那么他的产品的价格只有一小部分是按当地谷物价格计算；反之，如果原料产自本地，例如亚麻，那么麻布的织造费用几乎完全与谷物的价格成比例，唯有织工为了自己的住所、为了自己的器材工具以及生计所需不得不向城市采办的东西，才以货币表示。

亦即是说，与农作有关的支出中，凡是农民直接从城里购买的一切东西，以及住在农村并为农民工作的手艺工人从城里购买的一切东西，必须以货币表示。

不论田庄经营的规模，不论离城市的远近，在城市采购制成品和原料的价格都相等。然而孤立国的农民在城里购买这些商品，除了支付商品的价格以外，还须支付从城市运至乡间的运费；或者说，这些商品在乡间的价格比在城里增加了运费，包括商业费用。运费的一部分，如第四节所述，必须以货币表示。距离越远，运费越贵，所以远处田庄负担的支出，不论货币还是谷物都比较多。

我们根据某地所作的计算，如移用于孤立国，就会出现双重偏差：

1. 远地从事畜牧，收益比我们计算的多些；

2. 远地向城市购买必需品，运费应列入支出之内。

两项偏差有相互抵消的作用，因此又接近我们计算的结果。

虽然以数字表示的地租因此而发生变化，但我们研究的主要结果是不会变的。

当谷物价格非常低时，轮作休闲制必须改为三区农作制，因为三区农作制生产谷物，费用较低。

如果谷物价格更往下跌，实行三区农作制也无地租可得，也就没有谷物可供应城市了。

三区农作制的圈境之外为畜牧圈境。

上述主要结果及由此而得出的一切结论是一成不变的，但是，圈境纵深的距离以及两种农作制的划分界限，按英里计算，是可以有变化的。这里所列的一些数字只是观念的具体化，对于所阐明的主要规律并不具有实质性的影响，因为在这一方面，例如实行三区农作制的圈境离城市近若干英里，或远若干英里都无关紧要。

如附录八所述，随着与城市距离的增长，谷物的价值和畜产品的价值并不是按等比例减少的，由此产生的不平均可以通过一个分数的变化予以恢复，这个分数就是以货币表示的支出的若干分之一。虽然四分之一这一得自实际的数字并不能适应孤立国的情况，然而畜产品按其价值折合为黑麦的这一方法本身，却是完全有道理的，说明了通过这一途径有可能达到正确结果。

第二十八节　孤立国和实际的不同之点

实际的国家与孤立国的重大区别有下列几点：

1. 实际上不存在土地肥力到处相等、物理性质完全相等的国家。

2. 根本不存在不靠河道或不靠通航运河的大城市。

3. 幅员广大的国家总有一个巨大的首都，除首都以外，还有许多较小的城市，它们散布于全国。

4. 实际是很少有，或者几乎是没有像孤立国的这种情况：畜产品的价格如此强烈地受供应畜产品的游牧地区的影响。

（一）

第十四节研究得出结论，谷物价格低贱的作用，与土地肥力不足相同，两者都能将轮作休闲制变为三区农作制，如两者继续降低，最终使地租等于零。

我们在书中曾经假定，谷物的价格是变动的，而地力则一成不变，同样我们也可以作另一种假设，谷物价格始终不变，地力则有变化，可以将这双重情况应用于实际之中。

然而，这双重情况中至少这后一种并非必要，因为我们从前面的研究中可以证明，一个地力较低的田庄在黑麦价格每斗为 1.5 塔勒时将会采取什么立场，在解决下列各问题时就可见到。[①]

第一个问题。　某田庄实行三区农作制，谷物收益为 5×84/100＝4.2 斗，在黑麦每斗在田庄上值 1.5 塔勒时，试问地租为多少？在孤立国中哪一地段的地租与此相等？

根据第十四节所列的表格，三区农作制收益为 5×84/100＝4.2 斗时地租为：240 斗黑麦－246 塔勒。在黑麦每斗价格为 1.5 塔勒时，240 斗黑麦值 360 塔勒；地租亦即等于 360－246＝114 塔勒。

在孤立国中，当收益为 8×84/100＝6.72 斗时，地租＝696 斗－327 塔勒。

如果黑麦 696 斗－327 塔勒＝114 塔勒，则上述两种农作单位的地租相等。

根据上式移项，黑麦 696 斗＝114＋327＝441 塔勒，每斗黑麦为 0.633 塔勒。

在离城市大约 26 英里处的田庄，黑麦就等于这一价格。

亦即是收益为 4.2 斗的田庄，当黑麦每斗的价格为 1.5 塔勒

① 第十四节(二)所述的情况，我们在这里不应忽视，即土地相等、其他条件相等，谷物产量却不等的各田庄，并不受因果法则的支配，实际生活中有这种情况，而孤立国则没有。

时，地租等于孤立国中离城市 26 英里的田庄。

第二个问题。　如果黑麦在田庄上每斗值 1.5 塔勒，实行三区农作的地租等于 0，试问每 100 平方丈的收益为几斗？

根据第十四节所述，谷物收益为(10－x)84/100 斗时，地租为 1,000 斗－152x 斗－381 塔勒＋27x 塔勒。

如果黑麦每斗值 1.5 塔勒，上式即为：

1,500 塔勒－228x 塔勒－381 塔勒＋27x 塔勒，

或 1,119 塔勒－201x 塔勒。

如果地租等于 0，那么 201x＝1,119 塔勒，x＝5.57 塔勒。

当地租等于 0 时，谷物收益则为(10－5.57)84/100＝3.72 斗。

第三个问题。　实行三区农作制及轮作休闲制的田庄，黑麦每斗价值为 1.5 塔勒，试问谷物收益为几斗时，土地的利用相等？

根据第十四节所述，两种农作制的地租相等，则

轮作休闲制的地租 1,710 斗－271x 斗－747 塔勒＋53x 塔勒＝

三区轮作制的地租 1,000 斗－152x 斗－381 塔勒＋27x 塔勒，

亦即

710 斗－119x 斗－366 塔勒＋26x 塔勒＝0。

当黑麦每斗价值为 1.5 塔勒时，上式即为：

1,065 塔勒－366 塔勒－178.5x 塔勒＋26x 塔勒＝0，

即 699 塔勒－152.5x 塔勒＝0，

或 x＝4.58 斗。

所以，当土地的肥力，在实行轮作休闲制收益为 10－4.58＝5.42 斗，实行三区农作制收益为(10－4.58)84/100＝4.55 斗时，在黑麦每斗价格为 1.5 塔勒的情况下，这两种农作制的地租相等。

（二）

如果已知水道运输谷物比陆地运输便宜若干，则不难确定由水道运输谷物至市场的田庄的位置在什么地方。

假如水道的运费为陆路运费的十分之一，则离城市 100 英里傍水而建的田庄，就谷物在庄上的价值以及与谷物有关的情况而言，与孤立国中离城市 10 英里的田庄相同。

一个离河道 5 英里的田庄，如需担负 5 英里陆运和 100 英里水运的费用，那么这个田庄就与孤立国中离城市 15 英里的田庄相同。

（三）

散布在全国的小城市与首都一样，必须得到粮食的供应。位于这类小城市周围的田庄，只要小城市有此需求，必将自己的谷物供应它们，而不供应首都。为了满足这类城市所需的粮食，必需若干田庄，或者说若干面积的土地，我们可以把它们称为城市的境地。首都得不到这些境地的产品，等于失去了这些境地，小城市对首都的影响，就粮食供应来说，仿佛把这些境地变成沙漠，什么也不出产。如果设想孤立国的广袤平原布满了沙漠，那么首都的需求必须从更远的地方去采购，为了满足需求，各圈境必须扩大。但是圈境的扩大，谷物从平原最远的耕作地运至城里，运费必将增长，前面讲过，运费的增长必然引起首都谷物价格的上涨。

然而，在小城市里谷物的价格是根据完全不同的规律确定的，仿佛这些城市与它们的境地是隔绝的。这一境地的田庄可以任意抉择，或者将自己的谷物供应小城市，或者将谷物运往首都。首都谷物的市价在扣除运费以后，等于谷物在田庄上的价值，如果生产者愿意将自己的谷物让与小城市，小城市就必须支付这一价值。

因此，小城市谷物的价格是由首都的市价规定的；完全取决于首都的市价。

我们现在设想以德意志幅员较大的各国来比作这些小城市，即使在自由贸易的情况下，这些国家也难摆脱大城市把持谷物价格的势力。

（四）

提供单一畜产品的旷野牧区对其他国家的影响，由于距离遥远或进口税等原因，实际上是很弱的；或者完全消失了。

如果波多利亚（Podolien）和乌克兰在魏克塞尔河的西岸，如果畜产品可以从那里免税运往柏林，那么德国西北部，即使今天从事畜牧业，产生的地租也很少。

但是，随着这类影响的削弱或完全消失，则谷物和畜产品的比价将有重大的变化，有利于畜产品的变化。于是各处的畜牧业都可以交付多少可观的地租。这一点对三区农作制和轮作休闲制，以及对轮作休闲制和轮栽作物制界限的划分有重大的影响。在这里研究发生作用的各种规律，似乎有些离题，我将留待第二卷中去探讨它们。

形成孤立国的原理在实际生活中也是存在的，但是这个原理所产生的现象形式多种多样，因为同时有许许多多不同的情况共同发生作用。

几何学家计算点时不考虑点有面积，计算线时不考虑线有宽度，然而这两者实际上是不存在的；同样，我们也可以将一种起作用的力量排除一切枝节和偶然情况，唯有如此，我们才能认识，目前我们所看到的现象中这一力量究竟起多大的作用。

在孤立国中要找到一个与一个个田庄的情况相一致的位置，这是可能的，因此，要为某国的全部土地绘制一张圈境图，上面各地所属的圈境都用颜色表明，——撇开困难不谈——这种可能性也是存在的。这张地图所反映的概貌非常有趣，也非常有意义。但各圈境不如本书所述的孤立国圈境，层次相接很有规则，而是杂乱无章的。例如，离首都 100 英里傍水而建的、土地肥沃的田庄，则属于第三圈境；而离城市 10 英里的、尽是沙土地的田庄反而属于第六圈境。

我们现在来考察一项与农业有天然联系的工业以及一些农作部门，在第一章内，为了不使有机的叙述中断，所以未曾提及，现在联系实际可以讨论这些部门了。

第二十九节　烧酒业

畜牧圈境所生产的谷物，因为运费太高，不能供应城市；但是，如果把谷物变成一种制造品，其运费与其价值相比，较为低廉，那么畜牧圈境中离城较近的部分，可以从事农作而得好处。这种制造品就是烧酒，100 斗黑麦酿成烧酒，几乎等于 25 斗黑麦的重量。

酿酒的残渣，即酒糟，最适宜于育肥牲畜之用。畜牧圈境本来就要求做牲畜的育肥工作，这里谷物和木柴的价格极为低廉，所以对烧酒酿造业有利的条件这里都已具备。

因此这里供应烧酒最为便宜，孤立国没有其他地区——更不用说城市了——在工业完全自由的条件下，能与畜牧圈境竞争。在城市中生产烧酒，那里谷物和木柴的价格是畜牧圈境的 3 倍，名义工资也高得多，生产烧酒的费用至少比畜圈境高 1—2 倍。

如果酿造烧酒只准在城市进行，那么这将减少国民收入，因为运输谷物和燃料的大量劳力无谓地浪费掉了。牧区酿酒，酒价极低，但是从别种角度考虑并不值得庆贺，所以国家对于酿酒征以重税，这样烧酒重又保持与城市生产相同的价格，烧酒昂贵对国家来说比无谓地浪费劳力而造成的昂贵有益，因为这些劳力可以去从事有益的生产劳动。

畜牧境圈中酿造烧酒的地段，必定实行三区农作制，因为采用这种农作制生产酿酒所需的谷物，费用最低。

酿酒与牲畜育肥相结合的农庄所获的厩肥比实行以出售谷物为目的的三区农作制农庄多许多，所以前者可以多耕作一些田亩，播种谷物，而不致耗竭地力。

如果我们只按农区分类，那么我们必须把从事酿酒业的地段以及从事畜牧的整个圈境——虽然耕作只占土地面积的一小部分——算作三区农作制的圈境。反之，如果我们只看农庄的主要产品——出于一些理由，我更喜欢这种分类法——，那么我们必须把将谷物运往城市求售的地区与只向城市供应烧酒和畜产品的地区区别开来，而我特别把后者称之三区农作制的圈境。

以出售谷物为目的的三区农作制经济，在离城 31.5 英里处，地租等于0。但是,这里经营烧酒业兼畜牧业还能支付地租。三区农作制的圈境与畜牧圈境在两者地租相等的地方产生分野,亦即是三区农作制的圈境,达不到离城31.5英里,必须在稍近于这一距离的地方终止。然而,由于我们不知道利用土地经营烧酒业及畜牧业应支付多少地租,所以我们也不能用数字来确定这一距离。

第三十节 牧羊业

德国自从采用梅里诺羊种以后,牧羊的得益几乎完全决定于羊群的质量,而与地段和土地的关系却不大,所以利用土地养羊应付多少地租,不能一概而论。

一旦良种羊群得到普及,养羊的知识得到推广,因此,凡是肯偿付培育羊羔费用的人都能获得一个良种羊群,由于善于牧养,那么所得的纯收益,将成为利用土地从事牧羊交付牧羊业地租的标准。然而,现在我们离这种情况还很遥远,只要还没有达到这一地步,那么与养牛业相比经营得法的牧羊业的较高收益,就不能被认为是地租,而应看作是购买良种羊群投资的利息,看作是养羊者勤劳的报酬。

德国自从采用良种羊以后,粗毛羊逐渐被淘汰,在此过程中出现了一些有趣的现象。

三十年前放牧粗毛羊,收益很低,放牧羊群的土地全无地租可得。然而牧养良种羊群,收益很高,甚至种植谷物往往还不如养羊。因此养羊现在成了全部经济围着它转的中心。为了评论经营是否合适，现在首先必须视察羊群，因为羊群的质量决定着：为了获得饲料可以作多少投资。如果是最优的良种羊群，那么喂以谷物饲料也能获得丰厚的报酬，更不用说喂以马铃薯和苜蓿了；一个田庄，由于土地的肥力和位置的原因，在合理经营下本来只能实行轮作休闲制，但是现在改行轮栽作物制仍有利可图。

牧养良种羊收益很高，因此在德国东部几乎全体农民都竞相购买良种羊群。由于羊只繁殖相当迅速，加上从西班牙和法国引进许多梅里诺种羊群，良种羊大大增加；另一方面，几乎所有的牧羊场都允许梅里诺公羊配种，所以，德国东部自三十年以来，优质的细羊毛的增产异常迅速。

起初人们相信，细羊毛过度的增产，羊毛的价格将会很快下跌，因为市场羊毛过剩，价格将跌至不足以抵偿必需的生产费用。

这一担心至今尚未见于事实，其他农产品的价格都曾下跌，唯有细羊毛的价格几乎仍然维持原状，与谷物相比，还上升了许多。生产的增长总是伴随着需求的增长，细羊毛的价格超过运往市场求售的价格，或者说远远超过自然的价格。

然而一种商品或一种产品的价格，怎么会如此长久地超过自然价格呢？生产增长如此迅速，何以总能找到顾客，总是有人消费呢？

我认为主要原因有下列两个：

1. 由于毛织厂机械设备的发明和革新；

2. 由于萨克森培育出新羊种，羊毛的精细质地远远超过西班牙羊种。

在呢绒等毛制品的价格中，织造费用占较大的部分，而原料的

费用或者说羊毛的费用只占较小的部分。织造厂的机械设备已经彻底的改革,呢绒等毛制品的织造费用大大降低,于是产生三种作用:

1. 毛制品的价格下降,

2. 毛制品的消费增长,

3. 毛制品的原料,即羊毛的需求量较大,羊毛的价格就上涨。

如果有相互可以取代的商品可供买者选择,那么买者必定选择功用相同而价格最低的商品。如果呢料价格下跌,而其他衣料价格如旧,那么呢料的消费就会增长,其他衣料的消费就会受到限制。呢料需求的增长又要求供应比以前更多的羊毛,提高羊毛的价格才能鼓励羊毛的生产。由于对呢料的需求不断增长,工厂主也获得了大于平常的利润。于是又要求扩大工厂。至于新发明带来的利益,最初是在买者、工厂主和原料的生产者之间分配。但是,一般说来工厂主可以在短时期内扩大和建立新厂,所以它们能够满足市场对产品的需求,于是这类企业的较高利润便不能再得;原料的增长进展得较慢,所以羊毛生产者的利润维持较久,但是最后,必然会与需求达到平衡,新发明的全部利益最后则归买者或商品的消费者所享受。

萨克森由于谨慎选择羊种,也许还由于气候和当地水土的影响,培育出了一种产毛精细的羊种,即使在西班牙也仅仅偶尔见到,那里还没有大群优良的羊种。

萨克森羊所产的羊毛极细,非常柔软,有“银丝羊”之称,最宜于织造妇女服装用的精美呢料。西班牙羊,即因凡塔多种绵羊,所产的毛还较粗而硬,不能适用。这种精美料子,过去是完全不能用羊毛制成，现在它已部分地将丝织品和棉织品逐出市场，银丝羊毛为自己确立了市场，这一市场也许还能有很大的发展。

由于银丝毛被用来织造以往完全不曾见过的衣料，所以这种羊毛的生产不能取代别种羊毛，总的说来，羊毛的生产还能显著地增长，没有马上出现过剩。

过去几年，德国东部大部分地区很重视产毛丰富的因凡塔多羊，这种羊有产毛量多，质地较细等优点，被认为是模范理想的羊种，德国北部的农民不惜耗费重金采购这种羊群。

现在不少人又后悔失策①，因为现在人们把毛质最细软的银丝毛羊视为理想的羊，视为利用土地放牧得益最多的羊。

但是这究竟是否算失策？有没有一种绝对完善的羊？有没有一种任何时候都最合需求的羊毛，或者说有没有产这种羊毛的、总是得益最多的羊？或者说理想是否随牧羊业发展而变化的？

厚毛的因凡塔多羊与本地的粗毛羊产毛量相等。所以淘汰本地羊种改养因凡塔多羊，或者精选育种，使本地羊产毛的质地达到因凡塔多羊同样细软的程度，所制的毛线量不至于减少，这样，在羊毛价值不断增长的情况下，报酬也能提高。

然而大家知道，羊毛最为精细和羊毛产量最为丰富，两者不可兼得，追求羊毛的精细超过一定程度，必须付出羊毛产量为代价。

几年前，如果说因凡塔多种细羊毛的价格每磅为 1 塔勒，如果这种羊每头可产毛 3 磅，则每头羊产毛的收入为 3 塔勒。反之，银

① 请读者们注意，本文系 1825 年所写，自那时以后，风气又有变化，人们重又倾向于产中等细软毛的羊种。

丝毛羊，产毛为 $1\frac{3}{4}$ 磅，每磅 $1\frac{1}{2}$ 塔勒，总计为 $2\frac{5}{8}$ 塔勒，亦即是比因凡塔多羊少收益 3/8 塔勒，所以人们偏爱因凡塔多羊，而不是银丝毛羊，是有道理的。

细毛的生产由于下列两个原因增长很快：一、细毛的生产比最细毛的生产获益较多；二、本地羊种经改良以后，细毛的生产，而不是最细毛，大大增加。结果是细毛充斥市场，细毛的价格下降，而最细毛的价格几乎不变。例如细毛每磅为 36 先令，那么每头因凡塔多羊的收益为 $2\frac{1}{4}$ 塔勒，但银丝毛羊则仍为 $2\frac{5}{8}$ 塔勒。

所以现在人们偏爱银丝毛羊而不是因凡塔多羊，也是有道理的。但是，大家热衷于生产银丝毛，几年之内产量必定大增，银丝毛也将充斥市场，银丝毛的价格就将下降，那时人们又将重新选择别的目标。

最细羊毛的价格既然下跌，它的制成品的价格也就下跌，因此这种制成品就不再是奢侈品了。富人所偏爱的是那些价格昂贵、平民被排斥于消费之外的衣料，现在精美的毛制品正由于价格便宜，重又不合时尚，于是丝织品和棉织品又取代了它。

幸而羊毛生产者还能继续提高羊毛的精细程度，即在产毛最精细的羊种里还有个别产毛极为精细羊只，但是人们并不打算繁殖这些羊只，因为这些羊只产毛量极少，迄今为止不能给生产者带来收益。

然而，一旦最细羊毛的产量达到丰富的程度，那么极细羊毛的价格将大大上升，以致这些迄今不受重视的最优羊只被挑选出来，作为种羊加以繁殖，也有利可图。产极细羊毛的羊只，每头仅产毛 1 至 $1\frac{1}{2}$ 磅，因而它的生产费用非常之高，用这种羊毛生产的成品也非常之贵，于是这些商品成了富人们的奢侈品。

也许以后有一天用羊毛织造出亚麻不能与之相比的产品，亚麻是制造粗麻布和最精美的布鲁塞尔花边的原料。

然而，最后当极细羊毛的产量达到丰富的程度，供求达到平衡，这时极细羊毛的生产缩减和扩大都无利可图，生产进入稳定状态，现在试问，羊毛的价格和不同种类的羊毛应根据哪些法则确定？

我们必须将这一问题同另一问题——羊毛的生产应在孤立国的哪一地方？——联系起来看。

当生产的稳定状态出现时，我们前面讲过决定其他产品价格的法则，对羊毛也完全适用。

第十九节所述的公式作进一步的发展，可得下列的结果：

1. 两种产品，按重量计算，等同面积获得等同的产量，要求生产费用较高的产品，应在离城最远的地方生产；

2. 如果生产费用相等，按重量计算，等同面积获得较少产量的产品，应在另一种产品的后面，即在离城更远的地方生产。

黄油的生产费用与羊毛的生产费用相比，如重量相等，例如都为一满车，前者费用较低；等同的面积所生产的黄油远多于羊毛。所以在孤立国中养乳牛业应设在离城较近的地方，而牧羊业应设在离城较远的地方。

细毛羊产毛少于粗毛羊，却要求较精的饲料，较周到的照料。由于用于牧羊的等量土地所生产的细毛少于粗毛，又由于等量细毛的生产费用大于粗毛，所以，如果没有其他情况的影响，细毛羊应在粗毛羊的外边放牧，亦即是在离城较远的地方。

此外，由于远处的地租比近处的地租低，所以可以得出结论，牧养粗毛羊比牧养细毛羊，所交的地租高，亦即是得益多，尽管细毛的价格由于生产费用较大总是比粗毛价格高。

我在这里必须再次声明，上述结论应当有两个前提条件：

1. 牧羊人具有同等的智力和知识，

2. 细毛羊的数量多到可以用与粗毛羊相等的育养费用购买得到。

如果不具备这两个前提条件，上述结论则不能适用。

我们实际上离这两个前提情况还很远，但不能否认，随着牧养技术的进步，总在接近这种情况，这种倾向体现在大家普遍在作提高牧养技术的努力之中，随着时间的推延，总将逐渐到达目标。

实际上我们的牧羊业还处在过渡阶段，在孤立国中我们假设过渡已经完成，只考察最后的不受时限的成果。

上文我曾经说过，“如果没有其他情况的影响”，所以这么说，是因为细毛羊在畜牧圈境和三区农作制圈境中从未垦殖过的、类似草原的牧场牧养，就会发生退化，重又变为粗毛羊。因此，生产细毛必须在轮作休闲制圈境内较远的地带进行，必须从黄油生产的土地中，抽出生产市场所需细毛所必备的土地，用以养羊。这样，生产细毛的羊场比生产粗毛的羊场所付的地租要高，亦即是收益较高；然而在轮作休闲制圈境靠近城市的一边，总以畜养乳牛较为有利，收益较高，是生产最细羊毛的羊场所不能相比的。

试问，羊群所得饲料和牧场的数量和质量，对羊毛的质量和粗细程度是否有影响，这个问题，在我们考察养羊业的努力最终所获的成果时，就显得极为重要。例如我们发现生产最优质量的羊毛只限于某些地方，或某几个田庄，那么这些地方或这些田庄，就像生产最美葡萄酒的葡萄园圃，总是须付高额的地租，因为这种羊毛的生产不能任意增长。

虽然我们以上的研究已经得出结论，一旦细毛羊群已不稀有，羊毛的供求已经平衡，那么产细毛的羊场的收益则不如饲养乳牛，也许还不如产粗毛的羊场，然而仍有种种理由不允许我们忽视进一步为改良羊群而努力。

（一）现在牧养细毛羊得益较高，这仅仅是过渡时期的现象，一旦进入稳定状态，这种现象便终止，然而经验告诉我们，这种过渡将经历一个很长的时期。萨克森享受这一过渡的果实已有 60 年，德国东部其他地区享受这一果实大约也有 30 年，到过渡完全结束，很可能还有 30 年之久。[①] 因为一方面随着羊毛价格的下跌，羊毛制品的消费一直在增长，亦即是对细毛的需求还在上升，即使生产在不断增长还不能很快得到满足；另一方面，历来在配种改良羊群方面犯有很多错误，而错误还不能避免，产上等细羊毛的羊只的数量增长得非常缓慢。

（二）即使德国东部也几乎不能生产如此多的细毛，多到致使细毛的价格一直降到自然价格。确切地说，只有在波兰、俄国、匈牙利、澳大利亚等国大量牧养细毛羊并取得成效以后，才有可能。上述各国与欧洲市场的关系，犹如畜牧圈境对孤立国的关系。我

① 这是我 1825 年所作的揣测，至今并未实现。因为，虽然细毛的以及特别是中细毛的平均价格，在 1825 年以后的时期中，仍然超过生产价格，然而在近几年中，细毛的价格下跌很多，如果这种情况持续不变，那么现在在较好的土地上——至少在梅克伦堡——饲养奶牛就比牧养细毛羊更为有利。

们推测，细毛羊放牧于原野的草地和三区农作制的永久牧场，就会退化，如果这一论点能成立的话，那么德国东部细毛的生产还能长期保持优势地位，因为细毛羊群有效地迁移到上述各国只能缓慢地进行，因为这一点同改进土地的耕作，同采用轮作休闲制以代替三区农作制有关联。然而，经过一段较长时期以后，一旦这些国家的耕作得到改进，由于那里的地租比我们德国东部低，因此那里牧养细毛羊将比我们这里获利要多。

但是，过渡到这种情况是缓慢实现的，在细毛价格降至自然价格以前，在西欧较富的、耕作发达的国家，例如法国，牧养细毛羊早已无利可图。所以东欧国家细毛羊的增加是与西欧各国细毛羊的减少有关，因此这一过渡时期必定会延续很久。

（三）即使上述种种情况都不是如此，即使羊毛价格现在已经跌至如全欧实行自由贸易可以称之为自然价格，然而我们目前还处在封锁制度之下，不得不自己生产细毛。

伦敦这一世界市场对于我们一切其他农产品都是封锁的，唯独羊毛是开放的。由于这一封锁，原先各国间存在的一切联系都已中断；自由贸易时规定谷物价格的法则，完全失效；每个国家已形成各自为政的孤立国。

由于封锁，西方各国已迫使谷物离开自然价格而上涨许多，而东欧原来的谷物输出国，谷物的价格已不自然地下跌。伦敦世界市场，原先调节着我们所有农产品的价格，现在不再决定我们的谷物价格，但是还决定着羊毛的价格。现在伦敦的小麦价格为波罗的海各港价格的三倍，伦敦羊毛的价格，仅仅高于我们一个运费的金额；我们的谷物、肉类、黄油的价格惨跌不已，唯有羊毛的价格仍然受世界自由贸易的调节。

我们这里养羊比养牛、养马获利优厚，真正的原因就在这里。由此可见，我们倾注全力于养羊，不仅我们是被要求，而且是被迫这么做的。

即使在完全自由的贸易制度下，由于运费昂贵，波罗的海各港口的小麦价格也仅为伦敦市场价格的 2/3，最高也仅为 3/4。因此，英国农民种植谷物，即使没有其他优惠待遇，也比我们有利得多，种植谷物在英国必须支付高额地租。英国人种植谷物的这种优势，在羊毛生产中极不重要，因为英国养羊产毛的毛收入，超过别国之数仅仅等于将毛运抵伦敦市场的费用。所以我们可以利用牧场和一定量的饲料养羊，获得与英国人同样多的利益。但是由于种种原因，正如孤立国中畜牧地租在靠近城市地区则为负数，在较远的地区则为正数，我们的纯收益比英国人多得多，因此在自由贸易制度下，英国人是无法同我们竞争的。两国的谷物价格差别越大，英国人养羊产毛的损失就越重，我们养羊获利就越多，因此，这种封锁制度和由此人为造成的谷物价格的昂贵，无疑引起英国养羊业的衰败和我们养羊业的振兴。

（四）改进养羊业还有特殊的诱惑力，因为养羊的规律不如其他农业部门那么清楚，部分地还没有进行研究。如果说牧羊业的收益取决于羊群的质量，那么牧养和改进品种的工作则取决于养羊者本人，决定于他是否经心，观点正确的程度。试问，改进羊群品种所需的知识是否一旦能普及，机械地学习规则或模仿榜样是否就算满足，这些都是非常值得怀疑的。如果办不到，那么那些最先进羊场的收益绝不是全为地租，一部分收益应当作为养羊者的比较正确合理的见解的报酬。

第三十一节 经济作物的种植

上文我们曾经假定，任何田庄的田地可以分为两区，第一区面积较大，依靠自己产肥维持地力不变，第二区的肥料则得自草地，后者的经营规则与前者不同。

本卷第一章论述孤立国的形成及考察各种农作制度的本来面目，那里只研究了第一区的农田，完全未能提及经济作物的种植。

我们设想经济作物的种植在第二区进行，这一假设与前一假设完全不相矛盾。现在我们必须探讨，孤立国城市所需的各种经济作物，应在什么地方生产。

第十九节中曾经说过一个原则，如生产费用相等，承担较高地租的作物，应当在离城市较远的地方种植。现在将这一原则应用到某一作物，人们不禁要问：这一作物所负担的地租怎样才能求得？

在七区轮作休闲制的田庄，谷物一区必定伴以牧场一区，以补充种植谷物所吸收的肥力。为了使问题简单化，我们暂时假定，这里的畜牧区，亦即是牧场区，完全没有地租，也没有亏损，如果真是如此，那么谷物区应负担二区的地租，或者说，按面积计算谷物区应负担双倍的地租。

如果我们将谷物与一种吸收土地肥力很强的经济作物相比，譬如需要牧场二区而不是一区才能补充被吸收的肥力，那么这种作物的种植面积需负担三倍的地租。如果按重量计算的产量相等，吸收肥力最强的作物应负担最高的地租，所以按照上面提及的规律，这一吸收土地肥力最强的作物应在离城市最远的地方生产。

如果这种情况确实存在，如果牧场区的地租等于零，那么当牧场区在城郊地租为负数，在较远的地方则为正数时，情况更是如此，因为吸收肥力强的作物在城郊种植，这种作物不仅必须按种植面积负担三倍的地租，还必须负担这种作物所要求的两个牧场区的损失。反之，这一作物如在离城市较远的地方种植，从三倍的地租中应扣除所附两个牧场区的收益。

与第十九节所述的规律有关，在规定各种经济作物必须遵循的种植次序时，可依据下列原则：

1. 如果生产费用和按重量计算的产量相等，吸收土地肥力最强的作物应在离城市最远的地方种植；

2. 如果产量和吸收土地肥力相等，要求生产费用最贵的作物应在最远的地方生产；

3. 如果吸收土地肥力和生产费用相等，一定面积的土地按重量计算的产量最低的作物应在离城市最远的地方生产。

现在我们将这些原则应用于各种经济作物。但是，关于大多数经济作物吸收土地肥力的程度，农民们众说纷纭，很不一致，似乎数千年来经营农业的经验已经遗忘殆尽。在这种情况下，人们可以把下文我用以表示各种经济作物吸收土地肥力的程度的数字，仅仅看作人们常常用以解释代数公式的数字；然而我必须补充说明，迄今我拿不出更正确的数字来取代它们。

（一）菜籽

梅克伦堡过去有人认为菜籽非常吸收土地肥力，我在本卷第一版中曾附和权威特尔和冯·福格特的观点，认为菜籽非常吸收肥力。当时我对菜籽的产量估计太高，那是由于我经验不足，资料是邻近一个田庄提供的，那里菜籽种植在非常肥沃的小面积土地上，获得异常的成功，这些资料成了我的估计的依据。

那时以后，菜籽的种植在梅克伦堡几乎普及到每个土地较肥的田庄，在一些田庄整片田区都种植菜籽。所以，现在我除了自己长期积累的经验以外，还可以利用在其他田庄上的观察结果，作为下列研究的基础。

种植菜籽在梅克伦堡是许多农民致富的源泉，与施泥灰有关，种植菜籽已经成为提高田庄租金、售价的手段。预计过去未曾种植过菜籽的许多地方将种植菜籽，并能取得类似的成功，所以我认为应在这里详细地讨论这一问题。

菜籽的吸收肥力

梅克伦堡有一个名叫比洛的田庄，它种植作物的次序全不考虑土地的肥力，那里整片田区种植菜籽大约已有三十年历史。这一田庄在经营上未见衰退，反而有所进步。然而，仅仅这一事实不足以说明菜籽吸收肥力很少，因为这一田庄收获干草很丰足，而且还有优质的腐土可以大量肥田。

罗戈已故的"土地专家"波格，曾在田地前边施肥均匀的田亩中间辟出一块土地种菜籽，这条土地直通田地后边的菜籽田，其余的土地都种黑麦，他发现，在种过菜籽的这块土地上种第三茬燕麦，比在第一茬种过黑麦的土地上种燕麦，收成要好。他的儿子J. 波格先生，现在仍在罗戈，为了调查菜籽吸收肥力的情况，他作了自己的试验，我充分信任他的试验周密、精确。他发现，种植燕麦第一在菜籽之后，其次在小麦之后，比第一在小麦之后，其次在大麦之后，在耕作相同的情况下产量要高些。

撇开这些个别的观察不谈，一般地说，在第一次种植菜籽之后种植小麦，长势茂盛不亚于在土地纯粹休闲之后，菜籽吸收的肥力似乎通过这种植物留在农田中的根茬和秋天的落叶大部分得到了补偿。然而我和几个务农人士发觉，在同一地块重复种植菜籽，然后再种小麦，长势远不能与土地休闲以后种小麦相比，也远不如初次种植菜籽以后种小麦的情况，前者直立不倒，后者生长过盛而倒伏。根据这一情况似乎可以推论，菜籽优先选择一种特殊物质，也许是钾，作为自己的营养，如果土地中这种物质含量充足的话。但是，一旦土中这种物质的贮存被耗尽以后，就要争夺肥料中的其他成分。

综观至今所获的全部经验和所作的考察，我有几分把握敢于推论，如在同一地块，每隔不少于 12—14 年再种菜籽，菜籽吸收肥力与黑麦吸收肥力相比，为 2∶3，所以在肥沃相等的土地，种植菜籽一区所消耗的肥料，等于黑麦一区所消耗的 2/3。

菜 籽 的 产 量

1830—1840 年期间，特洛田庄种植菜籽的规模并不大，但是比以前有较大的发展，菜籽的平均产量每 100 平方丈为 7.1 柏林斗。

种植菜籽的土地的收益能力，如果种黑麦（撇开黑麦因土地太肥而发生倒伏这种情况不谈），我估计每 100 平方丈可收 12 斗。

我从别处地力相似的田庄获得的关于菜籽平均产量的记载，与上述的产量数字相当一致，总之我敢假定，菜籽的平均产量，按容积计算，与黑麦的平均产量相比，为 6∶10，在 100 平方丈黑麦产量为 12 斗的土地，菜籽的产量则为 12×6/10＝7.2 斗。

前一些年，每 100 平方丈菜籽的产量比现在远远为多，在 1820—1830 年期间，特洛田庄的产量为 9.72 斗。产量的减少部分原因是，小面积种植，菜籽田的选择可以做到较为谨慎，大面积就办不到了；但主要地还是菜籽的害虫滋生，亮壳虫咬食花朵，象鼻虫穿啮荚果。这些甲虫在开始种植菜籽时为数不多，人们几乎并不介意，然而，随着菜籽种植的推广，害虫也日益增多，近三年虫害甚至严重到部分菜籽田须重新耕种的程度。

此外，在第一次种植菜籽的地块第二次再种，产量就会减低，即使土地的肥力不变，也是如此，如复种其他作物，产量并不减少。虽然这一点并没有被所有的务农者所承认，有几种土地，菜籽减产较慢，到以后才被察觉，虽然可以用几种腐土肥田以免减产；但是上述的话，根据普遍的观察及数百年来本国种植菜籽的经验，证明并没有失效。

根据上文的假定，菜籽一熟吸收土地的肥力的程度等于黑麦的 2/3，那么收获菜籽 7.2 斗，消耗的肥力为 12°×2/3＝8°，每斗菜籽吸收肥力为 1.11°。

菜籽应担负的地租的计算

黑麦收成 12 斗耗费肥力 12°，菜籽收成 7.2 斗耗费肥力 8°。

黑麦 12 斗提供的麦秸为 190×12＝2,280 磅，由此化为肥料

2,280/870=2.62 车，这些肥料给土地补充 3.2°×2.62=8.38°肥力。黑麦吸收的肥力在减去这一补充之数之后，实际消耗为 12°－8.38°=3.62°。

菜籽茎秆的收获量，我以 1838 年平均收成每 100 平方丈为 1,200 磅估算。这些茎秆可化为肥料 1,200/870=1.38 车，补充 3.2°×1.38=4.42°肥力。菜籽吸收的肥力减去补充之数，即 8°－4.42°=3.58°。

虽然菜籽消耗土地的肥力远比黑麦少，但是由于茎秆收获量少，菜籽需要补充的肥料与黑麦几乎完全相等。如果说黑麦田一区为补足所吸取的肥力，需牧场一区提供肥料，那么菜籽田一区几乎也需配以牧场一区，才能保持土地肥力的平衡。

所以，菜籽田一区所担负的地租与黑麦田一区相等。

如果我们将地租分摊到所收获的总斗数，请看下列计算，那么 7.2 斗菜籽必须担负的地租与 12 斗黑麦所担负的相等，亦即是每斗菜籽所负担的地租为每斗黑麦的 $1\frac{2}{3}$ 倍。

菜籽和黑麦的生产费用的比较

1. 黑麦

农田一区，面积 10,000 平方丈，收获 1,200 斗，需要生产费用如下：

	新塔勒	新塔勒
耕作费用	274.5	——
播种费用	145.7	——
包括脱粒在内的收获费用	——	190.3

补充肥力的运肥费用……………	——	70.8
经常费用(为毛收益的 26.6%)	——	382
	420.2	643.1
	1,063.3	

根据以上计算,1,200 斗黑麦的生产费用为 1,063.3 新塔勒。每斗黑麦平均为 0.886 新塔勒。

2. 菜籽

农田一区,面积 10,000 平方丈,收获 720 斗,需要生产费用如下:

	新塔勒	新塔勒
耕作费用为 $274.5\times1\frac{1}{8}$=	308.8	——
播种费用………………………	15	——
收获费用………………………	——	206.9
运肥费用为 70.8×2/3=……	——	47.2
经常费用………………………	——	325.3
	323.8	579.4

720 斗菜籽的生产费用为…………………903.2

每斗菜籽平均为 1.254 新塔勒。

所以,黑麦和菜籽的生产费用之间的比例为 0.886∶1.254=100∶141.4。

上列计算的说明

翻耕休闲地以种菜籽,耕作必须更加仔细,在更短的时间里完成,有时要求比种黑麦多辟一畦,菜籽的播种正在谷物收获的繁忙季节。因此我假定翻耕休闲地种菜籽比种黑麦多花费用1/8。

菜籽的收获费用,我根据1838年特洛田庄种植菜籽的平均产量计算而得。

如果菜籽的平均价格,正如我所假定的那样,为黑麦价格的$1\frac{2}{3}$倍,那么菜籽收成的价值相当于黑麦收成的价值。经常费用是同毛收益成比例的,因此菜籽田一区与黑麦田一区应该都需要382新塔勒。但是,由于菜籽不像黑麦需要仓库,所以应减去56.7新塔勒,剩余为325.3新塔勒。

菜 籽 的 运 费

菜籽每斗的重量几乎与黑麦相等,所以两者的运费可以同等计算。但是,菜籽的运送的时间一般是在收获之后,不同于黑麦是在冬季,在农忙季节驾车离开田庄常常会延误别项重要工作,因此我估算菜籽的运费比黑麦的运费贵20%。[①]

现在试问,孤立国各地所产的菜籽可以供给城市的价格应为多少?何地种植菜籽纯收益最高?

我们已经知道,菜籽和黑麦的生产费用、地租和运输费用的情况,我们便可以应用第十七节*所列的计算孤立国各地黑麦价格的公式,解答这里提出的问题。

一车满载的菜籽为28.6斗,离城市x英里处,

① 菜籽在收获以后,一般立即运市出售,虽然这种习惯似乎与菜籽的种植并无必然的联系,但是我在根据实际所作的计算中,不愿对个别情况作退一步的假设。

* 应为第十九节。——译者

生产费用

$$\frac{5,975-93.2x}{182+x}\times 1.414=\frac{8,449-131.8x}{182+x},$$

地　　租

$$\frac{1,838-64.2x}{182+x}\times 1\tfrac{2}{3}=\frac{3,063-107x}{182+x},$$

运输费用

$$\frac{199.5x}{182+x}\times 1.2=\frac{239.4x}{182+x}。$$

总计费用为$\frac{11,512+0.6x}{182+x}$。

因此	每车价格	每斗价格
如果$x=0$英里	63.3 塔勒	2.21 塔勒
$x=10$英里	60.0 塔勒	2.10 塔勒
$x=20$英里	57.0 塔勒	2.00 塔勒
$x=30$英里	54.1 塔勒	1.90 塔勒①

如果黑麦每斗的价格为 1.5 塔勒，那么每斗菜籽在离城 30 英里处价格为 1.9 塔勒，但是在城市附近必须以 2.21 塔勒供应城市。

---

① 如果菜籽的运费不高于黑麦的运费，那么供给价格，每车$=\frac{11,512-39.3x}{182+x}$；

如果$x=0$英里，则为 63.3 塔勒，
$x=10$英里，则为 58.0 塔勒，
$x=20$英里，则为 53.1 塔勒，
$x=30$英里，则为 48.8 塔勒。

由于远地所产的菜籽可以满足城市的需要，所以近郊菜籽的价格也必须降至 1.9 塔勒。于是城郊种植菜籽就会亏损，因此必须终止。

实际上由此可以得出结论，在自由贸易的情况下，富国在菜籽的种植上，即使土地肥力相等也不能与穷国竞争，菜籽宜于在谷物价格和地租低廉的国家种植，在那里获益比种植谷物优厚。

所以英国不宜于种植菜籽，比利时和荷兰的高地[①]也是如此，反之，那里的低地，由于土地异常肥沃种植菜籽得益超过这里考虑到的损失。

如果我们立即得出结论说，凡是土地和谷物的价值低贱的地方种植菜籽必定比种植谷物更有利可图，那是不对的，因为这是有条件的，那里的土地必须足够肥沃，菜籽能够繁茂生长。因为经验告诉我们，种于贫瘠土地的菜籽对于有害气候的影响和虫害的抵抗能力，也远不如种于肥沃土地生长繁茂的菜籽。如果菜籽种于肥沃的土地，产量为黑麦的 6/10，那么种于贫瘠的土地几乎只及黑麦产量的一半。因此菜籽就不再是有利的作物了。

上面计算所依据的数字都取自实际，所以似乎可以将求得的菜籽的生产价格与菜籽现在的平均价格作比较，必须直接由此得出结果才能知道，这里种植菜籽是否有利。

诚然，上列计算为解答这一问题提供了钥匙，然而要判断这里提出的问题，还须注意下列几点：

① 由于地租低廉的土地所生产的菜籽，现在还不能满足需要，所以菜籽的价格就上涨，涨到富国高地租的土地也能生产菜籽，这说明，为什么土地价值低贱的国家种植菜籽有厚利可图。

1. 我们在研究孤立国的经济作物时是以这样的地点为条件的，那里从事畜牧业地租恰好等于零。所以在上面的计算中干草一项只算肥料的价值，而没有算饲料的价值。实际上干草的价值，无论是菜籽的茎秆还是麦秸的价值，都应计入收获的价值之内。

2. 菜籽生长有些年遇到严寒，或者受到严重的虫害，以致必须重新耕播。补种的作物几乎总达不到中等的收成，此外，还须支付第二次耕播的费用。在孤立国中，曾假定土地和气候到处相同，生产费用如有这类的增加，则一切田地都有同样的支出；在孤立国中，从菜籽能供应市场的价格的情况中，可以推知什么地方种植菜籽有利可图，所以对于这一点可以不必予以注意。但是在这里，如果菜籽的价格是已知的，如果是从菜籽售价与生产价格的比较中估算种植菜籽是否有利，那么这一环节必须予以注意。

3. 菜籽对于小麦是一种良好的前茬作物，所以，把菜籽列入轮作作物不会妨碍冬播作物，而仅仅会妨碍一种收益较少的夏种作物，但是对于农业的纯收益能起有益的作用。这项收益的大小，可以从种植菜籽以后的一茬作物同不是种植菜籽以后的一茬作物的纯收益相比中求得。

上述三点几乎不能归纳于一个公式之内，任何人都必须根据自己所处的地点和情况，研究解决这些问题。

“在一块土地上种植菜籽是否有利可图？”小小的昆虫界对这个问题的回答具有重大的影响。

梅克伦堡现在受虫害很严重，因此菜籽的平均产量至少比以前下降 20%，如果没有虫患，每 100 平方丈的平均产量应为 9 斗，而不是7.2斗。

作物产量7.2斗和9斗的差别造成货币纯收益的巨大出入，使虫害较轻的外地生产菜籽能够获得比梅克伦堡更多的利益，虽然那些地方就其原来的条件说并不很适宜于种植菜籽。

大自然允许甲虫繁殖大大超过菜籽地的扩张速度，似乎迫使菜籽成为一种流动作物。

如果波罗的海以南各地属于一个庄园主，那么这个庄园主根据自己的利益觉得应改种菜籽，一旦一地的菜籽发生严重的虫害，他将放弃该地，而去遥远的别地种植菜籽。在甲虫因缺乏食料死绝以后，再回来种植。

种植菜籽过去仅对个别大地主有利，现在全体地主都有利可图。但是，由于土地所有权是零星分散的，地主的意志又不统一，不能采取上述的行动，国家立法不会侵犯土地所有权，不可能予以干涉，所以，使大众蒙受很大损失的虫患长期存在。

居住在外地的田庄主，如果那里的土地很适宜种菜籽，而现在还没有种植的话，可以吸取一个重要的教训：

> 在引进菜籽种植时，开始就应大规模经营，当适宜于菜籽生长的土地收获过一茬菜籽以后，就应完全停止再种，至少须隔较长一段时间。

但是，除了低地，种植菜籽几乎到处必须先施泥灰肥田，这样菜籽才能生长茂盛，获得好收成。

如果说种植菜籽所获的利润推动了施用泥灰肥田法，那么东欧耕作落后的各国自从种植菜籽以后，财富便增长起来，耕作也取得了进步，由于采用了合理的方法，这种现象就不是暂时的了，而是长期的了。

大规模种植菜籽，或者说田庄面积的大部分用以种植菜籽，虽然由于雇工或菜籽收获季节耽误了其他重要的农活，菜籽的生产费用比小规模的种植要高；虽然由于大面积播种，同时选用了次等的土地，所以产量也较低；然而，将菜籽种于从未种过这种作物的土地，能免遭虫害，获利还是非常优厚，完全能抵偿种种不足而有余。

梅克伦堡有一些明智的田庄主，采用了这一原则，将整片整片田庄种以菜籽，获得了巨大的收益。

然而，在大规模种植菜籽所具有的一切有利条件消失以后，如果不限制菜籽的种植，继续以同样的规模经营，那么以前努力所获的厚利必将逐渐丧失。

（二）烟草

如果将烟草的秆茎像黑麦的麦秸一样，留在农田，那么烟草吸收土地肥力的程度几乎与黑麦相等。按重量计算，两种作物的产量也没有重大的差别。但是，烟草的生产费用高得多，因此烟草的生产应在谷物生产的外边，或在畜牧圈境之内。

（三）菊苣*

这一作物的生产费用和吸收土地肥力的情况，我不很清楚，但是，根的产量很大，每车根分摊到的地租很少，生产费用也不高；所

* 菊苣(Zichorie)，菊苣属的植物，根可充作咖啡。——译者

以这一作物应在城郊生产。

（四）苜蓿种子

苜蓿种子的生产费用很高，因为种子脱壳的工作很繁重。苜蓿吸收土地肥力似不很多，用割下的苜蓿茎秆肥田，大概足以补偿肥力的损耗。然而，一定土地面积的产量很小，所以苜蓿种子一车分摊到的地租不在少数。由于这个原因，苜蓿种子宜在轮作休闲制圈境中较远的地带进行生产，这一圈境中靠近城市的一边，购买苜蓿种子比自己生产有利。

（五）亚麻

亚麻的收成按一定土地面积和重量计算，约为黑麦的四分之一，或者说，亚麻的产量与黑麦的产量为1与4之比。

如果亚麻一熟吸收的土地肥力恰好等于大麦，如果在实行轮作休闲制的、肥力等于大麦田区的土地种植亚麻，那么为了补偿一个亚麻田区所损耗的肥力，需要配以两个（确切的数字为2.07）牧场区；而种植大麦，除了麦秸补偿部分损耗的肥力以外，配以一个牧场区就足够了。

如果从亚麻的种植费用中扣除所收获的亚麻子的价值，根据我的计算，亚麻的生产费用与黑麦相比为1352∶182，或者说7.5∶1。

种种条件，其中只要具备一个条件，就足以使某种作物退居于种植谷物位置的后面，而亚麻都具备，所以亚麻的种植位置不仅在谷物的外边，而且还在烟草和菜籽的外边。

可列举的经济作物还有不少，因为我对于部分这些作物的种植毫无经验,部分是经验不足,所以不再续谈了。

由上述可知,多数经济作物不能在城郊种植,而只能在畜牧圈境种植。这一圈境,如果仅仅从事畜牧,则居民一定寥寥无几,现在兴办了烧酒业,种植了经济作物,谋生来源和居民大大增长。特别是种植亚麻能使大量人就业,获得生计。根据我的计算,一个短工家庭,如夏天种植亚麻,冬天纺织麻布,拥有300平方丈的良田,即使还须支付25塔勒的地租,也足够维持生活了。例如,东佛兰德省*,除根特*以外没有别的大城市,每平方英里可维持12,000人的生计,显然是由于广泛种植亚麻的缘故。

畜牧圈境的前部呈现出一幅有意思景象,那里耕作相当不错,却很少有地租或几乎完全没有地租。因为那里生产的作物的价格不能高到可以支付可观数量的地租,否则这一辽阔圈境的靠外边的部分,将种植这些运费很低廉的作物,于是这些作物的价格就会下降。所以,这一地带的全部收入几乎仅仅包括资本的利润和劳动工资两项。

第五节曾经说过,土地收益为10斗,黑麦每斗的生产费用为0.437塔勒,土地收益为5斗,每斗的生产费用为1.358塔勒,所以在肥沃土地上生产谷物比在贫瘠土地上生产,费用低廉得多。种植经济作物的情况与谷物类似,而且在程度上远远超过它。大多数经济作物都要求农田精耕细作,例如耪锄、培土、拔草等许多

* 在今天比利时。——译者

工作，这些工作与土地的耕种面积成正比，而不与作物的收获量成正比，肥沃的土地收成较好，生产费用却低，贫瘠的土地收成较差，生产费用却高，这些作物几乎只能种在对谷物生长可能要发生倒伏的过肥的土地上，才能获利。

如果我们观察一下经济作物种植的实际情况，就会发现，实际的土地不像孤立国那样，肥力是相等的，通常我们发现，在农业发达的国家，土地肥沃与谷物价格较高是联系在一起的；反之，在农业落后的国家，谷物价格低贱，土地一般也不肥沃。

如果我们提问："在自由贸易的条件下，在什么地方种植经济作物最为有利"，那么情况是，土地贫瘠的地方有工资和地租低廉的优越性，土地肥沃的地方有肥力丰厚的优越性。但是对种植经济作物，肥沃土地的优越性非常重要，往往不仅能抵偿土地贫瘠地方所节约的工资和地租，而且还有剩余。

我们看到，富裕的国家大面积种植经济作物，不仅为了供自己的需要，而且为了向其他国家输出，除了人民比较勤劳，种植这些经济作物的知识比较丰富以外，真正的原因却是上述这一点。我们还发现，种植亚麻本应属于东欧农业不发达地区的事，但现在成了欧洲的园圃东佛兰德的主要农作。但是，一旦波罗的海各国土地的肥力达到较高的程度——要达到这一点，农民也是办得到的——，那么佛兰德这一农作部门不可避免将会衰落。如果荷兰政府继续对粮食进口征以重税，加大两地谷物价格的差别，那么这种衰落则更会加速，更会促进这种衰落。

英国虽然工资和地租高昂，但仍不放弃种植经济作物，并且为这些经济作物设立进口税加以保护。英国由于实施谷物法，谷物价格的差距很大，英国人现在已经发现，向我们购买肥料（骨肥、菜籽饼等）比购买谷物有利。如果英国的谷物法保持不变，那么当地的农民将很快发现，他们那里的肥料太贵了，不能用以培植这些往往非常吸肥的经济作物，他们不得不让谷物价格便宜的国家去种植经济作物，并允许这些作物进口。①

第三十二节　孤立国各地所生产的亚麻和麻布，可以什么价格运往城市出售？

根据上文所述关于种植亚麻的资料，亚麻田一区所吸收的肥力，需牧场二区予以补偿。所以农田 3,000 平方丈，如果要保持土地肥力不变，只有 1,000 平方丈可以种植亚麻；而种植谷物，如维持土地肥力不变，则有 1,500 平方丈可利用。

在牧场地租等于零的地方，由于这一原因，亚麻田一区的地租应为谷物田一区的 1.5 倍。由于大小相等的土地，产量按重量计算，亚麻仅为黑麦的 1/4，所以亚麻一车 2,400 磅所分摊的地租等于黑麦一车的 6 倍。

然而，近郊牧场的地租为负数，在较远处则为正数，因此，近郊种植亚麻所担负的地租多于 6 倍，远处所生产的亚麻所担负的则少于 6 倍。根据上面的研究，我们还不能用数字说明由此产生的差别。我们只能称孤立国亚麻的地租为谷物的 6 倍。但是，我们的计算数字对城郊所生产的亚麻的价格来说太低，对远地所生产

① 自那时以后，菜籽进口已废除重税。

的亚麻的价格来说太高。

如果我们将亚麻与谷物相比，假定亚麻的生产费用为 7.5，地租为 6，那么一车亚麻 2,400 磅所需的各项费用如下：

生产费用……………………$\frac{44,812-699x}{182+x}$，

运输费用……………………$\frac{199.5x}{182+x}$，

地　　租……………………$\frac{11,028-385x}{182+x}$，

总　　计$\frac{55,840-884.5x}{182+x}$。

如果	每车价格	每磅价格
$x=0$ 英里	304 塔勒*	6.1 先令
$x=10$ 英里	245 塔勒	4.9 先令
$x=28$ 英里	148 塔勒	3.0 先令

由此可见，亚麻每磅在离城市 28 英里处可比近郊便宜 3.1 先令，或者说约便宜 50%。

必须注意，所有这些计算，都以轮作休闲制的地租为准。如以自由农作的地租为基础，那么城郊生产亚麻更要贵得多。

用亚麻织造麻布，根据我所获得的记录，亚麻 2,400 磅的纺织费用和织成麻布后的漂白费用，总计为 413 塔勒。如果将这一数字与特洛田庄生产一车黑麦的费用 18.2 塔勒相比，就可得出，一

* 应为 306.81 塔勒。——译者

车亚麻织成麻布，或者说麻布的织造费用与黑麦的生产费用之比为 22.7∶1。

麻布的织造费用可以用货币表示，但并不到处是一致的，而是随着劳动和谷物的货币价格变动而变动。所以计算孤立国各地麻布的织造费用，必须依据一个普遍有效的公式表示，我们可以将上述的比例代入这一公式之中。

亦即是，将第十九节所述的黑麦一车的生产费用，乘以 22.7，所得的结果为亚麻 2,400 磅织成麻布的生产费用：

$$\left(\frac{5,975-93.2x}{182+x}\right)22.7=\frac{135,632-2,116x}{182+x}\text{塔勒。}$$

根据这一计算，生产费用如下：

	每车	每磅
如果 $x=0$ 英里	745 塔勒	14.9 先令
$x=10$ 英里	596 塔勒	11.9 先令
$x=28$ 英里	363 塔勒	7.3 先令。

从我们研究的全部过程可以知道，我曾假定孤立国各地工人所得的实际工资或工人可以用以购买生活必需品的总数，都是相等的。然而，因为谷物和其他生活必需品的价格不一，所以劳动的货币价格也很不相同。由于货币工资有差别，麻布的织造费用也很有差别，在近郊处将 2,400 磅亚麻织成麻布需费 745 塔勒，离城 28 英里处则只需 363 塔勒，亦即是还不到前者的一半。

将亚麻织造成经漂白的麻布，损失重量大约为 25%；或者说，麻布的重量比用以制造的原料亚麻轻 25%。

亚麻一车的运费为$\frac{199.5x}{182+x}$塔勒。用这车亚麻织造成麻布进行运送,费用可省四分之一,亦即是$\frac{149.6x}{182+x}$塔勒。

如果我们想确定,孤立国各地供应城麻布的价格,那么我们必须将亚麻的种植费用和麻布的织造费用合计在一起。

亚麻 2,400 磅

生产费用……………………$\frac{44,812-699x}{182+x}$

地租……………………………$\frac{11,028-385x}{182+x}$

麻布的织造费用………………$\frac{135,632-2,116x}{182+x}$

麻布的运输费用…………………$\frac{149.6x}{182+x}$

总计$\frac{191,472-3,050.4x}{182+x}$

	2,400 磅亚麻织造成麻布的价格	每磅亚麻织造成麻布的价格
$x-$ 0 英里	1052 塔勒	21.0 先令
$x=10$ 英里	838 塔勒	16.8 先令
$x=28$ 英里	505 塔勒	10.1 先令

由此可见,如果亚麻的种植和麻布织造必须在城郊进行,那么城市居民购买麻布必将比购买离城 28 英里处所生产的多支付一倍多的货币。

我们曾经使用确定农产品价格的公式求得麻布的织造费用和

出售的价格，我们自然又会提问，是否可能确定何地经营各种工厂最为有利，何地能以最低廉的产品供应市场。

只要掌握工厂的秘密及各行各业的非常完善的知识，以致能知道每一行业一定量产品所分摊到的投资额、工资额、工业利润额，那么必能绘制出这样一张表来。

这张表将告诉我们，并非所有的工厂、工场都应集中在首都，而是大部分工厂、工场应设在原料最廉价的地方，由此可见，孤立国不应仅有一个大城市，而且还应有许多较小的城市。

这一点与本书最初的假设是矛盾的，但是我们最初需要这样假设，是为了简化研究。后来在第二十八节我们又说，小城市对于规定农产品的价格不产生影响，农产品的价格完全取决于首都。但是，中央城市总应当是首要的市场，一切农产品在这里价格最高。下列三点足以说明出现这种现象的原因：1. 首都在平原的中心；2. 首都是政府的所在地；3. 所有的厂矿都在首都附近。

工厂应设于何处最符合实际需要呢？研究这一问题似应接受两种观点，这两种观点在讨论农产品价格规定时并未提及过：

1. 在实际生活中我们发现，一切富国的利率都比穷国的低得多，不论这种情况是否符合事物本性，或是否是各国自行为政的结果，这里姑且不谈。现在有许多工厂和工场，资本投资的利息占年支出的主要部分，工资和购买原料的支出只占次要部分。这种工厂必定经营于富国，虽然那里原料和工资比穷国高得多。所以在作这种研究时，有必要把商品的价格分为三个部分，即工资、利润和地租。

2. 工厂在某一地点所能达到的范围和扩大的程度，取决于市场和销售量的大小。劳动的分工和机器代替人工的程度又以企业的大小为转移。亚当·斯密令人信服地说过，这一点对商品能供应市场的价格具有最重大的影响。

由于这两个原因，许多工厂本来似应设在穷国，因为那里出产原料，然而设在富国却更为有利，穷国可以从富国购买这些商品，这比穷国自己生产更为便宜。

第三十三节　论自由贸易的限制

如果政府使用权力规定，亚麻的种植和麻布的织造必须移往城郊，试问这对孤立国的民生有什么影响？

为了设想上述情况可能出现，我们必须假定孤立国已分裂成两个国家。

为了能研究孤立国分成两个国家的结局，我们想设立下面几个前提条件：

1. 中央城市四周有一圈境，半径为 15 英里，自成为 A 国；

2. 平原的其余部分，幅员如我们前面所述，构成为 B 国，与 A 国相反，我们称 B 国为穷国；

3. 两国都只考虑自己的利益，甚至为了达到自己的利益不惜牺牲邻国的利益。

现在假定，富国 A 禁止亚麻和麻布进口，为防止货币外流，并鼓励自己的百姓生产亚麻和麻布，试问，这么做对于 1. 禁止进口的富国 A 有什么影响？ 2. 对穷国 B 有什么影响？

为了尽可能简化对这一问题的回答，我们姑且假定，两国在其他一切方面都完全实行自由贸易。

A国在禁止麻品进口以后，亚麻的生产和麻布的织造必将在边境上进行。然而，这里的地租已经很可观，由于谷物价格较高，所以工资比离城市30英里处高得多。这里生产的麻布唯有以比过去高得多的价格才能供应城市。由于麻布是必需品，城市居民不得不以高价购买麻布。

A国过去种植谷物的农民现在改种亚麻，尽管亚麻价格上涨，种植亚麻仍无利可图。因为，1. 农作经过这一改变，谷物价格并不上涨，而是比以前略有下降——这一点下文将予说明——，因此种植谷物的地租至少不能比以前有所增加；2. 从以往的研究可知，在种植谷物的圈境内，地租量是由种植谷物决定的，因此现在种植亚麻的土地，地租也不能高于种植谷物的地租。由此可见，种植亚麻以后，只是利用土地的作物改变了，土地的利用并没有发生变化。

种植谷物的地区现在改种亚麻，那里的土地就不能再以谷物供应城市了；本来这一地区所生产的全部谷物是必须供应城市的，因此城市就出现粮食不足的现象。

试问，不足的粮食将从何地取得呢？

贫国B原来生产亚麻的地区，在黑麦每斗价格为1.5塔勒时由于运费昂贵，不能以谷物供应城市。如要短缺得到弥补，谷物价格就必须上涨，必须涨到足以使原来种植亚麻或从事烧酒业、种植菜籽的地区能够改种谷物，并能以谷物供应城市。

但是，城市里有取之不尽的财源吗？难道这个财源支付得起高价谷物而且总是那么高价的谷物吗？购买昂贵谷物的钱从哪里来呢？

城市里有大量的居民，他们的收入仅够购买适中价格的生活必需品。离城市最远的生产者不能按每斗低于1.5塔勒的价格供应城市黑麦，而劳动阶级又付不起更高的价格。如果谷物的价格下降超过历来的平均价格，那么种植谷物的平原的边缘地区就不能再从事耕作，农田重又荒芜，农民将被迫迁移；反之，如果上涨超过平均价格，城市劳动阶级，如不能开辟新的收入来源，就将更加贫困而流离失所。

但是，封锁制度本身绝不能开辟新的收入来源，并不能提高工人的工资和支付较高的谷物价格。反之，由于生活必需品——例如麻布——的上涨，民众的特别是工人的生活就要遭殃，工人要继续生活，不得不以自己的工资的较大部分购买麻布，较小部分购买谷物。因此谷物的价格必将下降，而不是上升。

谷物价格不能上涨，因此不可能扩大种植谷物的圈境。从前生产亚麻的地区，不可能改种谷物，不可能改种别的作物，因为离城市这么远谷物和经济作物的价格不能补偿这些作物的耕作费用。历来的耕地必将荒弃而用于放牧，所有历来从事亚麻生产的人将失去收入，不得不流亡他乡。

以前种植亚麻的地区变成荒野，所有靠种植亚麻为生的人逃亡他乡，于是这些人对铁器、布匹、工具等不再需求，而这些用品历来取自城市。历来供应这一地区商品的矿工、工厂主、手工业者等人便失去了全部收入，不得不像这一地区的农民一样流亡，或者死亡。

因此限制贸易自由的最后结果将是：

1. 在穷国 B,那些在种植亚麻的地区以种植亚麻为生的人,全部逃亡；

2. 在富国 A 的城市中,历来为这一地区从事生产的工厂主和手工业者将消失,所以 A 国的面积、财富和人口将缩减。

因此,富国实行限制贸易自由的政策,不可避免地对贫国是个沉重的打击,然而 A 国自己所受的创伤一点也不亚于 B 国。

值得注意的是,实行封锁政策,弱国方面并没有进行任何报复,而富国反受其害的程度也不亚于 B 国。

国民经济学的理论很难对国民财富下一个确切完整的定义,很难确定地说出财富增减的标志,然而在孤立国,我们看耕作的范围是扩大还是缩小,便能感知国家财富增减的真实标志。

这里只谈了限制自由交往农产品的一种——亚麻——所产生的影响,如果我们以其他农作物作为考察的对象,必定重复同样的结论,得到相同的结果。例如,强迫在城郊牧羊或种菜籽,总会产生相同的结果:"平原耕作面积和城市面积将缩小。"

试看欧洲各国的情况,我们发现欧洲各国的农作情况,以及人口、谷物价格和地租等方面与孤立国各地的情况没有多大差别。

在伦敦郊区和俄国东部各省之间,在伏尔加河流域和乌拉尔河流域,关于上述情况,与孤立国中心城市的郊区和畜牧圈境的最外边缘相比,有较大的差别。

在一分为二的孤立国中,限制贸易不仅使穷国损失了一部分财产和人口,而且富国也遭受衰落的影响。与此相似,在处于不同农作阶段的欧洲各国，如果实行限制贸易，不仅穷国的农业受到打击，而富国的实力也必定会受到削弱。

然而，我们现在看到，欧洲各国的封锁和贸易限制到处如故。

将南方的作物强行移植于北方的做法，现在已经放弃，现在允许不同气候地带的产品相互交换，人们相信，这种做法将有利于民生。然而遗憾的是，直到今天还不知道，同居于一方的、处于不同农作阶段的各民族进行产品交换，不仅合乎自然，而且有益于各民族，得益不亚于不同气候地带的不同产品的交换。

这里还应指出，孤立国的农民，如能正确认识到自己所在的地点，同时也能认识到他应该怎么办。

为了阐明孤立国的形成，我们除了假定人人正确认识到自己的利益，并根据自己的利益行动之外，并不需要别的原则。集体据以行动的规律产生于人人在追求自己正确认识到的切身利益时所发挥的共同作用之中，同样，只要遵循这些规律，个人的利益必能得到维护。

人在只热中于追求自己切身利益的同时，他就成了造化所操纵的工具，往往是自己不知不觉地在为国家和市民社会的伟大的艺术建筑工作。作为整体的人在创造的事业，以及人在创造事业中所据以活动的规律，是令人神往和赞叹不已的，比之物质世界的种种现象和规律也毫不逊色。

第三章 征税对于农业的作用

第一章所述的孤立国的形态有这么一个条件，即各地都不征税。在第五节中——那里所计算的农田纯收益都根据实地材料——向国家交纳的税并没有列入支出，我们所称的地租是不征税的土地的纯收益。

假设这一历来不征税的国家，征以如欧洲各国所流行的税收，那么对于农业、对于整个国计民生会产生什么影响？

第三十四节 与经营规模成比例的征税

（一）孤立国的情形

向最重要的生活必需品如盐、面粉等等征收的消费税，以及人丁税、牲畜税、关税、营业税、印花税等等，田庄所负担的量与经营规模成比例，与土地的纯收益无关。

孤立国中离城市 30 英里的田庄与离城市 10 英里的田庄，如果两者经营规模相等，这就是说两者在经营中所需要的劳动力相等，投资量相等，则必须交纳相等的税收。

在离城市 31.5 英里处的田庄，根据第十四节所述，只能实行三区农作制，根据第八节所述，耕田面积只有24%可以用来种植谷物；反之，离城市10英里处的田庄，可以实行轮作休闲制，耕田面积有43%可用以种植谷物。轮作休闲制固然种植谷物的面积大得多，但轮作休闲制农田耕作费用（见第十节）也比三区农作制贵，所以离城市31.5英里处的田庄比离城市10英里处的田庄，如果两者的面积相等，前者经营的规模大约仅为后者的一半。

如果上述离城市近的田庄的纳税额，譬如100,000平方丈征收200塔勒，那么离城市远的那个田庄只需纳100塔勒。前者的地租，每100,000平方丈为685塔勒（见第五节），亦即是在纳税以后，田庄主还剩485塔勒。

离城市最远的田庄，地租等于零，田庄主的全部收入只是房屋和农具等投资的利息，庄主必须从他的资本中交付100塔勒的税。

资本年年减少，不用很久就不成为资本，于是田庄主不得不放弃土地耕作，任耕田荒芜。

如果有人要问，田庄主虽然没有地租可收，但是他可以坐享投于房屋和仓库的资本的利息，他可以用利息支付他应纳的税，那么我们不得不回答说：如果投资没有利息，谁也不愿投资。工厂主如果出借自己的资本所得，超过自己经营，那么资本家就不再生产商品；田庄主如果处于这种境地，他将不愿再耗费用修缮房屋，一旦房屋倒塌，他将出售牲畜，离开田庄，经营别的行业或奔走他乡。

任何田庄，如果它的地租不足以交税，都会出现类似的情况，征税在这里起着同样的作用，只是稍慢和稍迟而已。

三区农作制的圈境中，在离城市26.4英里处拥有上述土地面积的田庄，才产生100塔勒的地租。这就是说，这里生产谷物的农作将因征税而消失。虽然这一地区还不会完全荒无人迹，然而不再种植谷物,改营畜牧。但是,畜牧圈境的最外边缘地带完全被荒弃,孤立国的这一部分因征税而沦为不垦之地。

迄今居住在这块如今被荒弃的土地上的人们,找不到可以糊口的工作,失去了面包。由于国家在繁荣时代有了许多人口,凡是有益的工作都已安排人手,因此,那些背井离乡的劳动者无法得到有益的工作,毫无收入,无处生存。不仅是那些农业劳动者,而且还有那些原来为这一荒弃地区供应商品的手工业者、工厂主、商贩等等,也失去了工作和生计。由此形成的过剩人口,如果想摆脱赤贫的困境,不得不流亡出境,另觅祖国。

在土地耕作范围缩小以后,在过剩人口流亡以后,一切重又恢复原来的平衡;然而国家已经缩小,人口已经减少,同时损失了一部分资本和地租。

这种暴虐作用唯有新实施征税的地方才存在。反之,如果在建国之初就已订立征税制度,那么土地的耕作范围和人口的数量不会与征税不相协调。在这个国家里一切是完全均衡的,与完全没有税收的国家相同。

如果这样的国家一旦永远废除现有的税收,那么那里出现的情况必定相反:资本将积聚起来,资本具有开垦荒地带来利润的价值;为数量较多的人找到工作和生计;人口又将迅速增长。

所以,征税的作用是:阻碍国家的强大,人口增长,国民资本的积聚。

(二) 实际的情况

在孤立国中,征税对最远田庄的作用最大,实际上——通常在离市场没有远到地租降至零的地方——拥有最劣土地的田庄最早感到和最强烈感到税收的压力。

我们曾假定孤立国的土地性质是完全一致的，实际上在同一田庄的土地也几乎不是完全相等的。几乎每一田庄都是良田和劣地混杂的，所以农田的一部分收益率较高，一部分较低。

农田的价值由于种种原因以及种种情况，可以很低，甚至一文不值。

属于这类农田的有：

1. 物理性质最次者；

2. 肥力最低者；

3. 离田舍非常远者；

4. 需要有许多深沟才能排水者；

5. 靠近草地并几乎与草地在同一平面上，因而这种农田很难耕作而产量又是极低者；

6. 被许多纵横交叉沟渠分割而耕作非常不便者；

7. 多石者；

8. 四周为高大树木所包围者，等等。

一个规模很大的田庄总会存在具有上述这样或那样缺点的，因而价值很低的田地，纯优土地的田庄是很难觅到的。在大多数田庄存在大量劣地，在有些地区，这类土地占压倒的多数，而价值较高的土地却成了例外，良田通常在村庄的附近。

这类土地的地租历来很低，现在通过征税，地租必将降至零，或零以下。

任何田庄必将放弃或者应该放弃耕种这类土地，而只选种除

纳税以后尚有地租可得的良田。

在孤立国中，从大局看，征税的作用使离城市非常遥远的土地废弃不耕；从小处看，每个田庄将让离田舍最远的以及最劣的土地荒芜不种。

一个国家中所有的田庄不论是否有五分之一耕地废弃，每个田庄是否有五分之一耕地牺牲不种，但是征税的作用只能是减少人口和国民财富。

征税使人们背井离乡，土地荒芜，这一点是不深入了解百姓家庭内情的政府要人所看不到的。但是他们从年年减少的税收额中能知道这些情况。因为每次征收新税，其暴敛的程度足以带来这种结果，新税征收额总是第一年最高，以后逐年递减，因为征税的对象，人口和国民财富逐年在减少。直到征税不再起作用，即农作的范围已经大大缩小，以致耕作的土地能够担负这一征税，那时税额将保持不变。

孤立国还有一点与实际不同，我们曾假定，孤立国的农业经营是最合理的，而实际上这种合理——特别是在一种农作制向另一种农作制过渡的阶段——只是一种例外，是不合常规的。我们相信，孤立国的农民会按改变了的情况改变自己的经济，如果农田的地租为负数，他们将不再继续耕作，而是放弃耕作。

实际上某地流行的经济形式，并不是根据环境深思熟虑的产物，而是许多代人几百年努力的成果，通过缓慢的、持续的改良，通过辛苦的劳动，以求越来越适合当时当地的情况，到今天演变成现在这样的情况，通常它比人们一般所想象的更实用。

这样逐渐形成的经济形式，不可能瞬间迅速向巨大的革新转变。如果突然出现的新情况，例如征收新税，与旧的经营方式不相容，那么要摆脱原来适用的旧形式，使经济适应新情况，需要很长一个时期。

因此，实际上实行新税以后，劣地的耕作并没有马上停止，而是一如既往耕作着。

于是农民须负担双重支出，第一他必须交纳新税，第二必须承担种植劣地带来的损失；换句话说，优等土地的收入现在不仅必须交纳本身的税，而且还须为劣地交税。

由于交税收入有了减少，租户应交的地租、负债地主应交的利息不能再从田庄的收入中支付了。短缺的部分往往只能靠减少经营资本和变卖农具等动产去补偿。由于农具等减少，再要求良好的耕作就不可能了。但是农民的习惯势力很强，他们很难相信，劣地(还有可观的毛收益)不但没有纯收益，而且还有亏损，所以他们在这种场合习惯地宁可马虎潦草耕作全部地田，也不愿放弃一部分，因此整个田庄可能毫无收入。

只是在积累了多次经验和经历了较长时间以后，当时流行农作经济形式才能适应新的情况，农田的耕作限制在农田足以偿付费用的范围。在经济的这种缓慢而无定的变化中，国民资本的损失，远比必须征收的税额要大。

实际上，凡是财富通常在逐渐增长的地方，征收新税的作用不会非常明显地表露出来，因为，如果征收的数额不很高，在这里还不会起破坏作用，只是阻碍着国民财富的增长。在孤立国，只要没有外来的影响，那里是处于不进步的稳定状态，如征以新税必将产生自然作用，表现为财富的减少和人口的下降。

第三十五节　论谷物消费不变时的征税作用

前面所讲征以新税后的情况，只是在谷物消费发生下降的条件下才有效。但是，如果那里国民很富，足以购买较高价格的谷物，价格虽高，谷物消费甚至仍然不变，那么征税的作用与上述完全不同。

例如，在孤立国远离城市的地方因征税而不能再向城市供应谷物，那么城市立即觉得谷物不足，由于供应不足价格便上涨，价格上涨使远地又能为城市生产谷物，于是又出现了均衡。如果城市的需求，只有谷物的生产扩大到离城市 31.5 英里的地方始能满足，那么谷物的价格必将上涨到，不仅能偿付最远田庄的谷物生产费用和运输费用，而且还能支付新税。

在这种情况下，亦即是谷物的消费者不得不支付全部农作税。

重农学派的学说认为，一切工业税最终落在农业上。如果一个手工业者，例如必须交纳 10 塔勒工业税，那么他只是垫支了 10 塔勒。为了维持生存，他不得不将自己产品的价格提高到足以补偿他的垫支。按照这种观点，凡是征税，不如直接由农业负担更为妥当，以免迂回曲折由农业来支付。

我们从上述知道，如果谷物消费不变，农民所纳的税，并不是由他自己负担的，而是由谷物的消费者支付的。

农民和工业经营者可以将自己所纳的税转嫁给别人，而依靠薪俸为生的国家公务人员，却不能任意提高自己工作的价格。他们不仅必须支付转嫁给他们的税收，还须为生活必需品支付更高的价格。在这种情况下，就不再有与公务人员相竞争的人了，于是国家不得不将公务人员的薪俸提高到这样的程度，即足以偿付对他们自身所征的税和一切必需品的更高的价格。

由此可见，除了以放款取息为生的资本家外，社会各阶层所纳的税都得到了补偿；国家可以征收极高的税，但并不危及社会全体的福利，因为所有劳动民众的纳税，不过是垫支而已，并不是他们自己支付的，所以并没有感受到压力。

我们由此得出的这一非常引人惊异的结论，是有一个前提条件的，即在征税以后，消费仍然不变，现在我们必须探讨，这一前提条件是否正确。

在第三十三节中我们提到过，谷物的价格并不是单方面由农民将谷物运市出售所需的费用决定的，同时消费者的购买力也参与决定。

不论城市和乡村，总有大量的人的收入刚刚够购买最必要的生活品。现在如果谷物价格上涨，那么他们的收入将不足以为自己购买充足的谷物。不管谷物对人怎样必需，贫穷的消费者购买谷物不能超过他的收入和他的财产能力；如果两者都不够，如果他得不到其他国民的支援，而不能跳出贫穷阶级的话，那么他不得不节衣缩食，或者挨饿，最后死亡。

现在假定，孤立国中直接或间接加于农作的税引起谷物价格的上涨，城市里的贫穷居民无法支付这一价格，那么消费必将缩减。由于在实行征税的最初，生产还没有下降，亦即是还没有出现真正的谷物短缺，而消费的缩减却必然引起谷物的过剩，于是谷物价格下跌，跌到贫穷阶级又能购买充足的谷物为止，这就是说，谷物重又降到过去的平均价格。

在农作担负赋税以后，按这一平均价格农作便不能再在原来的范围中经营，于是前面所讲的征税作用便开始出现，例如耕作范围缩小，边缘地区的居民以及为边缘地区进行生产的城市居民流亡出境。

如果国家处于稳定状态，一切情况都均衡，那么消费者能支付的价格，是与最远的生产者能够提供谷物的价格完全一致的，所以我们在本卷第一章中没有必要对决定谷物价格的两重原因进行讨论。然而，一旦实行征税，或者国家的暴力作用破坏了历来的均衡，那么决定谷物价格的两重原因也就相互分离了。

于是消费者能够支付的价格，或者低于或者高于最远的生产者所能供应的谷物的价格。消费者如果没有新辟收入来源——这是这里所设的前提条件——，就无法提高购买力，如果生产者的售价过高，那么它就必须下降，下降到与消费者能够支付的价格重又吻合为止。这种吻合是这样实现的：在这样的谷物价格下，无利可图的土地便停止耕作，耕作只限于在这样的价格下还能担负赋税的土地，于是达到均衡。然而在相反的情况下，如果民众能支付谷物的价格，超过可以供应的价格，那么，尽管开始时是以这一供应价格作为标准，但是由于人口和消费的迅速增长，耕作范围也日益扩大，同时供应价格也不断上涨，一直上涨到与民众能支付的价格相吻合时为止。

从实际中我们看到，一切富国谷物的价格都很高，一切穷国谷物的价格都很低，原因就在这里。

如果北欧挪威发生谷物短缺，甚至饥馑，欧洲其他部分不会引起谷物价格的上涨，挪威也不例外，因为挪威人太穷，支付不起高昂的价格。反之，如果伦敦对谷物的需求适度增长，那么整个欧洲的谷物价格就要上涨，满载谷物的船只将从大陆的各个口岸驶向这一世界市场。

今天我们看到，欧洲所有国家都竞设关税壁垒或完全禁运，以防止外国谷物的输入，保护国内市场，故意制造高价以促进本国的农作。

谷物价格的上涨使农业无论精耕细作还是粗放经营都有长足的进步，这是完全有理由的，也符合本卷前面研究的结果的。然而人们忽略了，如果想强行提高谷物的价格，必须使国民富裕起来，否则无力支付高价。如果不同时这么做，那么谷物价格的提高只能维持暂短时间，几年以后，价格重又下跌，跌到与消费者的支付能力相平衡为止。由于人为地提高谷物价格，那些为外国进行生产的工厂和工场被迫迁往谷物价格低廉的国家，因此这个国家的支付能力非但没有增长，反而有了下降，所以这种措施带来的最后结果，不能使谷物价格有预期的提高，反而持续地降低。

最初实行征税所产生的作用，与征税的最后结果应仔细加以区别，因为两者之间有很大的差别。

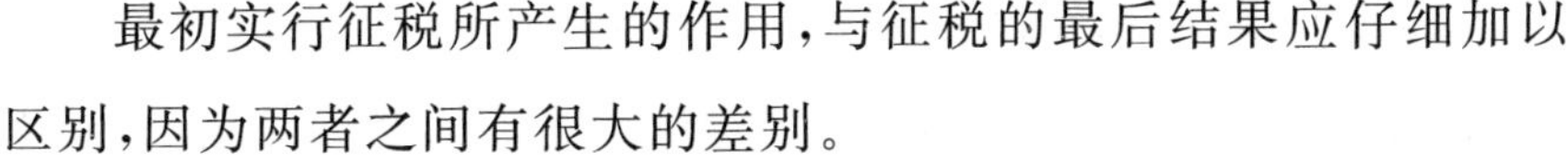

最初实行征税，给国民带来贫困和不幸，因为国民的总收入须减去征税额，而国民人数一如既往，平均分配额便有下降；因为过剩的、无法糊口的人不愿流亡出境，必然引起生存斗争，在生存斗

争中的失败者才被迫流亡。

由于流亡，或由于婚配的减少，如果人数与国民收入重又恢复均衡，那么积极等级(aktive stände)中的任何人(我把土地所有者的身份算作田庄管理人，而不是土地收租人，将他归于积极等级)的生活并不必然会下降，亦即是劳动所得的享受资料并不少于征税之前。至于刻苦耐劳究竟愿意忍受到什么程度，人们始肯流亡或节制婚配，这取决于国民的个性。如果工资所据以形成的国民性，并不受征税的影响——至少不是必然受其影响——，那么各积极等级，如手工业者、短工、佃农等在纳税以后，生活水平并不低于以前。

实际上我们看到，英国征税很重，但所有这些等级的生活肯定并不比征税很轻的俄国差。

由此可见，长期存在的征税对个人来说，绝不意味着不幸；然而，国家自身则由于征税而限制了人口和国民财富的增长，国家在实力、财富和人口方面并没有达到在无税情况下所能达到的水平。

第三十六节　手工业税和工厂税

如果对手工业者或工厂主课以重税，那么他们无疑会提高自己产品的价格，以抵偿所纳的税。但是，价格提高以后，许多人必将放弃或限制这些商品的消费；消费减少造成这些商品过剩，结果这些商品的价格重又下跌。

工厂主和手工业者如果在价格下跌时不能维持营业，那么其中一部分必将放弃自己的行业，另找安身的地方。于是市场出现供应不足现象，商品价格重又上涨，由于这些行业的劳动报酬不能长期低于其他行业，所以商品价格最后又上涨，涨到所纳的税可以得到补偿的程度。

根据上述原因，某种农民所必需的商品，例如铁器，如果价格上涨，那么土地的耕作费用便增长，离城最远田庄的地租便降到零以下，于是上文屡次谈到的农作税所产生的种种现象，重又出现。

如果我们看到，工业品和农产品的价格由于征税最终（即在过渡时期结束以后）发生了变化，那么我们会发现，征税对于工业品价格和谷物价格的影响，是完全不同的。

手工业者和工厂主以提高自己产品价格的办法补偿自己所纳的税，他们所提供的产品的价格中，现在不仅包括工资、利润和地租，而且还包括第四种成分，即税金。反之，至于谷物，如上节所作的考察，不论是直接的农作税还是工业税，都增加了谷物的生产费用，征税不能提高谷物的价格。

从上节考察中我们也知道，如果国民性不变，所有积极国民，包括农民在内，在实行征税和征税作用消失以后，生活水平并不低于从前，现在不禁要问，农民所纳的税从什么地方得到补偿，因为农民不像从事工业的人可以提高自己产品的价格。

农业与其他行业根本不同之处在于，人们在不同性质的土地上经营农作，劳动所得的产量是很不相同的。而其他行业，同样的劳动和同样的技术，总能获得相等的劳动产品。

如果能实行一种各行业不能通过提高自己产品的价格而转嫁负担的税制，或者通过人为的措施，使谷物价值永远超过它的自然价值，那么在技术和劳动能力相等的前提下，从事各行业的人负担都相同，如果不堪负担的话，各行业将突然全都破产。

然而，农业中如果征税与经营规模成比例，这只能使最劣的田庄——在孤立国中为离城较远的田庄——荒弃不耕，但不会同时使土地肥沃、位置适宜的田庄放弃经营。人们不禁要问，田庄主在纳税以后，何以生活能与从前一样，这个问题的答案是：田庄主在纳税之后放弃耕作较劣的土地，只经营较好的土地，他的所得除纳税以外，同样能支付工人、管理者的工作报酬，与以前耕种不纳税的较劣土地一样。

如果我们回顾一下孤立国中征税对各行业和农业的影响，那么就能发现，所有的人的遭遇都是相同的。例如，如果农作的范围缩小 1/10，那么为农业生产的一切行业的规模、资本和人数也将缩小 1/10。不论对某一不可或缺的行业征税，或对全部行业，或对农业征税，作用都是相同的。

犹如人的身体，四肢受到损伤，全身也会受到影响，孤立国中对各行工业和农业征税，也会影响其他一切等级的人。

如果几个国家之间互有往来，实际情况将完全不是这样。

如果欧洲某一实行自由贸易的国家，对一个行业征税太重，那么这个行业的经营者，并不能用提高自己产品的价格的办法转嫁负担，因为其他不征这种税的国家，仍能像以前一样廉价生产这种商品，并能以征税国家的工业所不能提供的价格输出商品。于是征税的工业可能完全凋敝，但其他等级的人几乎不受损害。征税造成财富和人口减少，在这里仅仅表现在市民社会的一个部门之中。如果国家把税收平均分摊各等级，税收由它们来交付，那么国家可以减少在绝对财富和人口方面因个别行业的凋敝而造成的损失。这样整体各部门的协调就会被破坏。

在这种情况下,一个国家的各等级的利益不仅取决于本国的税制,而且还取决于与之自由贸易的各国的税制。例如,A、B两国历来对某一行业征税相等,如果A国停止征税,或实行出口奖励,那么B国如不想使这一行业的利益受到损害,就必须同样停止征税,或征以进口税。

B国为了维护整体各部门的协调,所以必须作出重大牺牲,根据别国的动向改革自己的税制和关税。

为维护各等级利益均衡,作出这种牺牲是否值得呢?较不富裕的国家在税制方面是否永远不能独立,是否只能是富国的玩物?对这个问题作出判断,是属于研究实用国家经济的范围,超出我研究的范围。

第三十七节　消费税和人头税

对于非生活必需的、贫苦阶级可以省却的商品,征以消费税,会限制富人和小康之家的奢侈享受,但不会阻碍土地耕作的扩大和资本的有益使用。消费税仅仅使那些奢侈品的生产者和加工者蒙受损失,因为消费税减少了这些商品的消费,因此其中一部分人失去了生计,但是这类工人,在一个国家中与生活必需品的制造者相比,则人数既不多,也并不重要。

如果对进口的奢侈品征税,那么仅仅是商人和这类商品的运输者失去生计。

如果向民众不可或缺的必需品征以消费税,弊害比人头税要大得多。一方面，因为消费税的征收费用很大，征收所得的大部分又被消耗，因此百姓交纳的税远远超过国库的需要和实际收入。另一方面，仰仗于慈善机构救济的人也得纳税，而人头税只向有工作和有收入的人征收。

人头税被认为是一切税收中最不公平的税，因为它不论贫富，不顾收入和财产的多少，一律征收，它长期实行，但对百姓的幸福并没有起到持久的破坏作用，因为一般工人必须挣得这么多的工资，除养家糊口以外，同时还能交纳人头税。所以人头税，工人可以通过要求提高工资的办法得到补偿，工人的生活不会比不征人头税的其他国家的工人差。

如果刚开始实行人头税，这种税的作用就完全不同了，试看孤立国的情况便一目了然。

工人挣得的报酬，几乎到处只够购买最必需的生活品，如果令工人交纳人头税，那么工人非要提高原有的工资不可。但是，工资的提高使最遥远田庄的地租降至零以下，那里的土地必须放弃耕作。因此，历来生活在那里的工人完全丧失生计，无以糊口。这些人必然处于极度困苦之中，只有等到所有那些因土地停止耕作而造成的剩余人口流亡出境，困苦才能消除。

一旦剩余人口流亡出境，留在国内的工人的工资便能得到提高，尚在耕作的田庄，因为它们还有地租可得，所以可以牺牲地租，用以支付增长了的工资。

因此，任何长期存在的税收，如果不是任意横征和全无准则，已经与国家的各种情况相适应，或者宁可说，国家已经根据这种税收改造了自己，百姓已不再感到纳税是个压力；反之，征收新税，或改变税制，无异于侵犯财产，因为经过这番变动，必然有些农作和工业部门受到限制，那些部门的从业人员，至少在他们谋到新的职业以前，失去工作，无以糊口，因此可以得出结论，征税的不平均比经常改变税制危害要小得多。

第三十八节　地租税

如果田庄主必须将田庄带给他的地租的一部分交给国家，那么这一点绝不会改变农业经济的形式和范围。地租几乎等于零的那些田庄，交纳地租税很有限，离城市最遥远的田庄或田地最劣的田庄完全可以免税。所以这项税收很少会对农作范围、人口的数量、投资以及产品的数量发生不利的影响。即使是全部地租都被地租税征尽，但是土地的耕作则一如既往，不会变化。

从另一方面看，不论地租归于君主，或是地主和资本家，对于民族的幸福都无关紧要，因为在这两种情况下，地租通常是不用于生产的。

地租落入资本家之手往往比落入地主之手多许多，地主徒有虚名，当地主负一定的债时，地租的较大部分便作为利息转入资本家之手。

不论是资本家和富有地主，穷奢极欲地消费地租，用以盛养大群家仆和马匹，享用奢侈品，还是国家占有地租，用以维持军队，对国民财富都没有实质性的影响。

地租不是劳动和投资的产物，而是田庄所处的位置和土地性质的偶然优势带来的，因此也可予以剥夺，这么做并不会妨碍或减少投资和劳动。

在孤立国中，我们是把农业看作稳定和均衡状态的，并假定一切田庄的经营者知识相等，经营的合理性相同，以此作为先决条件。

这两种情况实际上是不存在的，于是不禁要问，这里所谈的地租是指什么而说的，地租量如何计算的。

现在经营农业的活动和知识并不相同，那么位置相同和土地相同的田庄可以有很不相同的纯收益。然而我们不能评定说，经营不良的田庄的价值和地租比其他田庄低。造成区别的原因仅仅在于经营者的个性，一旦更换了经营者，田庄的区别就消失了。规定田庄价值和地租的是田庄永久性的东西，即位置和土地的性质，而不是偶然的和暂时的东西，如经营者的个性。

所以，各个田庄的地租不是该田庄的纯收益决定的；但是地租只能出自纯收益，因为地租无非是扣除投入营造房舍和购置田庄其他有价物品的资本的利息以后的纯收益。

今有一个田庄，实行当地普通的农作，既不过细，也不特别粗放，田庄主的知识才具中等，我们可以把这个田庄所得的或者说能够获得的纯收益定为地租的标准。

然而，一般的农作劳动和知识才具的水平，则只能由全国或全省农民的劳动的产品量来决定。

全国一切田庄的纯收益总额，扣除房舍等价值的利息以后，即得地租的总额，地租总额根据各田庄土地的性质和位置的情况进行分配，可以求得各田庄的地租量。

由此可见，要算出一个田庄的实际地租量，必定是多么困难，所以，如果我们发现，在实践中几乎所有这类试验都没有取得成功，这也并不奇怪。但是，人们在作评议地租时往往从错误的原则出发，因此事情就更糟了。人们不相信，实际上存在着不付地租的耕地；却认为，4 平方丈或 6 平方丈最劣的农田，其价值等于 1 平方丈最优农田；6×0 不会等于 1，因此 6 平方丈最劣土地的价值不可能等于 1 平方丈最优土地。此外，人们往往混淆地租和农业投资的利息的差别。一个田庄，如果它提供的剩余没有超过房舍、农具器材价值和经营资本等的利息，那么即使田庄主有收入，田庄也完全没有地租。如果误以为这种田庄有地租，而向它征税，那么对土地耕作的危害，不亚于征收人头税和牲畜税。

由于征税，如果需要详细和正确地规定地租量，那么就应当聘请对这一门科学颇有研究的专家从事工作，然后他们毕生不再献身于别的工作。因此要确定地租量是颇耗费用的，地租税的征收费用本来低于极大多数其他税收的征收费用，但由于计算地租量的困难，这种优越性部分被抵消了。

实际上地租并不是一成不变的，而是一个经常变化的量，因为当地农作制、产品的价格和利息等等的任何变化，都能深深地影响地租。如果地租税一经规定永远不变，如果地租上升而征税不变，那么一百年后征收税额与实际地租和国库需要不成比例。如果税收和地租同时上升，那么这就要求经常对各田庄重新作出评议，这是颇耗费用的；而最糟的是，农民由于害怕征税的提高，不敢进行革新，这就阻碍了农作的进步。

在孤立国中我们假定土地的产量是一成不变的，全部地租归于国家，这对土地的耕作不会起不良的作用。然而，实际上为增产而作的努力或多或少总是存在的，达到增产的可能性几乎到处可以得到证明。改良土壤以提高产量，几乎总是颇耗费用的，在不少场合，改良土壤投资的利息几乎等于田庄所提高的那部分纯收益。

如果土壤经过改良，效用经久不衰，而不是短暂的，那么田庄的地租必将增长，永远保持不变。然而，这一增长的来源与原有的地租很不相同，原有的地租是由于土性的优越和田庄的位置产生的（为地主不劳而获），而改良土壤所增长的地租肯定是投资的结果。

有许多改进办法，一旦实现便不能再取消，因此不能免税（就如原来的地租），例如，掺以黏土以改良土壤的物理性能，或者如开沟排除沼泽的积水等等。如果征税不再破坏这些工程，那么征税便是无害的。然而，如果征税使人们不敢继续革新，那么征税的危害作用是极大的。

投资改良土壤改进农作为整个国家造福极大，因为上文讲过，在孤立国中土地的产量由 8 斗增至 10 斗，那么城市中人口大约能增长 50%，而谷物的价格并不需要上涨。

由此可见，一国福利的增长，实力和人口的增长与土地的精耕细作程度的增长有直接关系，所以土地税如不能长期——至少一百年——不变，而是随着土地提供的租金增长和下降，那么改良土壤也需纳税，这会阻碍改良。在一切税收中，也许土地税是最阻碍国家发展的。

附　录

一、第七节的说明

特洛田庄的轮作次序

(一)田舍附近的农田实行十区农作如下：

1. 土地休闲育肥，
2. 菜籽，
3. 小麦，
4. 牧场，
5. 燕麦，
6. 马铃薯，
7. 豌豆及其他豆类，
8. 种小麦施肥，种大麦不施肥，
9. 刈割用的苜蓿，
10. 牧场。

每区面积约为 7,000 平方丈。

第七区如果种豌豆，则在收获以后种小麦，然后再施肥；如果种其他豆类则于春季施肥。如肥料不足，那么没有施肥的那部分豌豆地在来年春天就播种大麦。

(二)离田舍远的农田实行五区农作如下：

1. 土地休闲育肥，

2. 黑麦和小麦，

3. 燕麦和大麦，

4. 牧场，

5. 牧场。

每区面积约为 14,600 平方丈。①

两种轮作关系的示意图如下：

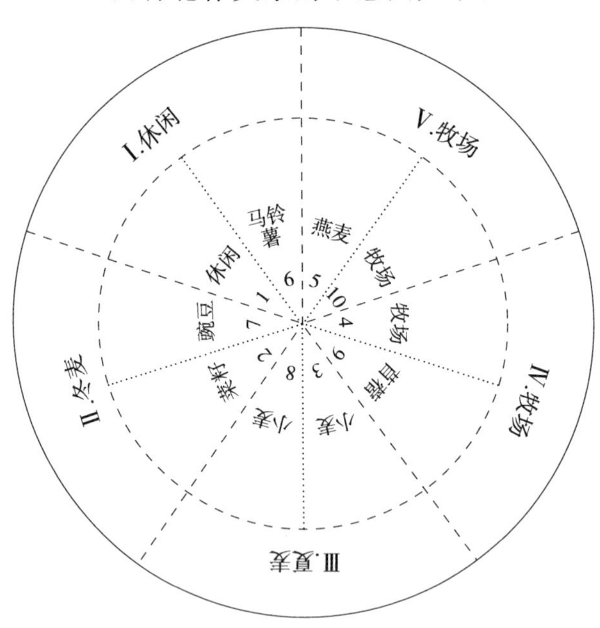

① 农田面积原有 160,000 平方丈，因沙土地种植松林占去一些面积，现在农田尚有 143,000 平方丈。

实行十区农作，休闲区和马铃薯区每五年互换位置，例如第一区现在是休闲，五年后种马铃薯，而现在种马铃薯的第六区，五年后则予休闲。上述的轮作次序就是由这种更迭排列出来的。

由于实行这两种轮作及其相互关系将产生下列各种结果：

1. 靠近田舍的农田的各种劳动费用比远处农田的低廉得多，所以近处较大面积必然用于耕种，施以肥料，种植各种作物；反之，远处的农田则大部分用作牧场。

2. 人们总是将远处田地辟为牧场，不将近处农田用于放牧。

3. 农作的改进和土地肥力的增长，并不必须改变轮作次序，因为肥力的增长可以缩小五区农作扩大十区农作，从而得到好处。

4. 这里没有三年的牧场，因为三年的牧场在青草生长，尤其是产肥方面远不如两年的牧场，而良田的农作总有丰厚的收益。

由这两种轮作制可以制成下列地力均衡表，为求计算的简单和理解的方便，各表都假设每区只种一种作物。

我在设计这些表格时，将我三十六年来各个时期所记载的均衡观点再次作了审订，将我三十年来对同一田庄所作的计算的结果编排在一起，将这些计算的结果作为为本地土性和本地情况所设计的表格的根据。

对表内的陈述起初我本想作些解释和说明理由，然而我没有这么做，因为我觉得，任何证明都将追溯到前面的研究，而前面的研究本来需要有新的证明，新的证明最终需要赖以成立的经验和计算的报告。如果这么做，就会与本卷研究的对象和意向不相适应。

十区农作地力均衡表(土质 3.4°)

轮作次序 每区面积 1,000 平方丈	土地肥力 (度)	休闲后黑麦的产量 (斗)	农作的因数	特定情况下的收益能力 (斗)	100 度的收益能力提供的产量	某种作物产量 (斗)	每斗吸收肥力 (度)	全部吸收 (度)	苜蓿和牧草产量折合干草 (担)	牧场及休闲增加土地肥力 (度)
1. 菜籽	923	120	1	120	60 斗	72	1.11	80		
2. 小麦	843	109.59	0.95	104.11	93.1 担	96.9	1.25	121.1		
3. 牧场,用石膏肥田	721.9	93.85	—	—	174 斗	—	—	—	163.3	33.9
4. 燕麦	755.8	98.25	1	98.25	167 斗	164.1	0.5	82		
5. 马铃薯	673.8									
用肥 73.3 车,每车为 3.4°=	+249.2									
马铃薯田的肥力	923	120	0.95	114	1,000 斗	1,140	0.094	107.2		
6. 豌豆	815.8	106.05	1	106.05	81 斗	85.9	0.9	77.3		
7. 小麦	738.5									
用肥 54.25 车,每车为 3.4°=	+184.5									
小麦田的肥力	923	120	0.85	102	93.1 担	95	1.25	118.8		
8. 刈割用苜蓿,用石膏肥田	804.2	104.55	—	—	260 担	—	0.09(担)	24.5	271.8	
9. 牧场	779.7	101.36	—	—	131 担	—	—	—	132.8	27.5
10. 休闲	807.2	104.93	—	—	26 担	—	—	—	27.3	5.6
休闲土地用作牧场	+ 5.6									
轮作提供的补充肥料 183.63 车										
其中已用于肥田为 73.3+54.25=127.55 车										
用于休闲土地的肥料尚有 56.08 车										
56.08 车肥,每车为 3.4°,共	+190.7									
第二次循环开始时肥力为	1,003.5									
一次循环完毕肥力增长	80.5									
即每年增长 8.05°,即为最初肥力的 0.87%										

上述十区农作补充肥料计算表

轮作次序 每区面积 1,000 平方丈	谷物和马铃薯的产量 （斗）	每斗作物附带秸草产量 （磅）	麦秸等的产量 （担）	肥料价值的因数	麦秸、马铃薯和干草折合的肥料 （车）	牲畜夜间厩于牧场收获的肥料 （车）
1. 菜籽	72	167	120	2.21	13.26	
2. 小麦	96.9	190	184.1	2.21	20.34	
3. 牧场	—	—	—	—	—	9.96
4. 燕麦	164.1	64.5	105.8	2.21	11.69	
5. 马铃薯(每斗合 100 磅)	1,140					
其中扣除						
(1)用于播种 100 斗						
(2)等外品 114 斗						
	214					
留作产肥之用尚有	926	—	—	0.96	44.45	
6. 豌豆	85.9	213	183	2.30	21.05	
7. 小麦	95	190	180.5	2.21	19.95	
			干草			
8. 刈割用苜蓿	—	—	271.8	2.44	33.16	
9. 牧场	—	—	—	—	—	8.10
10. 休闲	—	—	—	—	—	1.67
总计					163.90	19.73
					183.63	

五区轮作休闲地力均衡表(土质 3.2°)

轮作次序 每区面积 1,000 平方丈	土地肥力 (度)	休闲后黑麦的产量 (斗)	农作的因数	特定情况下的收益能力(斗)	100 度的收益能力提供的产量	某种作物产量 (斗)	每斗吸收肥力 (度)	全部吸收 (度)	苜蓿和牧草产量折合干草 (担)	牧场及休闲增加土地肥力 (度)
1. 黑麦	600	100	1	100	100 斗	100	1	100		
2. 燕麦	500	83.33	0.95	79.16	175.7 斗	139.1	0.5	69.5		
3. 一年牧场,用石膏肥田	430.5	71.75	—	—	174 担	—	—	—	124.8	24.4
4. 二年牧场	454.9	75.82	—	—	145 担	—	—	—	110.0	13.3
5. 休闲	468.2	78.03	—	—	29 担	—	—	—	22.6	4.4
休闲土地用作牧场	＋ 4.4									
轮作提供的补充肥料 46.61 车 每车合 3.2°＝____	＋149.2°									
	621.8									
第二次循环开始时肥力为	21.8									
即每年增长 4.36°,即为最初肥力的 0.73%。										

肥力补充的计算	谷物产量(斗)	每斗作物附带秸草产量(担)	麦秸等产量(担)	肥料价值的因数	麦秸折合肥料(车)	牲畜夜间厩于牧场收获的肥料(车)
1. 黑麦	100	190	190	2.21	21.0	—
2. 燕麦	139.1	64.5	89.7	2.21	9.91	—
3. 一年牧场	—	—	—	—	—	7.61
4. 二年牧场	—	—	—	—	—	6.71
5. 休闲	—	—	—	—	—	1.38
总计					30.91	15.70
					46.61	

二、第十节的说明

我们讨论孤立国的农业是以肥瘠适中的土地为根据，在这种土地上实行不种草休闲比实行种草休闲要少费工作，因为：

1. 翻垦种草休闲地犁沟工作完全可以节省；

2. 为破碎草皮、为从土中分离草根和苜蓿根的很大一部分耙地工作，完全可以节省。

我曾经认为，如果从经验得来的命题肯定正确无疑，那么实行“不种草的休闲比种草的休闲省劳动”的命题，在这里所设的前提条件下应当属于这一类。

然而并非没有异议，异议还是出自重要人物之口，所以我也不能予以忽视。

已故的政府顾问特尔在对本书的评论中（可能在《年鉴》第十九卷，第 23 页）对这一命题提出过不同意见，我的一位朋友在一次谈话中又添加了一些别的不同意见，其内容主要有下列几点：

1. 翻垦种草的休闲地*通常在 7 月才能开始，因为牲畜非常需要牧场，所以翻垦必须在短时间内完成。

2. 如果在阴雨之后遇到干旱，犁就难以深入被牲畜踩实的土地。耙松翻起的坚硬土块，远较种草休闲地费工，有时不得不用棒槌才能将土块击碎。在不种草的休闲地播种小麦，如果要使土地宜于小麦生长，需费工四倍。

* 疑是不种草的休闲地之误。——译者

3. 沙土地实行三区农作通常很容易滋生莠草，在不种草的休闲地除去莠草远比种草的休闲地费工，在种草的休闲地，莠草根的下端已经枯死。

4. 实行三区农作，休闲地占的是田亩的第三部分，*这一面积与现有的力量相比太大，以致在短时间内不可能将休闲地全部妥善耕作完毕。

上列不同意见无疑是由经验总结而得，值得人们注意。

但是现在问题的焦点是：这些异议对三区农作——犹如孤立国中所假设的情况——是否有效，是否可以应用。

我冒昧地回答如下：

1. 孤立国实行三区农作的牧场占农田面积的64%，所以绝不可能由于牧场不足而必须在7月才开始翻垦休闲地。

2. 上述第二种情况仅限于黏土地。在孤立国中，为求研究的简单化，避免发生混乱，假设土质只有一种，亦即是大麦田或中等土地。这种土地很少会，几乎绝对不会长期不翻垦。凡是大麦田可行施的耕作，不会因为不适用于另一种土地，即小麦田，而不适用于孤立国的土地。

3. 沙土地比沃土良田容易滋生莠草，但是莠草滋生并不是三区农作的必然现象，因为休闲地垦种得当是清除莠草最有效的手段。田地滋生莠草通常是由于耕作管理不当，或由于休闲地种植豌豆经过夏季所致，也就是背离了纯粹三区农作制造成的。

沙土地的莠草往往长得不密，草根容易从所依附着的沙

* 参阅第八节。——译者

土中分离出来，所以在种草的休闲地犁耕三次往往就已足够了，种草的休闲地和不种草的休闲地所需耕作费用的差别，也不很大。然而孤立国中所谈论的不是沙土地，而是中等土地，因此这里所讲的绝不会影响孤立国讨论的正确结果。

4. 如果一个历来安排很得当的田庄，夏天耕畜的工作亦是均匀的，然而由于土地肥力的减低，谷物产量随之下降，那么即使耕作仍能如旧，而收获和肥料的运输则见减少。于是原有耕畜的数量就维持不下去了，结果是田地不能及时和细致地耕作。

实际上，产量降至3斗到5斗的许多三区农作田庄的情况就是如此。

然而，收获和耕作量的比例失调，耕畜的数量和需要耕作的休闲区面积的不相称，并不是必然与三区农作相联系的，这种现象仅仅是由于缩小牧场、不合理地扩大耕地、因而土地肥力耗竭所致。

孤立国中实行标准三区农作制的土地肥力与轮作休闲制的相等，那里并不缺乏牧场，春播结束以后即可开始翻垦休闲地，所以各处都不存在上述比例失调和不相称的现象。

总而言之，上述的不同意见部分谈的是另一种不同于我们这里所指那种土质，部分谈的是实行三区农作的衰败没落的田庄，这种田庄实际上并不少见，由于存在这些弊病，因此不能判断说，这是一个经营合理的三区农作田庄。

此外，从事轮作休闲制的田庄主肯定能知道，耕作不种草的休闲地和种草休闲地，哪种更耗费劳动，因为每年耕作大麦田区和休闲田区，他自会作出比较。

特洛田庄在1810—1815年的五年中，每10,000平方丈土地的耙地平均费用为：

1. 大麦田区的不种草休闲地

耙直行………………………… 6.5 新塔勒

耙横行…………………………19.4 新塔勒

耙播种用的行…………………22.4 新塔勒

总计 48.3 新塔勒

2. 种草休闲地

耙种草的行……………………17.6 新塔勒

耙第二遍………………………24.3 新塔勒

耙横行…………………………21.4 新塔勒

耙播种用的行…………………26.2 新塔勒

总计 89.5 新塔勒

由此可见 1 和 2 之比为 48.3∶89.5，即 100∶185。

不种草的休闲地，如大麦田区，只需耙三次，所以在不长莠草的中等土地上不种草休闲和种草休闲的关于耙地费用的比例，几乎与上述相同。

三、第十六节的说明

本文所谈论的只是、只允许是一种受一定气候条件影响的土地。然而休闲地的利用程度决定于气候和土质。

气候炎热的地方，阳光的热力能大大促进土地有机物的分解，土地进行垦殖，只需短期准备就能冬播。这里，自收获到秋播时隔很久，所以土地在收获之后还能作充分的准备。休闲制在炎热的地方可以废除，用以种植，但在寒冷的地带则为必需。

在非常寒冷的地带，例如在俄国，那里阳光的热力很弱，收获和秋播在同一时间，土地的休闲就很必要了。

然而，即使气候条件相同，土地性质对休闲的效用也有重大的影响。沙土地，如果不长莠草，易于耙松，将草根从其所依附的沙土中分离出来并不困难。而黏土地则恰恰相反，如果是中等土地，虽然很需要休闲，但还是废除休闲为好。

沙土地废除休闲而黏土地则保存休闲还有另一个重要的原因，本文只能提示一下，不能展开详细的讨论。

肥料和腐殖质在沙土中只不过与土壤掺和而已，然而在黏土中两者则与土壤产生化合作用。沙土多孔，空气容易侵入土中的有机物质；黏土则相反，结成团块，每当大雨之后地面形成壳层，可以防止腐殖质逃逸。再则，黏土能够从大气中吸收对植物有益的气体，而沙土则不能。土地与大气关系的不同，产生土地性质的不同。土地耕作越频繁，越细，特别是在炎热的季节，腐殖质逃逸就越多，但黏土吸收对植物有益的气体也越多；如果黏土中腐殖质不很丰富，吸收的有益气体也许能超过逃逸的；反之，沙土地在耕作时由于腐殖质的逃逸，植物的养料就更贫乏，不能靠吸收有益气体予以补偿。

对于进入稳定状态的农作经济来说，可从施于农田的肥料和农田的收获量的比较中确定土地的性质。由于施于土地的肥料逃逸越多，为农作物所利用的肥料就越少，所以根据上述观点，沙土地实行纯粹休闲会降低土质，黏土地实行纯粹休闲将提高土质。

本文中我们讨论的是介乎沙土和黏土之间的中等土地，土地的肥力在产量为 8 斗时，肥力的逃逸和土地对有益气体的吸收，得失相当。在纯粹休闲之后及在前茬作物之后，这种土地的收成情况不能作为衡量别种土地的标准，甚至不能作为处于不同气候条件下同类土地的标准。但是人们可以在任何地点根据那里的实际情况得出类似的结论。

只有从研究的方法中，而不是从数字中，才能求得普遍有效规律。

如果有人问“在哪种土地并在哪种情况下废除休闲为好”，那么在回答这个问题首先要注意下列重要之点，即：

实行土地休闲的重大好处是，整个夏天耕畜的活可以均匀分配。

如果土地休闲废除，那么运肥和犁田工作必须在春秋两季之内完成，六七两月一部分耕畜将无所事事。为了妥善地完成农田的耕作，所饲养的耕畜，必须多于均匀分配工作时所必需的数量。因此劳动日的费用将大大增长，从而农田工作的费用将大于实行纯粹休闲制的田庄。

四、第十八节的说明

人们往往相信，梅克伦堡的轮作休闲制基本上是三种茎秆作物依次轮作，其实不然；梅克伦堡人几乎总是在第二谷物田区，或称作大麦田区，种植豌豆和马铃薯，然后再种大麦或燕麦。然而以前马铃薯和豌豆的种植很受限制，一部分农田不种那些作物，确实依次种植三种茎秆作物。

较近时期以来,牧羊业发展非常迅速,几乎所有中等土地在施以泥灰土和石膏以后,可以种植豆科作物,所以豌豆和马铃薯的种植已非常普遍,大多数田庄现在仅仅还有一小部分土地用以依次种植三种茎秆作物。

菜籽种植的引进对作物轮作是一种改良,一些土地肥沃、干草收获丰富的田庄,现在种植的次序为:1. 休闲,2. 菜籽,3. 小麦,4. 豆科作物和马铃薯,5. 黑麦和大麦,其后是牧场二区或三区。

尽管作物轮作有了改良,但这种农作制只要仍然保留纯粹的休闲地和 2—3 年制的牧场,那么它仍具有轮作休闲制的特征,还不是纯粹的轮栽作物制。

在孤立国中,为简化研究,我们不得不将轮作休闲制的最简单形式——每一田区只种植一种作物——作为根据,所以又不得不将依次种植三种茎秆作物的农作制视为考察的对象。

五、第二十节的说明

本节的内容有不少缺漏,这里应予指出和讨论。

I

施韦茨在叙述《比利时农作》(第 2 卷,第 396 页)中称,比利时每邦德*收获食用马铃薯 300 袋,等于每 100 平方丈产 115 柏林斗。

* 1 邦德(Bunder)=1 公顷。——译者

在第二十节的计算中，我假定自由农作圈境内土地肥沃，马铃薯的产量与施韦茨所说的比利时的产量相等。

但是，这里肥沃土地能达到这么高平均产量的却是牲畜用的饲料马铃薯，并非大城市中食用的上等马铃薯。所以，比利时所说的食用马铃薯很可能比我们食用的要粗劣一些。这种粗劣的马铃薯在大城市中仅为较贫穷的国民阶级所食用，每斗价格仅为黑麦的 1/4，而不是 1/3。然而大城市中高档的食用马铃薯的价格，每斗为黑麦的 2/5 到 1/2。但是这种马铃薯的产量大约仅为假设数量的 2/3。

所以，关于自由农作圈境种植马铃薯的纯收益的计算必须作一番修正。

II

计算马铃薯吸收土地肥力的程度有两种不同的方法：

1. 将同一块土地上在马铃薯之后所种植的作物的产量与在非马铃薯之后所种植的该项作物的产量作比较。

2. 观察大规模引种马铃薯，在几经循环之后，对土地肥力的增减产生什么影响。

就我的情况来说，计算马铃薯的吸收肥力只能采用第一种方法，根据这种办法，我曾假定，生产饲料用马铃薯 8 斗，每斗 100 磅，耗费农田的肥料相当于生产黑麦 1 斗所耗费的。

土地肥力相等，在不同的前茬作物之后，同一种作物的产量可能很不相同；要区别前茬作物的影响和土地肥力的影响是非常困难的，因此同一种方法所得出的结果总不很可靠。

第二种方法达到目的要可靠和肯定得多。这种方法虽然不能直接解决上列问题，然而我们却能知道——这一点更为重要——马铃薯吸收的肥力是否能为马铃薯所产的肥料所抵消，或抵消以后是否尚有剩余。如果吸收的肥力肯定能得到补偿，那么由此也能计算出所吸收的量。

勃兰登堡许多田庄多年来广泛地种植马铃薯，整片田区全部栽种马铃薯。若问马铃薯吸收肥力与谷物相比，我们当可期待那里的农民解答这一重要问题。

那里大多数农民认为，他们的田地自大规模引种马铃薯以来，肥力大有提高，即使大部分马铃薯用作酿酒，牲畜只食糟粕，情况也是如此。

这类经验积累已有多年，所以现在解答上述问题的时机看来是成熟了。

然而，在这里下断语之前，还需研究一个问题，即自引种马铃薯以后，是否同时进行了土壤改良，是否同时提高了耕作技术。

在这一方面，我觉得下列各点值得人们仔细考虑：

1. 据我知道，勃兰登堡自广泛引种马铃薯之后才大量使用泥灰土肥田。泥灰土施于适应的土地，功效很大，即使不种马铃薯——如梅克伦堡的情况——土地产量的提高也令人惊讶。泥灰土的功效消失得很缓慢，在施泥灰土以后一直要到第四次循环与第五次循环种植作比较时才表现出来，经六到七年的轮作，人们才有把握判断，马铃薯种植对土地是否能增加肥力。

2. 我的侄子，我从前的学生，利本的柏林先生，他对我讲过一种观点，这种观点看来对考察上述问题颇值得注意。

柏林先生认为，大规模用马铃薯酿酒的勃兰登堡的田庄之所以发达的原因，不是马铃薯吸收肥力少，而是羊群食用酒糟后所排的粪肥非常适用，这种羊粪不会发霉，总是保持潮湿，所以氨的成分不易消失。

施普伦格尔的研究认为，尿越用水稀释，尿中的氨就越不易逃逸。这足以证实柏林先生见解的可靠性。

然而，要使羊粪中氨肥凝结不散，不仅可用以马铃薯酒糟饲羊，似乎也可用水灌浇羊粪，或用草场腐土覆盖，根据利比希的说法——尚待证实——只需用石膏撒盖在羊粪之上就能办到。

因此，这种良好的作用不能仅仅归功于马铃薯，在计算马铃薯吸收肥力时，不能过分重视这种作用。

3. 随着马铃薯种植的推广，运肥的季节有了根本的改变。过去在仲夏季节才将肥料运往休闲地，现在种马铃薯，则于冬末就必须将肥料运往田间，保存在那里，因为堆在粪场上发酵，会丧失大量肥素。

4. 由于种植马铃薯，牲畜得到优良的饲料，仅此一项就能为田庄增加可观的纯收益。由于饲料精良，牲畜的粪，肥效也高，这就提高了土地的肥力。

然而引种苜蓿也会收到类似的功效。所以这种良好的作用不能完全归因于马铃薯。然而，勃兰登堡大多数土地都系沙质，不宜种植苜蓿，所以马铃薯仍然是不可取代的无价之宝。

我必须请勃兰登堡的，特别是弗里岑附近的合理经营的田庄主研究，上述种种情况对于改进农事起多大作用，区别和确定种植马铃薯的功效。

虽然上述种种考虑，对修正目前勃兰登堡一般人的关于马铃薯吸收土地肥力很少的见解，可能有所帮助；然而，该地大规模种植马铃薯的田庄已经获得的昌盛是非常显著的，所以过去几乎全都认为“马铃薯是非常吸取肥力的”见解，不再为人们所坚持，不再被认为是正确的了。

普鲁士某个大地主——他的田庄大规模种植马铃薯，此外还从事烧酒业——就我提出的关于马铃薯吸收肥力的问题回答说：

> “如果将收获的马铃薯的一半用以烧酒，另一半用以饲养牲畜，那么在中等土地，马铃薯所吸收的肥力可以为牲畜排泄的粪肥所补偿。”

如果假定酒糟中还存有马铃薯的一半营养，关于马铃薯变成肥料的价值，根据我的计算得知，生产 10.7 斗马铃薯所消耗的肥力相当于生产 1 斗黑麦所消耗的。

上述数字系根据长期和多方面的经验获得的，同时从我在勃兰登堡获得的关于马铃薯吸收肥力微不足道的资料来看，这一数据是最适中的，因此我很赞成这一数据，现在我可以假定，生产一斗马铃薯消耗土地肥力为 0.094 度。

Ⅲ

在第二十节所考察的第一种田庄中，马铃薯一区必须配以苜蓿 $1\frac{1}{2}$ 区，这样便能保持土地肥力不变而无须购买肥料。种植苜蓿所提供的地租，是根据施韦茨关于比利时利用苜蓿的资料所计算的。

然而，在自由农作圈境通过出售鲜牛奶从奶牛得到的好处，大大超过施韦茨所讲的在比利时通过出售黄油所得的好处。所以，在自由农作圈境内种植苜蓿提供的地租必定大大超过以比利时农作为根据的计算。

现在我们把种植苜蓿所多得的地租额称为 R，那么第一种田庄的地租便由 $\frac{1,695-182.8x}{182+x}$ 增至 $\frac{1,695-182.8x}{182+x}+R$。

由于第一种田庄和第二种田庄的地租相等，则 a，或者说一车肥料的价值 $=\frac{980-206.6x}{182+x}-\frac{R}{3,600}$。

如果 $x=0$，则 $a=5.4$ 塔勒 $-\frac{R}{3,600}$，

$x=1$，则 $a=4.2$ 塔勒 $-\frac{R}{3,600}$。

由此可见，苜蓿的价值，只要按照出售牛奶就比按照出售黄油所计算的要高一些，但一车肥料的价值 a 必定比第二十节中所计算的低一些。

因此，R 的价值越高，a 的价值就越低，如果 $\frac{R}{3,600}=\frac{980-206.6x}{182+x}$，那么 a 甚至等于零。如果 $x=1$，那么 $\frac{R}{3,600}=4.2$ 塔勒，$R=15,120$ 塔勒。

R 如能达到这么高的价值，只有在最靠近城市的郊区，园圃除外，才能有这种情况。

这一公式颇有意思，它显然表明，肥料的购买价格取决于务农和畜牧而产生的地租的差别。

通过对本节的改写而提出这里指出的种种缺点，这将是很费时费力的，然而并不值得。因为一方面我现在像以前一样不能以数字表示 R 的价值；另一方面，研究的方法，即计算肥料的方法依然如旧，不论用哪种数字进行计算，方法仍然不变。

本节研究的结论是：种植马铃薯以供应城市为目的，应当在城市的附近，造林圈境的前面，因此上述计算总是一成不变的。

六、第二十六节的说明

这里所述特洛田庄在 1810—1815 年间奶牛的奶产量和黄油的产量虽然不高，然而与当时梅克伦堡较好的奶牛场相比并不逊色。从特洛田庄也可看到当时梅克伦堡奶牛场的经营状况。

后来，特洛田庄以及几乎梅克伦堡全境的奶牛，都因牧场的改良和越冬饲料的丰富，产奶量大有增加。

我的朋友和昔日的学生，大维斯登费尔德的施陶丁格尔先生告诉我，他在《梅克伦堡年鉴》第 20 期第 1 页上刊登了一篇关于近期梅克伦堡一个奶牛场的产量最详尽的文章。

施陶丁格尔文章的结论说，在 1827 至 1833 年的六年内，一个养奶牛 104 头奶牛场，每头奶牛每年平均产奶 1,635 波特(Pott)和 97.2 汉堡磅黄油，每汉堡磅合 32 洛特(Lot)。

特洛田庄在 1832—1836 年的四年内，每头奶牛每年平均产奶为 1,826 波特。

产奶量达到上述标准的奶牛，活着时的体重为 500—550 磅，每100磅体重每年至少产20磅黄油。

如果将奶牛的体重与黄油产量之比作为标准，同我们所掌握的各国奶产量和黄油产量——尽管数据得自产地，但并不很可信——作比较，那么梅克伦堡奶牛目前的收益只有过之而无不及。如果越冬饲料的质量进一步得到改善，无疑奶牛的奶产量还能大大提高，看来很值得一试。这里牛奶产量较高只能归功于梅克伦堡轮作休闲牧场的优越性。

七、第二十六的说明

我所尊敬的老师，已故的政府顾问特尔先生，他在评论本书的文章中甚至都说，在匆匆阅读本书以后，还没有认识到这里已发现了一个对孤立国情况普遍有效的规律。

由于没有这种认识，所以产生了极大多数是指责孤立国畜牧业纯收益微薄、轮栽作物制不可取的非议，因此我以为不必再予讨论了。

特尔先生自我年轻时代至他逝世为止始终是我的老师，他对我所研究的整个农业方向及我的造就产生过决定性的影响，我在修订本书第二版之际利用对这位伟大人物的回忆，表示对他的感谢。

八、第二十七节的说明

在第六节中，我把各种畜产品的价值以黑麦折算，收入则以黑麦若干斗表示。

这种方法应用于特定的地点是可以的，然而，黑麦和畜产品的这一价值比移用于孤立国的其他地方则会出现误差，因为黄油和羊毛的运输费用按其价值与黑麦相比，要比谷物的运输费用小。

于是人们会问，由这种计算方法所产生的差别有多大，通过修正以货币表示的支出，这一差别能否得到矫正。

现举某一情况为例，为弄清这一问题，我们必须将谷类和畜产品的收入及运输费用分别计算。

我现在不十分精确地假定，谷物的运输费用每英里为售价的1/50，畜产品的运输费用为1/150，十分精确对这例子也无多大关系。

在某一田庄

		黑麦(斗)	金额(塔勒)
谷物总产量		6,000	——
畜牧收入		——	2,400
	收入总计	6,000	2,400
货币支出在扣除庄上佃工和手艺工人等购买自用谷物的回收以后为			2,250
谷物支出(包括上述出售给佃工等的谷物)为		3,600	
	支出总计	3,600	2,250
	尚余	2,400	150
如果田庄所在地黑麦每斗的价值为1.25塔勒，2,400斗黑麦值		——	3,000
	所以纯收益		3,150

如果这一田庄离市场更远，纯收益将会发生什么变化？

1. 与市场距离增加10英里

黑麦价值便下跌10×1/50＝1/5，即每斗由1.25塔勒跌至1塔勒；畜产品的收入则下跌10×1/150＝1/15。

所以两项收入为：

黑麦每斗1塔勒，2,400斗……………………2,400塔勒

畜产品为2,400×14/15＝……………………2,240塔勒

收入总计4,640塔勒

支出仍为2,250塔勒

纯收益为2,390塔勒

2. 与市场距离增加20英里

黑麦每斗0.75塔勒，2,400斗 ………………1,800塔勒

畜产品为2,400×13/15＝……………………2,080塔勒

收入总计3,880塔勒

支出仍为2,250塔勒

纯收益为1,630塔勒

3. 与市场距离增加30英里

黑麦每斗0.50塔勒，2,400斗 ………………1,200塔勒

畜产品为2,400×12/15＝……………………1,920塔勒

收入总计3,120塔勒

支出仍为2,250 塔勒

纯收益为 870 塔勒

由此可见,与市场的距离每增加 10 英里,或者说黑麦每斗价值每跌 0.25 塔勒,*纯收益依次递减 760 塔勒。

与前面使用方法的比较

	黑麦(斗)	金额(塔勒)
如果将畜产品的收入折算为黑麦,在黑麦每斗价值为1.25塔勒的地点,畜产品收入2,400塔勒可折算为		
2,400/1.25=………………	1,920	——
于是以谷物表示的收入总数为		
6,000+1,920=…………	7,920	——
支出总数:		
黑麦 3,600 斗,每斗为 1.25 塔勒,共计		4,500
货币……………………………		2,250
		总计 6,750
如果这项货币支出的 3/4,即 5,062 塔勒,以黑麦表示,则		
5,062/1.25=………………	4,050	——

* 这里尚缺少一个条件:畜产品每减少 1/15。——译者

以货币表示的支出为 6,750×

0.25=………………………… 1,688

总收入为…………………… 7,920 ——

支出为…………………………4,050 + 1,688

尚余 3,870 − 1,688

在黑麦每斗价格为 1.25 塔勒

时,3,870 斗价值为 3,870×

1.25=………………………… 4,838

扣除支出……………………… 1,688

纯收益为 3,150

如果与市场的距离更远,使用这种计算方式,田庄的纯收益将发生什么变化?

1. 与市场距离增加 10 英里

那里黑麦的价值每斗为 1 塔勒,

3,870 斗黑麦的收入为 ……………………3,870 塔勒

支出不变,为 ……………………………1,688 塔勒

田庄的纯收益为 2,182 塔勒

2. 与市场距离增加 20 英里

那里黑麦的价值每斗为 0.75 塔

勒,3,870 斗黑麦的收入为 ……………2,902.50 塔勒

支出为 ……………………………………1,688 塔勒

纯收益为 1,214.50 塔勒

3. 与市场距离增加 30 英里

那里黑麦的价值每斗为 0.50 塔

勒 3,870 斗黑麦的收入为 ……………………1,935 塔勒

支出为 ……………………………………………1,688 塔勒

纯收益为 247 塔勒

由此可见,与市场距离每增加 10 英里,按这种方法计算,纯收益递减 967.50 塔勒;根据前一种计算方法,递减仅为 760 塔勒。

由此可见,随着与市场距离的增加,纯收益的减少比按前一种计算方法大得多。

使用本文的计算方法,如果将以货币表示的支出部分较现在缩小,那么纯收益的下降也将减少,这使人不禁要问,能否找到一个适当数字作为支出的金额,在使用两种计算方法时将得到一致的结果。

根据这一要求计算,设以货币表示的部分为总支出的 x 分之一。

以谷物表示,全部支出为 3,600+2,250/1.25=5,400 斗黑麦。

其中 $1/x$ 的部分为 $5,400/x$ 斗黑麦,这一部分以货币表示,当黑麦价格每斗为 1.25 塔勒时,则为 6,750 塔勒$/x$。

支出中以谷物表示的部分为:$5,400-5,400/x=$

$5,400\left(\frac{x-1}{x}\right)$斗

毛收益为 6,000+1,920=7,920 斗。

支出为$5,400\left(\frac{x-1}{x}\right)$斗$+\frac{5,400}{x}$塔勒。

纯收益为:7,920 斗$-5,400\left(\frac{x-1}{x}\right)$斗$-\frac{5,400}{x}$塔勒。

根据这一式子计算，纯收益当

1. 黑麦价格每斗为 1.25 塔勒时，

$$=9,900\text{ 塔勒}-6,750\left(\frac{x-1}{x}\right)\text{塔勒}-\frac{5,400}{x}\text{塔勒；}$$

2. 黑麦价格每斗为 1 塔勒时，

$$=7,920\text{ 塔勒}-5,400\left(\frac{x-1}{x}\right)\text{塔勒}-\frac{5,400}{x}\text{塔勒。}$$

$$\text{差距为}=1,980\text{ 塔勒}-1,350\left(\frac{x-1}{x}\right)\text{塔勒。}$$

按照第一种方法计算的结果，差别为 760 塔勒。

现在使两种计算方法的结果相等，则

$$1,980-1,350\left(\frac{x-1}{x}\right)=760$$

$$\text{即 } 1,220=1,350\left(\frac{x-1}{x}\right)$$

$$1,220x=1,350x-1,350$$

$$130\,x=1,350$$

$$x=10.4$$

在 $x=10.4$ 时，$5,400/x=520$。

亦即是以货币表示的支出部分为

520 斗，每斗价格为 1.25 塔勒，共计…………650 塔勒

以谷物表示的支出部分为 5,400－520＝4,880 斗

毛收益为………………………………7,920 斗

支出为…………………………………4,880 斗＋650 塔勒

因此纯收益为…………………………3,040 斗－650 塔勒。

将上列计算田庄纯收益的式子应用于离市场远近不等的地点

1. 在某一地点，

收入为 3,040 斗黑麦，每斗为 1.25 塔勒，

共计 ……………………………………3,800 塔勒

支出为 ……………………………………650 塔勒

纯收益为 3,150 塔勒

2. 与市场的距离增加 10 英里

收入为3,040斗黑麦，每斗为1塔勒，共计3,040塔勒

支出为 ……………………………………650 塔勒

纯收益为 2,390 塔勒

3. 与市场的距离增加 20 英里

收入为 3,040 斗黑麦，每斗为 0.75 塔勒，

共计 ……………………………………2,280 塔勒

支出为 ……………………………………650 塔勒

纯收益为 1,630 塔勒

4. 与市场的距离增加 30 英里

收入为 3,040 斗黑麦，每斗为 0.50 塔勒，

共计 ……………………………………1,520 塔勒

支出为 ……………………………………650 塔勒

纯收益为 870 塔勒

以上我们所得的结果与用第一种方法所求得的结果完全相同。

由此可见，虽然谷物和畜产品的价值随着与市场距离的增加变化并不一致，然而畜产品折算为黑麦仍是许可的，是能够得出正确的结果的，因为折算产生的差别可以通过以货币表示的支出部分的变化予以矫正。

在全部收入中，如果畜牧收益所占的比例越大，那么在使用上述计算方法时，以货币表示的支出部分必定越小。

对下列孤立国示意图的几点说明

下列四幅示意图系我的一位友人所画，虽然这四幅图对理解本卷所论述的对象并不必要，前面我也不曾涉及它们，然而它们却清晰地展示了我们研究成果的概貌。所以我相信，关心本书的读者对这些示意图不会不表示欢迎。

此外，我还想作几点说明，为了不中断前文的论述，我一直没有找到机会谈。

关于图 1

本图示意孤立国的轮廓，它根据本卷第一章所设的前提条件及由此推论绘制。

第二十六节叙述，畜牧圈境一直延伸到离城 50 英里；这里为节省篇幅，畜牧圈境只画到离城市 40 英里的地方。

本图以及后面几幅图，只画了环城各圈境的一半，因为另一半不仅相似，而且完全相同，这一点是很容易想象的。

关于图 2

如果孤立国有一条通航的河流贯穿全境，那么本图就是孤立国的概貌图。

这里的叙述有一个前提条件，即水运的费用为陆运的十分

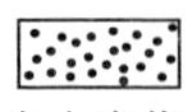
自由农作

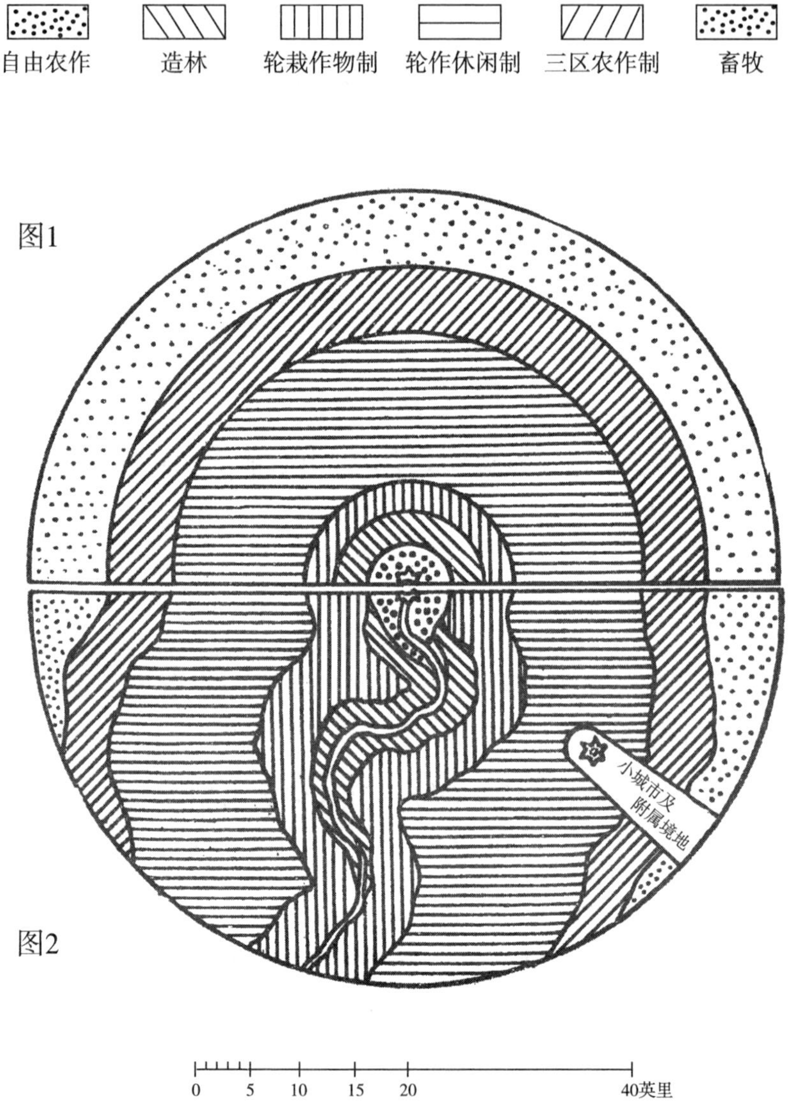

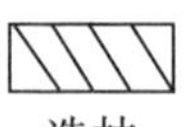
造林

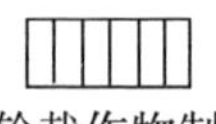
轮栽作物制

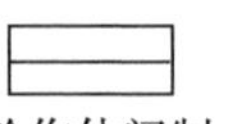
轮作休闲制

三区农作制

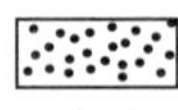
畜牧

图1

小城市及
附属境地

图2

0 5 10 15 20 40英里

之一。

实行轮栽作物制的圈境，在第 1 图中只占狭窄一条地带，在第 2 图则开展宽阔，沿着河流一直延伸到孤立国的边境。而畜牧圈境则有收缩，靠近河流的地方则完全消失。

修筑公路也有类似的功用，不过影响较小。如果平原上的公路四通八达，那么实行较高级农作制的圈境的幅员将扩大，但仍将保持第 1 图所示的规则形式。

图中未加点画的空白地带表示小城市地区。第二十八节所述的小城市地区就是指所产的粮食都供应小城市而不供应首都的地区。

我们也可以把小城市及其附属境地想象为一个独立的国家。这种小城市的谷物价格，正如我们在第二十八节中所述，完全取决于中心城市的价格。

欧洲各国与能支付最高谷物价格的富国英国，或者说其首都伦敦的关系，犹如上述小国与中心城市的关系。

在欧洲各国，即使它们既不输入也不输出谷物，谷物的价格也受世界市场伦敦的控制。如果这个市场关闭，整个欧洲的谷物价格将下跌。

关于图 3

这里假定，土地的产量为 10 斗，但是城市中谷物的平均价格甚至很不相同，黑麦每斗高至 1.5 塔勒，低至 0.6 塔勒。

图 3 形象地表明，城市中谷物价格对平原的耕作面积发生什么样的影响。本图只画了平原上耕作土地和各个同圆心的圈境的

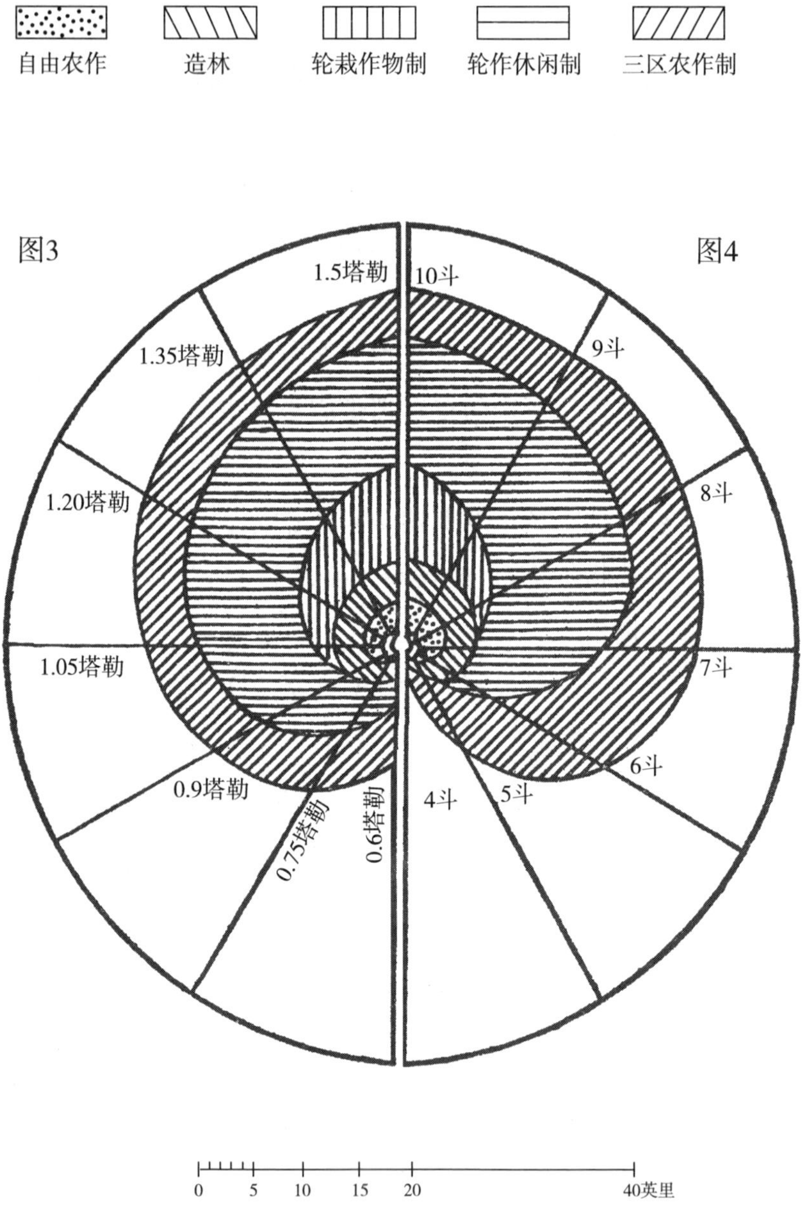

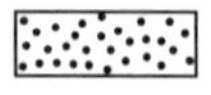
自由农作

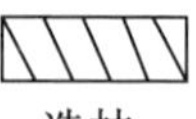
造林

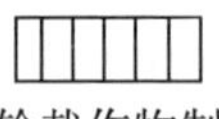
轮栽作物制

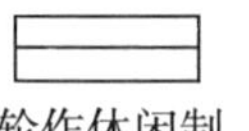
轮作休闲制

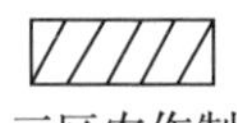
三区农作制

图3

1.5塔勒
1.35塔勒
1.20塔勒
1.05塔勒
0.9塔勒
0.75塔勒
0.6塔勒

图4

10斗
9斗
8斗
7斗
6斗
5斗
4斗

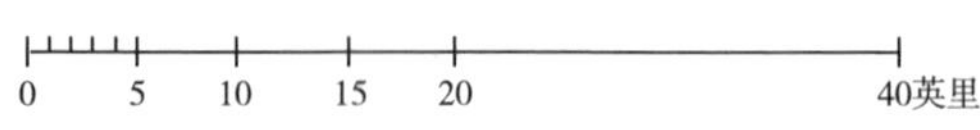

一半。现在设谷物的价格，例如为 1.05 塔勒，如果愿意像孤立国第 1 图那样设计一张示意图，那么必须用圆规量出城市到谷物价格为 1.05 塔勒的地方的距离，以此为半径围着城市画出一个圆圈。

同样我们也可以这样来画各同心圈境，其半径可以在从城市到“1.05 塔勒”地点这一直线上量得。

由于本书前面未曾提及城市平均价格发生变化对孤立国平原的影响，所以现在有必要在这里阐明一项公式，第 3 图中各圈境的半径长度即根据这一公式求得。

如果黑麦每斗的价格在城市中为 a 塔勒，在乡间则为 b 塔勒，并且根据第四节中所述平均价格为 1.5 塔勒计算，那么即可求得黑麦每斗在乡间的价值，

或者说 $$b=\frac{(12,000-150x)a-136.92x}{12,000+65.88x},$$

简化之， $$b=\frac{(182-2.3x)a-2.1x}{182+x},$$

由此得出 $$x=\frac{182(a-b)}{2.3a+b+2.1}。$$

根据第十四节所述，如果黑麦每斗的价值在乡间为 0.38 塔勒（准确些说为 0.381 塔勒），那么三区农作经济在产量为 10 斗时，地租等于零。为了求得三区农作经济的境界，应当设 $b=0.38$ 塔勒。

如果我们依次规定价值为 1.5，1.35，1.20 等等，那么按照上述公式即可求得 a 在不同的量时的 x 值。

结果如下：

在平均价格	平原耕种土地的半径
1.50 塔勒	34.7 英里

1.35 塔勒……………………31.7 英里

1.20 塔勒……………………28.6 英里

1.05 塔勒……………………25.0 英里

0.90 塔勒……………………20.9 英里

0.75 塔勒……………………16.1 英里

0.60 塔勒……………………10.4 英里

根据第十四节所述，轮作休闲制经济与三区农作制经济在黑麦价格每斗为 0.51 塔勒(准确些说为 0.516 塔勒)的地方分界。现在设 $b=0.51$，则用类似的计算方法可求得当 a 在不同值时，或者说当首都的平均价格发生变动时的轮作休闲制经济的界限。

原野垦殖面积的大小和所产粮食的总数必定与城市人口有一精确的比例，因此垦殖面积的缩小都会影响城市的规模。

自由农作圈境和造林圈境的大小，与城市的规模成正比，也与原野垦殖面积成比例。至于轮栽作物制——这里所谈的亦即是第二十一节所说的——，在谷物价格为 1.5 塔勒时，其范围假定为离城市向外延伸 9.4 英里；如果谷物价格下降，这一范围便随之迅速缩小，当价格为 0.9 塔勒时，则等于零。

如果将轮作休闲制圈境和轮栽作物制的圈境合并，那么这两个圈境在

谷物价格	范围延伸	占平原的半径*
1.50 塔勒	21.4 英里	=62%

* 应为平原的耕作半径。——译者

1.05 塔勒	13.4 英里	=54%
0.60 塔勒	1.6 英里	=15%

三区农作圈境在

谷物价格	范围延伸	占平原的半径*
1.50 塔勒	4.5 英里	=13%
1.05 塔勒	5.4 英里	=21%
0.60 塔勒	6.2 英里	=60%

由此可见，谷物价格下降不仅会缩小平原的耕作面积(实际是放弃贫瘠的土地)，而且会影响土地的积极耕作。

现在设谷物价格为 1.5 塔勒时平原的耕作面积为 1,000，则根据第 3 图所示：

谷物价格	平原的耕作面积
1.35 塔勒	844
1.20 塔勒	687
1.05 塔勒	525
0.90 塔勒	367
0.75 塔勒	217

除最后一个数字以外，表示面积的一行数字由大而小，似有一定的规律性。

如果我们假定：

1. 凡运往城市出售的谷物均需征税；

2. 城市中谷物价格不变，即黑麦每斗价格永远为 1.5 塔勒，

* 应为平原的耕作半径。——译者

那么征税对农民的影响，犹如谷物价格的下跌，第3图清楚地说明了这种征税的作用。

如果进城销售黑麦，每斗需征通行税或面粉税，例如为0.3塔勒，那么农民每斗仅仅得到1.2塔勒，平原耕种的面积便从34.7英里缩减为28.6英里。

如果我们想象征税不断增长，那么耕种面积将不断缩减。如果征税每斗增至0.9塔勒，那么平原耕种面积的半径只有10.4英里。如果征税继续增长，那么整个国家最终必将灭亡。由此显然可见，横征暴敛能使沃土良田变成荒野。

横征暴敛固然会使征税对象消失，国库不再有收入；但另一方面，如果完全无税，尽管国家的幅员极大，则仍然没有收入。所以必须规定一个最佳税率，按此征税收益最大。现在要问税率定多少才能出现这种收益最大的局面。

如果黑麦每斗税额为	则平原的耕作面积为	征税收益的比例数
0　塔勒	1,000	0
0.15 塔勒	844	126.60
0.30 塔勒	687	206.10
0.45 塔勒	525	236.25
0.60 塔勒	367	220.20
0.75 塔勒	217	162.75

在这里所举的各种情况中，以黑麦每斗征税0.45塔勒这一税率对国库最有益。征税每有增长，国库收入便减少，值得注意的是，如每斗征税0.75塔勒，国库收入并不比征税0.22塔勒时更多些。

由此可见，如果政府无视民众利益，只把民众看作增税的工具，那么政府的横征暴敛是完全达不到既定的目标的。

关于图 4

本图表明，在谷物价格不变——黑麦每斗为 1.5 塔勒——的条件下，土地产量的变化对孤立国所产生的影响。不过应注意，这里所讲的产量的变化是以第十四节所述的条件为前提的。

第 3 图表明了谷物的各级价格，本图则表明谷物产量从 10 斗降至 4 斗的情况，平原上耕作土地和各个同圆心的圈境在两图上仅画出一半。

本图的尺寸按第十四节计算，平原的耕作面积如下：

谷物产量	平原的半径
10 斗	34.7 英里
9 斗	33.3 英里
8 斗	31.5 英里
7 斗	28.6 英里
6 斗	23.6 英里
5 斗	13.3 英里
4 斗	2.2 英里

从前图与本图的比较可知，土地产量下降比谷物价均匀下降对积极从事农作的危害要大些。例如，当黑麦价格每斗为 1.5 塔勒×0.5＝0.75 塔勒时，实行轮作休闲制的面积还占平原耕作半径的 38％，而产量为 10 斗×0.5＝5 斗时，轮作休闲制则完全消失了。

第 二 卷

自然工资及其同利率和地租的关系

目　次

（第 二 卷）

导　言

对本书第一卷应用方法的概述和评论
以及第二卷的写作计划。

一

在国民经济学方面亚当·斯密是我的师表，在科学的农业方面则是特尔先生。

他们两位是两种科学的创始人，他们的不少学说将永远是无可非议的科学基础。

凡是名人们的著作或演说中被认为是切实无疑的东西，我们便予接受，心悦诚服地采纳，因而这些东西不再成为我们研究的对象。

然而，科学绝无止境，科学的进步常常向我们提出以往所未曾料及的问题。

在我看来，这两位伟大人物的学说有未完善的地方，这些地方难以满足我的探求真理的需要，因而迫使我自行研究，我的研究也许可以归纳为下列几个方面，虽然不能包括全部，但也可见其大概：

1. 在合理经营下，如果谷物价格发生变化，农作必将发生怎样的变化？

2. 谷物价格和木材的价格受哪些规律支配？

3. 较高的农作制，即轮栽作物制，是否比轮作休闲制和三区农作制绝对优越？或者说，一种农作制比另一种优越，是否由农产品价格的高低决定的？

4. 地租是什么原因产生的？地租量受哪条规律支配？

5. 向农业征税，最终会产生怎样的作用？

6. 什么是自然的工资？或者问，在工人的产品中，工人自然应得的部分为多少？

7. 利率的高低是由什么规律决定的？利率和工资之间存在什么关系？

8. 货币资本量对利率和商品价格的作用怎样？

9. 农业的重大改良和工厂新机器的发明，在最初出现时有什么影响？最终有什么影响？

在青年时代，当我在汉堡附近弗洛特贝克施陶丁格尔先生的学院中学习农业时，关于孤立国已有最初的雏形，以后我总觉得有一种责任感，将我所看到的农业和国家经济方面的、可作为孤立国基础的观念的问题，加以条理化，为了达到这个目的，我觉得唯有在研究中排除一切偶然的及非本质的因素才有希望。

在我开始作为田庄主的务农生涯时，我就精细地治理会计，力求获得在不同谷物产量和不同谷物价格时的农业成本和纯收益的计算数据。这类数据经五年的汇集，我获得了一个概貌，以此作为基础开始我的，也就是第一卷中所叙述的研究工作。

本卷的目的是考察和评论上卷的研究工作所应用的方法，所以我冒昧地将我研究的过程和研究中取得的各项成果再次向读者介绍，以唤起记忆。

二

第一卷中根据特洛田庄的情况所作的各种计算在第五节和第六节中曾经说，如果黑麦每柏林斗*的价格降至0.549金塔勒，那么田地在休闲以后黑麦产量为8斗，实行轮作休闲制田庄的地租便自行消失，亦即是等于零。随着地租的消失，土地的耕作也就停止。

但是，改变农作的方式可以节省农作费用，如果黑麦每斗的价格也降至0.549金塔勒，土地仍可耕作，甚至还有一些地租可交。为了节省费用通过改革所产生的农作制，与纯粹三区农作制完全一样。

因此这里可以得出结论说，当谷物价格下跌达到一定程度时，实行三区农作制比实行轮作休闲制有利。

如果谷物价格总是下跌，那么实行三区农作制田庄的地租最终亦将消失，第十四节(一)所述，当黑麦每斗的价格为0.47金塔勒时，情况就是如此，这时以销售谷物为目的耕作必将结束。

然而另一方面，如果我们考察谷物价格不断增长的作用，那么到了一定的程度我们会发现，土地很昂贵，产量很丰富，不容继续将一部分土地作无益的休闲。由于休闲的废止，轮作休闲制便转变为轮栽作物制，后者的地租比前者高。

谷物运往城市出售，谷物的市价减去运输费用即得谷物在田

* 1柏林斗＝84磅。——译者

庄上的价值。距离市场越远，运费越贵，谷物在田庄的价值就越低。所以，田庄与市场的距离不断增加，其作用等于距离不变而谷物价格不断下降。

因此，谷物价格的高低对农作的影响也可以用圈境的位置来说明，孤立国就是由此产生的。

由于对事物可以作这种理解，所以除原有的问题外又出现了新问题：

> 如果想使土地产生最高纯收益，那么与贸易城市距离发生变化，农作的形式必将发生什么变化？

这里存在的规律不能直接由经验获得，因为实际上无论何处的土质都不相同，土地的肥力也不相等，再加上通航的河道等因素在起作用。在我们所看到的与贸易城市不等距离的田庄中，在合理经营的前提下，所有这些因素的影响都是结合在一起的。

使单独一个因素——与市场的距离——的作用摆脱与其他诸因素作用的矛盾，这样才能予以认识，所以在第一卷中我们不得不假定，平原上只有一个没有通航河流的大城市，平原的土质完全相同，肥力完全相等。

这种理想的设计与我们进行物理学和农业实验中所应用的方法相类似，都是只增加单独一种欲加研究的因素的量，而对其他因素暂时考虑不变。

在这些前提条件下，在孤立国的平原上就形成了如第一卷所述的，以城市为中心的、有规则的同心圈境，这些圈境由内向外依次的排列是：自由农作、造林、轮栽作物、轮作休闲和三区农作。

由城市向外，距离无止境地增加，最终必定会到达这么一点，那里谷物的生产费用和运输费用之和与在城市的售价相等,这里的地租即行消失,以运往城市出售为目的的谷物的种植便告终止。

上卷第二十四节所述的、决定谷物价格的规律,是从这里产生的。

靠近城市的田庄比可耕作的平原边缘地带的田庄优越,地租因此而产生,根据第二十五节所述,地租量决定于这种优越的程度。

农作圈境的外边,以向城市出售为目的的耕作已不再存在,那里是畜牧圈境,那里从事畜牧尚有利可图,因为畜产品如黄油、肥畜、羊毛等的运费,相对其本身的价值说,比谷物的运费低得多。

畜牧圈境外边的平原则是渺无人烟的、将孤立国与世隔绝的荒野。这片荒野的土质和肥沃程度,我们假定与各圈境相同。这一地带不能扩大耕作的原因不在于土质,而仅仅在于与销售农产品的市场的距离太远。

所以,畜牧圈境的范围也受下列条件的限制,城市中畜产品的价格还能抵偿最远的生产者所耗费的生产费用和运输费用。

距离城市越远,由于地租和谷物价格越低,畜产品的生产费用也越低,与此相反畜产品的运输费用却越高。第二十六节曾经指出,离城市越远生产费用的减少大于运输费用的增加,由于畜牧圈境中最僻远的田庄的地租等于零,因此〔见第二十六节(二)〕可推得一个重要的规律,即在近郊(自由农作圈境除外)从事畜牧,地租必定为负数。

新设税收的最终作用,如第三章所述,会使平原边缘地带荒弃不耕,土地的耕作范围向城市方向紧缩,国家的居民数量减少。

上述这些是对第一卷研究的进程和结果所作的扼要的回顾。

第一卷的这些结果并非由理想推导得来，而是由计算农作的费用和收益的公式得来，计算所用的数据都取自实际，而谷物价格这一因素则是设为不断变化的。

如果经验得到准确的理解，如果由此而设的推论是合理的，那么在纯粹理想中出现十分矛盾之处，上述的计算方法可以用数学正确作出判断。

利用这一方法所取得的成就越大，对所获得的成果的可靠性要求越高，那么对这种方法的检验和评论必定越严格。

三

不将实际抽象难以达到科学的认识，但对实际的抽象有双重危险：

1. 人们在思想时，将事物的相互作用切断，

2. 我们的结论都根据各种前提条件，而我们对这些前提条件认识不清，所以无法阐明结论；因此，我们所认为普遍有效的结论，仅仅是在这些前提条件下才有效。

国民经济学史在这方面提供了许多引人注目的例子。

第一卷中作为根据的各项前提条件，部分是明确提出来的，部分则是默认的，因此下列两点有必要加以特别的考察和解释：

1. 孤立国平原的土地不仅自古肥力相等，而且在耕作以后（自由农作圈境除外），孤立国的土地无论何处所含的滋养植物的肥力仍然相等，尽管当地的谷物价格可以并不相同。

2. 不论黑麦每斗可能是 0.5 塔勒，或者是 1.5 塔勒，农田的

耕作、谷实的收获和脱粒的细致程度，仍然到处相同。我们曾不得不将合理的经营作为最高的、不可或缺的要求，不得不将一切置于这一要求之下。

因此人们不禁要问："上述两项前提条件同合理的经营是否协调？"

我只能回答说："不。"

这个回答的理由下文将进一步讨论。

第一卷对这个问题未作辩解，如果对本书的思想作深入的评论，则可能和必然会从这一方面施行攻击。

本书既然有这种根本上的缺陷，那么孤立国的整个结构岂不全部崩溃了？为讨论这一问题，我想先举一个类似的情况，加以考察。

假定肥沃的土地可以用一定的价格购买或提供，农田表层的肥力可以任意提高，那么我们将为自己提出一项计算任务，即土地表层的肥力在什么程度上，我们在扣除购买土地的费用的利息之后，才能从土地获得最高的纯收入。

为了探明这个问题，首先应做各种试验，以研究产量如何与土地表层的肥力同时增长，以及它们之间的关系。在做这种试验时，对不等肥力的田亩应施以同等的播种，因为，否则两种不同的对象会引起混淆，通过试验两种对象都不能获得纯正的答复。然而，播种量在这里总是一个起作用的因素，如果想使 10 英寸表土的土地和 4 英寸表土的土地都获得最高的产量，则很可能两者所要求的播种量是各不相同的。

于是又要作第二种试验，将不同深度表层的田亩分成若干块，在这些地块上播以不等量的种子，以查明哪种播种量对哪种表层的田块最为适宜，并获得最高的产量。

此外，还必须对其他起作用的因素——除了改变表层肥力因而改变了土地的质量以外——，如犁耕较深费用较大等因素**从一切其他因素中区分开来**，作为试验和考察的对象，以求完全解决上述这项任务。

凡是我们认识到在自然界完全正确的方法，如果在思想领域并不适用，那么从两种共同起作用的因素中，我们是否还可以先选取其一作为单独起作用的因素加以考察，然后同样再取另一作为单独起作用的因素进行研究呢？

通过类比无疑可知，这种方法至多大致正确。用这种方法几乎不可能提供严格的证明，因为这种证明经不起反驳。

但是，这里的关键是要求绝对正确。

幸而我们能应用数学这一不会欺人的科学去求得证明。

在微分学中，如果从一个包含若干个变量的函数中求最大值，那么在求微分时，首先应将一个量视作变量，其余的视作常量；在为这个量——令其微分等于零——求得的值代入函数之后，再对第二个变量求微分，并把求得的值代替变量，如法炮制，直到函数中一切变量都求出为止。

数学家的已经证明为正确的方法，如果也能证明我们所应用的方法的正确，那么我们——与数学家一样——努力寻求最大值并将它作为我们的考察对象，必定是正确的。

在农业中，我拥有许多方法可从土地获得收益，不仅是暂时的，而且是长期的，例如加倍精心地耕作和收获，购买肥料、骨灰、鸟粪等用以肥田，用泥灰土、腐土等施以田中，以补泥土成分的不足等等。

然而，如果这种改良所耗费用，超过了由此增产的价值，那么这种改良不仅导致从事改良的农民破产，而且会减少国民财富。

农民的目的不是获得最高的毛收入，而是最高的纯收益。

试问，精心耕作和增加土地肥力允许达到什么限度，兹答复如下：

1. 精心的工作，例如收获马铃薯，其限度不允许超过最后为此多费的工作能得到增产补偿的界线。

2. 增加土地肥力必须合理进行，当购买肥料或生产肥料的费用的利息*与因此所得的增产相等时即应停止。

用上述方法获得的增产总是耗费资本和劳动得来的，所以必定存在增产的价值与增加的耗费**相等之点，这一点也就是纯收益最高之点。

所以，我们在以探求最高纯收益为目标的研究中，所应用的方法是与数学中在探求一个拥有若干变量的函数的最大值时所应用的被证明是正确的方法，是一致的，正如数学家先从一个函数所包含的若干变量中仅仅取一个视作变量，而将其余的视作不变量进行计算，因此，我们也可以从对纯收益发生作用的、与谷物价格有关的诸因素中，先取其一视作单独起作用的因素，而将其余的视作静止不变的因素进行计算。

* 似还应包括购买费用本身。——译者

** 似还应包括其利息。——译者

因此可以证明，第一卷所应用的方法，是可靠的和正确的。

第一卷曾问：“谷物价格的高低对农作有什么影响?”这个问题前面只作了局部的、几个方面的研究。谷物价格的影响涉及许多方面，我们在这里只谈它对土地肥力和对工作精心程度的影响，第一卷仅仅是为完善地解决这一问题作了开端。

为了让读者更好地理解和正确地评论第一卷的价值，我在这里先将谷物价格对土地肥力和工作精心程度的影响略作表述，后文将专门探讨这两个问题。

四

甲. 在孤立国由于从事畜牧的圈境范围很广，畜产品的价格又很低，所以如第一卷所述，在这种情况下如欲废除土地休闲并实行轮栽作物制，唯有土地的肥力达到一定的程度，即在土地纯粹休闲之后种植谷物出现倒伏的现象时，才能获益。然而孤立国的前提条件是整个平原的土地肥力均等，而且假定在土地休闲以后每100梅克伦堡平方丈产谷物为8柏林斗(每1普鲁士亩产9.44柏林斗)。

土地产量为8斗时，谷物不发生倒伏。

由此可以合理推论，在孤立国第一卷中根本不可能实行轮栽作物制。

如果我们注视一下谷物价格和土地肥力关系方面的实际情况，我们就会发现，通常人口稠密、谷物价格昂贵的国家比人口稀少、谷物价格低贱的国家土地肥沃。所以上述的问题实际上已经解决，值得注意的是，早已是农民常识的事，而科学家还没有系统地理解和论述。

如果我们放弃使用不完善的科学证明，而将土地肥力跟随谷物价格增长的经验视作理性的基础，并将这一原则用于孤立国，那么孤立国的形成将有重大的变化。于是平原全境的肥力并不均等，从边境开始，越近城市土地肥力越高，在离城一定的地方，使土地的肥力超过土地在休闲以后种植谷物开始出现倒伏的程度，这是有利可图的，完全可能办到的。于是，上卷中所料想的、但认为与假设的情况不相适应的地方就出现了，那里可以实施轮栽作物制。

这里与第一卷结论有重大分歧，这可能给人一种假象：当前只考察一种因素的方法似乎在这里把人引入了歧途。

然而，如果不假定土地肥力均等，那么就根本无法研究与城市的距离本身的作用，即撇开其他因素不计的情况下的作用。这种研究必将导致混乱，无法说明问题。

不确当之处不在于方法本身，而在于第一卷的研究尚未完结，仅仅解决了问题的一个方面。

正如在一个包含若干变量的函数中，虽然一个数量的值已经求得并可替代，但这个函数的值仍未确定，唯有一切变量都已消除，这个函数才能确定，孤立国的讨论情况也是如此。

在关于距离本身作用的第一项研究结束以后，就可开始研究距离对最适宜的土地肥力的影响，两者都是为了解答上述问题。两项研究相结合才能获得完美的结果，虽然也并非是最终的结果。

实际上，研究这项工作的资料在第一卷中大部分已经具备。

因为计算纯收益的公式不仅对一定的谷物产量，而且也对各种产量（直至产量为 10 斗）都有效，因而对能提供这些产量的土地肥力也适用。计算轮作休闲制和三区农作制的分界线的公式已经求得，这个公式对求各种产量也属有效。唯有对超过 10 斗产量的土地肥力，计算方法和公式还需待设计。

如果谷物价格和土地肥力相互关系的规律已经找到，那么利用现有的材料便轻而易举地计算出与城市不同距离的土地肥力、产量和地租，可以完满地勾画出孤立国的形象，这个孤立国与我们遇到的、各种因素在起综合作用的现实世界，是很相似的。

但是，仅仅从观察得来的关于谷物价格昂贵必定土地肥力丰厚的知识，还不足以完成这一工作。确切地说，必须证明这种现象是势所必然的，必须找到谷物价格和土地肥力的相互作用的规律，然后本卷才能像第一卷一样，切切实实地研究这个问题。

乙. 某一田庄，历来雇用日工 20 户从事一切劳动，如果现在增添一户，耕畜同时也有相应的增加，那么收获和播种，部分可在较短的因而是较为适宜的时间内完成，部分工作可做得更为精心；此外，谷物脱粒和马铃薯的捡拾工作做得格外仔细，等等。

增雇工人家庭必须合理，其限度则以最后雇用的工人所增产的价值等于工人所得的工资。

增产的数量如以谷物表示，那么在同一种农作制度下，不论谷物价格如何，始终不变。货币工资的涨落，即使实际工资不变，也并不与谷物价格成正比，第一卷已详细讨论过工资的一部分不受谷物价格影响，所以必须以货币表示。

今假定一个工人家庭的费用每年为 60 斗黑麦加 30 塔勒；最后被雇的这个工人家庭为田庄增产 100 斗黑麦，那么田庄主所得的利润为 40 斗减去 30 塔勒。

当黑麦每斗价格为 $1\frac{1}{2}$ 塔勒时，利润为 60－30＝30 塔勒，

当黑麦每斗价格为 1 塔勒时，利润为 40－30＝10 塔勒，

当黑麦每斗价格为 3/4 塔勒时，利润为 30－30＝0 塔勒。

当每斗价格为 1/2 塔勒时，非但无利可图，反而有 10 塔勒的损失。

由此可见，当谷物价格每斗为 $1\frac{1}{2}$ 塔勒时雇用工人超过 21 名还有利可图，而价格为 1/2 塔勒时，则第 20 名工人已会带来损失。

然而农作的自然性质——这是一个很值得注意的问题——是，增产与雇用工人的数量并不成正比，反而是后雇的工人比前雇的工人所提供的产量少，第 22 名提供的比第 21 名少，第 23 名提供的比第 22 名少，等等。

今列表如下以作例子：

第 21 名工人的产量……………………100 斗

第 22 名工人的产量…………………… 90 斗

第 23 名工人的产量…………………… 81 斗

第 24 名工人的产量…………………… 73 斗

第 20 名工人的产量……………………111 斗

第 19 名工人的产量……………………123 斗

根据此表，当谷物价格每斗为 $1\frac{1}{2}$ 塔勒时：

第 22 名工人……产量 90 斗，费用 60 斗＋30 塔勒，剩余 30 斗（每斗 $1\frac{1}{2}$ 塔勒）－30 塔勒＝15 塔勒。

第 23 名工人……产量 81 斗，费用 60 斗＋30 塔勒，剩余 21 斗（每斗 $1\frac{1}{2}$ 塔勒）－30 塔勒＝$1\frac{1}{2}$ 塔勒。

第 24 名工人……产量 73 斗，在扣除工资以后，剩余 13 斗（每斗 $1\frac{1}{2}$ 塔勒）－30 塔勒＝－$10\frac{1}{2}$ 塔勒。

所以当谷物价格每斗为 $1\frac{1}{2}$ 塔勒时，雇用第 22 名工人能获得利润，在雇用第 23 名工人时得益和费用相互抵偿，再雇用第 24 名工人则必然出现亏损。

如果谷物价格每斗为 1/2 塔勒，第 20 名工人的产量为 111 斗，在扣除工资以后，尚余：51 斗－30 塔勒。51 斗的价值为 $25\frac{1}{2}$ 塔勒。这就是说，第 20 名工人带来 $4\frac{1}{2}$ 塔勒的损失。第 19 名工人提供的产量为 123 斗，扣除工资后尚余：63 斗（每斗 1/2 塔勒）－30 塔勒＝$1\frac{1}{2}$ 塔勒。

所以，当谷物价格每斗为 $1\frac{1}{2}$ 塔勒时，工人的人数由 20 名增至 23 名是有利可图的，当价格为 1/2 塔勒时，第 20 名工人必须解雇，如此才能获得最高的纯收益。

现在我们将孤立国中两处田庄作比较，一处在边境，那里黑麦每斗约为 1/2 塔勒，另一处在城市附近，黑麦价格每斗为 $1\frac{1}{2}$ 塔勒，并且假定，两处田庄不仅土地肥力相等，而且实行同一农作制，那么城郊的田庄，由于工作较为精心，产量将高于边境田庄，超过之数为第 20、第 21、第 22 以及第 23 名工人所生产的总和，根据上表计算为 382 斗。

鉴于上述这一点，孤立国第一卷所作的描写应作怎样的改变呢？

假定肥力相等的土地，城郊的谷物产量为 $8\frac{1}{2}$ 斗，边境的仅为 $7\frac{1}{2}$ 斗。

由于合理经营的结果，谷物产量出现这一差别，边境的土地本可生产 $8\frac{1}{2}$ 斗，而田庄主宁可得 $7\frac{1}{2}$ 斗，因为只收 $7\frac{1}{2}$ 斗的谷物的生产费用比多耗费劳力而获得 8 斗（平原的标准产量）要低廉一些。平原耕作的范围是由生产费用的大小决定的，因此考虑到上述这一点，平原种植范围的英里数还应比第一卷所计算的略增加一些。轮作休闲制与三区农作制的界限还可往外略微扩展些，但不是大大扩展。然而，与英里数无重大关系，因为英里数不涉及研究的本质，只不过用来表示思想概念而已。上述这一点仅仅起数量的而不是质量的作用，所以在孤立国的结构方面没有什么影响。反之，在其他方面考察这一点则非常重要，下文将展开讨论。

在《孤立国》于 1826 年初版问世时，书中的一个结论表面看来与现实的存在有尖锐的矛盾，这里我想作一番解释。

第一卷计算说明，在谷物价格降到一定程度时，轮作休闲制转变为三区农作制较为有利，地租也能提高。

在 1820 至 1826 年期间，德国北部的谷物价格几乎跌到这样的地步，按照孤立国的理论实行三区农作制比轮作休闲制更为有利，然而当时的田庄主谋求补救的办法是，增加畜产品的生产，而不是改行三区农作制，三区农作制对畜产品的生产比谷物的生产更受限制。

著者在编写本书时清楚地看到了实际与所得结论的尖锐矛

盾，但是著者不能改变结论，因为这个结论是从研究的全过程中必然得出来的。

那么矛盾来自哪里呢？

1. 在孤立国中是以静止状态为观察的基础。德国谷物价格低廉是由于连年大丰收以及同时英国禁止谷物进口造成的，这是一种非自然状态，是不可持久不变的。

孤立国中实行三区农作的圈境，不仅谷物价格，而且畜产品的价格长期以来都是低的，因为消费者所能支付的价格，不能超过标准价格。

但是，当时德国消费者是能够支付1820年以前的平均价格的，谷物价格低廉不是由于消费者的能力微薄，而是由于供给远远超过可能的消费造成的。因此民众的生活方式起了变化。收入中原来必须用于购买谷物的部分，现在可以有不少节余，节余的钱大部分用于置办质量较好的衣服，以及购买较多的肉食，而不是用于素食。因此对畜产品如羊毛、肉类、黄油等的需求激剧增长，肉和黄油几乎完全能保持原来的价格，羊毛由于能免税输往英国，价格非自然地上涨。谷物和畜产品的价格从来也不曾像当时那样不合比例。从前1柏林斗黑麦的价值约等于9磅黄油和6磅羊毛，而在这时3—4磅黄油就等于1斗黑麦。精细羊毛每磅价格常常超过1斗黑麦的价格，最精细羊毛每磅价值甚至达到黑麦2斗。

在历来支配价格的生产费用和市场价格之间，任何关系似乎都已破坏。这种反常的情形不能长期存在，当然，现在早已过去。

在考察这些情形时，我们很容易了解，谷物价格下跌在畜产品价格上涨时必定不会实行三区农作制，而只可能扩大饲料的生产。

2. 在孤立国内，耕作平原的四周是畜牧圈境，那里提供的畜产品价格很低，如果在城郊从事畜牧，地租将为负数。然而，纯粹从事畜牧的不很发达的国家，离德国的极大部分地区或则距离遥远，或则从那里输入畜产品关税很重，所以国内畜产品的价格较高，足以提供畜牧地租。

畜产品价格昂贵是果断地实行轮栽作物制的全部原因。如果问在什么地方开始实行轮栽作物制比轮作休闲制有利，在答复这一问题时极重要的一点就是，畜产品和谷物的价格比例。

孤立国第一卷没有能顾及德国的情况，也没有将德国的情况作为研究的基础，因为，如果这么做了，那么探求一般规律的努力则变成寻求适用于一国、一省的规则的努力，这些规则对其他国家都不适用。在第二卷中，孤立国的情况则有变化，孤立国的四周不是可耕种的荒野，而是不毛的沙漠，研究的对象就是这样的孤立国，由此得出的结果将比第一卷得出的结果更接近于德国的情况。

正确的感觉告诉我们，“谷物价格低廉将导致实行三区农作制”，但这话对德国的情况并不适用，于是人们就怀疑这话并不正确；人们忽视了这话之所以不正确是因为情况发生变化，因而在不该攻击这话的地方攻击这话，而所举的理由并无根据。

五

对孤立国一切状况提出合理要求的情形

孤立国应用的结构方法是，由实际中取某一个田庄的状况作为依据，设想将这一田庄依次置于离城远近，即与市场距离不等的地方，然后再谋求解决“随着与城市距离的增大，这个田庄的经营必将发生怎样的变化”这个问题。

第一卷我们曾不得不将合理经营作为是一个必不可少的条件。

因此，实际上这个田庄的一切状况就完全移置到了孤立国。

实际上这一地点的工资和利息关系，梅克伦堡的全境公路，各田庄的规模等等都成了构成孤立国的依据。

现在我们想对孤立国的一切状况提出合理要求。但这样做必然会遇到下列问题：那里的工资及其与利率的比例是否合乎自然？修筑这种公路是否合理？这种田庄规模能否提供最高的地租等等？

如果说实际中的一切是在形成之中，任何变化仅仅是向更高级的过渡，那么说合乎理性的事已在这里某处充分表露出来，这就成了奇迹。如果实际上确有这样的奇迹，那么也必须证明存在的就是合乎理性的，以及为什么是合乎理性的。

为了完满地解答上面提出的问题，当前的任务是将实际中存在的事物一一加以考察和评论，努力探索合乎规律性的东西，然后将它们——如果已被发现——移置于孤立国，取代现实存在的事物。于是又有许多问题需要研究，其中最为重要的有下列若干点，这些问题与前面提及的都有关系。

1. 什么是自然规定的工资？利率的高低是由什么规律决定的？

资本是积累的劳动产品，亦即是已完成的劳动，与今后继续的劳动都出自同一源泉，即人类的活动。所以资本和劳动从本质上讲是同一的东西，只是从时间上看并不相同，犹如过去和现在的差别。两者之间必然存在某种关系。试问是哪种关系？

这个问题涉及社会各种等级所处的地位，涉及人数最多的劳动者阶级的幸福和福利问题，以及有产阶级对无产阶级应负的义务等，所以研究这一问题必须超出原来探讨孤立国构成的范围。由于这个问题关及人类本身，孤立国应退居幕后，探讨之所以放在孤立国中进行，主要是因为，这个问题——如果真能得到解决——在我看来，唯有以孤立国所根据的观念形式，才能获得解答。

2. 地租与工资和利率的关系怎样？

3. 如果孤立国平原上没有中央大城市，仅有大小相等、分布均匀的小城市，试问地租是由什么规律决定的？劳动的精心程度与谷物价格有什么关系？

4. 货币资本量对利率高低产生什么影响？

5. 实际运输费用是根据本世纪初梅克伦堡很恶劣的道路条件计算的。道路恶劣如果不加改善，当然是不明智的，后来梅克伦堡兴修了不少公路，运输有了改善。对孤立国，开始我们设想道路条件很差，所以它的形成和范围大小受到影响，现在要求孤立国到处都合理，就会产生下列两个问题：

(1)孤立国中在什么地方以及以怎样的范围修筑公路和

铁路才是有益的?

(2)修筑公路和铁路以后,平原的可垦殖面积、土地的耕作以及国民财富将发生什么变化?

6. 根据孤立国的结构状况,曾假设整个平原气候相同,按照研究的目的在第一卷中不得不作如此假设。

第一卷所述的孤立国由于幅员很小,所以气候对农作的影响也没有什么材料可以探讨。

现在我们设想有这么一个国家,四周为无际的荒野所包围,拥有一个通至极偏僻地带的铁道网,依靠铁道可将极偏僻地带所产的谷物运往城市,这个国家的幅员非常之大,仅仅因为气候关系,其南方的农作特点就会完全不同于北方。

如果将气候对农作的影响作为考察的对象,那么必然会出现许多问题,需要加以考察和予以回答,这里试举几例:

(1)由于气候的不同,工人的生活必需品、工资、人们的工作能力和工作费用会发生什么变化?

(2)由于纬度高低不同,牲畜牧畜时期有什么变化?放牧时期的长短对畜产品的生产费用将有什么影响?

(3)在不同的气候地带,哪些作物因其产量最高而成为当地的主要作物?

(4)气候对一定的谷物产量(例如 100 平方丈产 10 斗)需要吸收的腐殖质的量有什么影响?同样的土地,同样的情况,只是纬度不同,试问腐殖质的量有什么变化?

7. 为了能完成孤立国的结构,我们曾不得不假设谷物价格为已知,并以一定的数字表示出来。但是这项价格不能任意规定,或视为偶然的事情。孤立国既已形成，我们便为自己提出任务，废除所设的各种前提条件，以合乎规律的东西取代之，于是我们不得不问：

> 为什么城市不能支付高于假设的价格，即黑麦每斗$1\frac{1}{2}$塔勒？城市支付的恰恰是这种价格，而不是别的价格，原因和条件是什么？

如果谷物价格上涨，平原的垦殖面积越来越大，那么限制城市发展的因素不在于粮食的短缺，而必定在于城市自身，即难以或者说不能提供比以往更多的制成品以换取一定量的粮食。

8. 第一卷所设孤立国只有**一个**大城市的前提条件，这仅仅是为了便于研究问题，这个前提条件很不合理，现在必须予以废除。

实际上城市的形成往往是偶然的事。第一个移民在某地筑屋而居，第二个移民就在他旁边聚居，因为相互协助对双方都有益。出于同样的原因，第三个、第四个……移民也参加集居，最后形成城市。

如果他们能够任意搬迁，那么他们会很愿意将许多由这种原因形成的或类似原因形成的城市迁走。

孤立国中到处都应合理，城市的大小和分布也必须合乎规律。下列这句话可以看作最高原则：

> 全境各城市的大小及相互间距必须最有利于国计民生。

如果工场和工厂在它们的所在地，能够以最低廉的费用进行生产，以最便宜的价格向消费者提供产品，这就算符合这一原则。

这里又会产生不少问题，现在试述几点如下：

(1)哪些原因决定人们聚居于大城市？哪些工厂符合自然地应设在首都？

(2)地方城市的大小和相互距离与当地居民稠密程度有什么关系？

(3)地方城市距离的远近，对农业和乡间人口的形成有什么反作用？

9. 孤立国的四周如果没有畜牧圈境，而是不毛的沙漠，那么畜产品的价格将由什么规律来决定呢？

10. 前面假设孤立国的一个前提条件是，那里的土地不仅物理性质相同，而且——除自由农作境圈例外——所含有的植物所需的养分也到处相等。

然而，土地的肥力是一个以人力大小为转移的因素，因此不禁要问，原来肥力相等的土地，在合理经营的情况下，能否在孤立国的一切地方仍然保持肥力相等。

提高土地的肥力不是随便可以实现的，而是必须通过投资，或爱惜地力、暂时牺牲一些纯收益才能实现。现在的问题是，作出牺牲的程度，土地增加肥力带来的好处，都取决于谷物价格和高产价格的高低，因此牺牲和得益两者的程度，在孤立国的各个地方是很不相同的。

由此可见，土地的适宜肥力似乎必须与农产品的价格有一定关系。

这一见解又引起下列问题：

孤立国各地如要满足合理的要求，土地肥力应提高到什么程度？

11. 特洛田庄如果迁至孤立国各地，田庄的经营将会发生怎样变化？孤立国的结构就是为回答这个问题而设计的，所以这里存在一个条件，孤立国的一切田庄规模都与特洛田庄相等。

根据选定的地点，我们不禁要问，特洛田庄的规模是否是土地纯收益最高的，于是又产生另外三个问题：

(1)在某种完全确定的情况下，如何算出田庄应具有怎样的规模，才能使土地提供最高的地租？

(2)距市场的远近对田庄最适宜的大小有无影响？

(3)提高土地肥力对田庄最适的大小有无影响？

12. 第一卷已经证明，农田离田舍越远，农作费用越高，地租则越低。

第一卷为了避免研究中出现混乱，不得不假设，从田舍至庄边农田的肥力相等，农田都实行同一种农作制。

现在我们将以前所假设的前提加以研究，再一一予以废除，于是又产生以下两个问题：

(1)设从田舍至庄边农田肥力相等，这是否合适？如果不合适，则应作怎样的划分？

(2)在面积巨大的田庄，在距田舍远近不等的农田上，农作制度应作怎样的变化才能使整个田庄能提供最高的纯收益？

13. 如何从土地获得最高纯收益的问题，对于孤立国中为自己消费而生产木材的田庄来说，就成了这么一个问题："如何以最低的生产费用获得木材？"这个问题又引起下列三个问题：

(1)在一定的情况下,木材的生产费用怎样计算?

(2)田庄与城市的距离增大而经营方式不变,营造用木材和柴薪的生产费用将发生怎样的变化?

(3)如果木材能以最低费用进行生产,而木材的价格却有变动,那么孤立国各地的造林事业,特别是在砍伐和种植时期以及造林的方法必定会发生什么变化?

14. 从孤立国的结构形式可以知道,孤立国中各地的农舍建筑等都假设是相同的。试问这种假设合理吗?

经营农业必须有房舍,房舍年年都有四种费用消耗,即:

(1)建筑房舍投资的利息,

(2)常年的维修费用,

(3)常年的折旧费用,

(4)火灾的保险费用。

建筑物造得越坚固,第(2)和第(3)项所耗的费用就越少;但第(1)和第(4)两项的费用就会增加。

建筑物的牢固必定有一种程度,在这种程度上各项费用的总额为最低。

田庄合理经营是为了获得最高的地租额。但是,唯有房舍的建筑费用尽可能少占田庄收入,房舍又完全符合需要的情况下,才能达到这个目的。所以,研究哪种建筑方式最省由年收入负担的维修费用,也是解决这一问题的组成部分。

于是又引起两个问题:

(1)每年的房屋维修费用如何计算,维修费用如何分摊给各农作部门。

(2)营造木材的生产,离城越远,费用越低,这是因为木材价格中一部分是地租,离城越远,地租越低。因此,不同建筑材料,如橡木、松木、砖瓦、盖屋顶用的麦秸等的价格也总是随距离而有变化,所以在孤立国全境之内,不可能只有一种建筑方式最为有利。现在试问:随着与城距离的增加,建筑的方式,例如墙用砖石、泥土、桁架、木板等等,应作如何变动,才能将每年的维修费用降至最低程度?

15. 第一卷已对征税的作用作过探讨,然而,工资、利率、耕作的精心程度和土地的肥力却认为是固定不变的因素。现在扩大研究的范围,将这些因素视为是变动不定的,于是又产生一个问题:

征税对上述这些因素有什么影响?

16. 我们看到,前面所有的研究都以土地的平均产量,或者假定以中等的年成为基础。

但是实际上,每年的收成并不一致,所以农作经营会遇到不少损害,往往不能满足消费者的需求。于是又需考察下列问题:

(1)在异常的年景,一般的农作经营应作怎样的变动?异常的年景对孤立国全境的影响都相同吗?

(2)在丰年和歉年,生产费用不再是谷物价格的调节者。试问,在这些年成谷物的价格按什么规律确定?

如果第(2)问题能有满意的答复,那么谷物商人的投机活动就有了依据。

17. 实际上,目前所见的一切现象,仅仅处在过渡阶段,远没有达到目标。

然而,在孤立国中,我们总是看到获得了最后的结果,亦即是达到了最后的目标。目的已经达到，就出现静止状态，亦即是稳定状态，这里我们看到了规律性，反之在过渡阶段，我们看到的却是杂乱无章。但是，由于下列原因，这种稳定状态实际上是不存在的。

1. 即使个人，在他生涯的各个阶段也不是一成不变的，当然一代接替一代更难相同。人类本身所追求的还是一个遥远的、至今还未认识清楚的、几乎还是想象中的目标。

2. 即使当代人已经认识到目标，然而实现目标需要时间，而所需的时间往往远远超过短促的人生。

3. 自然界存在着各种特性和力量，发现它们以及正确地加以利用似乎是人类智慧的最高任务，人类从事这方面的劳动比较值得，得益较为丰富，能高度促进人类幸福。但是，人类揭发自然界的秘密是逐渐的，由于任何巨大的发现都会引起社会生活的变化和变革，因此社会在经营方面的努力和目标也是变化不定的。虽然有这种变化，但在我们所考察的个别事物中，其因果发展仍是一定的，并非偶然的和任意的，正如我们所知道的，将橡子种于地下，必定长出橡树一样，因此，从发展的因果看，如果没有干扰因素，我们是可以预知所结出的果实的，所获得的最后成果的。虽然我们研究注视的是静止状态，并以此为根据，但也是有理由的。

应用这种方法所获得的认识，对认识发展和过渡阶段杂乱无章的现象能起重要的启迪作用。

如果将这种方法应用于孤立国，那么我们必然觉得，应将新机器、新交通工具等发明的最初造福于社会的作用与其以后发展的结果作一比较，因而这一神秘的发展过程就成了我们考察的对象。

综观提出的多种多样问题，如果考虑到除此之外文明社会还有一切其他的情况，几乎都应该以合理要求(即将实际情况移植于孤立国)加以探讨，如果考虑到应该研究的不是现实存在的事，而是合乎理性的事，从而目的应自能成立，那么由此可见，任务的解决不是个人的力量所能胜任，也不是一代人所能胜任的。这应该说是历史的任务，历史将若干代人所完成的事业集合起来，以便拥有研究资料的后来的学者，能够了解所发生的运动的理由和目的，将零星片段的事情，集成有系统的整体。

明白了这一点，也许会使个别学者不敢去从事研究这项工作。

然而，上述证明却至关重要，这种研究方法是只取一个因素，视为起作用的因素，而其他因素则视为静止的或不变的，使用这种方法所获得的结果不是不确实的，而仅仅是不完善的，因此唯有将一切起作用的其他因素都加以作类似的考察以后，才能获得最终的结果，亦即是说，对问题中微小的一部分的研究，可以成为解答全部问题的一个组成部分。

对同意这种见解并了解问题全貌的读者来说，我想不必请他们原谅，如果在这里提供的仅是些零星片段的情况，或者各章的叙述也很不一致。作者在他作为长期考察对象的这些方面是作了详尽探讨的，这里对其他方面则约略提一提，如果在一些章节中没有试图解答问题，而仅仅是提出一些新问题，那是因为，著者想以此鼓励读者自行研究，如能这样，他就感到满意了。

第一章[*] 四周为可耕原野的孤立国与工资和利率的关系

第一节 自然工资概念含糊不清

(本文写于 1842 年)

我在研究国民经济学时总想回答这么一个问题:现在几乎到处的一般手艺工人收入微薄,他们的工资是否就是合乎自然的工资,或者问,这种工资是否由于工人遭受无法摆脱的剥夺而形成的?

低工资的原因在于,资本家和地主将工人产品的大部分占为己有,因此,上面的问题立即引出另外一个问题:

> 劳动产品在工人、资本家和地主之间合乎自然的分配所依据的规律是什么?

研究这一规律不仅对国民经济学有重大影响,而且涉及很严肃的道德观。

如果不知道和不认识职责是什么,虽然有十分良好的意愿去

---

[*] 本卷原书编排上,有第一章而无第二章。——译者

尽其责，然而也可能得出很不公正的结果。

工人的职责是什么，工人应得的工资是多少，工人哪些要求是不合理的，可予以拒绝，凡此种种，定概念是很任意的，任何人可以按各自的方便回答问题，因为科学关于这些问题除了下列解释外，也还没有别的解释：“工资的高低决定于工人的竞争，决定于劳动供求的比例。”按此解释，由于概念的混淆，实际情况被认为是所发生的情况的解释，被认为是现象的原因。确实存在着这么一种观点，工人除了生计所必需的物品之外，不应再得到其他东西，似乎工人为维持其生活及其工作能力所必需的给养的总额，就是自然工资，这种观点一定程度上已经深入人心，只要工人没有遭受真正的饥馑，人们也就无动于衷了。

一旦真正的饥馑明显暴露出来，慈善的宗教感情，基督教的济贫职责也随之而起；但是，贫困的根源并不因此而消除。

关于自然工资的观点模糊不清，反映在税收负担上最为严重。

宪政国家的各等级代表大会竭尽全力抑制君主专政，然而各等级代表大会的成员全部属于社会的知识和富有阶级，而人数最多的阶级，即普通的工人阶级到处没有代表，因此本来是强有力地制裁君主专制的这种代表大会，本身也可以对民众实行专政，通过税收和新的法制等成为工人的压迫者。这里并不需要怀有恶意，并不需要自私自利的动机，只要具有这样的观点——工人除了生计所必需的物品之外，不应再得到其他东西——，就能导致这样的后果。

一旦民众觉悟，提出并试图实际解答这一问题：“工人在自己的产品中占有合乎自然的份额应该是多少？”那么就可能发生野蛮蹂躏整个欧洲的战争。

颇为糟糕的是，这一问题甚至在科学上还未曾解决，任何派别都不知道什么是正确的，出于私利的、非纯正动机的斗争不会因认识到职责和真理而停息。

一些国民经济学家——大多数企业家出于直觉赞同他们的观点——把工人不可或缺的生计所必需数量的生活资料解释为自然工资，另一些国民经济学家则认为工资决定于无秩序和无规律的竞争，因此，这里所作的解释无非是实际发生的事情。

反之，如果工人断然认为，既成的事实是不合理的，那么前面被误认的规律就失去了基础，经验不能依靠了，建立于理性基础上的规律必须有待证明。

现在的法国是动荡波及整个欧洲的策源地，在法国，共产主义者的观点和学说已经表明了方兴的、目前尚未流血的斗争的迹象。

这一问题还有另外极为严重的性质。

在世界史上我们发现，任何伟大的思想数百年之久终将深入人心，世界史在这些时期只不过是这种思想的发展和逐渐实现的过程。

但是，伟大思想的实现总是伴随着巨大的战斗，整个国家的破坏或没落。

宗教战争震撼世界几乎达一千年之久，给千百万人带来不可言喻的痛苦。

现在，自法国革命爆发以来，宪政自由的思想动摇着世界。宪政自由的思想兴起已经经历了二十三年的战争，战争连续不断地蔓延到整个欧洲。

虽然目前出现暂时的宁静，但是这也许是暴风雨前的宁静，因为酝酿尚未停止，这种思想的实现为期尚远，未来的风暴究竟怎样，现在还难预料。

在这些战争的一侧已经潜伏着另一战争，在要求实现宪政自由的斗争中已包含着它的萌芽，这种战争的毁灭性和破坏性可能比以往任何战争还要严重一些。

历史的一个令人忧伤的结果是，每有谬误，通常不是以真理予以矫正，非正义行为通常不是以理智、正义予以克服，而是通过另一非正义行为与之斗争，直到双方经过无数个回合以后，真理和正义才能得以实现。

亚当·斯密说过：要想将一曲杖弄直，不能仅将其向笔直方向矫正，而应将其向反方向弯过去。

共产主义者也是如此，他们为实现工人的要求，并不以争取合乎自然工资为满足，他们好高骛远，他们的要求与理智背道而驰。

然而，夸张的宣传颇具吸引力，能够鼓动民众，而中庸之道和实实在在却不为民众所喜爱。

所以，共产主义者的观点的流传和深入民心，加上那些善言能辩的、但又没有什么根底的作家对这些观点的宣传，推广，这是颇为令人担忧的事。

在较远的将来，如果不幸共产主义者在法国取得统治，他们的既有武装又有宣传口号的军队，向我们的士兵宣传共产和均产，越过我们的边境，那么我们准备怎样抵抗呢？革命和破坏的界限在哪里呢？

人类发展中每有进步都是在经历了无数次倒退之后才实现的，是通过若干代人的流血牺牲和痛苦换来的，当然这并不是世界精神或神的本意。在认识到真理和正义,克制利己主义以后,如果占有优越地位的人能自愿将自己不正当的占有归还公众,那么人类和平地和欢欣地趋向发展和迎接更高使命的办法也就有了。

世界史告诉我们,凡是谬误和利己主义占统治的地方,执司正义的女神必起而进行可怕的报复。高尚和神圣的科学使命乃是不靠经验,即历史的过程,而是靠理智,以研究和认识我们所追求的真理和目标。

第二节 关于工人的命运

(重要内容的梦想。写于 1826 年)

在世界所有的国家,即使是实行代议制的国家,国民中人数最多的阶级,即普通的手艺工人,完全不能参与国家大事,这是一大弊端。

工业企业家(例如工厂主、承租人及单纯的管理人员)所得的报酬,与手艺工人的工资相较,非常不合比例。

既然存在着自由竞争,最熟练的手艺工人为什么不能进入企业家阶级以平衡这种比例失调呢?

因为工人缺乏学校教育,没有受过学校教育的人,尽管精明能干也不能成为企业家,不能成为管理人员。

工人们为什么缺乏这种学校知识呢?

因为工人的工资非常微薄,不能为他们的孩子提供获得这些知识的费用。

为什么他们的工资如此微薄呢?

因为这个阶级早婚，繁育很快，以致工人几乎总是供过于求，因此工资降到很低，仅仅够满足最必需的生活品的需要。仅仅从这个阶级中一部分人的痛苦处境看，加速繁育应予节制，这确实是无可奈何的事。

由此可见，工人劳动所得如此微薄，是自己的过错。

怎样予以补救呢？

除非改变民众的习性，否则别无其他办法。

中等和上等阶级的人士，如果他拥有数千塔勒的资本，或者有数百塔勒的收入，他在收入足以维持一个家庭并为他的孩子提供良好的教育以前，他通常是不会结婚的。通常婚娶不在三十岁之前。如果他仿效雇佣工人生活，不承担让子女受教育的责任，那么他结婚也许会早得多。但是他牺牲暂时的婚姻幸福（并非任何婚姻即为幸福），因为在他看来，贫困的生活和子女不能享受适当的教育是如此不幸，这种不幸是闺房乐趣所不能补偿的。

反之，工人如果能获得一个住所，只要一过二十岁，有一双手养家，他就会结婚。对他说来，婚姻的诱惑力很大，而可以不顾背后等待着的一切痛苦，听凭子女成长而没有受满意的教育。只要子女身体成长，他就满足了，对他说来，子女的精神培育是无关紧要的。

如果国民习性得到改变，工人像中等阶级一样，重视防止生活的不足，把子女的精神培育视为当务之急，在这些条件有了保证之前，他决不结婚，试问结果将会怎样呢？

第一个直接的结果将是工人的供给减少，工资上升。

如果雇佣工人自己觉得并无发展智力的要求，那么他怎么会把对自己子女的精神培育视为人生必需的事情呢？只要工人缺乏这种要求，那么他将把节省下来的金钱用于满足肉体的嗜好，而不会用于子女的受适当的教育上。

如果我们想请工人为自己的子女能受较好的教育着想，在未来作出牺牲不实行早婚，那么必须唤醒现在年轻的一代，使他们感到精神培育的必要。然而这一点唯有改善学校教育才能达到。由于工人既无财产，又无支付接受较好教育所需费用的愿望，因此，教育设施必须靠国家的经费建立和维持。

如果上述这些都能办到，即工资有了提高，工人获得了工业企业家必须具有的学校教育，那么历来这两个阶级之间的界限就消除了。工业企业家的垄断地位不复存在，工人子弟习惯于刻苦生活，他们起来与前者竞争，工业利润将下降。工业企业家中（包括管理和辅助人员）能力较差的部分，将被迫转变为手艺工人阶级，手艺工人中能力较强的部分因报酬微薄而抛弃自己的职业，改求学问，谋求当国家官员和公务人员，因此在这一领域也将出现激烈的竞争，结果是这些人员的薪俸下降，节省了国家行政费用的支出。

社会处于这种状态，只有少数非常富有的人才能不工作而生活；那时手艺劳动报酬很高，手艺工人、工业企业家和公务人员的报酬的差距远比现在要小。

现在一部分人几乎难以忍受繁重的体力劳动，几乎没有生活乐趣；另一部分人则以劳动为耻，遗忘使用体力，因而缺乏健康的体魄和愉快的身心。但是，到那时也许大多数阶级把它们的时间用于从事精神工作和适度体力劳动，人们重又回到合乎自然的状态，恢复人的使命——发展体育和智育。

虽然社会处于这种状态并没有消除人类的一切痛苦，但是，为饥寒贫困所迫铤而走险，侵犯财产和犯罪行为总是少了，甚至可能完全绝迹了。

如果我们设想，智育训练得到更广泛的发展，人才必将辈出，他们在机器和农业方面有能力创新，每有发明便能提高劳动效率，获得更多的产品，亦即是说，随着人类精神文化的提高，十分艰辛的体力劳动将逐渐消失，于是可以得出结论，数千年之后人类将能进入天堂乐土，那时人们不会游闲无业，那时只有适度地活动，身心得到锻炼，因此体格健壮，精神焕发。

由此可见，天堂乐土乃是人类经过长期奋斗及努力所能达到的目的，但传统力量一定会阻碍第一批人进入天堂。

上文写于 1826 年秋，当时我在读萨伊和李嘉图的经济学著作，我感到他们所谈的工资问题不能令人满意。

我把上文称作“梦想”，因为在当时的学术界和实际生活中占统治地位的观点与我是背道而驰的，人们觉得我的文章没有实际意义，无异于海市蜃楼。它无疑是一种空想，尽管如此，这种空想对我的人生观和我的行为发生了极为重要的影响。因为有产者天生就有的关于工人似乎天生应该担负重活、辛勤劳动所得似乎仅为维持生存所需的这种观点，从此永远发生了动摇。

田庄主和城市中的工业企业家以及面包商，由于必须与他们的雇工和仆人作不息的斗争——因为他们把雇工和仆人为改善命运所作的斗争和努力，视为大逆不道的行为，总而言之他们必须竭尽全力予以制止——所以他们中的大部分人对生活感到困苦不满。

然而，人在犯错误行为时，决不会比他把错误误认为正确，并把全力维护和贯彻错误认为是自己的职责时，更为坚决和更能坚持的了。

良心在这里并不起缓和的作用，因为错误的行为不是出于意愿，而是由于缺乏认识。然而，执司正义的女神并不考虑有此区别。所以，愚昧无知和误解结出的果实便是充满痛苦、战争和仇视的生活。

误解和愚昧无知到处都有祸患，但没有比这个问题造成的后果更为严重了，因为在这里千百万人的安宁和幸福因此而遭到破坏。

谈到这里，我心中又浮现出另一种想法。

我在梦想中所述的观点与公众舆论的观点是非常对立的，所以我很担心，由于这一梦想的发表我将被认为是幻想家，或者甚至被认为是革命党人。我不敢相信，这样的人能找到知音，能提供帮助。所以我将这一梦想仅仅告诉个别友人，仅仅为作学术探讨才决定披露。

此后还不到二十五年，在这一暂短的时间内，关于这个问题舆论和国民的观念却有了很大的变化。

为增进最贫穷和人数最多的阶级的福利，社会党人要求废除遗产权，共产党人要求共产，平均主义者甚至要求摧毁城市和诛杀富人，在这些主张出现之后，上述梦想中的要求显得是多么温和，多么平淡无奇！

如果说，公众对一个问题的理解在暂短的时间中能够发生如此迅速的变化，那么再经二十五年，哪种见解将占统治地位，这种见解将如何深入下层国民阶级的内心，将产生怎样的结果，这些谁又敢预言呢？

包含在我梦想中的关于人类未来的见解，与我们的命运是妥协的，在不息进行的历史中我们看到了人类颇愿接受的天意，这种见解对人类的感情会带来不少安慰。然而梦想实现的可能性未经证实之前，这种梦想毕竟只是空想。

然而，人类组织中在必然发展的东西，总是能达到预期目的的。

提高工资，发展工人教育事业，如果不能证明两者与人类天性和能力是协调一致的话，那么尽管有这样的善良愿望，又有什么用呢？

难道我们没有看到，工资一有增长，工厂随即停业，工资一有提高，整片稍不肥沃的土地即放弃不耕吗？这类土地便任其荒芜，如果如此，工人的命运能不比现在更糟吗？

科学能向我们阐明发自人类本性的各种规律，唯有作深入的科学研究才能解答上述这些问题，如果我们想了解关于与人类命运有如此密切关系的问题，那么我们必须献身于科学的研究，即使科学的道路是并不优美，而是荆棘遍地，我们无所顾忌。

现在，我们首先要向国民经济学之父亚当·斯密请教，看看上述这个问题他解决了多少。

第三节 亚当·斯密关于工资、利率、地租和价格的见解

首先我们必须回答这么一个问题:亚当·斯密的学说是否足以解答我们在上节中所提出的问题。

经过这么一问,我们的问题也就更明确了。

在亚当·斯密的书中,如果删除插入语和偶尔混杂的回顾,那么他的见解是很容易理解的,是很清楚的,为便利读者我将亚当·斯密《国富论》[①]第一卷中关于本节标题所述各点的最重要和最关键的话依次汇集如下:

工　资

亚当·斯密在《国富论》第一卷中说道,

第 60 页*“资本所有者雇佣工人进行劳动,工资的高低取决于劳资间的协议。”

第 63 页“使劳动工资增高的,不是现有的国民财富量,而是不断增加的国民财富。”

第 65 页“无论用来支付工资的资金,或全体居民的收入和资本,数额有多大,如果这个数额若干世纪不变,或几乎不变,劳动者

① 全名为《国民财富的性质和原因的研究》。译者加尔弗的德文版系根据英文第 4 版译出,布雷斯劳 1794 年出版。

* 系商务印书馆 1974 年版该书的页码,下面的页码同此。商务印书馆系根据《国富论》第 2 版译出,有些内容与这里的引文略有出入。——译者

的增加会超过需要雇佣的人数。简而言之，由于雇主的自私和谋求工作者的竞争，劳动工资下降到仅仅够满足最不可或缺的自然必需的水平。”

第72页“贫困虽不能阻止生育，但很不利于子女的抚养。我常听说，苏格兰高地一母常生子女二十个，而存活的还不到两个的实例。”

第73页“各种动物的增殖，自然和它们所占有的生活资料成比例。没有一种动物的增殖能超过这个比例。然而，在文明社会，只有在下等人中间，生活资料不够才限制人类进一步繁殖。生活资料的不足造成多子女婚姻所生的大部分子女死亡，以此限制人类繁殖，此外没有其他方法。”

第73页“像对其他商品的需求必然支配其他商品的生产一样，对人口（工人）的需求也必然支配人口的生产。”

“要是劳动报酬在某一时期过分优厚，就会引起人手（工人）的过剩，人手过剩立即引起竞争，从而劳动报酬重又回到中等的水平。”

第74—75页“无疑值得指出，不是在社会达到绝顶富裕的时候，而是在社会处于进步状态并日益富裕的时候，贫穷劳动者，即大多数国民，似乎最幸福、最安乐。在社会静止状态下，境遇是艰难的；在退步状态下，是困苦的。”

第79页“根据对劳动的需求，劳动或是增减或是不增不减，亦即是人口或是增减，或是不增不减，对劳动的需求决定着必须给予劳动者的生活必需品和便利品的数量。”

亚当·斯密认为，劳动工资量取决于劳动供求的竞争或劳动的供求关系;而对劳动者的需求量则以国民财富的增减,或是不增不减的情况为转移。

前面我们提出过探求市民社会处于静止状态时劳动工资量的任务。在这种情况下,供求处于平衡状态;两者似乎相互抵消,看来是静止不变的。由此可见,在这种情况下必然存在另一个决定工资量的原因。

在静止状态下,按亚当·斯密所说,工人生活很可怜,工资被压到工人仅够满足最不可或缺之需,因此造成所生婴儿的大多数无法成活。

由于缺乏生活必需品而造成死亡,这确实是残酷的遭遇,如果今后数百年间人数最多的国民阶级仍遭受这样的命运,这岂不骇人听闻。不可忽视,世界各地的人口在增多,肥沃土地都已有主,有益于生产和制造的新的自然力的发现则越来越少,因此我们距离静止状态更加近了。

总而言之,亚当·斯密及其大多数后继者的隐隐约约的意见是,工人不可或缺的生活必需品的总数就是自然的劳动工资。

然而李嘉图敢于率直说出:“劳动的自然价格就是工人能资以生存及繁育后代的价格。”

利　　率

亚当·斯密把投于工业的资本的利息和企业家的工业利润都称之为“资本利润”。这一点对斯密关于利率的见解是颇有害处的。亚当·斯密在《国富论》第一卷(参阅第 81 页)中说,利润大小可以从货币利息大小判断,亦即两者有一定的比例,因此,从斯密关于利润量的见解中也可以推导出利率的高低。

亚当·斯密关于资本利润的研究，虽然关于各国不同时期的资本利润量有不少宝贵的记载，然而决定利润量和利息量的规律却谈得很少，很不详细。这一方面最重要的论述可以摘录如下：

第80—81页"我们知道，资本的增加，提高了工资，因而减低了资本的利润。在同一行业中，如果有许多商人投资，他们的相互竞争，自然会降低这一行业的利润；同一国家的各种行业的资本，如果全都同样增加，那么同样的竞争必对所有行业产生同样的结果。"

第87页"一国所获的财富，如果已达到它的土壤、气候和相对于他国而言的位置所允许获得的限度，在这个国家的福利停止不前的情况下，它的劳动工资和资本利润也许都是非常低的。一国人口的繁殖，如已完全达到其领土所能维持或其资本所能雇用的限度，那么，在这种状态下，寻求工作者的竞争必然非常激烈，使劳动工资低落到仅仅足够维持现有劳动者人数，而且由于人口已经非常稠密，也不可能再有增加。一国的资本，如与国内各种必须经营的行业所需要的资本相比，已达到饱和程度，那么由于资本的竞争，资本的利润便小到不可再小。"

第89页"资本家最高的普通利润率，也许是这样一种利润率，它在商品价格中占有应当归于地租的那一部分的全部，留给工人的仅仅是够维持生存的那一小部分。工人在任何地方得以从事工作，总需要维持他们的生活。但土地所有者则不一定非收地租不可。"

第88—89页"出借资金，有受意外损失的可能。所以，最低的普通利息率必须略高于最低的普通利润率。如果无此剩余，那么经营钱业则全无好处，出借资金的动机，就只能是友情和慈善心了。”

由此可见，亚当·斯密满足于划出利润和货币利息可据以升降的界限，并说明了在这一界限之内两者的大小取决于现有的资本量和资本竞争的强弱。

然而，斯密描述的现象，只不过是我们目前所见的现象而已。工资和利率在这里仍是两个彼此完全无关的、受竞争调节的因素，关于证明两者之间关系的规律则到处未曾谈及。

地　　租

亚当·斯密关于地租的起源和解释说道：

第 44 页“一国土地，一旦完生成为私有财产，有土地的地主，像一切其他人一样，都想不劳而获，甚至对土地的自然生产物，也要求地租。森林地带的树木，田野的草，大地上各种自然果实，在土地共有时代，只需出些力去采集的，现今除出力外，却需付给代价。劳动者要采集这些自然生产物，就必须付出代价，取得准许采集的权利；他必须把他所生产或所采集的产物的一部分交给地主。这一部分，或者说，这一部分的货币价格，便构成土地的地租。于是商品价格中有了第三个组成部分。”

第 137 页“在决定租约条件时，地主都设法使租地人所得的土地生产物份额，仅足补偿他用以提供种子、支付工资、购置和维持耕畜与其他农具的农业资本，并提供当地农业资本的普通利润。

这一数额,显然是租地人在不亏本的条件下所愿意接受的最小份额,而地主决不会多留给他。生产物中分给租地人的那一部分,要是多于这一数额,换言之,生产物中分给租地人那一部分的价格,要是多于这一数额的价格,地主自然要设法把超过额留为己有,作为地租。”

第 138 页“只有这样的土地生产物,才能经常送往市场售卖,即其普通价格足够补还产物上市所需要垫付的资本,并提供普通利润。如果普通价格超过这一限度,其剩余部分自然归作土地地租。”

第 138 页“工资和利润的高低,是价格高低的原因,而地租的高低,却是价格高低的结果。”

这里会出现两种责难:

1. 土地所有者有收取地租的意向,但不能向其他人要求缴纳租金;

2. 亚当·斯密把出租田庄所得的收入称之为“地租”(参阅第一卷第五节(一)详述),所以在亚当·斯密的地租中是把土地本身的收入同投入田庄建筑物等的资本的利息混为一谈,因为这两种责难不属于我们目前考察的对象,所以这里不予讨论。

然而我们在这里必须十分注意,亚当·斯密关于地租的高低及地租的存在完全取决于土地产品的价格的理论。

价　　格

亚当·斯密在《国富论》第一卷第 50—51 页关于市场价格的

论述，可以归纳为以下几点：

1. 商品通常出卖的实际价格，叫做它的市场价格。

2. 每一商品，每一产品的市场价格，是由供求关系及运往市场的出售量和购买者需求量之间的关系决定的。

3. 如果运往市场的商品量少于实际需求量，那么有些购买者决心宁愿支付超过通常的价格而购买，通过购买者的竞争，市场价格便超过通常的市场价格。

4. 反之，如果运往市场的某种商品量超过实际需求量，那么全部数量不可能按历来的通常的价格出售，那些原来节制消费这种商品的人，或者说有限地消费这种商品的人，只是由于价格低廉才受诱惑前去购买。因此这种商品的市场价格低于通常价格。

这种解释取自生活，这是事实。[①] 现在我们要问，这番解释在科学上有什么可取之处？

竞争，供求关系是非常不稳定的，是多变的，犹如暴风雨的天气。

一个如此不确定的、变化多端的因素，怎么能用来作为学说结构的基础呢？

亚当·斯密无疑也有这种感觉，所以他试图以下列几点来解释统治竞争的规律。

第 49 页“在任何国家或一国的任何地方，劳动工资和利润都有一定的标准，这个标准规定，在通常和平均情况下工人的劳动能

① 一位友人在我告诉他这些话时说，这些只是生活的写照，其中并无理性。

得多少,资本家的投资能得多少。”

“任何国家,任何地方,国家对于地租都征以一定的税收。”

“劳动工资、资本利润和地租在某地、某时通常的那个标准,可以被视为当地、当时自然的标准。”

第45页“在任何文明社会中,任何商品的市场价格都可分解为三个组成部分——劳动工资、资本利润和地租——,或其中之一或二。”

第49页“一种商品的售价,如果不多不少恰恰等于生产、制造这种商品乃至运送这种商品到市场所使用的按自然率支付的地租、工资和利润,那么这种商品按这种价格出售,我们就可以称这种价格为自然价格。”

第52页“这样,自然价格可以说是中心价格,一切商品价格都不断受其吸引。各种意外的事件,固然有时会把商品价格抬高到这中心价格之上,有时会把商品价格强抑到这中心价格以下。可是,尽管有各种障碍使得商品价格不能固定在这恒固的中心,但商品价格时时刻刻都向着这个中心。”

我还能清晰地回忆起,我青年时代初读亚当·斯密这些论述时的喜悦感受。斯密的著作给我带来了光明,理清了一个历来是杂乱无章的问题,现在观察无规则的竞争有一定的规律可遵循。生产费用被视为是自然价格的调节者,市场价格始终向着自然价格,因此竞争也是有限度的。

然而,这种喜悦好景不长,在对这个问题作了更深入的研究以后又出现了烦恼。

商品的自然价格是由生产该商品所需的自然劳动工资、资本的自然利润和自然地租规定的。

然而,如果试问,自然劳动工资又是什么规定的,那么回答是:由竞争规定的。如果问资本的自然利润是什么规定的,那么回答仍然是竞争。

由此可见,从规定自然价格的原因中摒弃竞争的说法,这岂非虚伪,岂非幻想。

价格和地租的关系

如果商品售价刚好能偿付生产该商品时所耗用的劳动工资、资本利润和地租的通常标准的数量,那么这就是商品的自然价格。

从土地产品的售价中扣除劳动工资、资本利润和生产该产品时所耗费的其他费用,剩余之数,就是亚当·斯密所说的地租。

现在我们提问:“谷物的自然价格是多少?”

根据斯密的定义,得到的回答如下:

> 谷类的自然价格刚好等于生产谷类时所耗用的劳动工资、资本利润和地租的通常标准量的总和。

如果我们再问:“自然地租是多少?”

回答是:

> 农产品,亦即是谷类的售价中扣除劳动工资、垫支费用和租户的资本利润之后的剩余之数,这就是地租。

由此可见,亚当·斯密在规定谷物的自然价格时,地租是一个已知数;而在规定地租时,谷物的自然价格是已知数。

这是一个循环推论,初看时能使人聊以自慰,其实毫无所得,什么问题也没有说明。

如果$y=a+b+x$及

$$x=y-(a+b),$$

那么第二个方程式并不是一个新的方程式，而仅仅是第一个方程式的倒置，未知数y和x仍然没有确定。

不幸这种循环推论和上述关于从规定自然价格的原因中摒弃竞争的幻想，恰恰动摇了亚当·斯密全部学说的基础。

按斯密的学说，如果地租取决于农产品的价格，而农产品的价格取决于劳动工资和资本利润，这两个因素的量是竞争决定的，那么地租也应取决于竞争。

由此可见，在斯密看来竞争是劳动工资、资本利润、价格和地租的最终调节者。

对斯密的学说作了这样的概括以后，我们不得不问：这对解决我们的问题有什么帮助呢？

我们在前面最初提出的问题是说：

工人在自己的产品中应得的合乎自然的部分为多少？或者问，自然规定的属于工人的工资应为多少？

根据斯密的学说，工人所得取决于竞争，是现状支配的。

斯密在《国富论》第一卷第49页说道："劳动工资在某地、某时通常的那个标准，可以被视为当地、当时自然的标准。"

然而，在时间的变迁中，现状总是要不断变化的，所以人们必然要问：

什么现状是公道的，亦即是合乎自然的呢？

斯密的学说无法回答这个问题。经过仔细的探索，我们发现，这个问题根本没有成为斯密探讨的对象。

斯密满足于把他所看到的各种事实，各种现象汇总起来，便于概观。然而仅是这一点，在当时的科学水平上已是一大功绩了。研究各种现象的原因，在当时的情况下还不是他的任务。

当前，工人对于自己的地位和权利日益觉悟，未来他们将以不可抗拒之势参与国家和社会的组织。现在提出国民收入的分配如何合乎自然，这个问题成了国家和社会兴亡的问题。

我在这里以及本卷中着重谈论亚当·斯密的学说——他的学说已经李嘉图、萨伊、劳(Rau)、赫尔曼、内贝尼乌斯等人加以发展、校正和系统阐述——，之所以这么做有下列两个原因：

1. 我的研究的基础在斯密的著作之中，当我的研究工作开始之初，上述五位学者的著作尚未出版，或虽已出版而我还未见到。

2. 斯密的著作在大多数重要之点上仍然是国民经济学的基础。

我的研究是直接步斯密的后尘的，我发现了斯密学说有疏漏，于是开始了我的研究，所以在研究中我对斯密的学说自然常常要加以评议和矫正。另一方面，斯密的许多学说我是赞同的，这里就不再提及，因此很容易给人一种假象，我不予承认，甚至被我抛弃了。

然而，这并非我的本意，人们对这位天才的景仰都不至于超过我。我认为矫正和补充斯密的学说是对科学的促进，是我研究的课题，我对斯密怀有的高度尊敬的证据恰恰就在这里。

如果欧几里得由于未能证明他的第十一定理而没有将他的要义传下来，那么后世将会蒙受很多损失，几何学的发展将会晚得多。

如果斯密觉察到他的关于劳动工资、利率和地租的学说，本来只是对现状的说明，而不是对确定这些因素的规律的解释，于是继续深入这一研究，那么他的不朽作也许毕生不能完成了。

通过赫舍尔制造的巨大望远镜观看，肉眼所见的天空星云成了一群群星星，认为这就是宇宙体系，但是又出现了别的迄今尚未见到的星云。通过今天设计制造的更大的望远镜，赫舍尔见到的星云又成了一群群星星，但同时又发现了赫舍尔所看不到的星云。

通过巨大望远镜所能见到的界限之外，还有多少宇宙体系呢?!

宇宙无边无际，科学也是如此。加强视力是为了揭开新的天体，然而又出现新的奥秘，依靠科学上的新发现，智慧的眼睛将能洞察迄今未曾预料到的新问题。

斯密的智慧阐明了资产阶级生活中的许多问题，他为后辈的研究节省了时间和劳力，虽然我们的天赋不及斯密，但补其疏漏，发现新问题，我们也是责无旁贷的。

第四节　工资

如果我们看到，世间享乐品的分配很不公平，又考虑到，工人的不可或缺的辛勤体力劳动所得如此微薄，那么每一个有自由思想的人必定思考自幼所获的这些印象和研究这些现象的原因，他自然会问：

1. 土地所有者为什么能不劳而得地租？工资为什么不能提高到使历来的地租全部分配给看来要求是很合理的工人呢？

2. 在各行各业中手工劳动的报酬如此微薄，这合理吗？这合乎天意吗？或者说，现在的状态是工人备受不可避免的强权压迫造成的吗？

采取各种考察的方法，我们有希望弄清这一问题，在这些考察方法中，研究“提高工资将会带来怎样后果？”的问题，是最合乎目的的。

然而，各行各业中的情况实际上非常错综复杂，要认清提高工资的后果，极非容易。要回答上述的问题，我们必须先求之于孤立国，因为那里的情况一切都极为简单。

在孤立国可耕平原的边境，土地不产生地租，田庄的收入限于补偿投入建筑物等方面的资本的利息，在那里工资的提高，地租将成负数，亦即是降到零以下。

所以，如果土地耕种者长期亏损，他一定不愿再建立新屋，一旦旧的建筑有倒塌危险时，他将放弃田庄。于是土地荒芜，土地的耕作逐渐向城市靠近，因为那里的地租可以抵偿提高的工资额。

被荒弃土地上的工人必将迁往靠近城市的一带，以谋求工作和生计，那里地租较高，能支付较高的工资。然而这些地带的田庄，已有许多人求业，最后被雇佣的工人的劳动产品仅仅够抵偿他所得到的工资。如果雇佣更多的工人，必将采用减低收益的耕作方法，那么就无法维持原来的工资。所以，外来的工人只有愿意降低工资才能找到工作。他们为生活所迫，不得不接受较低的工资，由于竞争，那里居住较久的工人的工资也受影响而下降。

由此可见，增加工资的尝试适得其反，工人的处境每况愈下。

由此我们得出这么一个结论，低工资在各行各业中是有根据的，提高工资是不可能的。

我们通过别的许多途径和别的推论，可以得出同样的结论，因此认为工人所得不应多于他生活必需的观点，便广泛传播，甚至在学者心目中也根深蒂固，这就清楚了。

布朗基(在他的《政治经济学史》[①]第2卷第162页中)评论萨伊说：

> “他追随同时代人的偏成，认为工资并不是为了让人生活，而是为了让人免于死亡，这样就足够了。”

如果我们不倦地思索，不满足于已经获得的见解，而是深究结论(通过这些结论我们已经获得了那样的结果)的原因，那么就可知道，我们所获得的这种结果是由于我们把利率的高低——它是孤立国结构的基础——看作是不容侵犯和一成不变所造成的。

如果利率降低，资本家从自己资本所得减少，那么工资甚至在孤立国可耕作平原的边境也能提高，土地的耕作不会停止，工人不会失业，也不会失去面包。

因此，上述结论便没有基础，完全没有根据。

由此可见，改良工人生活的问题最简单地可以归纳为这样一个问题：

① 德文本系布斯所译，书名为 *Die Geschichte der Politischen Ökonomie*。

为了使工人在自己的劳动产品中多占一些份额，从而提高他们的生活，难道不能将利率降低一些吗？

然而，利率的高低不能任意调节，不是偶然确定的，而是受规律支配的。

因此我们可以直接得出结论，合乎自然的工资的规定，取决于对决定利率高低和利率与工资的关系的规律的认识。

于是我们进入了一个困难而复杂的研究。

1826 年我曾写过一篇关于利率的短论，该文进一步阐述了上面提出的问题和谋求解答的另一些问题，现在我将这篇短文刊载于后。

第五节　关于利率高低的对话

甲：你能不能告诉我，为什么这里现行的利率为 5%，为什么不是 2%或 10%呢？

乙：利率同一切商品的价格一样，是由供求关系决定的。目前利率为 5%，这证明在利率这么高低时，供求刚好处于平衡状态。如果由于偶然因素利率上升到 10%，那么供给将增长，需求将减低，结果利率将下降。如果利率暂时下降到 2%，则出现相反的情况。

甲：这一答复与如今国民经济学论述这一问题的著作如出一辙，但我还没有感到满意，因为这一答复讲的只是现象，而不是原因。如果利率已经固定，例如为 5%，那么供求可以平衡，这是不言而喻的事。然而我想知道，为什么供求恰恰在利率 5%，而不是在2%，或10%时保持平衡。

乙：　这一点取决于现有国民资本的数量。一个国家越富，利率则越低；反之，一个国家越穷，利率则越高。所以财富不断增长，利率则下降；财富不增不减，利率则固定不变；财富不断减少，利率则上升。

甲：　这种答复系经验之谈，这些话本身固然具有价值，但是它们只说明现象，而不说明现象的原因。为什么利率在富国较低，而在穷国较高呢？

乙：　这个问题很容易回答。因为正如商品过多会使价格下降一样，资本过多利率也会下降。

甲：　按这样说法，我们将永远兜圈子了。为了切断循环推论，我不得不向你提出这样的问题：商品和资本究竟什么原因会出现过剩？

乙：　节俭、勤劳和熟练技能会使商品过剩，从而产生资本过剩。

甲：　那好，我得把人的这三个特点视为国民财富的源泉。然而我要问，如果两个国家的民众所具有的这些特点完全相同，那么财富和利率也总是相等吗？

乙：　不，那倒不是。同样的力量使用于肥瘠不等的土地，气候恶劣或气候温和的地带，使用于暴君压迫百姓、横征暴敛的地方，或自由和法制占统治的地方，其结果必然是很不相同的。人的精神特点使用于物上，人的精神特点和物的本性共同对产品的数量发生作用。

甲：　假定英国和北美的民众性格相同，土地、气候和制度两国也相同，那么能不能得出结论说，两国的相对财富，即全国财富按人口平均计算，以及利率必定都相等呢？

乙： 不，因为英国是农业高度发达的国家，已有数百年之久，而北美则在近代才有文明的民族聚居，北美还拥有大片未开垦的沃土，可以广泛而有益地利用资本，所以北美的利率必然比英国高。

甲： 由此可见，不仅仅是人的精神力和精神力作用其上的物决定相对国民财富量和利率的高低，在两国的两种因素相等的情况下，还有第三种调节利率的因素，即两国民众定居的久暂性在起作用。

如果两国的气候、土地和居民的情况都相同，只是一国民众定居的时间长些，另一国民众定居的时间短些，如果我们仔细考察两国之间的区别，那么我们可以看到，前者不仅肥沃的土地，而且沙地和收益较少的丘陵地也都耕种，而后者则只耕种肥沃的谷地，在那里花费同样的人工，所得的产品远比从沙地和丘陵地得到的要多。

从这一实际情况的考察我们可以作出推论：

1. 如果劳动所得报酬越高，即劳动提供的产品较多，利率也就上升；

2. 相等的国民资本分配给 1 平方英里或 2 平方英里，利率的高低有很大差别，亦即是说，国民资本不是绝对的，而是相对的，即与耕种的土地面积和人口数量相比的国民资本对利率的高低产生重大的影响。

我们作这些讨论，目的无非是为了说明，利率因之升降的各种情况。

如果你熟悉某国的一切情况，你能不能不依赖经验而用数字确定，那里的利率应该为多少？

乙： 利率的高低决定于投入农业和其他行业的资本的利用情况。投于开垦肥沃土地的资本，可能获得10%或更高的利息。一旦肥沃的土地都被占有，人们转而开垦次等的土地，那么所用资本的利率将逐渐下降到5%，4%，甚至3%。

这就是说，利率的高低，以数字表示，取决于未开垦土地的性质，以及对已经开垦的土地的改良情况。

甲： 这一解释系出自目光敏锐的李嘉图的著作，它切合普遍情况，实际上也有用，但是还不足以成为一个规律。

今设想有一广袤的迄今尚未开垦的平原，那里土地的肥沃程度完全相等，还没有所有主，现在要问："如果开发这块平原，那么利率与工资之间的关系将会怎样？利率应为多少呢？"

李嘉图根据一种土地优于另一种土地的解释，在这里——土地的性质完全相等——完全不适用，因此它无法满足人们对普遍规律所提出的要求。

除了这一缺陷之外，李嘉图的解释还有一个不足之处。

亦即是，我们在应用他的解释时必须借助于经验，从经验中求知识。然而，我们不想知道已经出现的情况，而想知道已经出现的情况的原因。

乙： 我还没有完全了解你说的意图。

甲： 举一例就可以说明这一点。

人们说，任何产品，任何商品的价格是由供求关系决定的。

如果有人对这一解释感到满意，那么一切有价值的物品的价格都不外乎得之于经验，他就无法科学地确定任何一种产品或制造品的价格了。他已把价格的确定归之于不清楚的力量，无须深究为什么价格恰好是这样而不是那样的原因了。细心洞察问题的人便会知道，供求关系只是一种深奥原因的外表现象。市场商品充斥，这不仅仅是一种偶然现象，而是一种说明以往支付价格过高的标记，因为较大量地供应这些商品有利可图。由此可见，以往过高的价格是商品过多的原因，商品过多则造成过低的价格。于是市场价格始终处于波动之中，亚当·斯密说得很确切，生产价格是始终吸引着市场价格的中心。一旦市场价格和生产价格相符合，那么就不再有导致生产过多或生产过少的原因，于是供求处于平衡状态。所以生产价格就是市场价格的调节者，市场价格虽然变化无穷，然而从长时间平均看，它与生产价格是相合的。

我的问题是：

资本的价格，即利率的高低，有没有像商品价格那样，以生产费用来进行调节？如有，那么资本的生产费用的尺度是什么？

乙： 这一点我无法回答，我觉得国民经济学迄今所作出的一切成就，都不能令人满意地回答这一问题。

甲： 然而，这件事情非常重要。如果不明白这一问题，我们就不能科学地阐述商品的生产价格。因为规定商品价格的各因素中，也包括投资的利息。如果我们对利息的认识只来自经验，即外表现象，那么我们势必把外表现象作为理由掺入我们想科学地解释和论证的问题之中。这样我们就会导致循环推论，得不出结果。

乙：然而问题在于，你所希望的规定利率的因素是否可能存在，利率和工资之间是否确实有联系。

甲：无论何处我们都可以看到，利率和工资都以一定数字表示。已经形成的利率并不是偶然的，也不是由一种不清楚的力量决定的，而是由人们合作产生的，人们受聪明的自私性所驱使，共同地——像群蜂营造蜂房一样——完成一项巨大的事业。由于这里的自私性产生于智力，因此凡是由自私性造成的一切，又可以通过智力去理解。所以问题不在于发现新规律，而在于理解已经发生的现象，解释为什么会发生这种现象。

无数人的智力所造成的伟大事业——这是每个人的智力参与建设的，每个人只了解他自己工作的部分——应当由各人的智力去理解，每个人的智力应该能予认识。

第六节　各种规定和前提条件

一、价值标准

通常的习惯是，田庄的收益和与务农有关的费用都以货币表示，虽然支出的一部分，例如籽种、牲畜饲料等物从来未经贸易，没有与货币交换。然而现在，农民将出售谷物等产品而得的货币的大部分，购买其他必需品，例如建筑材料、铁器和皮革制品等。本来这些必需品是与谷物交换的，农民只能以自己的产品换取他所需求的商品。货币在这里仅仅起交换手段的作用。

一年之内出售谷物所得的货币，与出售谷物的总量相比，如果一切谷物都折合成黑麦，则得黑麦每斗的价格。为交换必需品，例如铁器，所支出的货币总量，除以黑麦每斗的价格，便得出为获得这些必需品所必须支付的黑麦的斗数。依此类推，一个田庄的收支完全可以用黑麦的斗数计算。附带提一下，这种计算方法会产生下列一些问题：一眼就能看清，如果谷物价格下跌，国家征税不变，税收将占有田庄收益的更大一部分，实际上是税收提高了；此外，如果谷物价格下跌，工人的货币工资不变，工人将获得田庄收益的更大一部分，等等。

我们的研究以黑麦为价值标准，以黑麦一个柏林斗为单位。

二、劳动的报酬

自由的劳动者通常拥有一些畜禽，例如一头乳牛、几头猪和一些家禽，一些必要的家具和一部分用以劳动的工具，例如铁锹和斧头等。所以他所获得的报酬，不仅是他的劳动的报酬，而且又是他使用自己拥有的资本的报酬，亦即是说包括劳动本身的报酬和资本的利息。

然而我们在这里要努力探求的是劳动本身的报酬，后面我称之为劳动工资，即报酬中扣除资本利息以后所剩余的那一部分。

判断一个劳动者的收入量，劳动者的计日工资并不是正确的尺度，因为

1. 按日计算的工资往往以四季气候及工作性质不同而不同，通常是夏季高于冬季，收获劳动的工资高于耕作劳动；

2. 常年工作和短工对劳动者的收入有巨大影响；

3. 工人除了得到按日计算的货币工资以外，往往还有津贴，如居屋、园圃、乳牛场、柴薪等，或无偿取用，或只支付低价；

4. 按日计算工资的劳动者，其妻子和未成年子女是否有或在多大程度上有劳动进益，这对他的收入有很大影响。

为了对劳动工资的问题求得一个比较确定的标准，我把一个工人和他的妻子以及未成年的未满14岁的子女在一整年中所得的货币工资和津贴加在一起，从中扣除投于家具、工具等资本的利息，把所剩余之数称为“工人一家一年劳动的工资”。为缩略起见，后文中我称之为“一人一年的工资”。

这样计算所得的工资额，根据其值折合成若干斗（柏林斗）黑麦，以黑麦斗表示，我称之为“A”。

三、劳动产品

如果从田庄的毛收益中扣除种种耗费，如维修房舍和设备，种子和饲料，管理费用和企业家的经营利润，以及为维持经营所必需的、既不属于田庄主出租田庄的收入也不属于工人得益的一切费用，所得的剩余，在田庄主和工人之间分配，我称之为劳动产品。劳动产品除以生产这些产品的工人的人数，便得出每个工人的劳动产品量，我称之为“p”。在营业中，在企业家扣除了管理费用和经营利润之后，所剩余的纯劳动产品将在投于营业的资本的所有者和工人之间进行分配。

四、工人

在一个田庄或一组田庄中，将投入的劳动和全部劳动产品除以工人的数量，就可得出一个工人的平均成绩，根据这一平均成绩就可以进行估算和计算。在这类估算和计算中，关于个人的能力、成绩的差别都不作为考察的对象。全体人员的成绩以平均效果表示，这就是计算的标准。

从这个意义上，也可以认为工人之间的不等性消除了，同一种类的全体工人在体力、技术、勤奋和责任性方面是完全相同的。

后面的探讨都以这一假定为根据。

五、必需的生活资料

一个工人家庭为维持生活所必需的物品，取决于它扶养其子女的人数，如果这一点都不能肯定，那么就无法确定必需品了。

我们的目的是研究资产阶级社会处于稳定状态时调节劳动工资和利率的各种规律，所以我们必须把工人的数量视为是不变的，认为工人家庭从总体上说所生育的子女，足以补充由于年老和死亡不断减少了的工人数。因此，劳动力看来也是一个不会折旧的、不会变化的量。

一个工人家庭——在这样的条件下——为了维持劳动能力所必需的生活资料的总数，我根据其价值定为每年 a 斗黑麦。

以“a”为表示的这些必需的生活资料，我们认为是一个由经验得来的已知数。

我们在这里所讲的维持生活的必需品，不允许与布朗基的术语“免于死亡的”工资相混淆，因为这里所讲的生活必需品不仅能维持工人的生活，而且还能维持其劳动能力。然而，各种享乐用品并非维持生活所绝对必需的，我们称之为“a”的必需品中不包括这些。

设劳动工资$=A$，从中减去工人所必需的生活资料a，则工人所得的剩余为$A-a$，我们以y代之。因此$A=a+y$。

六、资本

我所说的“资本”是指在自然力的辅助下通过人类劳动所完成的产品，使用这种产品可以提高人类劳动效率，可以与土地相分离，虽然树木和建筑物还具有毁灭的形态。

七、利率

在借贷资本所得的利息中通常包含两个组成部分，即：

1. 借方为了能在一定时期内使用资本，以归还同值资本为条件所支付的报酬；

2. 资本出借就有可能蒙受损失，较长期出借经常可能蒙受损失，为此所支付的保险金。

本书中我所称的“利率”仅包含这两个组成部分中的第一部分。

在这个意义上的利率，实际上只反映第一种假设中支付给不会遭受损失的出借资本的利息。

这样规定的利率，我称之为“Z”。

八、地租

地租的概念在本书第二版第一卷第五节(一)中已作详细讨论。为了免除读者翻阅之劳，我在这里扼要叙述如下：

我所说的地租不同于亚当·斯密、萨伊等人的田庄收入，我指的是从田庄收入中扣除建筑物、树林、围墙以及**不从属于**

土地的有价物品的利息之后所剩余的土地租金。

第七节 企业家利润、勤奋的报酬、营业利润①

一、企业家利润

从一个企业家所得之中如果扣除：

1. 所投资本的利息；

2. 船只保险、火灾保险、冰雹等保险费用；

3. 担任业务领导的、安排和监督的办事人员和经理人员的报酬，通常还有剩余留给企业家，这就是企业家利润。

资本的使用得到计划中的利息的补偿，经营的风险由扣除的保险金担保，业务领导的辛劳由经理人员的酬报补偿，那么企业家获得利润的理由是什么？企业家的利润通过企业家之间的竞争没有被消除的原因是什么？

回答如下：

任何保险公司都不担保一切与企业经营有关的风险；风险的一部分总是由企业家自己承担的。仅仅是产品、制造品和交易的商品的价格的下跌，就可以使田庄的租赁者、工厂主和商人失去自己的全部财产，任何保险公司都不担保这种风险。

但是有人会反驳说：

① 关于这个问题就我所知，赫尔曼的《政治经济研究》(*Staatswirtschaftliche Untersuchungen*)第145—265页中阐述最详细，最有价值。慕尼黑1832年出版。

一个人在开始经营时把估算定在产品或商品的原来平均价格上，由于价格下降到原来的平均价格之下，他就可能遭受损失；然而常常，也许更经常由于物价上涨使他得益，风险可以从利润的展望中得到补偿，因此不必要求赔偿。

保险公司可以按此原则办事，但是个人却不能。因为公司中每个股东只拿他的**一部分财产**冒险，而企业家则是拿他的**全部财产**孤注一掷，企业家利润何以必须存在的原因就在于公司和企业家个人两者之间的不同上。

拥有10,000塔勒资产的人，以1塔勒下注，不会危及他的幸福；赢钱时的喜悦可以补偿输钱时的不快。然而，如果他将全部资产10,000塔勒孤注一掷，那么在最好的情况下他的财产能增加一倍，这带给他的幸福绝不能抵偿他在最坏的情况下由于失去全部资产因而享受与生活全无着落时的痛苦。

一个拥有资财能担负获得国家官员必备知识的费用的人，他就能选择，或者献身于公务，或者成为企业家，担任这两种职业的能力是相等的。如果他选择前者，那么在他被任用以后他毕生的生活就有了保障；如果他选择后者，那么不良的商情可能立即使他破产，他的命运将令他成为工资劳动者。

对未来的展望是如此不同，那么是什么促使他去当企业家呢？如果得利的可能性不比损失的可能性大得多的话，谁愿这么做呢？

丧失一部分资产或全部，人们感到被夺走的幸福和愉快比增加一部分资产或全部所增添的幸福和愉快多些；那么在各行各业的经营中，得利的可能性必然也以同等程度大于遭受损失的可能性。

亚当·斯密及其同时代的英国学者都把投资的利息与企业家

的利润混为一谈，称之为“利润”。

将来源如此不同的两个因素融合在一起，因此要认识劳动工资和利率之间的关系几乎不可能了。就我所知，萨伊最早发现斯密体系中这一缺点。

二、勤奋的报酬

企业家营业，对于业务的安排和领导，对于雇佣工人的监督要收取一定的报酬，初看起来这种报酬与他所雇用的分担其辛劳的经理人员、会计或督察人员应得的薪水是相同的。

然而，企业家自负盈亏的工作和雇用的经理人员的工作是很不相同的，虽然两者的能力和知识相同。

由于商情变化不定，在企业蒙受损失，企业家的财产和声誉发生危机的时刻，企业家必须处心积虑设法避免灾祸临头，绝不能高枕无忧。

在这种情况下，受雇用的经理人员的处境则不同。他白天已经切实工作，晚上疲乏回家，则自觉已经尽了职责可以安然入睡了。

然而企业家却有不眠之夜，这是徒劳无益的。

企业家制订计划，设法避免遭受不幸，唯有高度集中全部精力，计划才能制订出来，受雇用的经理人员虽然会认真地尽自己的职责，但是对计划的关心则是隔了一层。

困难是发明之母，由于窘困的处境，企业家也就成了他所在部门的发明家和发现家。

使用新机器比使用旧机器能提供更多的产品，新机器的发明者有权得到多余的部分，多余的部分作为发明的报酬为发明者所享用；同样，企业家由于付出较大的精力，作出了比受雇的经理人员更多的贡献，超出的部分理应作为企业家勤奋的报酬。

为实现自己计划而工作和自己承担风险的企业家，如果资格与受雇用的经理相同，尽管经理很忠于职守，但企业家所发挥的效率就比那个经理高，企业家除了得到管理费用以外，之所以还应得到我们称之为“勤奋的报酬”，原因就在这里。

在一般的手工劳动中也存在类似的情形。工人包工装土，如果他意识到，每一铲都对自己有益，能增加自己的收入，他就能增强自己的力量；而忠于职守的雇佣工人则不得不依靠自觉的道德观念去战胜辛劳，尽管力气相等，能力相等，工作效率就比前者低，而且容易疲劳了。

工人按计日工资的工效远不如包工制的工效，经过这一考察，我们对工人的评论也就温和了，因为我们不能把工效低单纯归因于懒惰和玩忽职守（人们往往有这样的看法），而应把这一点部分地归因于不同的、不以工人意志为转移的效率。

三、营业利润

企业家的收入超过投资的利息和管理费用的部分，即为企业家利润和勤奋的报酬，为表述的简化起见，我统称之为“营业利润”。

资本投于生产，才能提供好处，这是狭义概念的资本。资本的收益决定于资本出借时的利率的高低。

投资生产的前提是必须有一个企业，这个企业的存在又必须有一个企业家为前提。

企业在扣除一切有关的垫付和费用以后还能向企业家提供纯

收益。这个纯收益包括两个组成部分，即营业利润和资本收益。从纯收益中扣除营业利润，便得出资本收益，从资本收益中能计算出利率的高低。

投于营业的资本按这样方法分析可求得资本的收益，那么在下列的研究中我们也可以不顾企业家身份，把他视作资本家以营业利润雇用的经理人员；但是，企业家由于受自身利益的驱使，总在谋求最高的资本收益。

（根据第六节三的解释，劳动产品中不再包括营业利润，营业利润已被扣除，所以在劳动产品的分配问题上只有工人、资本家和地主参与。）

第八节　论由劳动形成的资本

原始人类来到大地，如果大自然没有提供丰富的野生植物，没有提供果实以维持他们的生命，他们肯定早已饿死。

如果我们想探明资本的起源和没有资本的、仅仅靠自己的劳动为生的、可以自己创造资本的人们的社会状况，那么我们只需想象一下热带诸国的情况，那里芭蕉、椰子、面包树果[①]以及甘薯、玉

---

① 把面包树果丰厚的果肉放在窖中，让它发酵，可用以烘焙面包。这种酸面包是塔希蒂人（Tahitier）最喜欢的食物，也是旅行用的干粮。然而人们还是更经常吃新鲜的面包果，在完全成熟之前采下果实，去其外壳，裹以树叶，放在烧热的石头上烘焙。面包树长到两年或三年，从树干上取下皮心之间的柔软部分，可以编制东西，或织成粗布。面包树叶可用来裹面包果，利于烘焙，在进餐时铺在地上充作地毯。落地的雄蕊可以用作火绒。将树干割开，便有浆汁流出，与椰乳一起煮，可熬成捕鸟胶，放入西谷面粉（Sagomehl）、糖和蛋白可以制造坚硬的糕。

米等南方果实足以养活人类；那里每年用树干搭一次小屋，上面覆盖着芭蕉叶，足以提供保护，芭蕉叶还可用以遮体。

洪堡在他的著作《自然观》（*Ansichten der Natur*）中写道："自从人类最初从事耕作以来，只要存在传说和历史记载，我们发现热带地方都种过芭蕉。"

上述三种树木都是天然产物，无须人力帮助种植。但是甘薯、玉米则需要翻耕土地。然而在肥沃而松软的土地，用一根棍儿就可以将覆盖在地上的植物清除掉，掘开表土进行播种，不必使用需要投资的器具。

移居热带的民族的逐渐发展的情况，我们可以有两种不同的看法。

1. 我们认为这个民族不仅没有资本，而且没有知识，对于我们今天已大大推动生产的发明和发现一无所知。

因此资本的形成只能十分缓慢地进行，资本的形成不仅取决于劳动，而且取决于才智的发展，因而是两种不同因素的产物。才智的发展是文化史上的事，对于我们的研究目的关系不大。

2. 我们设想，有一个其能力、知识、技术与欧洲文明民族完全相同的民族迁往一个热带国家，这个国家既无资本，又无工具，现在试问，在民族的才智不变的情况下，资本将怎样形成？

这里可能有两种情况：

(1)这个民族与其他民族相交往，可以将自己收集和节约下来的果实与其他物品，特别是工具和机器相交换。

在这种情况下，将是劳动本身的产品与其他的包含工资、利息和地租三因素的产品相交换，关于我们试图研究的问题，这里我们没有得到启发。

(2)这个民族与其他民族没有贸易往来，它与外界隔绝，资本的形成由内部进行，不受外来影响。

下面的研究我们是以第(2)种情况为根据的，此外我们还假定：

(1)这一国家山区蕴藏着欧洲工业制造产品所需的一切金属。

(2)这个民族的人口很充足，一旦具备了必要的资本，就可以像欧洲那样实行劳动分工。

(3)这个民族的聚居地，土地到处都一般肥沃，同时又非常辽阔，任何居民都可以无偿地占有土地。

这一民族不拥有资本，那里的土地没有交换价值，在这个民族中没有主仆关系，人人都没有区别，都是工人，都必须以劳动为生。

这里我们所谈的是最简单的状况，如果加以考察，我们首先就有希望得到关于劳动工资和利息两者关系的解释。

由于我们将考察的场所系设想中的热带国家，那里不产我们所食用的谷物，谷物在那里不是最主要的粮食，黑麦在这里不可能是价值尺度，不是人们必需的生活资料的价值标准。

这里我们必须假定，一个劳动者一年内所需的生活资料作为产量的单位或标准。

我把这些生活资料称之为“S”，S 的 1%称之为“c”，因此 $S=100c$。

假设劳动者能克勤克俭，一年内通过双手的劳动能生产多于他生活必需的10%，亦即是1.1S，或者说110c，那么产品在扣除他必需的生活消费以后还剩：110c－100c＝10c。

因此，他在十年之内便能贮存[①]供他一年生活之需，这一年里他不必劳动，或者在一整年中可将他的劳动使用于制造有益的工具，亦即是创造资本。

现在我们来考察他的创造资本的劳动。

他用破碎的火石加工木材，制成弓箭，用鱼骨制箭头。用芭蕉树干和椰子外壳的纤维制成绳索和细线，绳索用作弓弦，细线可以织渔网。

第二年他又从事食物的生产，现在他有了弓箭和渔网，使用这些工具他的劳动所得大大增加了，劳动产品丰富多了。

假设他的劳动产品——在扣除他的工具损耗以保证他的工具完好的条件下——因此由110c增加到150c，那么他在一年之中就能剩余50c，现在他只需两年时间用于生产生活资料，第三年又可用于制造弓箭和渔网。

从这时起他自己已不需使用新制成的工具了，因为以前生产的已足够满足他的需要，然而他可以将工具出租给至今还没有资本的劳动者。

这第二个劳动者历来每年产量为110c，如果他借得资本，这项资本中包含着生产资本的劳动者一年的劳动，那么在所借得工

① 试问这些贮存物不会霉烂吗？如果他每年将他的贮存用于制造工具，那么在十年后也可以做到将一年劳动用于制造工具。我们撇开贮存困难不谈，是为了便于研究和看清问题。

具与归还时的工具保持价值不变的条件下①,他的产品为 150c。依靠资本增产为 40c。

由此可见,第二个劳动者借用资本可支付 40c 的租金,生产资本的劳动者付出一年的劳动可持续地获得这笔租金。

这里说出了利息的来源以及利息与资本的关系。

> 资本与利息的关系正如劳动报酬与该劳动所生产的资本的租金之间的关系。

在上述情况,一年劳动的报酬=110c;一年劳动所生产的资本的租金为 40c。

因此两者的关系为 110c∶40c=100∶36.4,利率为 36.4%。

然而有人会反驳说,40c 的租金并不是一年劳动的结果,因为这个劳动者花了 10 年时间生产出他在创造资本时所消耗的生活资料。所以租金是 10+1=11 年的结果,每年平均仅为 40c/11=3.64c。

对这个问题可以这么回答:

没有资本的劳动者每年劳动所得的产品报酬为 110c。其中他必须扣除生活消费 100c,他的辛勤努力仅得 10c 的报酬。

所以我们必须将劳动者的报酬分成两个部分,即:

1. 劳动者为维持劳动能力必须消费于生活的部分;

---

① 借出的工具到归还之际,怎么能够保持性能不变、价值不变呢?这在个别工具借还之间是不可能的,然而在一个国家中从全部出借的物品来看,却是可以的。如果有人出租 100 所房屋,借期 100 年,条件为租赁者每年建新屋一所,那么尽管 100 所房屋年年有折旧,但价值不变。在作这样的研究时,我们必须注意整体。本文叙述的仅为两个人之间的行为,这仅仅说明一个概况,由此可以一目了然地看清整个国家的运动情况。

2. 劳动者辛勤努力所得的部分。[①]

根据上面假定的数字，这个劳动者一年辛勤努力，如果用于生产食物，可得 $10c$，如果用于资本生产，则可得 $3.64c$ 的租金。

两者的比例亦即为 10∶3.64，或 100∶36.4。

这一结果与资本和利息的比例相同，我们可以取年劳动或年辛勤努力为尺度。

如果在某一时间，全民族的每个工人都有一年劳动生产出来的资本，那么资本生产是持续下去呢还是就此停止呢？

现在将两个劳动者作比较，其一拥有弓箭和渔网等工具，另一备有铁锹、斧子和铁钉，尽管资本也很少，后者翻地用铁锹，不似前者用棍杖，后者用斧加工木材，前者则用破碎的火石，我们发现，同样的熟练程度，同样勤奋努力，同样的体力，两人劳动所得的结果是很不相同的。第二个用铁锹和斧子的劳动者在一年以后所获的产品一定大大超过第一人。

铁锹和斧子本身是人类劳动的产品，这些工具提供了高度的效益，因此促进人们生产这些工具，从而扩大了资本的生产。

个体劳动者制造弓箭等物不需依靠他人。然而炼铁和加工铁则必须实行分工，在这方面我们必须把生产资本的劳动者视为一

① 区别劳动报酬和辛勤努力的报酬，这对正确评价实际生活中的关系，不无意义，下面举例予以说明。

假设一个按日计酬的工人，年收入为 100 塔勒，他的一头价值 20 塔勒的乳牛突然死去，现在将他的损失与他的年工资比较，损失似乎并不很重，因为他可以用一年的五分之一劳动予以弥补。然而试想一下，为了维持劳动能力，他只能消费他的报酬中的 90 塔勒，他一年的辛勤努力只能得到 10 塔勒的报酬，这就是说，死去一头乳牛等于他两年辛勤努力的果实，因此他的损失值得痛惜，应予同情和救济。

个团体，它有共同目标，共享自己劳动的全部收益。

现在假定，整个民族逐渐都备有铁器，每个劳动者所使用的铁器系一个从事资本的生产者两年劳动的产品，那么现在每个人都拥有两年劳动的资本。

提高人类劳动效率的工具，在资本积存只有如此程度时，是非常不完善的。所以资本的生产将不断发展，国家不断用 3 年、4 年、5 年或更多年劳动生产的资本装备每个工人，每人的劳动产品由于资本的不断增长也逐渐增长。

这里不禁要问：

劳动产品的增长与资本的增长是否保持同步，亦即是否保持正比例的关系，例如使用 3 年劳动生产的资本是否能带来一年劳动生产的资本的 3 倍租金，亦即是 $40c \times 3 = 120c$？

我们知道，并非每一项投于工具、机器、建筑物等的资本对促进劳动的程度都是相等的，比较有效的。

建造一座磨坊，并将它投入使用，它能使磨研谷物的人增产，至少 20 倍；或者说，一个人使用磨坊磨谷，数量能超过 20 人用手工磨研，而且质量更好。

一人用两匹马驾犁，翻耕土地的面积能超过 30 人用铁锹翻地。

由此可见，生产资本的劳动在兴建磨坊和制造耕犁上得到有益的、报酬很高的使用。一旦这两者的数量满足了需要，继续制造耕犁和兴建磨坊不仅得不到像最初那样高的租金，而且完全得不到租金。

工具或机器，无论怎样有益，其数量总有一个限度，超过限度便不再有益，而且也无租金可得。

一旦达到这一界限，生产资本的劳动应从事生产其他有价值的物品，即使这些物品得益少些，带来的租金比以前少些。

生产资本的工人考虑到和为追求自身的利益，首先将自己的劳动用于生产最能发挥自己的力量、最能收效的那些工具和机器，然后，如果这些产品的数量已经足够，则将自己的劳动用于生产非常有益的、然而促进工效则不如前者的工具和机器，因此在出借这些物品时只能收取较少的租金。

后面研究中有一个颇为重要的现象，它的原因在这里已有表露。这个现象是：新投于企业或营业中的追加资本，所得的息金不如原先投入的资本。

这种现象在实际生活中到处都可见到，但资本的尺度不是以年计算的劳动，而是货币。使用资本改良土壤，这一现象颇为明显，在那里为改良土壤第一次投资 1,000 塔勒能带来 15%之利，第二次 1,000 塔勒也许只有 10%，第三次仅仅还有 5%。如果继续不断投资，例如用于深翻表土层，那么超过一定程度只能获得 3%，2%，甚至只有 1%的利息。

一个零售商或一个工厂主，他在自己住所附近销售商品，营业中拥有 10,000 塔勒的资本，收利 5%，如果他的销售额增加，他的商品在住所范围之外更远的地方销售，那么就需追加资本。

如果情况不变他要推广销路，唯有降低他的商品的价格才能做到，然而结果是最后投入的资本的效益减少。

第九节 工资和利率的形成

如果以年劳动量为单位计算资本量，那么生产资本所需的人力的消耗就成了计算的尺度。如果以货币表示资本，货币本身就是人类劳动和资本的产品，那么劳动产品就是资本的尺度。不论使用哪一种尺度，一如上面所述，新追加资本所能增加的人类劳动产品在程度上少于先投入的资本。

现在不禁要问，资本效益的递减可用何种系列数字来表示。

如果系列数字所必需的条件较为完备，那么资本和劳动产品关系的研究将成为一项特殊研究的对象。这里自然就有需要求出一个不断递减的系列数字，与这里要求相适应的是几何系列数字，它的基数是一个分数，如 $9/10$，$(9/10)^2$，$(9/10)^3$，$(9/10)^4$……

为了将以后的研究与一定的数字相连接，便于继续叙述，我暂时假定，一个劳动者

使用第 1 批投资（一年劳动量），增产 $40c$

第 2 批投资（一年劳动量），增产 $40c \times 9/10 = 36c$

第 3 批投资（一年劳动量），增产 $36c \times 9/10 = 32.4c$

等等。

继续作上列的计算可得下表：

	全部劳动产品
一个劳动者不拥有资本，可提供	110c
使用第 1 批投资（一年劳动量）增产 40c	150c
使用第 2 批投资（一年劳动量）增产 40$c\times{}^{9}\!/_{10}=36c$	186c
使用第 3 批投资（一年劳动量）增产 36$c\times{}^{9}\!/_{10}=32.4c$	218.4c
使用第 4 批投资（一年劳动量）增产 32.4$c\times{}^{9}\!/_{10}=29.2c$	247.6c
使用第 5 批投资（一年劳动量）增产 29.2$c\times{}^{9}\!/_{10}=26.3c$	273.9c
使用第 6 批投资（一年劳动量）增产 26.3$c\times{}^{9}\!/_{10}=23.7c$	297.6c
使用第 7 批投资（一年劳动量）增产 23.7$c\times{}^{9}\!/_{10}=21.3c$	318.9c
使用第 8 批投资（一年劳动量）增产 21.3$c\times{}^{9}\!/_{10}=19.2c$	338.1c
使用第 9 批投资（一年劳动量）增产 19.2$c\times{}^{9}\!/_{10}=17.3c$	355.4c
使用第 10 批投资（一年劳动量）增产 17.3$c\times{}^{9}\!/_{10}=15.6c$	371c
使用第 11 批投资（一年劳动量）增产 15.6$c\times{}^{9}\!/_{10}=14c$	385c
使用第 12 批投资（一年劳动量）增产 14$c\times{}^{9}\!/_{10}=12.6c$	397.6c
使用第 13 批投资（一年劳动量）增产 12.6$c\times{}^{9}\!/_{10}=11.3c$	408.9c
使用第 14 批投资（一年劳动量）增产 11.3$c\times{}^{9}\!/_{10}=10.2c$	419.1c

资本的增长对工资的影响

在我们这里所谈的民族内还没有雇用别人为自己劳动的资本家，而是每个人都为自己劳动。劳动者分成两类，一类从事资本生产，另一类使用借来的资本为自己劳动。

属于第二类的成员，我称之为“工人”，没有给予其他同义语。他们的劳动产品在扣除借用资本的利息以后，其剩余是他们的劳动报酬，即工资。

如果社会处于繁荣阶段，每个人都有一年劳动所生产的资本，这一资本的出借者可收租金 40c。

如果资本的生产持续不断，而且能使每个工人分得两年劳动量的资本，那么第二批资本的出借者便不能得到 40c，而仅能得到 36c，因为工人使用第二批资本的效益不能高于 36c，如果要求高于此数，人们对这批资本便不屑一顾。

试问现在工人对第一批借资是否继续愿意支付 40c 的租金，或者亦如第二批借资只愿支付 36c 呢？

如果某一生产资本的工人，已经生产完毕第二批资本，并且将它以 36c 的租金借给另一工人，后者以前所借的一年劳动量的资本向债权人支付租金 40c，现在他一定会退回这一高息资本，而愿接受低息资本。生产资本的工人收回了他以前贷出的资本，这时第二批资本的生产已经完成，现在他有两批资本需要贷出。如果他不打算勉强接受 36c 的租金而贷出一年劳动量的资本，那么这两批资本都不可能有人问津。这两批资本对他本人毫无用处，所以他不得不将两批资本都以 36c 的租金出借。

虽然有人会责难说，第一批用一年劳动量生产的资本即器械，在形式方面不同于第二批用一年劳动量生产的器械，两种形式不能相互替代，因此一种不可能成为另一种的尺度。

然而问题并不在这里，而在于因资本的增加从事于资本生产的劳动的报酬正以 40∶36 的比例在下降，从事于资本生产的劳动，不论是用于生产弓箭，还是生产斧铲，所得租金均为 36c，因为如果一个劳动部门所获的报酬比另一个高，那么必将有许多工人转向这一劳动部门，结果又恢复平衡。

商品的价格不会因购买者不同而不同，商品的价格不是根据商品对个别购买者的个别价值而定，它对所有的人都是划一的，同样，资本的价格，即出借资本所得的租金，并不根据全部资本对借方提供的效益而定。或者说，等值的商品，含有等量劳动的资本，在同一时间不可能有两种不同的价格。

全部资本在出借时提供的租金是由最后投入的那部分资本的效益决定的。这是利息学说要义之一。

根据上列表格，借得两年劳动量的资本的工人，

劳动本身所得……………………………110c

使用第一批资本得……………………… 40c

使用第二批资本得……………………… 36c

因此劳动产品为…………………………186c

其中必须向资本所有者支付两批资本

的租金，每批为 36c………………………… 72c

因此所得为………………………………114c

这个工人如果借用一年劳动量的资本，他只能得 110c 的收益。

如果他借用三年劳动量的资本，那么他的收益为

劳动本身所得……………………………110c

使用第一批资本得………………………40c

使用第二批资本得………………………36c

使用第三批资本得………………………32.4c

总计 218.4c

其中必须向资本所有者支付三批资本

的租金，每批为 32.4c=………………… 97.2c

工人所得为……………………………121.2c

由此可见，资本增加则租金降低，这对工人有好处：提高了劳动的报酬。

欧洲的工人阶级处境困苦，人们往往归咎于机器的使用日益

增多,而目前我们所讨论的社会状况则是,随着资本的增长,机器使用的广泛,工人的生活蒸蒸日上,处境越来越光明。

事实上,由于有益地利用自然力及能大大提高工效的机器,社会上人数最多的阶级,他们的劳动效率越来越高,创造越来越多,然而却越受压迫,这是反自然的矛盾现象。

下面我们必须来探讨这种矛盾的原因。

第十节　资本增长对利率的影响

上文已经指出,利率等于使用等量劳动(例如一年劳动)的资本所得的租金与等量劳动所得的报酬(工资)之比。*

这里工资和租金的比例与投用的资本和由此所得的利息的比例相同。

如果使用一年劳动量的资本,那么在一年中劳动可得报酬 110c,租金为 40c;比例为 110∶40,利率＝40/110＝36.4%。

在使用两年劳动量的资本时,劳动报酬为 114c,租金为 36c,利率为 36/114＝31.6%。

使用三年劳动量的资本时,劳动报酬为 121.2c,租金为 32.4c,利率为32.4/121.2＝26.7%。

使用四年劳动量的资本时,劳动报酬为 130.8c,租金为 29.2c,利率为29.2/130.8＝22.3%。

---

* 参阅本卷第 93 页。——译者

在资本不断增长时工资、租金和利率的比较

	工　资	租　金	利　率
1年劳动量的资本	$110c$	$40c$	36.4%
2年劳动量的资本	$114c$	$36c$	31.6%
3年劳动量的资本	$121.2c$	$32.4c$	26.7%
4年劳动量的资本	$130.8c$	$29.2c$	22.3%

在资本不断增长时，利率降低的速度比租金大得多，因为工资同时在上升，租金除以工资等于利率。

资本是由劳动创造的，劳动在这里是资本的尺度。实际上资本通常以货币表示，以货币计算。用雇工的年劳动计算资本量——人们需要以这样计算的资本来支配或购买雇工的年劳动，——虽然对某一资本的价值在不同国家、不同时期比以货币计算更为明确，但毕竟不大寻常。

此外，在确定利率时，资本如不以年劳动量而以货币表示，这没有什么区别。

如果以 $c=1$ 塔勒，那么一年劳动的工资＝110 塔勒，一年劳动量的资本也＝110 塔勒，这一资本带来的租金＝40 塔勒。租金除以资本等于利率，亦即是 40/110＝36.4%。

同样可以求得使用两年劳动量的资本的利率，应该为31.6%，用上述方法不会得出别的结果。

第十一节　资本的增长对于生产资本的劳动所收取的租金量的影响

我们知道，生产资本的工人每有新资本产出，如果资本超出当前所需，收取的租金则越来越少，如果新资本影响原有资本的收入，降低了原有资本的价值，那么人们要问：是什么推动他继续生产资本呢？

我们应当记得，资本是劳动的产物，资本只能是劳动者所生产的多于他所消耗的那部分东西构成的。

如果工人的剩余越少，积蓄资本的时间则越久，如果我们考虑到工人是处身于社会之中，那么为了积累足够一个人一整年所必需的生活资料，以便他创造狭义的资本，即制造器械，建造房屋等等，就必须要有数量更多的工人。

建造一所房屋如果需要 10 个人一年的劳动，如果一个工人一年的努力能获得供两年的生活之需，那么获得这所房屋，他就需付出 20 年的努力。例如年工资为 200c，工人生活所需为 100c，年剩余为 100c，那么建造这所房屋的费用为 $200c\times10=2,000c$，为了积攒 2,000c，就必须 $2,000/100=20$ 人花一整年的劳动。亦即是说，获得这所房子需耗费 20 人一年的努力。

反之，如果工资仅为 110c，剩余为 10c，那么建立这所房屋需耗费 $110c\times10=1,100c$，这所房屋必须通过 $1,100c/10c=110$ 人的一年努力才能获得。

由此可见，资本的生产费用可以根据获得资本所需的努力年限计算求得。

工人的剩余越少，或者消费不变，工资越少，则资本的生产费用越高。

工资的增长会增加商品的生产费用，但是会降低资本的生产费用。

生产资本的工人的目的是为了使他的年劳动获得尽可能多的租金。现在一方面资本增长，同时利率降低，因此资本的收入也降低；然而另一方面工资与资本同时增长，工资增长，又降低了资本的生产费用。

由此可见，生产资本时存在两个相互制约的因素——由此大概可以推论，资本扩大达到一定程度，生产资本的劳动能得到最高的租金。

下面举几个数字例子加以说明。

使用两年劳动量的资本，劳动产品为

劳动本身生产 ……………………………110c

第一批资本生产……………………………40c

第二批资本生产……………………………36c

总计 186c

工人借用两年劳动量的资本，一年劳动量的资本必须支付

36c，两年共计 ……………………………72c

留给工人的为…………………………………114c

如果生产资本的工人自己拥有资本，用以进行生产，那么他也应由收入中扣除利息，因为他出借资本也能获得这么多的收益。

生产资本的工人从上面 114c 的剩余中为生计消费 100c，他一年的努力还剩余 14c。

为积聚等于一年工资量的资本，他需要花费 114c/14c＝8.14 年的时间。亦即是说，8.14 人共同从事资本的生产，一年劳动所产出的资本。这批资本如果出借，可得 36c 的租金。36c 被 8.14 人除，每人可得租金 4.42c。

使用三年劳动量的资本

劳动产品为 110＋40＋36＋32.4＝218.4c

其中扣除利息，一年劳动量资本

的利息为 32.4，三年为 97.2c

留给工人的为 ……………………121.2c

扣除必需的生活消费后剩余…………21.2c

为积聚等于一年工资量的资本，需要 121.2c/21.2c＝5.72 人花费一年的努力。一年劳动量的资本可得 32.4c 的租金。亦即是一个工人一年努力可得 32.4c/5.72＝5.66c 的租金。

使用四年劳动量的资本

劳动产品为 110＋40＋36＋32.4＋29.2＝247.6c

其中扣除利息，一年劳动量资本

的利息为 29.2，四年为……………………116.8c

留给工人的为………………………………130.8c

扣除必需的生活消费后剩余……………30.8c

为积聚等于一年劳动量的资本，需要 130.8c/30.8c＝4.25 人花费一年的努力。一年劳动量的资本可得 29.2c 的租金。亦即是一个工人一年努力可得 29.2c/4.25＝6.87c 的租金。

从事资本生产的工人一年所得的租金，在使用两年劳动量资本时只有 4.42c，使用三年劳动量资本时上升到 5.66c，使用四年劳动量资本时为 6.87c。

由此可见，从事资本生产的工人在资本增长、利率下降的情况下，通过他们的劳动比在资本短缺、利率增高的情况下，获得更多的租金，亦即是说，他们受本身利益所驱使而增产资本，尽管他们的劳动产品即资本由于利率的下降，价格也有所下降。

如果有人反驳说，固然生产资本的工人由于增产资本获得了较多的租金，但是，他们的利益要求多产的资本只留作己用，不让其他工人从中得到好处，于是利率可以保持在以往的高度，那么我们必须考虑，生产资本的工人并不占有垄断地位，如果生产资本的劳动所得的报酬高于其他劳动，其他工人将立即转而从事资本的生产。

第二类工人向第一类工人的转移将持续到报酬出现平衡时为止，亦即是两类劳动的报酬相等时为止。

这里又产生一个问题，两类劳动的报酬，一类报酬为永久性租金，而另一类为产品本身，哪一种标准是两类报酬的共同尺度呢？

这里的回答是：如果工人将自己的剩余出借以求取得利息，那么他一年努力的报酬就变成了永久性利息，它可以与生产资本的工人所得的租金相比较，可以根据这一标准——例如以若干塔勒或以若干斗黑麦——进行计算。

假定两类工人使用不等量的资本，第一类工人拥有三年劳动量的资本，第二类工人拥有两年劳动量的资本。

如上所说，生产资本的工人所得的租金为5.66c。使用两年资本的可得报酬为114c，剩余为14c，利率等于36c/114c＝31.6％。所以第二类工人的剩余可以获得14c×31.6％＝4.42c，而第一类的工人可获得5.66c。

如果两类工人都使用三年劳动量的资本，那么报酬＝121.2c，剩余＝21.2c，利率＝32.4/121.2＝26.7％，出借剩余所得的利息为21.2c×26.7％＝5.66c，由此可见，此数与生产资本的工人所得的租金恰好相等。因此，投资之数相等，两类劳动的报酬也均衡，于是一类工人向另一类转移的原因也就不存在了。

生产资本的工人，如果使用下列资本量，可得的租金为：

2 年劳动量资本　　租金 4.42c

3 年劳动量资本　　租金 5.66c　　差距 1.24c

4 年劳动量资本　　租金 6.87c　　差距 1.21c

由此可见，租金随资本的增长而增长，但是这一增长本身或者两个相邻资本的租金差距则在下降。这种现象证实了前面所作的推测，即这种租金不会持续地同资本一起增长，在一定程度上达到最高点。为了深入阐明这一问题，现在继续进行已经开始了的计算，其结果列表如下：

表　A

资本（劳动量）	劳动产品 c	其中包含利息 c	所余工资 c	工人剩余 c	利率 %	一年劳动量资本的租金 c	完成一年劳动量资本所需的人数（人）	每人分得租金 c
0 年	110	0	110	10				
1 年	150	40	110	10	36.4	40	$\frac{110}{10}=11$	3.64
2 年	186	72	114	14	31.6	36	$\frac{114}{14}=8.14$	4.42
3 年	218.4	97.2	121.2	21.2	26.7	32.4	$\frac{121.2}{21.2}=5.72$	5.66
4 年	247.6	116.8	130.8	30.8	22.3	29.2	$\frac{130.8}{30.8}=4.25$	6.87
5 年	273.9	131.5	142.4	42.4	18.5	26.3	$\frac{142.4}{42.4}=3.36$	7.83
6 年	297.6	142.2	155.4	55.4	15.2	23.7	$\frac{155.4}{55.4}=8.80$	8.46
7 年	318.9	149.1	169.8	69.8	12.6	21.3	$\frac{169.8}{69.8}=2.43$	8.76
8 年	338.1	153.6	184.5	84.5	10.4	19.2	$\frac{184.5}{84.5}=2.18$	8.81
9 年	355.4	155.7	199.7	99.7	8.8	17.3	$\frac{199.7}{99.7}=2.00$	8.65
10 年	371.0	156.0	215.0	115.0	7.25	15.6	$\frac{215}{115}=1.87$	8.34

推论　从事资本生产的工人出借每年劳动所得的租金，随着资本增长而增长，尽管利率同时却在下降，然而投资达到 8 年劳动量时租金最高，此后租金又加速下降。

工人受自己利益的驱使，不断增产资本，直到他的劳动得到最高租金的报偿时为止，根据这里的计算，每个工人应有 8 年劳动量的资本。

在这里，劳动能得到最高租金的报偿时，工资为 184.5c，利率为 10.4%。

第十二节　地力和气候对工资和利率高低的影响

如果由于地力的减低，拥有等量资本的工人获得比表 A 所示少 1/4 的劳动产品，那么利息及工资也将降低 1/4，如果将制订表 A 所依据的计算方法应用到这里，那么一个工人如不拥有资本，他的劳动产品为 110×3/4＝82½，使用一年劳动量资本，增产量为 40×3/4＝30。

在这样情况下，即使使用一年、二年、三年，甚至四年劳动量的资本，工资仍不足以达到工人必需的生活资料的数额。因此指望劳动创造资本更无可能了。直到相对资本增长到五年劳动量时，劳动得到报酬为 142.4×3/4＝106.8，这时才有剩余 6.8，才能积聚资本。

由此可见，人类要生存，资本必须先行。

现在整个欧洲的情况就是如此，因为即使在意大利和希腊的南方气候最温和的地方，一个民族如果毫无资本，亦即是没有衣着、没有住所、没有器械等，它必将因贫困而灭亡。

然而，资本并不是(如费尔巴哈所说的世界)由本身及内部必然性产生的，而是人类劳动的产物。

资本是人类生存的条件，然而并不是从原始时代起就已存在，而是由尚未拥有资本的人的劳动生产的。

这里出现了一个循环推论，一个看来无法解决的矛盾。

如果我没有误解的话，在科学中，例如在讨论工资和利率时，到处也存在着矛盾，关于这一问题的讨论很不充分的原因，也许就在于矛盾没有得到解决。

事实上，二十多年来我一直在作努力，谋求发现一个关于资本和劳动产品之间关系的规律，由此解决上述矛盾，然而总是徒劳无益。

虽然为较高程度的相对资本设计一张比较符合实际的、说明资本和劳动产品关系的表格并不困难，然而，这样形成的排列直到资本较低程度，或者说到零，即到资本的起源点，那么同样的矛盾又将展现在眼前。

如果 q 代表投资量，劳动产品 p 是 q 的函数，然而我几乎用遍了代数的一切形式建立的方程式，都没有能说明这里存在的待解决的问题。

后来，过了很久，由于费了许多时间和精力，这一问题未能解决的原因我在下列考察中发现了，于是我也就清楚了。

人类的发祥只有在大自然非常慷慨，无须人类费力就能提供芭蕉和椰子的地方才有可能，只有在气候温暖，衣着和房屋都非绝对必要的地方才有可能，只有在那种地方劳动本身才能变成资本。

资本在这片乐土上积聚以后，同时人口也增长起来，由于肥沃的土地为个人占有，土地范围就显得狭窄，一些部落便相互脱离而外迁，依靠资本——牲畜、粮食和器械等——也能在那些没有资本便不能生活的地方获得丰富的生活资料，数量并且能超过原来地方的收获。

在新的居住地资本又积聚起来，人口继续繁殖，土地又觉狭窄，拥有足够资本的移民可以迁至不毛之地生活，在那里找到充分的生活资料，那里本是需求很少的野人也不能生活的、无人居住的地方。

是的，我们还可以推论，一切不肥沃的或气候不良的、目前还被认为是无法殖民的土地，一旦资本继续增长，价格更加低廉，它们同样能够耕作，养活人口。资本越廉价，即资本的利息越低，那么可以殖民的土地范围就越广阔。

欧洲是属于拥有资本的人才能迁入定居的地方之一。

上列问题之所以不能解决显然是由于：

原始的资本不是在欧洲创造的，而是来自外地，

那里资本形成的规律不同于欧洲。

欧洲最初的资本是由外地移来的，它并不遵循我们在这里看到的规律。

认识到这一点，我们便不会再想为原始资本和高级资本的产生寻找概括两者的规律，于是矛盾也就消失了。

在其他方面及更高级方面，有些问题不能得到解决，不也类似这种情况吗？因为我们想用一个统一的规律来解释和理解原因完

全不同的事物，这些事物仅仅部分属于我们的视界范围，另一些不仅属于别的洲，而且还可能属于另一个世界。

应　　用

在这个问题上，我感到有必要在这里再作一些探讨，虽然部分地与前面所讲的有些重复，我想也是允许的。

人类发祥地只能在地球上的某些地方，例如在印度南部、非洲中部和秘鲁等芭蕉和椰子丛生的地方。

在这些大自然给予丰厚馈赠的地方，不断增长的居民只要能找到无主的土地，他们就都能安居生活而有剩余。然而，在所有肥沃的土地都被占有并成为个人财产以后，在继续增长的人口中有一部分人必须受雇于人，为工资而劳动。这种工资有逐渐下降的趋势，直到人们迁往较不肥沃的、自然条件较差的但还无人占有的地方，依靠已经获得的、同时携往的资本进行垦殖，觉得更为有利时为止。

这种发展过程，从人的精神素质和人的天性所具有的、为促进自身幸福的努力来看，以及从物质世界的性质来看都是合理的，合乎自然的，因此我们可以把人类通过迁移遍及整个地球这件事看作是符合天地本意的。

然而，如果我们观看一下那些有移民出境的国家，移民出境对这些国家说来是很不愉快的，国家因此而损失了移民的生产力，白耗了用于教育他们的资本，损失了移民所带走的资本。

如果居民长期不断地外迁，那么这个国家尽管有各种各样的有益设施和机构，也只是为别的国家而劳动了，其实力和财富都不会增长。

如果移民采取建立国家的方针，他们同母国就可能发生敌视的接触，上述的危害也就更大了。然后母国甚至准备必须同这个国家打仗。

但是，迁移是无法阻挡的，因为受过现今教育的人不允许剥夺自由迁徙的权利，如果政府可能制止这一点，那么人口过剩、饥馑、暴动等也将相继发生，没有穷尽。

如果地球上最强大的专制暴君想阻止天地本意的实现，那么他也是无能为力的。

所以，国家与天地精神相对抗，国家只能处于屈服的地位，只能不妥协地与统治自己的命运搏斗。

我们也不得不问，这一矛盾是否合乎自然？因此是否不可妥协？

个人也是被迫服从国家制定的法律的。如果个人放弃专门为谋求个人利益的利己主义的行为，他们的行为能以国家福利为目的，如果个人较深刻地认识到自己较高的使命，**自愿地**遵守国家为全体人福体而制定的法律，那么个人也就有力量摆脱束缚，达到自由的境地。

试问，如果国家及其执政者像个人一样不同命运作妥协，而起来争取自由，那么国家及其执政者是否必须继续被迫同天地本意作斗争？

国家只需不把自己看作是地球的中心，不把其他民族视为供它利用的工具，这种妥协的实现可能并不困难。

各国如果能以人类福利为自己努力的目标，如果对人类的态度能像那些已经获得自由的个人对待国家的态度，那么这种妥协是能够而且将会实现的。

要作这样的改变，肯定需要坚强的勇气，开始时还需作出牺牲。然而，正如根据自己使命行动的个人不意地获得报酬一样，国家也是如此。一国政府如赢得了其他国家的信任——它将坚持走这条道路——它将会使它们心悦诚服，从而它的影响和力量将比增加人口、增长财富或扩大疆域所得大得多。

英国执行这种方针的迹象，例如在解放奴隶、坎宁*的改革努力、与中国的议和**，以及近期的贸易政策方面已经显示出来。如果英国能够放弃一切利己主义的、损害他国的行为，永远走目前所走的道路，那么它的物质优势，更重要的是精神优势将能达到一个空前的高度。

现在言归正传，我们再回到本来研究的题目，下列表 B 提供了这样的概况，即那里的劳动产品为表 A 所列数字的 3/4 时的概况。

表 A 和表 B 结果的比较

劳动分得租金的最高报酬，在表 A 为 8 年劳动量的投资时，表 B 则为 10.5 年劳动量的资本。

---

* 乔治·坎宁(1770—1827 年)，英国政治家，1807—1809 年、1822—1827 年任外交部长，1827 年任首相。——译者

** 本卷发表于 1850 年。推测这里是指鸦片战争(1840—1842 年)后签订的《南京条约》。——译者

在劳动报酬的这一最高点时，表A的工资为184.5c，表B则为167c，利率在表A为10.4％，而表B为6.65％。

土地肥力降低的作用如下：

表 B

资本（劳动量）	劳动产品 c	其中包含利息 c	所余工资 c	工人剩余 c	利率 %	一年劳动量资本的租金 c	完成一年劳动量资本所需的人数（人）	每人分得租金 c
5年	205.4	98.6	106.8	6.8	18.4	19.7	$\frac{106.8}{6.8}=15.7$	1.25
6年	223.2	106.8	116.4	16.4	15.3	17.8	$\frac{116.4}{16.4}=7.1$	2.51
7年	239.2	112	127.2	27.2	12.6	16	$\frac{127.2}{27.2}=4.67$	3.43
8年	253.6	115.2	138.4	38.4	10.4	14.4	$\frac{138.4}{38.4}=3.64$	3.96
9年	266.6	117	149.6	49.6	8.7	13	$\frac{149.6}{49.6}=3.02$	4.31
10年	278.3	117	161.3	61.3	7.25	11.7	$\frac{161.3}{61.3}=2.63$	4.45
10.5年	283.5	116.5	167	67	6.65	11.1	$\frac{167}{67}=2.49$	4.46
11年	288.8	115.5	173.3	73.3	6.09	10.5	$\frac{173.3}{73.3}=2.36$	4.45
12年	298.3	114	184.3	84.3	5.14	9.5	$\frac{184.3}{84.3}=2.18$	4.35

1. 为达到上述的最高点，必须增加资本；

2. 不仅工资下降，而且利率也下降，利率下降比工资下降大得多。

还应注意的是，劳动和资本所有者之间进行分配的劳动产品的减少，不仅是土地肥力减低引起的，而且国家向产品征税，征收从量税也可以有这样的结果。

第十三节 以劳动为尺度对资本效益的折算

我们的考察现在由热带转向欧洲，人们在欧洲如果没有资本的协助，将不能从事生产，不依靠资本将难以生存。

这里任何产品都是劳动和资本的共同作品，现在要问，这两种因素在这共同的产品中各占多少份额，能否识别，能否区分得开。

为了解答这一问题，我们试作下列考察。

我们设资本为 Q，以若干斗黑麦或塔勒或任何其他价值尺度计量，设工资为 $a+y$，也以同样的价值尺度表示，认为是已知数，如果我们以 $a+y$ 去除 Q，则可得以一户工人一年劳动量所表示的资本有多少，或者说一个资本所有者所提供的资本 Q 等于一户工人若干年的劳动量。

如果设这一工人数量为 nq，则 $\frac{Q}{a+y}=nq$，$Q=nq(a+y)$。

现在，如果资本所有者将这一资本借给企业家，企业家将它投于工业或在没有地租的地方经营农业，他雇用 n 名工人，每个工人所用的资本为 $nq/n=q$ 年的劳动量。

如果从工业的毛收益中，或者从不生地租的土地上经营农业所得的毛收益中，扣除企业家的垫支，不包括工资和支付给资本所有者的利息，再在剩余中扣除企业家的经营利润(根据第七节)，收益还有一部分剩余，这一部分我们（在第六节三中）称之为劳动产品，按每个使用 q 年劳动量资本的工人分之，我们称之为 p。

使用哪种价值尺度计算 p，用黑麦或货币等等，均无不可，只需与计算 Q 和 $a+y$ 所用的同一价值尺度就行。

这一项劳动产品系劳动和资本的共同产物，因为一切经营支出都已扣除，所以应在资本所有者和工人之间进行分配。

这种分配应怎样进行呢?

经营中雇用了 n 名工人，生产出 np 的产品。其中 n 名工人所得的工资为 $n(a+y)$。np 减去这项工资，留给资本所有者的租金为 $n[p-(a+y)]$。

投资额为 $nq(a+y)$。

租金除以投资额即得利率，我们称之为 z。

所以 $z=\dfrac{n[p-(a+y)]}{nq(a+y)}=\dfrac{p-(a+y)}{q(a+y)}$。

利率的这一表式（我们用 p，q 和 $a+y$ 符号表示的概念）是普遍绝对有效的。从这一方程式作数学上的推导，得出的结论也必定是有效的。

因为 $z=\dfrac{p-(a+y)}{q(a+y)}$，

所以 $qz(a+y)=p-(a+y)$，

以及 $(1+qz)(a+y)=p$，

所以 $a+y=\dfrac{p}{1+qz}$。

由此可见，工资等于劳动产品除以 1＋以年劳动量表示的资本×利率。

从劳动产品中扣除工资，即得资本所有者所获的租金，租金的数量为：

$$p-\frac{p}{1+qz}=\frac{p+pqz-p}{1+qz}=\frac{pqz}{1+qz},$$

因此，劳动报酬与资本报酬的比例亦即是：

$$\frac{p}{1+qz}:\frac{pqz}{1+qz}=1:qz$$

如果设工人的工资＝A，那么资本所有者所得的租金＝Aqz。

由此可见，q 年劳动量资本的租金即等于 qz 名工人的工资，一年劳动量资本的租金等于 z 名工人的工资。

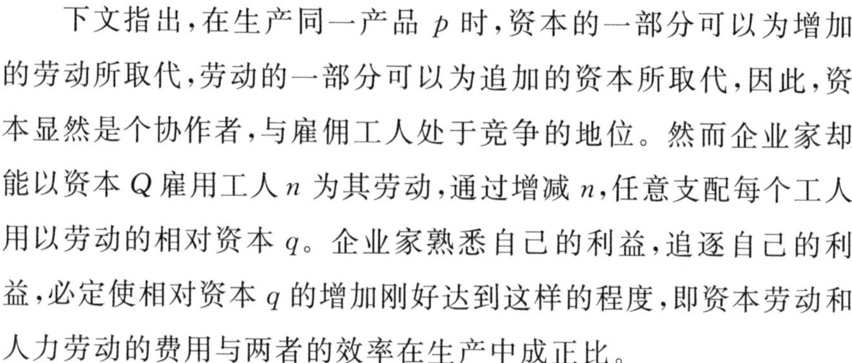

下文指出，在生产同一产品 p 时，资本的一部分可以为增加的劳动所取代，劳动的一部分可以为追加的资本所取代，因此，资本显然是个协作者，与雇佣工人处于竞争的地位。然而企业家却能以资本 Q 雇用工人 n 为其劳动，通过增减 n，任意支配每个工人用以劳动的相对资本 q。企业家熟悉自己的利益，追逐自己的利益，必定使相对资本 q 的增加刚好达到这样的程度，即资本劳动和人力劳动的费用与两者的效率在生产中成正比。

资本的效率必须是资本所得报酬的尺度，因为如果资本劳动比人力劳动低廉，那么企业家必将解雇工人，反之则增雇工人。

因此，资本的效率与人力劳动的效率正如两者的报酬之比，即 $z:1$。由此可见，资本所得的报酬，亦即是利息，既不是偶然的，也不是不公正的。

于是我们的研究获得了一个极为重要的认识，亦即是如果资本和人力劳动以同一尺度计量，即以一个工人一年劳动计量，那么利率就是这样一个因素，通过它可以看清资本的效率与人力劳动

效率的比例。

因此我们能够将在生产交换品时的资本作用折算成劳动。

通过这样的折算，人们就可将产品的生产费用，只要不包括地租，都完全以劳动来表述，于是劳动真正成了交换品的价值尺度。

反之，我们也能将以产品（例如黑麦）计量的资本折算为年劳动量，我们只需将这一资本除以年劳动工资，这一工资就是劳动价值，即$\frac{p}{1+qz}$。如果 p 是一个农业工人以黑麦表示的劳动产品，那么资本 $Q=Q:\frac{p}{1+qz}=\frac{Q(1+qz)}{p}$的年劳动量。

如果资本 Q 以白银计量，那么改用年劳动量表示资本，同样只需将 Q 除以$\frac{p}{1+qz}$，这时 p 是银矿所雇用的一名工人的以白银表示的劳动产品。

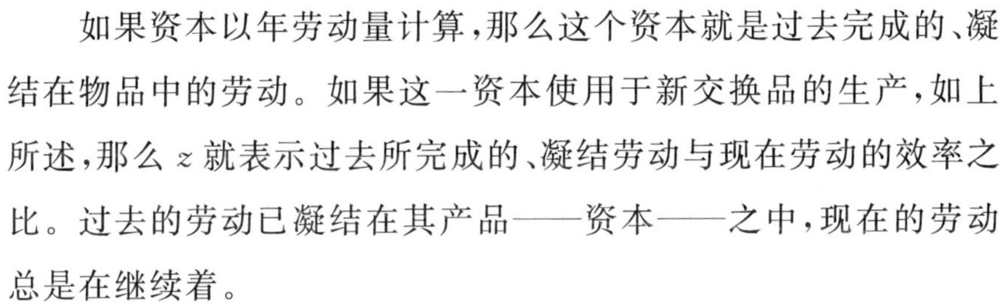

如果资本以年劳动量计算，那么这个资本就是过去完成的、凝结在物品中的劳动。如果这一资本使用于新交换品的生产，如上所述，那么 z 就表示过去所完成的、凝结劳动与现在劳动的效率之比。过去的劳动已凝结在其产品——资本——之中，现在的劳动总是在继续着。

亚当·斯密早就把劳动称之为交换品价值的本来和原始的尺度。然而，亚当·斯密同时提出了一个限制条件，他说，这一尺度只适用于人类社会初期，那时仅有少量资本，甚至没有资本，而土地还没有地租。

然而李嘉图——以及其后的麦克库洛赫——则把劳动视为交

换品价值唯一始终有效的尺度。按李嘉图的观点，交换品的价格中，既不包括资本的效益，也不包括地租，而只有劳动一项。

李嘉图把房屋、机器等所包含的资本视为劳动的产品，由于资本的效益不计在内，所以需要计算的仅仅是，通过现在的劳动，从固定耐久资本中转移到产品中去的部分有多少，以确定产品中所含的包括现在劳动在内的劳动量。

李嘉图思想非常敏锐，然而却忽视了下列两点：

1. 固定资本的生产不仅仅使用了劳动，而且也使用了资本的效益；

2. 在机器的使用中不仅有折旧，还必须偿付购买机器的价格的利息。

一般说来，李嘉图著作中论价值一章非常难以理解。经仔细分析发现，原因在于李嘉图自己都不一贯坚持自己的主张，因为他在《政治经济学原理》[①]第 21 页在确定交换品价格时完全不提资本利息一事，只承认劳动是唯一的价值尺度，而在第 28 页应用他的原理时，则为机器的使用设立了年金，年金中不仅包括对折旧的补偿，而且还包括投资的利息，这样，他不作声明，似乎是不自觉地放弃劳动是价值的唯一尺度的观点。

值得令人注意的是，李嘉图在论价值一章的最后一页上承认，他所论述的仅仅在社会的最初原始状态下是完全正确的，因此，他作为普遍规律提出来的观点，又自行否定了。

由此可见，资本效益可据以折算为劳动的尺度，在李嘉图的著

---

① 此书附有萨伊的评注，德译本系施密德所译，魏玛 1821 年版。

作中是根本不谈的。只要营业利润和资本利息混淆不清，只要劳动工资中不能区分劳动本身的报酬和工人应得的购买衣着、家庭器械、住所等所耗财力的利息，想谈也没有可能。

为说明上面论述的内容，现在补充一个数字例子似乎更有益些。

为了达到这一目的，我们现在想违背一下以前的先决条件，为此暂时假设，孤立国内的银矿散布在全境，为了满足需求，产量最低的银矿仍必须开采，它位于可耕作平原的边境。现在设想，如果同样的、产量更低的银矿是在荒野，这些矿没有被开采，那么没有被开采的原因不外是，采矿所得的白银的价值还不足补偿开采费用。

所以，采矿事业的发展如同种植谷物一样，有一个条件，即产品的价值必须与该产品的生产费用相平衡。

因此，最后开采的矿如同最后种植谷物的田地一样，不可能有地租。

假定在这一地带，没有国家垄断，国家不加阻拦，资本和劳动可以投于采矿，也可以投于务农，那么资本和劳动的使用必将获得同样的效益。

公式 $a+y=\frac{p}{1+qz}$ 表明，劳动工资已包括在产品的一部分之中。在一种场合产品是白银，另一种场合则是谷物。如果工人所得的白银的数量，能够抵偿他务农所得的谷物的数量，那么这两项的量必定具有相同的交换价值。由此可见，这里就是白银和谷物形成交换价值的场所。

现在假定,矿工一人的劳动产品=7.5 磅白银,务农工人一名的劳动产品=240 斗黑麦,那么工人所得的部分,即他们的工资,在第一种场合为$\frac{7.5}{1+qz}$磅白银,在第二种场合为$\frac{240}{1+qz}$斗黑麦。

利率 z,在资本的两种使用场合必须一致,为 1/20,或 5%。

行业不同,要求投资的数量也不相同,所以不同行业的工人所使用的资本 q 是不等的。假定 q 在务农中为 12,采矿为 20,那么劳动工资在采矿为 $\frac{7.5}{1+20\times5\%}=3.75$ 磅白银,在务农为 $\frac{240}{1+12\times5\%}=\frac{240}{1.6}=150$ 斗黑麦。①

由此可见,这里 3.75 磅白银为 150 斗黑麦的等价物,这就是说,工人利用 3.75 磅白银通过交换可以满足自己许多需求,利用 150 斗黑麦也完全一样。因此,3.75 磅白银的交换价值与 150 斗黑麦完全相等。人们通常把以货币或贵金属表示的产品的交换价值称之为该产品的价格。据此,一斗黑麦的价格=3.75/150=0.025磅白银。

在可耕作的平原的边境地带所形成的白银和谷物的价值比例,是孤立国全境决定谷物价格的基础。除此基础之外,还另有一个因素在共同起作用,因此孤立国各地谷物价格完全不同于边境地带。这一因素便是白银和谷物的运输的难易程度。

贵金属的运输,即使远至 30 英里,与其价值相比,费用很小,

① 必须注意,根据第六节中所说的先决条件,这里的工人应具有同样的知识、同样的技术和能力,他们在采矿和务农时同样能干。

我们可以称它为零。

反之，运输谷物至 30 英里处，与价值相比，费用则极为可观。

本书第一卷第四节论述了运费计算的规则，现在将这些规则应用于这里可得下列的结果。

一车可装黑麦 2,400 磅，折合为柏林斗需除以 84，即 2,400/84＝28.6 斗。根据第四节所述，距离 x 英里的运费为

$$\frac{41x\text{ 斗黑麦}+26x\text{ 塔勒}}{80-x}。$$

根据第一卷第二十三节所述，在距离城市 31.5 英里处，土地的耕作即告终止。现在将 31.5 代入上式的 x，那么一车装载 28.6 斗黑麦的运费为

$$\frac{1,291.5\text{ 斗黑麦}+819\text{ 塔勒}}{48.5}=25.14\text{ 斗}^{*}+16.89\text{ 塔勒}。$$

根据这一计算，150 斗黑麦运往 31.5 英里处，运费为 131.9 斗**黑麦＋78.6 塔勒***。

所以总的耗费为 150＋131.9 斗** 黑麦＝281,9 斗黑麦，以及 78.6 塔勒*** 。

黑麦的生产费用在产地为每斗 1/40 磅白银。

黑麦 281.9 斗合……………………7.05 磅白银

78.6 塔勒值…………………………3.93 磅白银

总计 10.98 磅白银。

---

* 应为 26.6 斗。——译者

** 应为 139.5 斗。——译者

*** 应为 88.6 塔勒。作者在下面的计算有相应的错误，这里不再一一更正。——译者

所以,向城市供应 150 斗黑麦,费用为 10.98 磅白银,为了满足城市的需要,距城 31.5 英里地方产生的谷物仍属不可或缺,因此谷物的市价必须与所耗费用相适应。

由此可见,150 斗黑麦在边境只值 3.75 磅白银,在城市里则值 10.98 磅白银。

如果现在以白银为价值尺度,那么城市中谷物的价值几乎等于在边境的 3 倍。如果将谷物作为价值尺度,那么城市中白银的价值几乎下降到边境的 1/3。

如果人们像洛茨一样,以谷物价格计量各国的贵金属,那就错了。在莫斯科用一磅白银购买谷物无疑可比在伦敦多许多。但是在伦敦用等量的白银可以购得比在莫斯科更多的海外产品,工厂和手工制品。在孤立国境内,也有同样情形,在城里以白银计算的大多数工厂制品的价格就比边境低廉。

上列运费的计算是以当时梅克伦堡很坏的道路情况为依据的。当然在平坦的公路、铁路和运河上运输,费用要低廉得多。但是问题不在于运费的**多少**,而在于白银和谷物比值所据以产生的原则。显而易见的是,随着交通工具日臻完善,各地白银和谷物比值的差别日趋缩小。

论述价格理论的书籍有很多,但观点并未因此而统一。①

由于上面假设,商品产生费用是产品交换价值尺度的原则,所以这一问题在这里还需作进一步的讨论。

---

① 赫尔曼:《国家经济的研究》(*Staatswirtschaftliche Untersuchungen*),慕尼黑 1832 年版,第 66—136 页,“关于价格”的论述颇有价值。

亚当·斯密把相当于生产费用的价格称之为自然价格。

萨伊则相反①,他说斯密所作的自然价格和市场价格的区别纯系空想,他认为,竞争或供求关系是价格的唯一的调节者。

如果我们在市场上观察价格的形成,当然能看到某种商品匮乏,某种商品过剩,以及与此有关的供求关系对价格有决定的作用。商品的生产费用在这里很少被考虑,如果有人提及这一点,只会引起卖者的取笑。

然而,竞争只不过是深奥原因的外表现象,我们不能像萨伊那样,以把握外表现象为满足,而必须努力研究原因。

试问,市场在某一时期充斥着某种商品,其原因是什么呢?

回答是,在前一时期这一商品的生产有超额利润可图,因此生产得到扩大。

那么,市场某种商品供应不足的原因又是什么呢?

回答是,前一时期这一商品的生产有亏损,因此生产受到限制。

市场价格的涨落是不可避免的,因为各个生产者难以预测未来的需要,只能通过市场价格本身才能知道,他们的商品是短缺还是过剩。

这种说法对于不受数量限制的、随时能生产的商品是适合的。谷物的情况就不是如此。谷物的短缺或过剩决定于年成的丰歉。然而,我们从较长时期来看,如果气候对植物的影响是一个固定因素,那么平均市场价格超过生产费用,也能使谷物增产,使供给增加;反之,市场价格低于生产费用,会使谷物减产。

① 李嘉图:《政治经济学原理》,施密特德译本,魏玛 1821 年,第 95 页,萨伊的评注。

综观上述种种理由，企业家出于自己的利益，市场价格必然有一种接近生产费用的趋势。亚当·斯密关于这个问题有很精彩的描述：

> “自然价格犹如中心之点，变化多端的市场价格始终受这一点吸引。”

所以，从较长一时期的平均值来看，市场价格与受成本调节的生产费用是近于一致的。

商品价格和该商品的生产费用之间，如果从事这种商品生产的行业，既无亏损也无超额利润的话，便出现了平衡。

现在必须提问，得益和亏损根据什么尺度计量？

我的回答是：由于商品价格的关系，如果一切行业内等质的劳动必定得到等量的报酬，那么就出现平衡，这项平均报酬就是生产费用、得益和亏损的尺度。

大多数商品中也包括资本效益和地租这两项价格成分，但这一情况并不能根本改变我的论点，因为，如果将地租和资本利息视为垫支，从商品价格中予以扣除，那么就能得出结果：生产者的劳动得到多少报酬。

然而，“生产费用决定商品的平均价格”之说，只是在这样的条件下，即商品的使用价值或者有用性至少与其生产费用等量齐观时，才是正确的。

有人将自己的劳动用于娱乐消遣，例如在一只桃果壳内雕制一只钟表，或用金银等制造精致工艺品，那么他就不能指望劳动的报酬，因为他的制品的使用价值远低于制造费用。这种珍品绝不会源源不断供应市场，唯有那些其使用价值至少与生产费用相当的商品，才能成为经常的贸易品。

商品和器械，如果费用不变是可以无限制地扩大生产的，大多数制品都属于这类产品，这类产品虽然使用价值可能远远超过生产价格，但其市场价格绝不可能长期处于生产价格之上。

耕田的犁就是一个明显例子。如果没有这一农具，如果翻地必须使用铁锨，那么欧洲大概只能供养现在居民的半数。购买者并不是为耕犁所提供的效益支付费用，而仅仅为区区制造成本付费。

然而，在那些唯有增加费用才能增加产量的产品中，例如谷物，其价格一直上升到生产费用与使用价值达到平衡时为止。

附带说一下，随着居民人数的增长，谷物的交换价值与工厂制品比较必然要增长的原因就在这里。

就这一方面而论，金银矿与谷物同属一类。因为，如果没有发现新的富矿，如果对金银的需要只能仰给于久已开采的旧矿，那么采掘必定越来越深，获得这类贵金属的费用也将越来越多。采矿与种植谷物一样，必定也有自己的限度，限度就是，这些贵金属的开采费用正好达到由购买者支付能力所决定的使用价值。

前面曾设先决条件为，孤立国边境产量最低的银矿已经开采，这证明这个矿所产的白银的生产费用尚未超过它的使用价值，所以我们有理由认为，白银的生产费用为白银使用价值的尺度。白银的交换价值不可能高于生产费用，否则位于更荒僻地带矿藏不会没有人去开采。

这种尽可能简单的关系就是我们进行考察的基础。这里采矿和务农都不交地租，白银和谷物的生产费用和使用价值保持平衡。

通过上述的考察，关于利率和工资的本质我们已经明白一些了，同时

1. 还认识到，利率 z 就是资本的效益与现在所完成的劳动的效益两者之比；

2. 为劳动工资找到了一个普遍有效的公式，即

$$a+y=\frac{p}{1+qz}.$$

至此我们的研究已初具规模。因为在上述方程式中，$a+y$ 与 z 有关，如果我们想确定 $a+y$，必须先设 z 为已知。然而现在 p 也不是常数，它随着 q 增减，所以与 q 相关。再则 y 和 z 值又与 p 值相关，因此，p、y 及 z 都是 q 的函数。于是问题成为：在已知 q 的情况下，求 p、y 和 z 的值。

在大多数科学领域中，研究总是从个别固定的和视为已知的原则着手进行，然而，我们这里所研究的却是处于相互变化关系中的各种因素，其中任何一个都不允许假定为已知。

由此可见，我们的研究是如此困难复杂，现在不禁要问，是否能找到那么多的方程式，供确定各种未知数之用。

第十四节　孤立国边境是工资和利率标准形成之地

一

为了研究工资和利率的相互关系，为了阐明不依附于利率的

工资，我们必须将尽可能简单的情况，作为我们考察的基础，在那里全部劳动产品在工人和资本所有者之间分配，决定价格的第三因素，即地租，撇开不谈，以免问题更加复杂化。

这一情况出现在孤立国可耕平原的边境，在实行三区农作制的圈境的外边，那里土地肥力与可耕的平原地带相等，可以不出地租使用土地。

在耕作的平原外边，在从事畜牧业的圈境，土地固然有一些地租，但数量很少，微不足道。因为考虑这一问题会使研究复杂化，而结果却没有什么变化，所以我们完全略去不谈，设三区农作制圈境外边的地租等于零。

在可耕平原的边境，工人可以自己选择，或者为工资劳动；或者依靠积蓄开垦一块土地，兴修房屋等，建立自己的田庄，未来在自己的产业上为自己工作。

如果有人劝阻居留在这里的工人兴办移民村或规模较小的田庄，并动员去为他们的旧主人劳动以获得工资，那么他们各人的工资，除了为兴办移民村所投资本而应得的利息之外，必须等于一户工人家庭在移民村从事耕作所能获得的劳动产品。

如果工资……………………………$=a+y$ 斗黑麦，

劳动产品…………………………$=\quad p$ 斗黑麦，

兴建小田庄所需资本……………$=q$ 年劳动，

该资本折算为黑麦………………$=q(a+y)$斗，

利率………………………………$=z\%$，

那么，如果这里要出现平衡，必须

$$a+y+q(a+y)z=p,$$

$$于是\ a+y=\frac{p}{1+qz},$$

$$z=\frac{p-(a+y)}{q(a+y)}.$$

这里 a、p 和 q 一定，y 和 z 为不定数。

现在问题在于在 y 和 z 之间求得一个方程式，因为工资和利率之间关系的决定取决于这一问题的解决。

下列各节试图解决这一问题。

下文讨论，为了避免经常和过久地中断，我不打算对方法是否正确提出疑问和责难，我想预先提出并试图排除在与现实比较中所产生的疑虑。

二

前面曾经说过，在孤立国边境形成的工资和利率是全国的标准，这一说法需待论证。

1. 工资

孤立国全境的实际工资（不是货币工资），即工人以其工资所能获得的生活必需品和享乐品的总和，是完全一致的，因为如果一地的实际工资高于别处，那么工资较低的各地的工人将蜂拥而至，不久平衡又建立起来。

在孤立国可耕平原的边境，无主的土地取之不尽，那里的工资量不是由资本所有者的意志、工人的竞争和必要生活资料决定的，而是劳动产品本身是劳动工资的尺度。亦即是说，这里就是自然工资形成之地，这一工资成了孤立国全境的标准。

实际情况当然不是这样，因为我们看到工资量存在着巨大差别，例如波兰和北美的情况就是如此。

由于语言不通，风俗习惯、法律、气候对健康等的影响不同，迁移去远地费用昂贵，所以工资的差别不能消失。

反之，在孤立国全境阻碍工资均衡的原因是不存在的。

2. 利率

在孤立国边境形成的利率必定成为全国的标准，因为很易流动的资本总是趋向于能获得最高效益的地方，因此利率到处都是等同的。

实际上，各国利率的差别几乎与工资一样巨大。

英国和荷兰通常的利率为 3%—4%，而俄国和北美一些国家的利率为 6%—7%。为什么这一差别没有通过资本国际流通而自行消失呢？资本所有者不很情愿将自己的货币输往下列这样的国家，因为那里缺乏法律保护，偏见很大，法官完全可以贿赂，在那里正当的放款收利，到期还本都得不到保证。如果人们考虑到这一点，那么上述问题就迎刃而解了。

然而，引人注目而又值得细加探讨的一件事是，在同一国境之内通行同一法律，司法严正，而各省的利率可能很不相同，普鲁士国家的情况就是如此。在勃兰登堡和福波默恩利率跌至 3.5%—4%，而在东普鲁士私人间的借贷，利率仍高达 5%。

东普鲁士利率较高是不是那里资本利用的效益较高，或债权人较不安全所致，如果不是抵押债券行市公布情况，这个问题是难以判断的。1846 年 7 月 13 日《普鲁士汇报》（*Allgemeine preußische Zeitung*）刊登的柏林交易所行市如下：

东普鲁士抵押债券……………………………96.37%

波默尔抵押债券……………………………96.87%

库尔马克和诺伊马克抵押债券………………98.25%

这三省的抵押债券计息相等，即为3.5%。

对于债券的可靠性，所有加入信用协会的田庄共同担保。各田庄只能根据产值的一部分作为第一次抵押发行抵押债券。所以这些抵押债券的可靠性远远大于私人的借贷。

东普鲁士和库尔马克省的抵押债券在利率相同时，债券的行市和价值差别不大，不过为96.37%和98.25%，而私人借贷的利率与此有很大差别，由此可以推论，东普鲁士利率高是由于那里的田庄借款不安全引起的。

东普鲁士私人借贷与其他省相比较不安全，是不是由于居民的民族性格，或田庄价格波动较大（东普鲁士的收入几乎完全取决于谷物贸易的行情），或战祸殃及危险较大等原因造成的，或是这些原因共同起作用，这一问题我得留给读者去判断和回答，然而，除了这些原因以外，距离柏林——大资本家聚居地——较远，也会促进利率的提高。因为那里以土地抵押借款并不可靠，信用更多地建立在借户的人格担保上，所以资本所有者总是愿意借户处在他的目光之下，如果遇到危险，便解除借约，收回资本。在这种情况下，资本所有者将货币贷给他住所附近的借户，利息将比贷给远处的要低些。

不管怎样，抵押债券和私人借贷之间利息的差别，总是可以视为在第二种情况下将资本出借难免会有危险的保险金。

在孤立国中我们把“利率”理解为在扣除保险奖金以后所收的利息的百分数，所以在一个国家内各省借贷资本的利息额很不相同的事实，不足以攻击孤立国各地利率均衡的论点。

三

我们从事研究，是以孤立国处于静止状态为前提条件。因此，孤立国的幅员和开拓不得有所变动。然而我们现在想象，在畜牧圈境建立一些新的田庄，这样我们的行为似乎违背了自己的前提条件。

今有单独一个田庄，它对全部田庄来说仅仅是微乎其微的一个小点；尽管建立新田庄，如果我们仍能把全部田庄视为是处于静止状态，那么我们的方法与分解无尽的方法是相似的，可以由此而得到证实。

如果 x 变为 $x+\mathrm{d}x$，此数的值仍然等于 x，那么 $\mathrm{d}x$ 可以算作为零。微分 $\mathrm{d}x$，当它作为因子与另一有尽的数连接则始有意义。在抛物线中，它的横坐标$=x$，参数$=a$，纵坐标$=y$，$y^2=ax$，$y=\sqrt{ax}$。如果这里的 x 增长了 $\mathrm{d}x$，那么面积的因素，或面积无穷小的增长$=\mathrm{d}x\ \sqrt{ax}$。在这一因素中反映了图形据以构成的规律，从这一因素的积分$={}^2\!/_3x\ \sqrt{ax}={}^2\!/_3xy$ 得出图形的面积。

$\mathrm{d}x$ 在这里重又消失了，我们通过这一计算得出的内容不是其横坐标$=x+\mathrm{d}x$ 的抛物线，而是横坐标$=x$ 的抛物线的内容。

即使不依靠微分计算，显然这一方法也能得到证明是正确的。

如果设想，由于工资过低，不是个别的工人，而是许许多多工人使用自己的积蓄建立新的田庄，大大扩展耕种的面积。然而由于工人的数量，根据我们的前提条件是固定不变的，所以原有的田庄便感到劳动力不足，为了阻止工人继续向荒野迁移，田庄主必将提高工人工资，以使迁移无利可图。如果垦殖的平原已大有扩展，那么将有比以往更多的谷物运往城市，由于消费者的数量并没有增长，所以城市中谷物价格，从而全境耕地的谷物价格必然下降。因此新建田庄的地租降到零以下。地租降至零以下的最后结果是，在房屋倒塌之际，移民重又离开那里。

于是平原的耕作面积又限于以前的范围，静止状态重又出现。

然而，只要田庄主试图将工资降低到一定限度，即低于工人垦荒的得益，那么旧戏又将重演。田庄主考虑到工人迁移将造成劳动力短缺，从而会带来损害，所以，只要工人有向荒野迁移的可能性，在见于行动之前，足以迫使田庄主提高工资，即相当于工人通过迁移和劳动能够获得之数，于是两者处于平衡。

由此可见，唯有在如此形成的标准工资出现时，静止状态才能出现。

四

我们下文关于劳动生产资本的研究有一个假定，即工人将自己的剩余，或者说在扣除必需的生活资料以后所剩余的那部分工资，用于一定的目的。

对照一下实际情形，有人可能会指责说，欧洲极大部分地方的工人的工资并不多于养家糊口所需，工人的剩余等于零，工人生产资本一事并不存在。

然而,这一指责由于下列两种原因对目前的研究是毫无意义的。

1. 在设计孤立国时,设定工资是允许工人有所积余。

2. 在最近几十年,欧洲各国的人口几乎每年增长约1%。在劳动阶级人口的增长按比例至少与小康阶级相等。工人的工资虽然微薄,但也足以养育增添的子女之用,而不是仅仅够维持同等数量人口的必需的生活。

然而,我们的研究的前提条件是人口已进入静止状态。在这种条件下,工资即使像今天那样微薄,工人也能有剩余用于资本的生产。

五

本节第一段中我们看到,为了防止向新移民地投资,为了防止工人迁移至新移民地,必须使 $a+y+q(a+y)z=p$。用语言表述即是:工资加上移民地投资的利息必须等于工人用 q 年劳动量的资本所得的产品。

如上文所述,在这个方程式中,a、p 和 q 为定数,y 和 z 为不定数,y 和 z 可以很不相同的值满足方程式的要求。

为了以数字举例说明,今假设

q,资本=12年劳动量,

p,劳动产品=$3a$,

a,生活必需品=$100c$,

工人的生活必需品以黑麦斗表示,c 表示1%的 a。

代入上述方程式，则得下列式子：

$$100c+y+(1200c+12y)z=3a.$$

今逐渐改变 y 的值，则得下列的结果：

1. 设 $y=20c$

   则 $120c+(1440c)z=300c$

   $z=12.5\%.$

2. 设 $y=60c$

   则 $160c+1920cz=300c,$

   $z=7.3\%.$

3. 设 $y=100c$

   则 $200c+2400cz=300c,$

   $z=4.2\%.$

经上列方程式的演算，工资和利率的比例仍然未能决定。

然而，这一比例对工人说来绝不是无关紧要的，因为如果雇佣工人以自己的剩余 y 求息，他总是力图为自己的剩余 y 取得最高的租金。

租金$=yz$，它因 y 和 z 的值不同而不同，

设 $y=20c$，$z=12.5\%$，则 $20c\times12.5\%=2.50c$，

$y=60c$，$z=7.3\%$，则 $60c\times7.3\%=4.38c$，

$y=100c$，$z=4.2\%$，则 $100\times4.2\%=4.20c$.

现在我们转而探讨劳动生产资本的问题，以求解决，如果工人想为自己劳动所得获取最高的租金，那么 y 和 z 必须处于什么比例的问题。

第十五节　劳动生产资本的问题

我们设想，有若干工人结成一伙，在孤立国可耕平原的边境，建立一所新的田庄，规模与孤立国原有的田庄相同。

以此目的结合在一起的工人分成两个部分，一部分从事开垦土地，兴建房屋，制造器械等等，但另一部分暂时仍为工资劳动，以自己的用黑麦斗表示的剩余，提供生活资料，供从事兴建田庄的工人消费。

在这种情形下，兴建田庄并不消费现有的国民资本。这些有价物品的总量，在田庄建成之后与建成之前完全相等。

新建田庄仅仅耗费劳动，此外别无其他。

田庄所得租金，由此可见应完全归于生产资本的工人，这些工人以自己的劳动建立了田庄。这项租金就是工人劳动的报酬。

从事资本生产的这群工人，在田庄建成以后，需要一定数量的雇佣工人以耕作和经营新建的田庄。这些工人的工资不可能任意规定，或根据旧田庄一般工资确定。确切地说，他们的工资必须高到工人存放剩余所得的租金，亦即是 yz，等于从事资本生产的工人所得的租金，因为，如果情况不是如此，那么雇佣工人——我们假定工人的体力、知识和技能相等——显然会改行从事资本的生产。

由此可见，劳动与资本之间有两重关系：一、劳动直接产资本；二、从事资本生产的工人现在站在与雇佣工人相对立的资本所有者的立场。

这里的情况极为简单，没有第三种因素地租引起混淆作用，这里的工资和利率的关系是明朗的，我们提出的问题应该能获解决。

这里规定工资的事操在工人自己手中，上文已经证明，工人规定的工资就是孤立国全境的标准。

工人在确定自己工资时，除了考虑自己的利益，没有其他限制。

工人在从事资本生产时，除了为自己的劳动收取尽可能多的租金外，没有其他目的。

能收取最高租金的那种劳动工资，必定有一种奋斗的目的，因为这种奋斗不可阻挡，所以这种劳动工资也将是现实的。

于是产生这么一个问题：在劳动工资达到多高时，工人的勤奋才能获得最高的租金？

为了回答这个问题，我们先假定下列原则：

耕作新建田庄，要求有工人 n 户长期工作。

建设田庄耗费了 nq 人（亦即 nq 工人户）整年的劳动。创立田庄无疑需要耗费劳动，而且也需要投资。根据第十三节所述，我们可以将资本的作用折算为劳动，所以投资费用完全可以以劳动计算。

每个从事耕作的工人，都具有 q 年劳动量（即一个工人家庭 q 年的劳动）的资本。

拥有 q 年劳动量资本的工人，每年可获得产品 p（斗黑麦）。

因此 n 名工人的总产品 $=np$。

工人为维持自己的劳动能力所必需的生活资料为 a 斗黑麦，或其等价物。

一年之内从事田庄建设的 nq 名工人，消费 anq（斗黑麦）。

这群工人中从事粮食生产的那部分人，每人所得的工资扣除自己消费以后尚有剩余 y 斗黑麦，或其等价物。

所以，兴建田庄时所消耗的 anq 斗黑麦，需要 anq/y 名工人从事粮食生产。

因此，共同建设田庄的工人家庭的户数为：

$$nq+\frac{anq}{y}=nq\frac{(a+y)}{y}.$$

从事耕作的 n 名工人中每人获得工资为 $a+y$（斗黑麦）。所以全部工资的支出为 $n(a+y)$。

如果将总产品 np 减去这一支出，那么剩下的田庄租金为 $np-n(a+y)$。

这项长期性的田庄租金是 $\frac{nq(a+y)}{y}$ 名从事资本生产的工人的财产。

所以，从事资本生产的一名工人的年劳动所得的租金为：

$$n[p-(a+y)]:\frac{nq(a+y)}{y}=\frac{[p-(a+y)]y}{q(a+y)}.$$

在这一计算租金量的程式中，z 并不存在，而 y 还是个未定数。

备注：在这一计算租金量的公式中，n 已经消失，所以我们以后也只需注意田庄上分配给**一名**工人的部分和**一名**工人用以进行劳动的资本。然而我们总不应忘记，这里所谈的不是一个家庭所能经营的移民村，而是一个规模与孤立国其他田庄相等的田庄。否则田庄规模不一将对劳动产品和田庄租金产生影响，在我们的研究中会掺入妨碍和混淆的因素。

在 y 值为多少时，则上述计算租金量的函数达到最高程度？

为求近似的研究，同时为探明 y 在不同值时对租金量的影响，我们想先举一数字的例子如下：

假定 $a=100c$，$p=300c$，$q=12$ 年劳动量。

1. 今设 $y=20c$，

从事田庄兴建的工人消费 $aq=1200c$。

因为从事粮食生产的每一名工人提供剩余 $y=20c$，所以生产在兴建田庄时消耗的粮食，需要 $1200c/20c=60$ 名其他的工人。

由此可见，建立田庄耗费了 $12+60=72$ 人的一年劳动。

从事耕作的工人的产出为……………………………300c

扣除劳动工资…………………………………………120c

田庄部分的租金为……………………………………180c

这项租金以 72 人分之，生产资本的工人每人可得 $180c/72=2.5c$ 租金。

2. 设 $y=50c$，

从事田庄兴建的工人所消费的粮食为 $1200c$，生产这些粮食需要 $1200c/50c=24$ 名工人。

建立田庄只耗费了 $12+24=36$ 人的一年劳动量。田庄部分的租金为：$300c-150c=150c$。这项租金以 36 人分之，生产资本的工人每人可得 $150c/36=4.16c$ 租金。

y 的不同值按上列计算所得的结果，兹列表如下：

如 $a+y$ 的值为	兴建田庄时工人人数 qM	消费的粮食在生产时需要的人数 $\frac{aq}{y}M$	生产资本的工人总数 $\frac{q(a+y)}{y}M$	田庄租金 $p-(a+y)$	每一生产资本的工人所得的租金 $\frac{[p-(a+y)]y}{q(a+y)}$
120c	12	1200/20=60	72	180c	2.50c
150c	12	1200/50=24	36	150c	4.16c
180c	12	1200/80=15	27	120c	4.44c
210c	12	1200/110=10.9	22.9	90c	3.91c
240c	12	1200/140=8.57	20.57	60c	2.92c
270c	12	1200/170=7.06	19.06	30c	1.57c
300c	12	1200/200=6	18	0	0

随着工资的增长以及与此有关的剩余的增长，创立田庄所需的工人人数便见减少，因为在兴建田庄时所消耗的粮食可以较少的工人生产出来。亦即是资本生产的费用下降。然而，随着工资的上升，田庄租金却在下降，因为从事耕作的工人在其劳动产品中所得的部分增加了。

由此可见，从事资本生产的工人所得的租金虽然最初随着工资上升，然而，在工资继续上升以后，却又下降，如果工资占有产品的全部，租金甚至为零。

由此可见，工资无节制地增长也绝不符合从事资本生产的工人的利益。

每人分得的租金起初随工资增长而增长，然后随着工资增长而租金下降，由此可见，工资在一定高度时，租金达到最大限度。

通过持续试验，人们可以接近这一高度，然而很难达到绝对准确之点。虽然有可能达到，然而也难由此认识这里的支配规律，如果数字情况有变，就得重作计算。

然而,微分学是一种工具,靠它不仅在数学上能精确地解决问题,而且对这里所探求的工资能找到一种适应于一切数字的普遍有效的公式,它本身就说明是一种规律。

生产资本的工人所得的租金$=\frac{[p-(a+y)]y}{q(a+y)}$.

y 值为多少时,这一函数值为最大?

为了求 y 的这一值,大家都知道必求与 y 有关的函数的微分,必须设微分$=0$。

$$\mathrm{d}\left\{\frac{[p-(a+y)]y}{q(a+y)}\right\}=\mathrm{d}\,\frac{(py-ay-y^2)}{q(a+y)}$$

$$=q(a+y)(p-a-2y)\mathrm{d}y-(py-ay-y^2)q\mathrm{d}y=0$$

亦即是:$(a+y)(p-a-2y)=py-ay-y^2$

$$ap-a^2-2ay+py-ay-2y^2=py-ay-y^2$$

$$ap-a^2-2ay-2y^2=-y^2$$

$$y^2+2ay=ap-a^2$$

$$+a^2=\quad +a^2$$

$$(a+y)^2=ap$$

即:$a+y=\sqrt{ap}$

这项不是由供求关系形成的,不是由工人的需要计算出来的,而是工人自己自由决定的工资 $\sqrt{ap}$,我称之为合乎自然的工资或自然工资。

这一公式用语言来说是:只要将工人的不可或缺的需要(用谷物或货币表述)乘以工人的劳动产品(以同样尺度计算),再将乘积开方,便求出合乎自然的工资。

因为 $a : \sqrt{ap} = \sqrt{ap} : p$

所以自然工资就是工人的需要及其劳动产品之间的中项比例数，即工资超过需要的程度，等于产品超过工资。

兹举一数字例子如下：

假定 $a=100c, p=3a=300c, q=12$，

那么 $\sqrt{ap}=\sqrt{100c \cdot 300c}=\sqrt{30,000c^2}=173.2c$

租金为 $300c-173.2c=126.8c$。

从事资本生产需要 $\frac{12\times173.2}{73.2}=28.39$ 人。

租金 $126.8c$ 以 28.39 人分之，每人得 $4.4664c$。

在工资 $173.2=\sqrt{ap}$，生产资本的工人所得的租金应达到最高程度，所以工资为 174 或 172，租金必定比这里求得的要少些。

检验：1. 假定工资＝174

则租金 300－174＝126，

从事资本生产则需要：

$\frac{12\times174}{74}-28.22$ 人，这些人得租金 126，

每人分得租金 126/28.22＝4.4645*。

2. 假定工资＝172

则租金 300－172＝128，

创建田庄耗费劳动：

* 应为 4.4649。——译者

$$\frac{12\times172}{72}=28.67\text{ 人},$$

每人分得租金 128/28.67=4.4646* 。

第十六节　利率在多少时,雇佣工人工资的剩余可得最高的利息

租金产生于资本,租金除以资本便得利率。

我们在这里看到的田庄部分所收取的租金为 $p-(a+y)$ 斗。

在这一田庄部分中包含的资本,在工资为 $a+y=q(a+y)$ 斗时,为 q 年劳动量。

利率 z 因此$=\dfrac{p-(a+y)}{q(a+y)}$.

由 $z=\dfrac{p-(a+y)}{q(a+y)}$ 可得

$$qz(a+y)=p-(a+y)$$

$$(1+qz)(a+y)=p,$$

即 $a+y=\dfrac{p}{1+qz}$,正如第十三节所示。

由此可见,剩余 $y=\dfrac{p}{1+qz}-a$.

贷出这一剩余,可得利息

$$yz=\frac{pz}{1+qz}-az.$$

---

* 应为 4.4664。——译者

z 值为多少时，这一函数达到最高限度？

现将这一函数的微分定为零，则得

$$\frac{(1+qz)p\mathrm{d}z-pqz\ \mathrm{d}z}{(1+qz)^2}-a\mathrm{d}z=0$$

亦即 $p+pqz-pqz=a(1+qz)^2$

$$p=a(1+qz)^2$$

$$(1+qz)^2=\frac{p}{a};1+qz=\sqrt{\frac{p}{a}}$$

$$qz=\sqrt{\frac{p}{a}}-1=\frac{\sqrt{ap}-a}{a}$$

因此 $z=\dfrac{\sqrt{aq}-a}{aq}$.

现将 z 的这一值代入 $a+y=\dfrac{p}{1+qz}$,

则 $a+y=\dfrac{p}{1+\dfrac{\sqrt{ap}-a}{a}}=\dfrac{ap}{a+\sqrt{ap}-a}=\sqrt{ap}$.

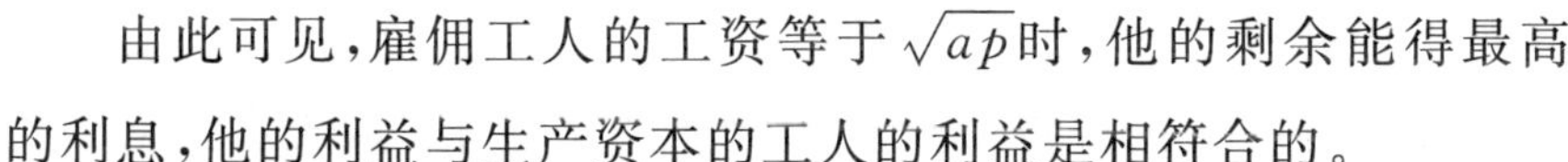

由此可见，雇佣工人的工资等于 $\sqrt{ap}$ 时，他的剩余能得最高的利息，他的利益与生产资本的工人的利益是相符合的。

今以数字举例。

设 $p=3a=300c, q=12$,

1. $y=80c$,

则 $z=\dfrac{p-(a+y)}{q(a+y)}=\dfrac{120}{12\times180}=\dfrac{1}{18}=5.555\%$.

今剩余 $y=80$，则利息 $80\times0.0555=4.44$.

2. $y=\sqrt{ap}-a=73.2$,

z 则为$\frac{300-173.2}{12\times173.2}=\frac{126.8}{2078.4}=6.1\%$,

$yz=73.2\times0.061=4.465.$

3. $y=60$,

则 $z=\frac{300-160}{12\times160}=\frac{140}{1920}=7.29\%$,

$yz=60\times0.0729=4.37.$

然而,工资与利率之间的关系也可以其他形式表述,我们不能以这里获得的结果为满足,在确定证明从别的立场进行考察毫无结果,而这里获得的结果又无可指责之前,我们不能将此结果视为确凿的真理。所以,我们在继续探讨之前,必须认真研究这个问题。

第十七节　资本替代劳动

今假定某田庄有产泥煤泽地一块,每年须排水才能挖掘泥煤,排水工作需要一人一年的劳动量。

如果开一条沟渠将产泥煤的泽地的水排干,那么开沟渠的投资可以替代一人年年不息的劳动。

由此可见,资本可以节省劳动,现在资本干了原来由一人所干的工作。

如果开一条沟渠譬如需要 20 年劳动,则投资的利率应为 5%。

这里资本的效益,不是以若干斗黑麦或若干塔勒的货币,而是以若干年劳动量表示的。

这里计算所得的利率不以工资的高低、土地的肥瘠及与此有关的劳动产品量为转移。

如果说这里的工资和劳动产品量对利率不发生影响，那么不禁要问，利率的形成难道除了至今所考察的几个决定因素之外，就没有别的因素了吗？

农业中有许多改良办法，在这上面投资年年可以重复节省劳动，例如逢造谷仓取代露天堆谷，清除妨碍耕作的石块，购置脱粒机等等。这些办法的效益并不完全相等。有一些办法，以 10 年劳动量的投资已能取代一人年年重复的劳动；另一些办法，需要 20 年、30 年，甚至 50 年劳动量的投资才能取得这种效果。

于是又产生一个问题，田庄主根据自己的利益进行改良，试问什么情况下应当从事改良，什么情况下应当放弃改良，回答是：一切有利的改良都应从事，亦即是改良的效益与投资相比，大于他所能借到的资本的利率。如果这一利率，例如为 5%，他将从事一切这样的改良，即以 15、16、17、18、19 年劳动量的投资取代一人每年的劳动；为了达到同样的效果，而需要花费 21、22、23 年或更多劳动的那些改良，必须放弃。

由此可见，资本的应用是以利率已知为前提条件，利率的形成地点不应在这里，而应到别处去寻找。

资本一方面具有替代劳动的特点；另一方面资本又是人类劳动的产品。这一相互作用是怎样统一的，怎样解释清楚？

为了解答这一问题，我们应当将使用资本节省劳动与使用劳动生产资本两事联系起来。

假定使用 k 年劳动量的资本可以替代一人每年重复的劳动。

某一田庄进行耕作历来需要 n 名工人，每人劳动需 q 年劳动量的资本，在增加了 k 年劳动量的资本以后，可以解雇工人一名，由此可以节省工资 $a+y$ 斗。于是田庄的全部投资为 $nq+k$ 年劳动量。以前 n 名工人的总产值为 np 斗，现在仍然不变，等于 np。

于是田庄的租金为 $np-(n-1)(a+y)$；以资本 $=(nq+k)$、$(a+y)$ 除之，得利率 $z=\dfrac{np-(n-1)(a+y)}{(nq+k)(a+y)}$.

生产资本的工人所得的租金为 yz。

以前 $yz=\dfrac{\{n[p-(a+y)]\}y}{nq(a+y)}=\dfrac{[p-(a+y)]y}{q(a+y)}$

由于这里的问题是，如果资本替代人力劳动无利亦无弊，那么 k 必须是多大，所以我们必须设 yz 的两个数值为等量。即：

$$\frac{[p-(a+y)]y}{q(a+y)}=\frac{[np-(n-1)(a+y)]y}{(nq+k)(a+y)}$$

$$npq-nq(a+y)+kp-k(a+y)=npq-nq(a+y)+q(a+y)$$

$$kp-k(a+y)=q(a+y)$$

$$k=\frac{q(a+y)}{p-(a+y)}.$$

由于 $z=\dfrac{p-(a+y)}{q(a+y)}$,

所以 $k=\dfrac{1}{z}$.

这里我们重又获得第十三节中所发现的结果，即：**利率 z 表示一年劳动量资本的效率与不断重复的年劳动之比。**

在开筑沟渠时，由于同样的改良总可获得同样的百分比的好处，于是产生一种假象，似乎不论工资高低和土地肥瘠都无关紧要，然而现在从 $k=\frac{q(a+y)}{p-(a+y)}=\frac{1}{z}$ 这一方程式中可以看出，k 与 p 和 y 都有关系，至于以节省劳动为目的的、有效益的改良能推进到什么程度，则取决于由 p、y 和 q 所规定的利率。

在创办新田庄时，从事资本生产的工人根据本身的利益要求增加雇佣工人，直到最后雇用的一名工人所增产的产品，刚好等于他所得的工资时为止。同样，增加投资可以直到增加的资本不再能增加租金时为止，这是符合从事资本生产的工人的利益的。由于一部分工人可以由资本取代，反之，一部分资本也可以增雇工人来取代，所以在利用资本和劳动取得效益的范围内，人力劳动的费用必须与利用资本取代劳动的费用相平衡。当 $k=\frac{1}{z}$ 时，这一平衡刚好实现。

上节中设 $q=12$，$p=300c$，$y=73.2c$，得利率 $z=6.1\%$。以此数代入 $k=\frac{1}{z}=\frac{1}{0.061}=16.4$。在这种情况下，以12、13、14、15到16.4年劳动量的投资可以节省一人的劳动的各种改良都是有利可图的，在创办田庄时必须合理地予以实现。亦即是这些改良的费用已经包括在田庄的投资 nq 年劳动量之中。反之，以17、18……年劳动量的投资取代一人的劳动的各种改良，将会减少从事资本生产的工人所得的租金。

我们的研究已经获得这样的结果：如果原有资本 nq 加上 k 年劳动量，则以前需要 n 名工人生产的总产值 np，现在有 $n-1$ 名工人就能生产了。

k 年劳动量的资本，连同因解雇一名工人而空出的 q 年劳动量的资本,两者提供的产品为 p 斗,这与一名工人使用 q 年劳动量的资本所提供的产品相等。

由此可见,使用一年劳动量的资本可以生产$\frac{p}{k+q}$斗的产品。

这里资本本身无异于工人。资本自身在这里是没有生命的,但通过人们的手能发挥作用。当资本提高人的效率时,资本就似合作者。

这里以及下文所谈的资本作出的劳动,就是这种含义。

第十八节　最后投入的一小部分资本的效益决定利率的高低

在前文关于资本形成的研究中已论述了这一原理。那里已经证明,在扩充资本时,凡是后投入的资本带来的效益比前投入的要小些。

最后投入资本的效益体现在使用该资本的工人的劳动产品的增值上。

相对国民资本的增长不会是跳跃式的,例如由 6 年劳动量增至 7 年劳动量,而总是逐步地经过许多中间阶段。

由此可见,我们必须假定,最后形成的或最后投入的**一小部分资本**——其利率应当由其效益决定——是很小的,确切地说是无限的小。

根据这一假定,我们将一年劳动量的资本分成 n 部分,n 在这里可以是一个很大的数字,而将资本增长$\frac{1}{n}$年劳动量看作资本的一小部分，利率就是受这一小部分资本与一名工人因而劳动增产的比例支配的。

今使用 q 年劳动量资本，劳动产品为 p

如果使用 $q-\frac{1}{n}$ 年劳动资本，劳动产品为 $p-\beta$

前者扣除后者得：$\frac{1}{n}$ 年劳动量资本增加劳动产品 $=\beta$

$\frac{1}{n}$ 年劳动量的资本得租金 β，由于全部资本的租金以这一部分租金为标准，所以一年劳动量资本所得的租金 $=n\beta$。现在设 $n\beta=\alpha$，则全部 q 年劳动量的资本可得租金 αq。

至于 p，正如在前文中详述过，我们理解为总产品减去各种营业、管理费用以及营业利润后的剩余部分，由资本所有者和工人进行分配。

工人使用 q 年劳动量的借贷资本从事生产，获得产品 p，

其中他需支付利息……………………………………αq，

其余为他的劳动所得……………………………………$p-\alpha q$。

因此工资有了一个新的表述方式，即 $A=p-\alpha q$。

在工资为 $p-\alpha q$，则资本的值为 $q(p-\alpha q)$ 斗，这项资本产生租金为 αq 斗。租金用资本除之即得利率。

因此 $z=\frac{\alpha q}{q(p-\alpha q)}=\frac{\alpha}{p-\alpha q}$.

这里我们需要考察，我们所发现的两种方法，根据其一，工资 $=\sqrt{ap}$，根据其二工资 $=p-\alpha q$，两种方法是否一致，或有没有矛盾。

在讨论通过劳动创办新田庄时，我们曾把 q 和 p（资本和产

品)视为一定的量,我们仅仅问工资应为多少时,从事资本生产的工人以其 q 和 p 的值可获得最大限度的租金。在那里我们对 q 和 p 的相互关系是撇开不谈的,在计算时把它们视为常数,以 $\sqrt{ap}$ 算式表示工资,这一算式对 q 和 p 为任何值时均有效,不论 q 和 p 的比例如何,也不论 q 和 p 代表什么值,工资为 $\sqrt{ap}$ 时租金为最高。

在工资的算式为 $\sqrt{ap}$ 时,q 也已完全消失。然而,唯有利率为 $\frac{\sqrt{ap}-a}{aq}$ 时 q 又有意义。

由于 p 值随 q 值升降而升降,所以工资 $\sqrt{ap}$ 也与 q 值有关。

虽然,当工资达到 $\sqrt{ap}$ 值时,从事资本生产的工人所得的租金在 q 为任何值时都能获得最大值,但是这一最大值也是有条件的,即随着 q 值的变化,租金数额也发生变化。

即使我们不清楚 q 和 p 之间的方程式,但我们也能知道,租金数额并不随 q 的增长而无限增长。否则,在原有的田庄上增加每个工人所使用的资本量,譬如增加到 100 年或 1,000 年劳动量,将比新建田庄更为有利。显然这么做是不可能的。

如果工资永远为 $\sqrt{ap}$,q 值不断增长,那么从事资本生产的工人所得的租金也不断增长,但到达某一点以后则又开始下降,唯有在这一点上租金才是绝对的最大值。

在创办新的田庄时,从事资本生产的工人可以任意规定相对资本 q 的量。他们除了为自己的劳动追求最大报酬之外,不可能有别的目的。所以租金的最大限度也就是决定 q 量的原因。

创办新田庄需要资本生产,我们对这一问题的研究有一项假设，即工人都具有符合实际的意识，知道 q 量为多少时最为有利。在这一前提条件下，q 是一个确定的不变的量，在工资为 $\sqrt{ap}$ 时所得的租金为绝对最大值。

这个问题通过我们迄今的研究在理论上并没有得到解决，为了完全解开这一问题，我们还需认识 q、p 和 α 之间的方程式。

在还未达到这项认识时，如果我们把 α 视作变数，而把 p 和 q 视作常数，通过计算进行研究，如果劳动租金*为最高时，α 与 q 和 p 必须是什么比例。

工资 $a+y$ …………………………… $p-\alpha q$

剩余 y …………………………… $p-\alpha q-a$

利率 z …………………………… $\dfrac{\alpha}{p-\alpha q}$

所以劳动租金 yz ……………… $\dfrac{(p-\alpha q-a)\alpha}{p-\alpha q}$

试问 α 值为多少时劳动租金达到最大值？

将函数 $\dfrac{(p-\alpha q-a)\alpha}{p-\alpha q}$ 对 α 微分，并设微分等于零，则得：

$$(p-\alpha q)(p-2\alpha q-a)\mathrm{d}\alpha+(\alpha p-\alpha^2 q-\alpha a)q\mathrm{d}\alpha=0$$

即

$$\begin{array}{l} p^2-\alpha pq+2\alpha^2q^2-ap+\alpha aq \\ \quad -2\alpha pq \\ \quad +\alpha pq-\alpha^2q^2 \qquad -\alpha aq \\ \hline p^2-2\alpha pq+\alpha^2q^2-ap=0 \\ (p-\alpha q)^2 \qquad\qquad =ap \end{array}$$

---

* 即劳动剩余 y 所得的租金。——译者

$$p-\alpha q \qquad\qquad = \sqrt{ap}$$

在劳动租金达到最大值时，同时工资 $=p-\alpha q$，亦即等于 $\sqrt{ap}$。

虽然工资 $p-\alpha q$ 在 q 值发生变化时偏离 $\sqrt{ap}$，但是，当 q 达到一定高度，即劳动租金达到最大值时，两者是相等的。

根据第十二节表 B 以数字举例如下：

资　　本	劳　动	劳动工资		劳动租金	
	产　品	或　为	或　为	当工资为	当工资为
q	p	$p-\alpha q$	$\sqrt{ap}$	$p-\alpha q$	$\sqrt{ap}$
6 年劳动量	223.2c	116.4c	149.4c	2.51c	4.07c
7 年劳动量	239.2c	127.2c	154.7c	3.43c	4.27c
8 年劳动量	253.6c	138.4c	159.2c	3.96c	4.38c
9 年劳动量	266.6c	149.6c	163.3c	4.31c	4.45c
10 年劳动量	278.3c	161.3c	166.8c	4.45c	4.46c
11 年劳动量	288.8c	173.3c	170.0c	4.45c	4.45c
12 年劳动量	298.3c	184.3c	172.7c	4.35c	4.41c

今将公式 $p-\alpha q$ 和 $\sqrt{ap}$ 提供的结果作比较，可以知道：

1. 在投资程度较低时，工资和劳动租金根据后一公式比前一公式计算高许多；

2. 投资增加，则这一差别逐渐减少；

3. 在上例中，根据两种公式计算，在投资在 10 和 11 年劳动量之间，劳动租金是相等的；

4. 当劳动租金相等时，工资 $p-\alpha q$ 等于 $\sqrt{ap}$；

5. 如果资本增长超过这一点时，劳动租金不论根据哪一个公式计算都将下降；

6. 劳动租金在工资为 $p-aq$ 时，如果工资大于或小于 $\sqrt{ap}$，

总是小于工资为 $\sqrt{ap}$ 时，如果我们设想 q 总在不断增长，则只有一瞬间，即当 $p-aq=\sqrt{ap}$ 时，两种公式可以得出相等的劳动租金。

现在我们需要研究，决定工资的这两项原因是怎样协调的，从而探明决定相对资本量，即每个工人平均分得的资本量的方法。

为求明了起见，我们想先用数字举例说明。

由于我们在后面才能对欧洲现状试作一个表格以说明资本和劳动产品的关系，所以我们现在只得再次取材于表 B，虽然表 B 具备了一些条件，但并不具备这样的表格所应具备的一切条件。

这里考察中发现表 B 的缺点是，劳动产品差别 a* 不是得自相近的两个极小的资本部分，而是从两个整整相差一年劳动量的资本计算出来的。

根据最后投入的资本的效益计算租金，这种方法我称为第一种方法，据此按表 B 计算，

资本 q……………………………=6 年劳动量

产品 p………………………………=223.2c

由于最后投入资本增产 a …………=17.8c

工资 $p-aq$…………………………=116.4c

---

* 根据本卷第六节之五所述，a 代表工人所必需的生活资料。十二节表 B 中并没有涉及 a 的内容。这里的 a，疑是 c 之误。根据本卷第八节所述，一个工人（包括其家庭）一年所必需的生活资料为 S，S 的百分之一为 c。——译者

利率 $\frac{\alpha}{p-\alpha q}$ ……………………………… $=15.3\%$

工人所得的租金 ……………………… $2.51c$。

根据第二种方法，则

资本 $q=6$，产品 $p=223.2c$

工资 $\sqrt{ap}$ ……………………………… $=149.4c$

利率 $\frac{\sqrt{ap}-a}{ap}$ ……………………………… $=8.23\%$

工人所得的租金 ……………………… $=4.07c$。

由此可见，根据第二种方法计算，工人的工资和租金比第一种方法多得多，而利率则低得多。

如果我们设想，相对国民资本是如此微薄，每个工人仅仅拥有6年劳动力的资本；现在再假定，从事资本生产的工人，在创办田庄时最初也只使用6年劳动量的资本设备，工人因为创造资本，所以有权规定工资，而且规定工资等于 $\sqrt{ap}$ 对他们最为有利，于是工资从 $116.4c$ 增至 $149.4c$，利率则从 15.3%，降至 8.23%，原有的田庄则受到大的损害。

投资如此微薄，房舍的建造则不能要求坚固耐久，于是修缮和重建房舍会占去从事耕作的工人的大部分时间，因而减少了他们的劳动产品；此外，由于资本微薄，不能置办精良的农具和健壮的牲畜，因而劳动生产能力损失很多。

增加投资，由6年劳动量增至7年，则从事耕作的雇佣工人的产品数量必将大大提高。根据表格所列，增量为 α，产品达到的增量为 $16c$。

在第一个田庄建成以后，是再建第二个田庄，还是增加对第一个田庄的投资，这完全由从事资本生产的工人任意决定。他们的切身利益将会指导他们的行动，现在问题是，哪一种做法对他们最有利。

创立一年劳动量的资本需要一人$\frac{a+y}{y}$年劳动，或者是$\frac{a+y}{y}$人一年的劳动。这个一年劳动量的资本可得租金 α。所以在创立资本时，一人一年劳动所得的租金为$\frac{\alpha y}{a+y}$. 在上面这个例子中 $\alpha=16c$，$a+y=149.4$，$y=49.4c$。所以$\frac{16\times 49.4}{149.4}=5.42c$* 。

所以，在创立新的追加资本时，工人可得租金 $5.42c$*，而他如果以 6 年劳动量为资本兴办第二个田庄，每个雇佣工人只能得 $4.07c$ 的租金。

由此可见，在原有田庄上增加资本比兴办第二个田庄有利得多。

凡是普遍有利的事，我们都应把它视为可以实现的，因此，资本由 6 年劳动量增至 7 年，工资也将根据增产的程度有所提高。

当 $q=7$ 时，$p=239.2c$，

所以工资 $\sqrt{ap}$ 为 $\sqrt{23,932}$……………………$154.7c$

利率$\frac{\sqrt{ap}-a}{aq}$ ……………………………………7.81%

---

* 应为 $5.29c$。——译者

工人所得租金为……………………………4.27c。

由此可见，以每个雇佣工人具有 7 年劳动量的资本兴办第二个田庄，则从事资本生产的工人可获租金 4.27c。然而这里又产生一个问题，如果将他的劳动使用于增加原有田庄的资本，这对他是否比较有利。

当$q=8$，p 为……………………………253.6c

$q=7$，p 为……………………………239.2c

增加资本，由 7 年劳动量增加到 8 年，因而劳动产品得到的增量 α 根据计算为 14.4c。

$\frac{a+y}{y}=\frac{\sqrt{ap}}{\sqrt{ap}-a}$人一年的劳动生产出一年劳动量的资本。当$\sqrt{ap}=154.7c$，则$\frac{\sqrt{ap}}{\sqrt{ap}-a}=\frac{154.7}{54.7}=2.83$。这就是说，租金 $\alpha=14.4c$ 系 2.83 人劳动获得的；每人计得 5.09c。

等量的劳动，投于创建第二个田庄，可得租金 4.27c；用于增加原有田庄的资本，可得租金 5.09c。所以，将劳动投于后者显然有利。

然而，增加资本增进收益并不是无止境的，而是有界限的。

那么界限在哪里呢？怎样决定的呢？

在创办新田庄时，从事资本生产的工人获得的租金为$\frac{[p-(a+y)]y}{q(a+y)}$. 如果这里将$\sqrt{ap}$定为$a+y$，则这一公式转化为

$$\frac{(p-\sqrt{ap})(\sqrt{ap}-a)}{q\sqrt{ap}}=\frac{p\sqrt{ap}-2ap+a\sqrt{ap}}{p\sqrt{ap}}$$

$$=\frac{(p-2\sqrt{ap}+a)\sqrt{ap}}{q\sqrt{ap}}=\frac{ap-2a\sqrt{ap}+a^2}{aq}=\frac{(\sqrt{ap}-a)^2}{aq}.$$

增加相对的、即每个工人所赖以劳动的资本，从事资本生产的工人可得租金$\frac{\alpha y}{a+y}=\frac{\alpha(\sqrt{ap}-a)}{\sqrt{ap}}$.

在$\frac{\alpha(\sqrt{ap}-a)}{\sqrt{ap}}$大于$\frac{(\sqrt{ap}-a)^2}{aq}$时，增加相对资本必定比垦殖荒野更为有利。

反之，如果$\frac{(\sqrt{ap}-a)^2}{aq}$大于$\frac{\alpha(\sqrt{ap}-a)}{\sqrt{ap}}$，则创办新田庄比将劳动投于提高相对资本更为有利。

如果$\frac{\alpha(\sqrt{ap}-a)}{\sqrt{ap}}=\frac{(\sqrt{ap}-a)^2}{aq}$，则劳动投于双方，得益相等。

由此等式可以得出 $a\alpha q=\sqrt{ap}(\sqrt{ap}-a)=ap-a\sqrt{ap}$；

亦即是$\alpha q=p-\sqrt{ap}$，

$$p-\alpha q=\sqrt{ap}.$$

这里的观察方法可能引起这样的疑虑和责难，在工人人数不变的情况下，相对国民资本由于产生新资本而增长，新增资本所得的租金则少于原先投入的资本，也可用数字加以说明，即当资本为 $q+1$ 年劳动量时，所得租金的增量 α 小于资本为 q 年劳动量时。

如果相对资本突然增加一年劳动量，这一责难也许是有道理的。然而资本的增加进级缓慢，几乎不易被察觉，资本每有增加，工资也总有相应的提高，工资的提高又有利于新资本的生产。如果设想新增加的一年劳动量的资本分给 n 个工人，那么相对资本 q 便增至 $q+\frac{1}{n}$ 年劳动量。由于 n 可以是任何数字，亦即可以是任何巨大的数字，所以，劳动产品由于资本 q 增至 $q+\frac{1}{n}$ 年劳动量而获得的增量，与前此最后增加的一小部分资本而获得的增量，非常近似，即 $\beta=\frac{\alpha}{n}$，或者说 $\frac{\alpha}{n}$ 就是邻界。

所以由 n 个工人分配一年劳动量的资本所得的租金，与 α 值无比接近，因此 $p-\alpha q$ 与 $\sqrt{ap}$ 的值无比接近。

现在要问，由如此不同的途径所得的工资的种种方程式怎样协调，相对资本的量如何确定，这里的研究可以解答这两个问题：

当 $p-\alpha q$ 小于 $\sqrt{ap}$ 时，增加相对资本比创办新田庄更有利。

如果 $\sqrt{ap}=p-\alpha q$，即 $q=\frac{p-\sqrt{ap}}{\alpha}$ 时，劳动可得最大租金。

如果 q 超过这一值，劳动所得的租金则下降。所以将 q 的值恰好定在 $\frac{p-\sqrt{ap}}{\alpha}$ 时，符合工人的利益，这一 q 值同时又是确定相对资本量的根据。

我很担心，使用代数计算方法已使有些读者缺乏耐心；我也不是不知道，许多人，甚至有些学者对代数式感到厌烦和不便。

然而，**在非用数学不能求得真理的地方，使用数学是允许的**。

如果人们在其他知识门类像农业和国民经济学一样有厌恶数学的倾向，那么我们现在仍处于对天文规律完全无知的境地。航海事业由于天文学的发展现在将世界各洲联系起来，否则它仍然局限于近海活动。

第十九节　工资等于在大规模经营中最后雇用的工人所增加的产品

今设想有一群田庄，那里有雇工一百多名。

经营这些田庄所要求的劳动并无定量。

田地耕作的细致程度有差别；谷物脱粒，马铃薯的收获是否干净也各不相同，因而需要的劳动量并不一定。

这里现在以马铃薯的收获为例：

如果单纯地在翻掘田亩之后拾取浮于表面的马铃薯，那么一人一天可拾 30 柏林斗。但是，如果用手锄细细地翻土，以求拾得更多的、原来被土覆盖的马铃薯，那么一个人的劳动产品将立即大幅度下降。要求将马铃薯捡得越干净，那么劳动的产品就越少。如果一个人想在 100 平方丈耕地上捡尽最后一斗马铃薯，那么最后一斗将需耗费许许多多劳动，为达到这一目的而雇用的工人将无法以自己的劳动产品吃饱肚子，更不能满足其他需求了。

假设 100 平方丈土地上全部马铃薯的产量为 100 柏林斗，此外再假设实际收获量为：

如果雇用：	那么最后雇用者的增产为：
4 人拾取马铃薯 80 斗	
5 人……………86.6 斗	……………………6.6 斗
6 人……………91 斗	……………………4.4 斗
7 人……………94 斗	……………………3 斗
8 人……………96 斗	……………………2 斗
9 人……………97.3 斗	……………………1.3 斗
10 人……………98.2 斗	……………………0.9 斗
11 人……………98.8 斗	……………………0.6 斗
12 人……………99.2 斗	……………………0.4 斗

试问田庄主雇用工人拾取马铃薯怎样才算合理？

毫无疑问，应当以增产的价值抵偿为此所消耗的劳动费用为度。

例如，用作羊饲料的马铃薯的价值在某地如果每斗为 5 先令，工人每人每日的工资为 8 先令，那么受雇的第 9 个人，增产为 1.3 斗，每斗价 5 先令，共计 6.5 先令，而雇工费用为 8 先令，亏损为 1.5 先令。反之，受雇的第 8 个人，费用为 8 先令，增产为 2 斗，每斗价 5 先令，共计 10 先令，亦即剩余 2 先令。根据这一计算，为求最高纯收益，拾取马铃薯应当雇用一人工作 8.6 日，收成当以 96.8 斗为满足。

如果日工资涨到 15 先令，在这样的情况下——如果迅速推广种植马铃薯，很可能吸引远地工人——，雇用第 7 个工人所得的增产刚够支付每天的工资，土地出产 100 斗马铃薯，合理经营只能收获 94 斗。

然而，如果马铃薯可作为马饲料、酿酒等工业原料，每斗值 16 先令，那么在日工资为 8 先令的情况下，雇用一个工人劳动 11 天还是值得的，这样，土地出产 100 斗马铃薯便能收获 98.8 斗。

如果日工资为 15 先令，马铃薯值 16 先令，那么雇用第 11 个工人，就不能完全得到补偿。

谷物脱粒应当达到怎样干净的程度，这与拾取马铃薯所遵循的原则相同。

收获谷物时常常有很大损失，这种损失如果增雇若干工人就能大大减轻，因为一方面可以及时收割、捆束、运输，加速收获工作；另一方面可以不用长把镰刀，而用短把镰刀收割。然而，工人人数只能合理地增长到工人所节省的价值能够弥补日工资的支出，或略有超过。

由此可以推论：

1. 工资增长而产品的价值保持不变，所起的作用是减少雇用工人人数，同时减少果实的采集量和脱粒量。

2. 产品的价值增长而工资保持不变，所起的作用刚好相反，多雇用工人有利，采集果实和脱粒可以仔细从事，所以产量增大。

3. 企业主，不论是田庄主还是工厂主，他们雇用工人的数量只能增长到这样的限度，即增雇的工人还能对他们有利，这是符合他们的利益的，因此，增雇工人的界限就在于，最后一名雇佣工人的增产量能够弥补他所得的工资；反过来说，工资等于最后一名雇佣工人的增产量。

工人的人数不能以分数增减，所以在**小规模经营中**难以确切指出得失相抵之点；然而这种个别的不均衡，在整个大范围中是能均衡的，因为某一场合比纯收益所能达到的最高限度多雇了工人，在另一场合则少雇了工人。

小规模经营的这一弊端不仅表现在工人人数上，而且还表现在所需要的牵引牲畜以及使用的工具和机器上，顺便一提，这一点正是大规模经营有利条件之一。

虽然上面的例子仅仅谈及如何提高土地已有产量的收获，但是，由此得出的结论，对于以提高土地生产率和收成为目的的劳动是完全有效的。

由于增添了劳动力，土地得到精耕细作，除草和排灌能仔细从事，播种能不失时令，因此土地的平均产量更有保证，平均收益将能大大提高。另一方面，在大多数情况下，对土地施以腐土、灰泥土以及土中所缺少的其他成分，土地的生产力也能大大提高。但是，所有这些改良措施都有一个共同之点，即效用与施肥量的增加并不成正比，效用的增长是递减的，最后甚至可能成为零。

现在我们举施加腐土的例子。

假定在某块田亩上施以半英寸厚的腐土，产量提高 0.5 柏林斗（每 100 平方丈面积），那么再施以半英寸厚的腐土，产量的增长不是 0.5 斗，而是 0.375 斗左右，第三次施以半英寸厚的腐土，大约能增产 0.25 斗，等等，直到继续增施腐土产量完全不再增加，最后甚至出现有害的效果。

由于劳动费用与施加腐土成正比，而效果却越来越小，最后等于零，所以，这里与上文所举农务一样，必然有一个定点，在那里劳动的费用恰好与改良以后所得的价值相等，这一点就是施行合理改良措施的止境。

不仅在各种农务上，而且在较低的农作制或较高的农作制——付出较多劳动能获得较高收益的农作制——的选择时，以及在回答劣质的土地——在那里劳动所得的产品比优质土地少——是否值得种植时，关键之点就是看劳动费用和劳动价值的比例，决策完全取决于这一点。

确实人们可以说，合理经营农业的任务就是，为农业的一切部门在增加劳动和提高产品的两行数据中找出对应数据，以求确定劳动的价值和劳动的费用保持平衡的一点，因为增添工人达到这一点时，纯收益为最大。

实地的田庄主能否取得发展，主要取决于他是否具有近乎解决这一任务的智力。这种智力在受过单纯理论训练的田庄主身上通常是不具备的。这种情况几乎不可能改变，因为农业科学在这一方面还完全没有人进行研究，在农业学教科书中这一对整体有深切关系、与一切发展有重大影响的问题，几乎没有提及。

关于这一问题，将德国和北美作一比较是颇有兴味的。

在德国，如果日工资为 12 先令，黑麦每斗价格为 1 塔勒* 12 先令，凡是一人一日劳动仅得 1/5 斗黑麦的地方，工作就可以进行，不良的土地就可以耕作。

在北美，根据最适中的报告，一人一日劳动至少值 32 先令，而 1 柏林斗黑麦的价值在中部地区几乎还难以达到 1 塔勒。因此，那里任何农业劳动，如果一人一日劳动的产品达不到 2/3 斗黑麦，则必然有亏损。

---

* 1 塔勒＝48 先令。——译者

仅这一点两国农作情况就有巨大的差别!

北美某报刊登过一篇谈论移民最佳发展的文章,文章说:

“学府出来的经济学家在这里最不幸运,因为在我们这里关键的问题不是向土地多索取百分之几的产品,而是要节省宝贵的劳动。”

这一批评对目前的农业学是很中肯的。因为真正的科学的研究应当有能力正确地判断一切情况,防止这类错误。如果科学研究在目前情况下效果刚好相反,那么这就证明科学的不足。

人们历来有这么一种幻觉,以为人类社会有一个对一切发展阶段都适用的农业理想,似乎任何较低级的农作制,即粗放的、节省劳力的农作制就是实地的田庄主知识贫乏的证明,这种观点在我们的农业著作中总也不能避免。

俄国政府近年来常常派遣一些多半没有实际农业知识的年轻学者来到德国学习经济,在农业学院听课。他们获得的是在每平方英里拥有 3,000—6,000 人的人口稠密的土地上如何合理地经营农业的知识。如果学院的讲课不涉及劳动的价值和费用的关系,那么这些年轻人对这一问题仍然一无所知。在他们回到自己的祖国以后,如果把所学的知识用于辽阔的土地,那里每平方英里仅 500—1,000 人,谷物通常需运输 30 英里才能销售(而欧洲其他国家遇歉收才有这种情形),那么他们所获得的知识只能导致他们的破产,他们的例子不会诱人仿效,却成为所谓合理经营农业的一种可怕的情景。

即使在德国,急于实行轮栽作物制而以失败告终的也不乏其人。

“最后雇用的那个工人的劳动的价值也就是他的劳动报酬(工资)。”

从上面考察所得出的这一命题对社会生活非常适用,所以我们可以中断我们研究的系统过程,可以暂时舍弃拥有可耕荒原和人口处于静止状态的孤立国,而从事实际的考察。

实际生活中企业家普遍地在做努力,使他们雇用的工人的数量不断增长,直至继续增长他们觉得无利可图时为止,这就是说,这时工资等于劳动的价值。出现这种情形的原因就是事物的本性,根据就是企业家的利益。

最后雇用的这名工人所得的工资,必然是同等技术和同等能力的全体工人的标准,因为同等工效不能付以不等的报酬。

如果现在工资实际上已经达到劳动的价值,而国民仍然处于困苦境地,那么怎么样可能予以救济呢?

公证人起草一小时文件所得的报酬相当于雇工12小时繁重的劳动,蒲鲁东(在他的《政治经济学的哲学》一书中)对此感到很不乐意。此外,这位著者还认为,工厂的监工的报酬高于搬运工人也是不公平的。

我们要问,工厂主为什么给监工以较高的报酬。这么做是不仁慈、不友爱的。如果工厂主可以不要监工,如果监工带给工厂主的效益从最低限度说还不能抵偿监工的工资,那么工厂主会立即把他们解雇。由此可见,工效的价值就是报酬的标准。

如果不谈劳动的价值,而愿意将劳动时间的长短作为工资的标准,这就是幻想。

如果工人在他的工资中得到的是他的劳动价值,那么,工人的困境就不是地主和工厂主唯利是图造成的，因为地主和工厂主——这里不谈慈善布施——不可能对劳动支付超过劳动价值的报酬，所以劳动阶级困苦的原因必须到别处，到更深的地方去寻找。

然而有人可能提出下列责难：

“虽然最后雇用的那些工人的生产不能超过他所得工资，但是以前雇用的工人却能为企业家提供一个非常可观的剩余，这一剩余使企业家有办法支付较高的工资，企业家不这么做，只不过是缺乏改善工人命运的善良意愿而已。”

然而，这一责难是把道德责任与营业责任相混淆了。

从国民经济角度看，任何劳动，如果不能抵偿费用，都不允许进行，**因为劳动本应创造国民财富**，**否则将会减少和耗尽财富**。由于国民资本的削减，国民将越来越贫困。

富人所负的缓和穷人困苦的道德责任，不能以这种办法，而只能以其他办法见诸行动。

工厂主从事得不偿失的工作，如果别人不这么做，他将徒劳无益地牺牲自己的财产。即使是集合全国所有的工厂主为追求这一目的，也是办不到的，因为工厂需向国外销售产品，或者在国内需同外国人竞争，从事得不偿失的工作将使工厂倒闭，工人将完全失去面包。

为了弄清这一问题，现在我们来考察工资涨落的必然作用。

假定工资上升而工人的数量并不减少，那么最后雇用的那些工人从地主和工厂主那里所得，将超他们劳动的所值。于是地主和工厂主根据自己的利益——这不能说不公平，经营上非得如此不可——开始解雇工人,一直解雇到最后留用的那名工人的产值刚好等于提高了的工资。经过这么一番周折,许多工人失去了面包。为了免于饥饿,这些工人不得不决定重新为原有工资而工作,这就是说,在上述情况下提高工资是不可能的。

另一方面,如果劳动阶级的人口增长,而耕作的土地和资本维持原状不变,那么后来增加的工人即使愿意接受原来的工资也没有人肯雇用。因为这一工资已为最后雇用的一名工人所得,以后雇用的工人只能提供较少的产品,所以,如果以原来的工资额雇用新增的工人,企业家势必有亏损。唯有这些工人愿意接受较低的工资,企业家才能雇用他们,让他们工作,因为他们的生产力等于已经降低了的工资。

尽管工资在下降,如果工人人数仍在不断增长,那么工资必将继续下降,因为能够给予他们的工作的产值越来越低。

随着人口的不断增长,如果劳动的对象越来越不丰富,劳动的土地越来越贫瘠,试问工资的下降有没有止境?

工资下降的最后限度在于:劳动的生产力低到劳动产品恰好等于 a,即恰好等于必需的生活资料的价值,因为工资如果低于工人必需的生活费用,则无人能为之劳动。

然而,实际上每个人的体力、健康和技能并不像孤立国所假设的那样,是完全相等的,而是一切方面都不相等。因此要问,这些工人中哪些人的工资可以下降到等于 a。这一问题的回答又取决于谋求工作的人数。如果人数过多,那么只有体格最健壮、体力最强的人才能得到雇用,其余的人则失去糊口的面包。人在一生的不同阶段体力是不等的,在老年体力衰减,所以,最有技术的工人唯在青壮年时期为人雇用，到了老年则为人摒弃。

然而宗教和人道主义以及各国政府，都把救济失业者以免饥馑死亡一事，视为自己的职责，因此凡是其劳动产品不足以弥补必需的生活资料的那些人必将仰给于济贫所。需要救济的人数最后将不断增加；多到富有的人感到不堪负担。

当前[1]爱尔兰的情况就是如此，尽管英国民众慷慨向兄弟民族提供 5,000 万至 6,000 万塔勒的巨大援助，然而仍有成千人死于饥饿。

爱尔兰目前的灾难是由于马铃薯和谷物同时歉收造成的。但是肯定可以预见，如果人口毫无顾忌地持续增长，几十年以后，虽有不小的丰收，这种灾难仍将出现，那时将无可救治。

出现这些观念有一个前提条件，即是在人口增长的同时资本和耕作面积保持原状不变。即使资本和耕作面积也有增长，但是如果不及人口增长迅速，那么同样的灾难只不过晚些时候出现而已，这一点要求得证明并不困难。

和平带来小康生活，小康生活造成人口过剩，人口过剩则带来贫困。

人们怎样才能摆脱这种魔境呢？

我们不得不问，在每次经历短期的和平、养息和欣欣向荣的生活以后，人类的增殖是否必定要再次遭遇贫困呢？

难道造物主就是这样安排的：地球上人口越来越多，前景就越来越暗淡，痛苦越来越大，越来越不可避免吗？

---

① 系写作于 1846 年。

当然不是。

那么造物主造福人类的条件又是什么呢?

这实在是一个摆在我们面前的大问题,我们仅仅是在这里提了出来,还未能深入进行研究。

只要正确理解这里所讨论的问题,就能驳斥社会党人建议中的一些谬论。社会党人乐意把自己的全部注意力倾注于提高劳动生产效率上,如果能办到的话,他们将真正改善工人的命运。

但是我们不可忽视,这里所说的劳动价值不是固定不变的,不是与其他因素无关联的,因为劳动价值取决于劳动对象的收益性。劳动对象在收益阶梯上所处地位的高低,取决于劳动力供给的多少。劳动力供给多,劳动价值和劳动报酬可能下降,直到仅够工人必需的生活资料这一数量的界限。

所以劳动的价值、劳动的供给和工人的生活必需品之间有一个连锁关系。

比我们略早的一些国民经济学家仅仅看到这一锁链的最后两个环节,因此对混淆工资概念却起了不少作用。[①]

这些经济学家在下列问题上犯了一个很大的错误,即把三个因素中只看到的两个因素所构成的劳动工资,视为合乎自然的工资,由此得出结论说,在造物主除了给工人以生存所必需之物以外,别无其他等等。

社会主义者所理解的使命比较高,他们提出工人不仅能生存,

① 据我所知,劳是弥补这一缺陷的第一个人,他在他的《国民经济学原理》(*Die Crundsätze der Volkswirtschaftslehre*)一书中说:"劳动的价格取决于价值、费用和劳动力征募者。"

而且还应有生活享受和受教育的机会。

施泰因在他的思想很丰富的著作《今日法国的社会主义和共产主义》一书中关于社会主义和国民经济学的关系。说了下列一段话：

“国民经济学本来的任务仅仅是认识产业和劳动之间的现存关系，甚至深究这种关系的原因和规律；国民经济学能预言这种关系的未来情况，但不能予以规定，因为国民经济学并不具备不服从其他原则的最高原则。然而社会主义则在人类命运的思想中提出这一点，从而把自己置于国民经济学之上，并想利用及控制它；国民经济学本质上是可以掌握的，社会主义目前正在形成之中。”

这里对国民经济学所作的责难，我不能认为毫无理由。然而它只限于经济学的现状，而不是经济学的本质。因为任何东西都阻碍不了经济学吸取社会主义的根本原则，并据为己有。我发现——下文将详细讨论——深究“什么是合乎自然的工资?”这一问题，最后必将直接引向关于人类命运的问题。

在我看来，我们唯有将两种学术的研究融合在一起，才能接近真理。经过这样的融合，社会主义者的幻想，以及他们的由于不认识国民经济学的规律而提出的建议，便不攻自破了。

蒲鲁东在他的《政治经济学的哲学》一书中也持这样的观点，他希望通过改造国民经济而解决社会主义者提出的任务。

现在言归正传，我们再来讨论孤立国。

资本本身是个无生命的东西，如果没有人的努力是不会产生什么东西的。

在欧洲的气候条件，一个人仅拥有一些衣着、粮食和器具等小资本是难以从事生产的。

劳动产品 p 是劳动和资本的共同产物。

这两项因素在其共同产物中各占多少比重，应怎样计量？

资本的作用我们可以从一个人因使用的资本增量从而获得劳动产品的增量中求得。这里劳动是常量，资本是变量。

如果我们仍用这项方法，反之把资本视为常量，而劳动人数视为增量，那么即使在大规模的经营中，劳动的作用可以从因增加一名工人从而总产品获得的增量中求得，亦即是在产品中求出劳动所占的比重。

假定某一企业使用资本等于 nq 年劳动量。企业经营者根据他的利益将不断增添工人，直到最后雇用的工人所增加的产品等于他的工资数量时为止。

试问最后雇用的这名工人的产品有多少？

如果雇用工人为 n 名，每名工人使用 q 年劳动量的资本工作。每名工人的产品$=p$，他的工资$=A$，雇用 n 名工人的企业经营者所得的租金，亦即是 $n(p-A)$。

如果解雇一名工人，那么还有 $n-1$ 名工人，其中每名工人使用$\left(\frac{n}{n-1}\right)q$ 年劳动量的资本工作。我们把这一资本称为 q'，这里的 q' 大于 q。使用 q' 年劳动量的工人的劳动产品，我们称之为 p'。工人劳动所使用的资本有了增长，他的劳动产品也将增长，所以 p' 同样大于 p。两者之间的差别，或者说 $p'-p=\gamma$；亦即是 $p'=p+\gamma$。于是总产品$=(n-1)p'=(n-1)(p+\gamma)$

工资的支出，如果工人人数为 $n-1$，则 $=(n-1)A$。

因此，企业经营者所得的租金为 $(n-1)(p+\gamma)-(n-1)A$。

如果企业经营者合理地不断增雇工人，直到最后被雇用的一名工人的生产还能抵偿他的工资，那么企业经营者雇用 n 名工人或 $n-1$ 名工人，他所得的租金必定相等。因此

$np-nA$ 必定 $=(n-1)(p+\gamma)-(n-1)A$，

或 $np-nA=np-p+(n-1)\gamma-nA+A$，

即 $0=-p+(n-1)\gamma+A$，

即 $A=p-(n-1)\gamma$。

现在设 n 为无穷大，那么 1 相对于 n 来说微不足道。于是

A 将 $=p-n\gamma$。

如果令 n 无穷增长，则资本 $\frac{n}{n-1}q=q\left(1+\frac{1}{n}+\frac{1}{n^2}+\frac{1}{n^3}\cdots\right)$，与 $q+\frac{1}{n}q$ 值可以任意相近。然而我们在第十八节中说过，因资本发生 $\frac{1}{n}$ 年劳动量的变化，产品便有 β 的变化。这里我们发现，资本如有 $\frac{1}{n}$ 年劳动量的变化，那么劳动产品的变化便为 $p'-p=\gamma$。如果资本很小，仅为 $\frac{1}{n}$ 年的劳动量，产品的变动为 β，那么这种变化在微小资本为 q 时即为 βq，亦即是 $\gamma=\beta q$，由于我们在上节假设 $n\beta=\alpha$，所以 $n\gamma=\alpha q$，因此 $A=p-n\gamma=p-\alpha q$。

在上节中我们也曾获得同样的结果。

这就是说，通过两种不同的方法我们求得了：

1. 增加投资所得的增产的租金量，

2. 总资本不变，最后雇用的这名工人所增加的产品决定的工资量。

两种方法求得的工资都有一个相同公式，即 $A=p-\alpha q$。

然而，我们在上节中看到，只有在 $p-\alpha q=\sqrt{ap}$ 时，投资创办新田庄的利益才能与增加相对的国民资本的利益相均衡，稳定状态才能实现。

因此，根据这里应用的方法所求得的劳动工资 $p-\alpha q$，在四境为可耕的荒野所包围的孤立国，必然同样 $=\sqrt{ap}$。

第二十节　资本和资本租金的生产费用

在第五节中曾经提问，资本的生产费用和资本的价格（即获得借贷资本的利率）之间是否存在一个类似交换物品的生产费用及其价格之间存在着的比例关系。

在第十三节中阐述价格构成的规则时曾将交换物品分成两类，第一类交换物品生产的量可以任意增长而生产费用不变，反之，第二类扩大生产必须增加费用。

属于第一类的有工具、机器等某些物品。这一类物品，不是按它们提供的效益支付价格，而生产费用却是价格的调节者。这里看来使用价值和生产费用已不存在任何联系。然而实际情况并非如此，请见下文的考察。

在第十三节中，我们曾举耕犁为例，它属于使用价值很高而价格很低的物品；在目前的考察中，我们仍想把这一农具作为依据。

耕犁的使用价值超过它的由生产费用调节的价格许多倍。试问，耕犁的增加限量为多少？例如在一所拥有24匹马的田庄应备置多少具耕犁？

这里备置10具耕犁已足够了，因为在**少有**的情况下才会将全部马匹用于耕犁，但是为了应付这种少有的情况也可以购置12具耕犁，如果为了避免由于耕犁损坏而耽误工作，也可以准备14具耕犁。

尽管最初购置的耕犁可能效益很高，然而最后增加的第14具耕犁不但收效甚微，而且连购买价格的利息和每年的折旧也不能得到弥补。

关于增添耕犁的限量的问题，可以这么答复：

> 耕犁可以增添到最后购置的那具耕犁仅能补偿制作和维修费用为止。
>
> 耕犁的使用价值或效益一般说来虽然很少会影响它的价格，但是增添耕犁的限度却是由耕犁的效益规定的。

凡是单位制造费用不变而可无限增产的各种商品，其情形与耕犁相似。

如果五谷的增加需求唯有靠耕作较贫瘠的、位置不便利的土地，或者在同一块土地上实施更费劳力、更费成本的农作制方能满足，那么五谷就属于第二类交换物品。此外，各种金属，如果没有发现新的矿藏，入地开采必然越来越深，这些金属也属于第二类交换物品。这类经济物品的增产从其使用价值看一开始就受到限制。

现在试问，什么在限制资本的增长，什么是资本生产费用的标准？

前面多次指出，资本的应用可以促进人们劳动生产的效率。劳动产品增加，剩余也增多；剩余增多，因此资本生产就容易。由此可见，资本生产越来越廉价，资本就越来越多。在这一方面，资本与属于第二类的交换物品正相反，因为前者越增产越廉价，而后者则越增产越昂贵。

资本越来越廉价，它便逐渐取代了人的劳动，资本就是这样得到广泛应用。

由此可见，如果不是因为资本的增加而同时资本的效益下降，那么资本的生产必将是无限的。

效益下降有两个原因：

1. 如果由效率极高的工具、机器等构成的资本已很充分，那么正如第十节所详细讨论的，继续生产这类器械资本，效益将减低。

2. 在农业中，如果增加的资本要得到使用，就得用于产量较低、位置较为不便的土地，或者用于更费劳力、更费成本的农作制，在这种情况下，最后投入的资本所带来的租金将比先前投入的资本要少些。

资本具有这种两面性，因此要解决上述问题就很困难。由此可见，资本既不属于第一类也不属于第二类交换物品，而是自成一类。

劳动所提供的剩余可以有两种命运，即可以有两种用途：

1. 积存起来，以备将来可以不劳动而生活；

2. 用于农业或其他行业的投资。

在前一种情况下，资本无限地增长对工人有利，因为工资和剩余也同时增长，工人在较短时期内获得积蓄，以备将来可以不劳动而生活。

然而积蓄还不是资本，只是资本的原料，如果积蓄而无补充，积蓄终归消耗殆尽，它没有作为资本这个概念所必具的持久性。

积蓄还缺乏资本的另一重大特点，即资本用于生产能促进人工效率。

商人手中的用以经商的积蓄，自然就是资本，这种资本能便利消费者的需要，并提供廉价商品，能促进国民福利。反之，商人的积蓄如果存放着，以备将来悠闲生活的需要，这类积蓄则不属于资本。

如果能区别不以生利为目的的积蓄和资本，如果把资本仅仅理解为收取租金的财产，那么我们的任务就变得非常简单了，因为渴望得到的对象不是资本本身，而是资本的结果，即租金。

于是我们又产生下列这么一个问题：

> 什么是租金的生产费用，怎样才能以最低的费用生产租金？

资本是劳动的产物，但这种产品又能取代人的劳动，再生产资本。因此，资本和劳动之间有着密切的联系，有着稳定的似不可分的相互关系。

然而，原始资本（见第八节）纯由人力劳动产生，把资本的效益可以用于劳动尺度进行折算（见第十三节），因此劳动就是资本的创造者，劳动就是资本的生产费用和租金的唯一正确的标准。

商品的价格受最低限度的生产费用调节，商品的价格中如果由于不善于使用和不正确地使用资本和劳动因而增加了费用，这是得不到补偿的，所以这里最低限度的、能带来租金的劳动，必定就是生产费用的标准。

然而，工资的高低对于要求生产一定数量租金的劳动量，有极重大的影响，现在我们任务是要：

探索这么一种工资量，在这种工资量时能使用最少的劳动耗费生产租金。

我们现在选择工资的公式为 $a+y$，其中 y 为完全不定数。

今以若干年劳动量创办一所新田庄以生产资本，根据第十五节所述，可得租金为：

$$\frac{[p-(a+y)]y}{q(a+y)}.$$

现在假定所要求的租金为 ar，

生产这项租金 ar 所要求的工人人数为：

$$ar:\frac{[p-(a+y)]y}{q(a+y)}=\frac{arq(a+y)}{[p-(a+y)]y}.$$

例如：如果 $r=1$，所要求的租金 $=a=100c$；$p=300c$，$q=12$，那么上列式子则变为

$$\frac{1,200c(100c+y)}{[300c-(100c+y)]y}$$

在生产 $100c$ 租金时，如果

$y=\ \ 20c$，则要求工人人数为 40 人，

$y=\ \ 60c$，……………………22.8 人，

$y=100c$，……………………24 人。

由此可见，需要的工人人数并不随着工资提高而下降，因为在工资 $=a+y=200c$ 时，生产 $100c$ 租金所要求的工人人数，比工资＝

160c 时要多些。

因此 y 应有一定的值，在这一值时生产租金需要耗费的劳动最少。

如果我们从上列函数中取其微分，而定微分等于零，便可得 y 的值。

$$\frac{arq(a+y)}{[p-(a+y)]y}\text{的微分}$$

$$=arq[p-(a+y)]y\mathrm{d}y-(a+y)(p-a-2y)\mathrm{d}y$$

$$=py-ay-y^2-ap+a^2$$

$$-py+2ay+2y^2$$

$$\frac{+ay}{y^2+2ay+a^2-ap=0}$$

所以 $y^2+2ay+a^2=ap$，

即 $a+y=\sqrt{ap}$.

如果 $p=300c$，则 $\sqrt{ap}=173c$，

则 $y=\sqrt{ap}-a=73c$。

上文假定 $q=12$，则生产 100c 租金需要工人人数为 22.4 人。

所以，工资 $\sqrt{ap}$ 能够满足以最低限度的劳动力生产租金的条件。

如果耗费最低的劳动生产租金，那么这时利率为多少？

利率的一般公式为：$z=\dfrac{p-(a+y)}{q(a+y)}$.

这里如果以 $\sqrt{ap}$ 代替 $a+y$，则

$$z=\frac{p-\sqrt{ap}}{q\sqrt{ap}}=\frac{\sqrt{p}-\sqrt{a}}{q\sqrt{a}}=\frac{\sqrt{ap}-a}{aq}.$$

在剩余 $y=\sqrt{ap}-a$ 时，则利率 z 得出一个简单的式子：$\frac{y}{aq}=1:\frac{aq}{y}$。

如果人们以黑麦斗为标准取代 a、p 和 y，那么 aq 表示 q 名工人通过创办新田庄在产生资本时所消耗的黑麦量，或它的等价物。由于每一名工人都有剩余 y 斗，因此为了生产这 aq 斗时，就需要 $\frac{aq}{y}$ 名工人。

由此我们得出一项值得注意的结果：

利率等于 1 除以在创造资本时生产供消耗的必需生活资料的工人的人数。

应当注意，这句话只是在工资 $=\sqrt{ap}$ 以及剩余 $y=\sqrt{ap}-a$ 时才有效。

第二十一节　资本家和工人之间的分配规律

劳动产品在工人和资本占有者之间应按怎样的比例分配？工人应得多少工资？

雇佣工人有权提出下列两项要求：

1. 用以生产资本的劳动，按年劳动计算，所得的租金不应超过雇佣工人年工资在扣除**必需的**生活资料之后的剩余用以放息所得之数。换句话说，两种劳动，其一包含在资本之中，另一则为工资工作(假定质量相等),应能提供相等的租金。

2. 工资必须有一定的量,这样方能以最低的劳动耗费生产资本租金。

第二项要求,如上节所述,如果工资$=\sqrt{ap}$,才能实现。

这一工资是否也能满足第一项要求,下列计算可以作出判断。

根据第十五节所述,在工资$=\sqrt{ap}$时,生产资本的工人所得的租金为:

$$\frac{(p-\sqrt{ap})(\sqrt{ap}-a)}{q\sqrt{ap}}=\frac{(\sqrt{p}-\sqrt{a})(\sqrt{ap}-a)}{q\sqrt{a}}$$

$$=\frac{(\sqrt{ap}-a)(\sqrt{ap}-a)}{aq}=\frac{(\sqrt{ap}-a)^2}{aq}.$$

在剩余为$\sqrt{ap}-a$和利率为$\frac{\sqrt{ap}-a}{aq}$时,雇佣工人所得的租金为:

$$\frac{(\sqrt{ap}-a)(\sqrt{ap}-a)}{aq}=\frac{(\sqrt{ap}-a)^2}{aq}.$$

所以,在工资$=\sqrt{ap}$和利率$=\frac{\sqrt{ap}-a}{aq}$时,包含在资本中的劳动和雇佣劳动所得的报酬是均衡的。

如果工人要求资本家支付超过$\sqrt{ap}$的工资,那么这种要求是不公平的、不合理的,应当予以拒绝,因为工人是以等质的劳动要求不等的报酬。而且这种要求也是与想通过积聚资产以改善处境的工人的本身利益背道而驰的,因为如果工资超过$\sqrt{ap}$,一旦普及,由于利率必然下降,工人所得的租金则不是增长,而是下降,正如第十五节所论述的。

在上节中曾经提问:“什么在限制资本的增长”,现在我们可以回答这个问题:如果投于生产消费品的行业和工厂的劳动,所得的报酬超过投于资本的生产,那么资本的增长在人口不变的情况下也就停止了。

为确定工资和利率的关系,我们已经探索了四种不同的方法和观点:

1. 研究了劳动生产资本的问题;
2. 把资本看作替代劳动;
3. 由最后投入的微小部分的资本决定利率;
4. 认为最后雇用的工人所增加的产品是工资的标准。

从这些研究中得出,工资＝$\sqrt{ap}$是毋庸置疑的,因此我认为,如果人们把合乎人类组织和物质世界的工资称为合乎自然的工资,那么现在可以提出这样的命题:

合乎自然的工资等于$\sqrt{ap}$。

第二十二节　土地的肥沃程度对工资和利率的影响

我们已经求得合乎自然的工资＝$\sqrt{ap}$,然而我们还应再问,现在是否可向工人保证,他的工资将不会更微薄,因为工资取决于p的大小,而p的值又取决于资本和劳动使用其上的土地的肥沃程度。

$\sqrt{ap}$的值,如果 p 越小,它也越小;如果 $p=a$,工资便下降到等于 a,下降到生活必需品的总数。

为了进一步了解土地肥沃的程度的影响,我们想把 p 的值逐渐加以改变。

1. 假定 $p=300c$,则 $a=100c$,$q=12$,

工资 $A=\sqrt{ap}=173c$,

利率 $z=\dfrac{\sqrt{aq}-a}{aq}=6.1\%$.

2. 假定 $p=200$,

则 $A=\sqrt{ap}=142$,

$z=\dfrac{\sqrt{ap}-a}{aq}=3.5\%$。

3. 假定 $p=150$,

则 $A=\sqrt{ap}=122$,

$z=\dfrac{\sqrt{ap}-a}{aq}=1.83\%$。

4. 假定 $p=a=100c$,

则 $A=\sqrt{ap}=100$,

$z=\dfrac{\sqrt{ap}-a}{aq}=0$.

由此可见,工人和资本家的共同利益在于提高生产。如果生产下降,双方都蒙受损失,如果生产增长,双方都受益。

现在的问题是:如果 $z=2\%$,试求 p 的值。

由于 $z=\dfrac{\sqrt{ap}-a}{aq}=\dfrac{\sqrt{100p}-100}{1,200}=\dfrac{2}{100}$,

所以 $\sqrt{100p}-100=24$

$$\sqrt{100p}=124$$

$$100p=124^2=15,376$$

$$p=153.76$$

$$A=\sqrt{ap}=124。$$

利率如此之低，新的资本就很难筹集了，因为从资本家方面说，这无异强使他们放弃享受。如果只能获得 2％的利息，那么没有一个资本家会愿意将资本投于企业。如果有这种情况，那么工资却超过工人生活所需的 24％。

只要工资始终＝$\sqrt{ap}$(这个公式极端重要)，那么工人终始不会遭受贫困和饥馑。

我们欧洲的情况完全与这不同，欧洲已不再存在无主的土地，工人已无可能去垦殖至今尚未垦殖的土地，以摆脱雇主提供的低工资。

这里是竞争决定工资的高低，这里的工资＝$a+y$，而 y 是完全不定的，这里的利率 $z=\frac{p-(a+y)}{q(a+y)}$.

y 越小，z 则越大，下面的例子可以说明这一点：

假定 $a=100, p=200, q=12$，

则 $y=50, z=2.77\%$。

$y=25, z=5\%$。

$y=10, z=6.82\%$。

$y=0,\ z=8.33\%$。

由此可见，不断压低工资是符合企业家和资本家利益的。当工人的工资只换得必不可少的生活资料时，资本家则享有 $8\frac{1}{3}\%$

的厚利。

这里资本家的利益和工人的利益不仅是分离的，而且是背道而驰的。

只要无产者和有产者利益的冲突不曾消除，那么这一对抗的利益就是双方敌意对立和始终不可妥协的原因。

工人不仅对雇主的福利漠不关心，而且对国民福利也是如此。

由于工厂制的发现，公路和铁路的修筑，贸易联系的建立等等，国民收入每日每时在急剧增长。然而，在我们今天的社会制度下，工人觉得与此无关，工人的处境一如既往，收入的增长完全落入企业家、资本家和地主手中。

1836 年梅克伦堡土地的平均租金，良田一拉斯特(6,000 梅克伦堡平方丈*)约为新币 100 塔勒。此后每拉斯特的租金上升到新币 150 至 200 塔勒。

国民收入如此急剧增长，但工人阶级却未得到什么好处，在我们的社会制度下工人阶级也不可能得到什么好处。

社会组织只需让工人获得其中五分之一的利益，千家万户就会感到欢欣和满意，如果这样，那么 1848 年春工人要求提高工资而举行的暴动就会中止，从前存在于主仆之间的美好的宗法纽带也就不会撕裂了。

使工人阶级向有产阶级转变，这可能是和解协调的办法，如果不把实现这种转变的阻力归于低工资率，那么还有下列两个原因：

1. 在现行的工资率的情况下，工人或者根本不可能积贮资

---

* 1 梅克伦堡平方丈约＝21.74 平方米。——译者

本，或者只能积贮一些微不足道的资本，因此新资本的积聚几乎为企业家、资本家和地主所垄断。

2. 由于工资微薄，工人无力供其子女上学，以获得经营企业或在资产阶级社会中攀登较高地位所必需的知识。

因此，工资低微的持续原因就在于低微的工资。怎样才能摆脱这一循环呢？

欧洲社会的所有这些弊病，如果工资$=\sqrt{ap}$，即能消除。

在公式$\sqrt{ap}$之中，工人的工资是与他产品的价值成比例的；而我们目前的情况却是，工人的工资与他的劳动产品完全无关。

工人与产品相分离是弊病的根源。

包工就比日工有很大的优越性，因为工人的所得取决于其勤劳程度，工人从一定程度上说是为自己劳动，所以对从事的工作较有兴趣。然而，实行计件工资制，通过工人间的相互竞争，工人所得将大大下降。

实行包工制，只按劳动量，而不按包含在产品中的劳动价值付酬；但在工资$=\sqrt{ap}$时，工人直接参与他的劳动价值的分配。

试问工资$=\sqrt{ap}$对我们欧洲现状是否可以实行，在什么条件下才能实行呢？这一问题我们迄今为止的研究还不能给予答复，它将成为本书继续研究的对象。

然而现在可以得知，即使不可能恢复合乎自然的工资，但是，如果工人工资中包含其劳动产品的一部分，那么困境也可缓和得多。

现在我们来看北美合众国的情况。

那里正像孤立国的情况，肥沃的土地无穷无尽，可以无偿或以极少代价获得。

那里正像孤立国的情况，唯有与市场的距离才是扩大垦殖的阻碍。然而，这种阻碍由于河道通航轮船，由于开凿运河和修筑铁路而越来越小。

因此，那里工资$=\sqrt{ap}$是可以实现的，而且事实上已经实现；因为我们发现美国的工资和利率的关系很像我们计算肥沃土地所述的公式。

由于工人和资本家有这样的关系，所以北美普遍过着美好的生活，而且这种生活还蒸蒸日上；在那里，社会不同阶层之间并不存在不可逾越的鸿沟，它们和睦相处，即使国民中低贱阶级，也普及初等教育——阅读、写作以及计算——，非欧洲可以比拟。

最初聚居于得天独厚的地带的那些人们，必定有类似的处境，也许因此这种境况有天堂乐土之称。

难道这种境况与人口繁育格格不入吗？难道这种境况永远从地球上消失了吗？

人类通过较高的精神力量的训练，以理智克制欲望难道不能恢复这种境况吗？原始的人们靠自然的恩赐不劳所得的东西，人类的使命也许就是要通过自己的奋斗去获得它，并把它当作是自己运用智慧而得的财富。

第二十三节　所求得的各项公式的具体应用

前面的研究，对劳动产品、利率和工资都用字母公式表示。字母代表任何数值，所以以字母表示的公式具有普遍意义。

在具体场合，字母则有一定的数值，如果公式正确不误，那么以数字表示的结果也必然符合规律性。

在下面关于工资和地租关系的研究中（这两者正是本卷第二部分的研究对象），在具体场合我们当将 a、p、q、y 和 z 化成数字进行叙述。

然而，这些数字不允许任意假定，而必须取自实际，因为实际是正确与否的试金石。

因其他资料缺乏，我只能介绍取自特洛田庄的数值，并把有关情况的计算附于书末。

雇工需要多少收入才能过适度的、不觉匮乏的生活，这个问题在当前至关重要，现在我把 1833 至 1847 年 14 年中特洛田庄雇工一户关于生活费用和收入的计算陈列于下面附录一中，供探讨之用。

凡是能知道什么是工人权利的人，他就负有道德上的责任尽力去实现工人的权利。

二十多年来我一直怀有热忱的愿望，想把我的田庄收入的一部分作为津贴分给我的雇工，但是这项津贴不能由他们任意支配，我用以为他们积聚一笔资本。

当时实现我的愿望有两点障碍，即

1. 对我的家庭的责任，

2. 担心实行这样的措施以后可能引起邻近田庄工人的不满和骚扰。

但是，当我觉得第一个障碍不成问题，并在1848年春天由于国民的暴力运动几乎所有的田庄都对工人作了重大让步之后，我便不再有任何顾虑去实现我的宿愿。

有关这一情况的规定，详见附录二。

在实行这种措施时首先必须注意最终的结果。

现在举一例子可以进一步说明这个问题。

田庄主担负每户雇工的医药费每年平均为新币3塔勒。

如果与雇工协议，田庄主每年给雇工3塔勒，以雇工得病时自理医药费为条件，那么田庄主的支出没有任何增减。但是，雇工家庭的境况和幸福却有很大变化。如果一个工人患长期重病，需要负担大笔医疗费，那么他就很难再尽自己养家的义务了。

工人所得的医疗津贴，通常不贮存备用，而是将它花掉，但日后遇到急难，他就会束手无策。

凡是在历来工资能满足工人实际需要和正当愿望的地方，继续提高雇工工资以为津贴，也能获得类似的后果。雇工的享受品与他们的必需品很相近，几乎难以划分界限，因此人们不能期望他们能够牺牲眼前的享受以备将来的急需，这一点甚至富人也办不到。工人在大多数情况下会耗尽所增加的收入，不为晚年储蓄，但是工人已习惯于较多的、而以后又不能满足的需要，一旦老年贫困，则更觉痛苦。

增加工资而不附加任何条件，并不能调解雇主和工人之间的利益对立，我们社会状况的这种根本弊病依然十分严重，采取这种措施，情况将更糟。

附　录　一

1833—1847年间特洛田庄雇工一户的生活费用及收入的计算

目　　次

第一节　特洛田庄雇工一户(不请帮佣[①])自1833年7月1日至1847年7月1日期间的年劳动收入

备注　计算工人劳动量所用的资料系取自1810至1820的十年间记载详细的、汇成概览的劳动会计。

1. 打谷工资

自1833至1847年期间,谷物的平均产量,不计菜籽,折合成谷物[②]按罗斯托克标准[③]为7,447斗9梅策。

其中,麦秸由于未经打净即用以喂养牲畜,约含80斗燕麦,折合黑麦50斗。

打净的谷物,折合成黑麦计7,397斗9梅策,打谷者每打15斗得工资1斗。

---

① “帮佣”是指帮助工人家庭主妇料理田舍各种劳动的佣人。

② 按折合黑麦计算:

小麦1斗等于黑麦1⅓斗,

黑麦1斗等于黑麦1斗,

大麦1斗等于黑麦3/4斗,

经堆放过的燕麦1斗等于黑麦5/8斗,

经半堆放过的燕麦等于黑麦9/16斗,

豌豆1斗等于黑麦1斗。

③ 1罗斯托克斗等于5/7柏林斗。

	新币		罗斯托克斗
	塔勒	先令	黑麦
据此计算，打谷工资为 462 斗 6 梅策。 脱料困难的或经堆放的带穗麦秸，工人每打 13 斗得工资 1 斗，而不是 15 斗得 1 斗。这样，比原来的工资总额约增加 5%，在 $462\frac{6}{16}$ 斗基数上增加 $23\frac{1}{8}$ 斗。亦即打谷工资的总额为 $462\frac{6}{16}+23\frac{1}{8}=485\frac{1}{2}$ 斗。在此期间雇工人数为 11 人。每个雇工得打谷工资为 485.5/11＝	—	—	$44\frac{2}{16}$
根据 1810 至 1820 年的 10 年平均，每人每日打谷折合黑麦为 4.52 斗。按此计算，打谷 $7,397\frac{9}{16}$ 斗要求 1,637 劳动日。1,637 劳动日由 11 名雇工分担，每人为 149 劳动日。			
2. 采掘泥煤			
根据 1810 至 1820 的 10 年计算，在这一期间每年采掘泥煤约需 $254\frac{1}{2}$ 工，供应 田庄泥煤 186,850 块 雇工等泥煤 286,000 块 共计 472,850 块 亦即是每人每天采泥煤 1,856 块。 在 1833 至 1847 年这一期间 11 名雇工每年平均采泥煤约 480,000 块。每名雇工采 43,636 块，其中 10,000 块自用。33,636 块可得每千块 8 先令的报酬，计	5	29	
采掘 33,636 块需要一名工人劳动 33,636/1,858＝18.1 日。			
	5	29	$44\frac{2}{16}$

续表

	新币		罗斯托克斗
	塔勒	先令	黑麦
承上页	5	29	$44\frac{2}{16}$
每日收入为 14.9 先令。			
3. 整修休耕地的沟渠			
自 1811 至 1820 年的 9 年中，据统计整修沟渠 5,179 平方丈，费工 $623\frac{1}{2}$ 工。			
每工平均整修 8.31 平方丈。其报酬为：			
每平方丈 $1\frac{1}{4}$ 先令，5,179 平方丈为 6,474 先令，			
不易整修的沟渠津贴 2 塔勒，即 96 先令			
共计 6,570 先令			
每人每日得 6,570/623.5=10.5 先令。			
假定：1. 自 1833 至 1847 年的 14 年间，每年同样整修 5,179/9=575 平方丈； 2. 如前，每年需623.5/9=69.3 工； 3. 每年支付工资 6,570/9=730 先令。工人 11 名，每人在这一期间获得：			
a. 收入为 730/11=66 先令，即	1	18	
b. 按 11 人计，每人需干 69.3/11=6.3 劳动日			
4. 其他沟渠劳动			
在 1810 至 1820 年间，每年平均在田亩、草场、道旁以及栅栏四周开沟渠，整修沟渠方面需费 74.3工（劳动日）。1818至1819年度，根据			
	6	47	$44\frac{2}{16}$

续表

	新币		罗斯托克斗
	塔勒	先令	黑麦
承上页	6	47	$44^{2}/_{16}$
特别计算,这类劳动男子一工的收入为 10.9 先令。			
今将上述两项计算移用于 1833 至 1847 年这一时期,则 11 名雇工中每名			
a. 需干 74.3/11=6.7 工,			
b. 干 6.7 工,每工 10.9 先令,收入共计	1	25	
5. 其他包工劳动			
这类劳动有给土地施灰泥土和腐土,用手推车运载腐土和泥土等等。			
自 1815 年起——用大量灰泥土肥田开始于这一年——至 1820 年,以包工制完成的改良土地的劳动每年耗费货币工资 171 塔勒 22 先令。1818 至 1819 年度,这类劳动的收入:			
男工每日为 11.27 先令,			
女工每日为 7.53 先令。			
从这两项数字中尚难肯定,在 1833 至 1847 年最后期间男工每日所得及这类劳动需要花费多少工。			
近年改良土壤的工作,虽然需费金额大致如前,但改良土壤的方式已有很大变化,现在施腐土肥田和改良草场,不再施以灰泥土,因而完成这项工作的季节也有变化。此外,雇工的户数和参加改良土壤的男女工人的比例数也发生			
	8	24	$44^{2}/_{16}$

续表

	新币		罗斯托克斗
	塔勒	先令	黑麦
承上页	8	24	$44\frac{2}{16}$
变动。			
经多次仔细对比,下列的假定与实际情况是相差无几的。			
在改良土壤的工作中,男工每年作业22日,每日得10.5先令,共计	4	39	
女工作业44日,每日得6.5先令,这项数字以后另列计算。			
6. 锄工的实物报酬			
每个锄工可得谷物			
折合成黑麦			
黑麦14斗 =14 斗			
大麦12斗 = 9 斗			
经半堆放的燕麦2斗 =$1\frac{1}{8}$ 斗			
豌豆2斗 =2 斗			
$26\frac{1}{8}$斗			
锄工在上述时期前半期收入为11塔勒,后半期收入为12塔勒,平均为$11\frac{1}{2}$塔勒。			
锄工为取得这项实物报酬需从3月24日劳动至11月10日,共33周=231日。			
其中除去例假等:			
星期日 33 日			
节日 $4\frac{1}{2}$ 日			
为自用采掘泥煤 6 日			
	13	15	$44\frac{2}{16}$

续表

	新币		罗斯托克斗
	塔勒	先令	黑麦
承上页	13	15	$44\frac{2}{16}$
运泥煤　1　日			
赶集　1　日			
收获节　1/2 日			
病假　5　日			
51　日			
为庄园主劳动尚有　180 日。			
锄工如果生病，因不能劳动每日需扣除 4 先令，5 日扣除 20 先令，从 $11\frac{1}{2}$ 塔勒的货币工资中扣除此数，尚余 11 塔勒 4 先令。			
根据上列计算，锄工作业 180 日，收入为 11 塔勒 4 先令又 $26\frac{1}{8}$ 斗黑麦，每日收入为 2.96 先令又 0.145 斗黑麦。			
在黑麦每斗价格为 40 先令时，0.145 斗			
=　5.80 先令			
再加货币工资　2.96 先令			
每日工资为新币　8.76 先令。			
在上述这一时期的前半期，有锄工 2 人，后半期只有锄工 1 人，平均为 $1\frac{1}{2}$ 人。			
他们的收入为：			
11 塔勒 4 先令 $\times 1\frac{1}{2}$ = 16 塔勒 30 先令			
$26\frac{1}{8}$ 斗 $\times 1\frac{1}{2} = 39\frac{3}{16}$ 斗黑麦。			
由于锄地作业由雇工按年轮流，所以这一年收入应由 11 人平分，每人每年收入为	1	25	$3\frac{9}{16}$
锄工 $1\frac{1}{2}$ 人工作量为 $180\times 1\frac{1}{2} = 270$ 日。			
	14	40	$47\frac{11}{16}$

续表

	新币		罗斯托克斗
	塔勒	先令	黑麦
承上页	14	40	$47\frac{11}{16}$
按11人分担，每人锄地270/11＝24.5日。			
7. 按日计酬的劳动			
在1810至1820年的10年中，平均每个雇工为庄园主劳动284.6日。 前面列举各种工作需要的劳动日数： 1. 打谷 149 日 2. 采掘泥煤 18.1 日 3. 整修休耕地的沟渠 6.3 日 4. 整修其他沟渠 6.7 日 5. 其他包工劳动 22 日 6. 锄地 24.5 日 共计 226.6 日			
其他尚有58日是按日计酬的劳动。其中15天在11月1日至3月1日冬季时期，每天工资7先令，共计	2	9	
此外43天在夏季时期，夏季日工资为8先令，43天共计	7	8	
8. 实物报酬			
以前田庄为每个雇工播种若干黑麦，今给以实物报酬，每人为			5
9. 妇女劳动			
根据10年平均，凡雇工家中不雇帮工的妇			
	24	9	$52\frac{11}{16}$

续表

	新币		罗斯托克斗
	塔勒	先令	黑麦
承上页	24	9	52 11/16
女,每年劳动 175.4 日。其中——如前所述——包工劳动占 44 日,每日工资 6½先令,计	5	46	
其他劳动占 131.4 日:			
妇女为清扫房屋等无偿劳动 104 日,这称之为庄园日。			
其余 27.4 日,每日报酬为 4 先令,共计	2	14	
一个不雇帮工的雇工家庭,根据上列计算,每年收入为	32	21	52 11/16

第二节 自 1833 年 7 月 1 日至 1847 年 7 月 1 日期间,特洛田庄牧养奶牛的收支计算

在工人所得的津贴中,牧养奶牛的收入占重要地位。为了计算雇工家庭的费用,我们必须弄清什么是奶牛的纯收益,村民*牧养奶牛在田庄方面的耗费是多少。

在奶场和家庭消费不分的地方,要查明奶牛黄油的毛收益是非常困难的,因为一方面牛奶和黄油的消费很难管理,很难用数字表示,另一方面在奶场工作的人同时还兼做许多家务工作。

施陶丁格尔先生在维斯滕费尔德田庄经营一所规模很大的奶

---

* 作者在附录中所称的村民或居民,主要是指雇工及其家属。参见附录二第五节。——译者

场，他将奶酪场和家庭消费完全分开，他十分好意将 1827—1828 年度他的奶场的经营成绩告诉我，并乐于向我提供我为了计算各部分的劳动量和费用所需的记录。对此我表示十分欢迎。

下列的计算系利用维斯滕费尔德田庄计算的数字作为基础，与奶场劳动有关的数字，还按不同的情况作了必要的修正。

关于特洛田庄奶牛的毛收益应注意下列各点：

1. 牛奶的年产量系根据账本记载；

2. 1845—1848 年黄油的产量始终有记录可查考；

3. 黄油每年的价格账本均有精确记载；

4. 1845—1846 年度奶牛所产的全部产品的价值均作详细记载，牛奶的价值按每波特[①]计算。

牛奶产量　自 1833 至 1847 年的 14 年期间，每头奶牛每年平均产奶 1,682 波特。

牛奶含黄油量　自 1845 至 1848 年的 3 年平均，每产 1 磅黄油需费牛奶 $15\frac{2}{3}$ 波特。

黄油产量　如果全部牛奶用以生产黄油，那么每头奶牛年产黄油 $1,682/15\frac{2}{3}=107.4$ 磅。

牛种　奶牛大致半是日德兰种，半是安格尔种。奶牛活着时的体重，我估计为 650 磅。

黄油价格　新鲜黄油用磅桶向附近城市出售，按 14 年平均每磅价格为新市 7.77 先令。按 1845 至 1848 年的 3 年平均 100 磅桶 =107.5 磅，每磅 =32 波特。按 32 波特为 1 磅计算，黄油每

① 100 波特根据可靠的计算，等于 79 柏林夸脱。

磅的价格为 $7.77\times\frac{100}{107.5}$=新币 7.23 先令。

牛奶在田庄上的价值　根据 1845 至 1846 年度的详细计算得知，牛奶的收入分两类:其一是黄油的收入(需扣除黄油的销售和运输费用),另一为酸奶用作猪饲料的收入,该年度 1 波特牛奶在田庄上,即产地的价值为新币 0.6953 先令。

黄油的价格在 1845 至 1846 年度每磅 32 波特的价格为新市 8.05 先令,1833 至 1847 年期间平均为 7.23 先令。两种价格之比为 8.05∶7.23=1,000∶898。

牛奶的价值是以黄油的价格为条件,由此可知

1835 至 1847 年这一时期 1 波特牛奶的价值 $=0.6953\times\frac{898}{1,000}$=0.625 或 5/8 先令。

1833 至 1847 年平均每头奶牛产品的价值　年产奶 1,682 波特的奶牛,其奶产量的价值为 5/8×1,682=1,051 先令=21 塔勒 43 先令。

这里还应加上牛犊的价值。一头生下 1—3 天的牛犊平均价格约为 32 先令。但并不是每头母牛每年都能产犊,因为有个别母牛不会怀孕或产下的牛犊随即夭折,所以这里可以打个九折,母牛产犊的收入还剩 29 先令。

因此,一头奶牛的产品总值为新币 21 塔勒 43 先令+29 先令=22 塔勒 24 先令。

与养奶牛有关的费用的计算

1. 奶场的劳动费用

维斯滕费尔德田庄的奶场劳动费用,除夏季采集黄油,需马一

匹予以动转以外，109 头奶牛共需费 229 塔勒 15 先令。每头牛平均为 2 塔勒 5 先令。

奶场雇用女工需费 55 塔勒 46 先令。

上述 229 塔勒 15 先令等于女工 $\frac{229\text{ 塔勒 }15\text{ 先令}}{55\text{ 塔勒 }46\text{ 先令}}$ ＝4.1 人的费用。

	新币	
	塔勒	先令
经管 109 头奶牛需雇女工 4.1 人；每人平均管理 26.6 头奶牛。每头奶牛平均年产奶 1,882 波特；采集黄油 1 磅需奶 17.46 波特，每头奶牛的年产黄油 107.8 磅。 由于特洛田庄女工工资较高，采集黄油全靠人力，又奶桶在夏季不像维斯滕费尔德田庄在挤奶前清洗，结果每头奶牛需多费 26 先令，所以特洛田庄的劳动费用就要高些。 因此特洛田庄经管每头奶牛的劳动费用为 2 塔勒 5 先令＋26 先令＝	2	31
2. 管理费用		
一个奶场如有奶牛 100 头，奶场需从事炼制和供应黄油等管理工作，我把奶场的经营费用定为 80 塔勒，工资定为 40 塔勒，共计 120 塔勒。 这 120 塔勒以 100 头分摊，每头平均 1 塔勒 9.6 先令。 如果家务与养牛不分，则很难确定女主人生活费用		
	2	31

续表

	新币	
	塔勒	先令
承上页	2	31
中多少应列入奶场，多少应列入家庭会计。 所以我假定，在一个单独经营的奶场中，每头奶牛的管理费用为	1	9.6
3. 炼黄油用盐		
维斯滕费尔德田庄养奶牛 625 头，需盐 110 斗。每头奶牛平均每年用盐 0.175 斗（每斗价格为 20 先令），计		3.5
4. 燃料		
维斯滕费尔德田庄每头奶牛计用 250 块泥煤，或 1/10 车柴薪。根据波德维尔斯计算，每头奶牛消耗柴薪为 1/9 克拉夫特（两臂伸直的距离，丈量木头体积的单位。——译者）。 我在这里假定每头奶牛耗费 300 块泥煤，每 1,000 块值 20 先令，300 块计	—	6
5. 药物		
药物连同奶牛产犊后所需的粗磨饲料，每头需费	—	4
6. 奶场用具价值的利息		
根据这里历来备置的盛奶器具，其价值按每头奶牛平均为 2 塔勒。按利率 4％计，利息为	—	3.8
如以铁壶代替木桶，一切盛奶器具都用铁条加固，并备置摇制黄油机械一台，那么奶场器具的购置费用将大		
	4	9.9

续表

	新币	
	塔勒	先令
承上页	4	9.9
大增加;然而,器具的维修费用及奶场的劳动费用将见减少。		
7. 奶场器具的折旧和维修费用		
我估计每头奶牛平均为	—	12
8. 奶牛的折旧或价值的每年速减		
要几分精确地求得这一数字,必须作专门的计算。下列的计算以估算为基础:		
1. 100头奶牛每年死亡3头,因产奶量降低或其他原因每年排除2头。		
2. 3岁(3周岁)牛犊入奶场,每头值24塔勒。		
3. 奶牛长至13岁,即行排除。年老的奶牛以及较年轻的但产奶量不高的奶牛,售价为16塔勒。		
一个奶场,每年增添100头3龄奶牛,试问奶场的牛群每年应有若干头数?		
现有数量:		
购入　　3岁奶牛 100　头		
1年后这个牛群有　　4岁奶牛 95　头		
2年后这个牛群有　　5岁奶牛 90.3头		
3年后这个牛群有　　6岁奶牛 85.8头		
4年后这个牛群有　　7岁奶牛 81.5头		
5年后这个牛群有　　8岁奶牛 77.4头		
6年后这个牛群有　　9岁奶牛 73.5头		
	4	21.9

续表

	新币	
	塔勒	先令
承上页	4	21.9
7 年后这个牛群有　10 岁奶牛 69.8 头		
8 年后这个牛群有　11 岁奶牛 66.3 头		
9 年后这个牛群有　12 岁奶牛 63 头		
共计 802.6 头		
以后每年秋季增添新牛时，这个牛群应有奶牛 802.6 头。		
当然，这时牛群中尚有被剔除的 13 龄老牛 64×19/20=60 头，正待出售。		
60 头牛，每头售价 16 塔勒，计收入　960 塔勒。		
除了这些待售的老牛以外，每年剔除之数为 100－60=40 头，其中死亡 24 头，由于其他弊病而剔除 16 头。		
后者每头售价 16 塔勒，收入为　256 塔勒。		
24 头死牛的皮，每张值 2 塔勒，共计　48 塔勒。		
出售牛和皮，收入计　1,264 塔勒。		
购买 100 头新牛，支出为 2,400 塔勒。因此要维持一个 802.6 头的奶牛群，不减数，也不减值，需费 2,400－1,264=1,136 塔勒。按 802.6 头牛平均，每头牛分摊	1	20
9. 奶牛价值的利息		
今假定 4 岁和 5 岁奶牛与 3 岁奶牛的价值相同，每头为 24 塔勒；5 岁至 13 岁的奶牛的价值从 24 塔勒减至 16 塔勒，亦即是每年减 1 塔勒，那么一个始终拥有 803 头奶牛的牛群，其价值如下：		
	5	41.9

续表

	新币	
	塔勒	先令
承上页	5	41.9
3岁奶牛 100　头		
4岁奶牛 95　头		
5岁奶牛 90.3头		
285.3头，每头24塔勒，=6,847.2塔勒		
6岁奶牛 85.8头，每头23塔勒，=1,973.4塔勒		
7岁奶牛 81.5头，每头22塔勒，=1,793.0塔勒		
8岁奶牛 77.4头，每头21塔勒，=1,625.4塔勒		
9岁奶牛 73.5头，每头20塔勒，=1,470.0塔勒		
10岁奶牛 69.8头，每头19塔勒，=1,326.2塔勒		
11岁奶牛 66.3头，每头18塔勒，=1,193.4塔勒		
12岁奶牛 63　头，每头17塔勒，=1,071.0塔勒		
802.6头　　17,299.6塔勒		
802.6头牛值17,299.6塔勒。每头牛平均21.55塔勒。按4%利率计算，此数的利息为0.862塔勒，等于		41.4
10. 猪的价值的利息		
养猪如果作为利用酸奶的工具，则支出应归于奶牛的账上。		
如果以奶牛8头可以养猪3头，每头猪值10塔勒计算，则每头奶牛应担负3¾塔勒的利息，按利率4%计算，则为		7.2
11. 奶场的建筑		
建筑能容奶牛60头的厩房一所大约需费800塔勒，		
	6	42.5

续表

	新币	
	塔勒	先令
承上页	6	42.5
其利息为　32 塔勒		
折旧、维修及火险费以造价的		
5/6%计算,等于　6 塔勒 32 先令		
清扫烟囱费　1 塔勒 32 先令		
40 塔勒 16 先令		
这 40 塔勒 16 先令以奶牛 60 头分摊,每头负担		32.3
12. 猪厩		
为适应 60 头奶牛的奶场所需,建造猪厩一所,大约需费 200 塔勒。出租猪厩可得租金 200 塔勒 $\times 4\frac{5}{6}\%=9$ 塔勒 32 先令。此数按 60 头奶牛分摊,每头负担		7.7
这 12 笔支出总计 7 塔勒 35.5 先令,如果村民养奶牛而不是田庄养奶牛,这些支出可以不计。		
各项支出的计算,村民养奶牛也需计算的费用(续前)		
13. 牧工的费用		
牧工的实物和各种津贴的收入①,在扣除他的妻子的劳务所得之后,约为 93 塔勒。		
在 1833 至 1847 年的 14 年期间,在牧场放牧的村民的奶牛和公牛,共计 827.5 头。平均每年为 59 头。		
在这一时期的后半期,村民的牛在冬天赶至田庄寄养。		
	7	34.5

① 牧工的谷物和货币的收入,大约比田间雇工年收入少 5 塔勒。

续表

	新币	
	塔勒	先令
承上页	7	34.5
这一时期的前半期，还有一部分奶牛在村子里越冬。在田庄上越冬的奶牛总数为784头，平均每年为56头。夏冬两季需牧工看管的奶牛为(59＋56)/2＝57.5头。牧工的费用＝93塔勒，现在按57.5头分摊，每头负担	1	30
（一个拥有86头奶牛的牛群，如目前特洛田庄的情况，每头奶牛负担的这一费用要少26先令。）		
14. 田庄女工照料奶牛饮水的费用		
这项工作每日约占女工劳动时间的1/4。在195天中约等于49个整劳动日。以每日7先令计算，合7塔勒7先令，这一数字按56头奶牛分摊，每头负担		6.1
15. 清厩		
这项工作，每25头牛每周需费女工一日劳动。根据这一计算，56头牛在195日内要求女工劳动62.4日。女工在这一时间内劳动的费用为： 自11月1日至3月25日，每日$6\frac{2}{9}$先令， 自3月25日至5月14日，每日$9\frac{1}{3}$先令， 自11月1日至5月14日平均每日为7先令。 亦即是这项工作需62.4个女工一日的劳动，每日工资为7先令，共计9.1塔勒，每头奶牛负担	—	7.8
16. 奶场的设施		
按规划通常每头奶牛占地3/4平方丈，59头奶牛，		
	9	30.4

续表

	新币	
	塔勒	先令
承上页	9	30.4
需地 26 平方丈。(并不等于此数。——译者) 根据特殊的计算,每一平方丈需要人力和马力的费用,以及置办木柱和栅栏的价值的利息及其折旧费,约合 $5\frac{3}{4}$ 先令。26 平方丈需费 3 塔勒 6 先令,按 59 头奶牛平均,每头负担	—	2.6
17. 夜晚牧场的设施		
14 年中设置夜晚用牧场仅有 4 年,牧场占地约 200 平方丈,设施费用每平方丈为 $5\frac{3}{4}$ 先令,200 平方丈费用=23 塔勒 46 先令。4 年共为 95 塔勒 40 先令,按 14 年平均,每年 6 塔勒 40 先令。再按 59 头奶牛分摊,每头负担	—	5.6
18. 利息和折旧		
牛链、草料容器、水槽、粪叉等价值的利息, 按每头奶牛平均大约为 2 先令 修理及折旧费大约为 3 先令 每头奶牛负担	—	5
19. 奶牛饲料甜菜的清洗、切碎以及草料铡细的费用		
奶牛 56 头,如每天喂以 14 斗甜菜,各项费用如下: a. 清洗和切碎半车(即 14.3 斗)甜菜,计 $3\frac{1}{2}$ 先令 b. 铡碎 28—35 斗草料,需费 $5\frac{1}{4}$ 先令		
	9	43.6

续表

	新币	
	塔勒	先令
承上页	9	43.6
c.运送甜菜，约需费 $1\frac{1}{2}$先令		
$10\frac{1}{4}$先令		
整个冬天为195天，每天支出$10\frac{1}{4}$先令，共计41塔勒31先令，每头奶牛平均分担35.6先令。		
用甜菜喂奶牛是近年来才实行的事，而且只有一部分奶牛喂以甜菜。总的说来，用甜菜喂牛的时间，如以全部奶牛平均计算，为一个冬天，亦即是在上述时期中的1/14。		
35.6先令以14年除之，每头奶牛每年分担	—	2.5
20. 奶牛的厩租		
如果将畜舍建造费用的利息、折旧、维修费以及火险金等加在一起(其中应扣除畜舍上层堆放干草的租金)，根据特殊的计算，每头奶牛所担负的畜舍租金为	—	19.9
21. 堆放干草库房的租金		
根据上述计算，1车干草的租金为11.5先令。		
14年期间，每头奶牛每年平均得干草1.15车。因此每头奶牛分担11.5先令×1.15＝	—	13.2
22. 置办干草的费用		
在1810至1820年的10年期间，置办每车干草①的费		
	10	31.2

① 一车干草在入库时重假定为1,800磅，经存放水分蒸发，将减轻10%—20%。因此供给牲畜时，每车干草仅按1,600磅计算。

续表

	新币	
	塔勒	先令
承上页	10	31.2
用为 47.4 先令。		
自 1833 至 1847 年的 14 年期间，每头奶牛每年得干草 1.15 车。		
根据上述计算，干草的置办费用以每头奶牛平均为 47.4 先令×1.15＝	1	6.5
23. 火险费		
每头奶牛的保险费约为其价值的 0.25％，等于	—	2.5
24. 饲养公牛的费用		
饲养奶牛，上述计算的费用为 11 塔勒 40.2 先令，饲养公牛则没有第 1、2、3、4、6、7、10、11 和 12 项所列的费用，这些费用共计 5 塔勒 17.1 先令，		
尚有 6 塔勒 23.1 先令。		
然而公牛价值每年折减是奶牛的 2 倍，因此每年折减 1 塔勒 20 先令，		
饲养公牛每头的费用为 7 塔勒 43.1 先令。		
如果按 100 头奶牛必须养 3 头公牛，那么每头母牛分摊的费用为 7 塔勒 43.1 先令×3/100＝	—	11.4
总计每头奶牛分摊的费用为	12	3.6
每头奶牛的毛收益为	22	24
亦即是纯收益为	10	20.4

备注 如果按普通情形，不扣除奶场所必需的房舍价值的利

息和维修费用，那么上列第11、12、20、21各项共1塔勒25.1先令的费用便不列入支出，奶牛收益则按11塔勒45.5先令计算。

根据上表，100头奶牛的纯收益为10塔勒20.4先令×100＝1,042.5塔勒。

100头奶牛和3头公牛，共计103头，所耗饲料的费用* 为1,042.5塔勒。

平均每头消费10塔勒6先令。

精确地计算奶牛的纯收益和所消费的饲料的效益，这不仅对正确估计雇工一户的生活费用有好处，而且对田庄主回答和解决下列问题也是完全必要的。

1. 在当地种植块根植物用作饲料是否合适，是否有利？

2. 改良草场以求增加草料的产量，耗资多少才适宜？

在计算奶牛的纯收益时，如果能算出青草、干草等饲料的价值，如果从中再扣除田间播种苜蓿和草籽的费用，扣除草地整修沟渠等费用，那么就能得出耕作草地和自然草地的纯收益。

然而不应当以为，这一纯收益就是地租。因为虽然用类似的方法计算各种五谷和其他作物的纯收益，计算种植作物所需的房舍的利息和维修费用并扣除之，但一般经常费用还未被包括在内。

一般经常费用，除了赋税和向教会的捐献——直接从地租中拨付——以外，还有下列各项：

---

* 应为与畜养有关的费用。——译者

1. 企业家的管理费用和营业利润，或者说租户的生计费用和盈利；

2. 注房价值的利息及维修费用；

3. 经营资本的利息；

4. 车辆、桥梁和沟渠的维修费用；

5. 为农村儿童办学的经费。

农业经营者对“土地用于一般的畜牧是否有地租可得，有多少地租可得?”这个问题的意见极不一致。

这主要是由于人们估计费用往往不根据实际——不从较长期着眼——，而只根据不可靠的肤浅之见，所以一些支出项目完全被忽略和被遗忘。

将奶场费用分成两类，一类与产奶量成比例，另一类与产奶量无关	与产奶量成比例的费用		与产奶量无关的费用	
	塔勒	先令	塔勒	先令
1. 劳动费用	2	19	—	12
2. 管理费用，约 7/8 属于第一类，1/8 属于第二类	1	2.4	—	7.2
3. 炼黄油用盐	—	3.5	—	—
4. 燃料	—	6	—	—
5. 药物	—	—	—	4
6. 奶场用具价值的利息	—	3.8	—	—
7. 奶场用具的折旧	—	12	—	—
8. 奶牛的折旧	—	—	1	20
9. 奶牛价值的利息	—	—	—	41.4
10. 猪的价值的利息	—	7.2	—	—
11. 奶场的建筑	—	32.3	—	—

续表

将奶场费用分成两类，一类与产奶量成比例，另一类与产奶量无关	与产奶量成比例的费用		与产奶量无关的费用	
	塔勒	先令	塔勒	先令
12. 猪厩	—	7.7	—	—
13. 牧工的费用	—	—	1	30
14. 照料奶牛饮水的费用	—	—	—	6.1
15. 清厩	—	—	—	7.8
16. 奶场的设施	—	—	—	2.6
17. 夜晚牧场的设施	—	—	—	5.6
18. 牛链、水槽等用具的利息和折旧	—	—	—	5
19. 甜菜的清洗和切碎的费用	—	—	—	2.5
20. 奶牛的厩租	—	—	—	19.9
23. 奶牛的火险费	—	—	—	2.5
24. 饲养公牛的费用	—	—	—	11.4
总　计	4	45.9	5	34

前面所述第 21、22 项置办干草和贮存干草的费用，因为产奶量并不与增加干草饲料成正比，所以既不属于第一类，也不属于第二类，是自成一类的支出。

因此，经营奶场的费用可以分为三类，按每头奶牛平均如下：

1. 与产奶量成比例的费用……………… 4 塔勒 45.9 先令
2. 与奶牛数量有关的费用…………………… 5 塔勒 34 先令
3. 置办和贮存干草的费用 ……………1 塔勒 19.7 先令

总计　12 塔勒　3.6 先令

奶牛的毛收益为…………………………… 22 塔勒 24 先令

第 1、2 两类的支出为…………………… 10 塔勒 31.9 先令

如果不扣除置办和贮存干草的费用，那么一头奶牛提供的剩余为……11 塔勒 40.1 先令。

所产牛犊之数与奶牛的数量成正比。牛犊的收入按每头奶牛平均计算，为 29 先令。如果从与奶牛数量有关的费用中扣除此数，那么第 2 类支出为 5 塔勒 5 先令，即每头奶牛分摊 5.1 塔勒。

每头奶牛的年产奶量为 1,682 波特。上述与产奶量成比例的费用为 4 塔勒 45.9 先令。

这一费用按每波特牛奶平均，即 237.9 先令×1/1,682＝0.141先令。

每波特牛奶的价值按前面计算为…………0.625 先令

扣除每波特牛奶的费用……………………0.141 先令

每波特牛奶的剩余为………………………0.484 先令。

因此，100 波特牛奶的剩余为 48.4 先令＝1.01 塔勒。

同一头奶牛的产奶量并非固定不变，而是以饲料的量和质为转移。奶牛的纯收益是如何随着产奶量而发生变化的，知道这一点对农业经营者有重大意义。

将支出区分为两类，其一随产奶量增减，另一类不论产奶量多少始终不变，这样我们就能根据实际所得的计算，说明相同品种和同等优良的奶牛只是因为饲料的缘故而产奶量不相等，说明在不同的奶产量时所能提供的剩余量。

一头母牛在不同产奶量时所提供的剩余

（未扣除置办和贮存干草的费用）

每头奶牛的产奶量（波特）	每 100 波特值 1.01 塔勒（新币）	每头奶牛的杂费（新币）	每头奶牛的剩余（新币）
2,000	20.20	5.10	15.10
1,900	19.19	5.10	14.09
1,800	18.18	5.10	13.08
1,700	17.17	5.10	12.07
1,682	16.99	5.10	11.89
1,600	16.16	5.10	11.06
1,500	15.15	5.10	10.05
1,400	14.14	5.10	9.04
1,300	13.13	5.10	8.03
1,200	12.12	5.10	7.02
1,100	11.11	5.10	6.01
1,000	10.10	5.10	5.00
900	9.09	5.10	3.99
800	8.08	5.10	2.98
700	7.07	5.10	1.97
600	6.06	5.10	0.96
505	5.10	5.10	0

第三节　特洛田庄雇工所得各项津贴的价值

	新币	
	塔勒	先令
1. 住所		
根据贝伦斯《农作技术》所作的计算，建造农村房屋（这里称为 Katen）一所，四个居住单元，大小如同当地的旧 Katen，		

续表

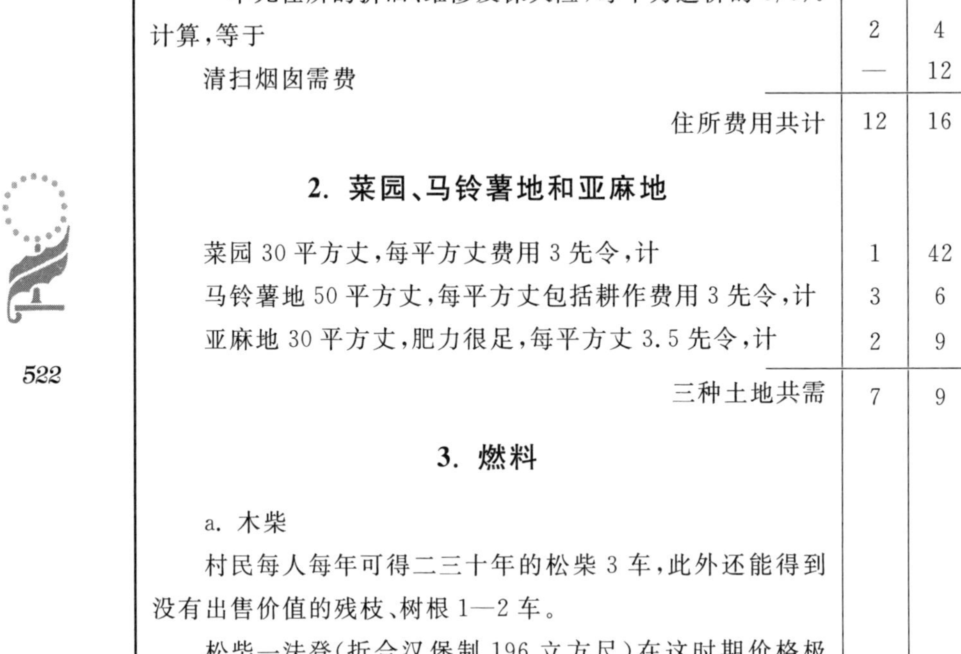

	新币	
	塔勒	先令
承上页		
造价为 900 塔勒 6 先令，或约为 1,000 塔勒。①		
一个居住单元的造价为 250 塔勒。		
此数按利率 4%计算，利息为	10	—
一单元住所的折旧、维修及保火险，每年为造价的 5/6%计算，等于	2	4
清扫烟囱需费	—	12
住所费用共计	12	16
2. 菜园、马铃薯地和亚麻地		
菜园 30 平方丈，每平方丈费用 3 先令，计	1	42
马铃薯地 50 平方丈，每平方丈包括耕作费用 3 先令，计	3	6
亚麻地 30 平方丈，肥力很足，每平方丈 3.5 先令，计	2	9
三种土地共需	7	9
3. 燃料		
a. 木柴		
村民每人每年可得二三十年的松柴 3 车，此外还能得到没有出售价值的残枝、树根 1—2 车。		
松柴一法登(折合汉堡制 196 立方尺)在这时期价格极低，仅 2 塔勒 4 先令。		
按此价格，一车松柴的售价，不计自己砍伐的费用，为 34.5 先令。		
3 车松柴计	2	7
3 车运费，按每车 6 先令计算，共计	—	18

① 近期所造的 Katen 为两大两小四间房，造价约为新币 452 塔勒。

续表

	新币	
	塔勒	先令
承上页		
b. 泥煤		
村民每人可得泥煤14,000块,每块1/12立方尺,其中10,000块自己采掘,4,000块由田庄主供给。		
采掘的工资,每千块为9先令,这是外地工人在本地采泥煤的工资,4,000块的工费为	—	36
运泥煤需3车,每车9先令,计	—	27
产泥煤的沼泽地也需支付地租,地租应由该沼泽长年提供的煤块数分摊,我估计这一地租为每千块4.5先令,14,000块为	1	15
柴煤共需	5	7
4. 饲养奶牛一头		
根据前一节的计算,一头奶牛的纯收益为	10	20
在与饲养奶牛有关的费用中,自第12* 至24项的支出,不论村民的奶牛还是田庄的奶牛都需负担。这些费用为12塔勒3.6先令减7塔勒34.5先令	4	17
因此,村民饲养奶牛从田庄那里得到	14	37
但村民支付了下草的收取费用,应扣除	—	24
所以村民的一头奶牛耗费田庄	14	13
5. 养鹅两头包括幼鹅所需的费用		
鹅的价值很难计算。根据仔细估计,我认为可以假设,农民将养大的鹅两头奉献给田庄,足够补偿放鹅造成的草地的		

* 根据内容及下列计算看,这里应为第13页。——译者

续表

	新币	
	塔勒	先令
承上页		
损失，所以养鹅的费用可以不计。		
6. 收获节得羊一头		
每逢收获节，每户村民得羊肉 25—30 磅。每磅以 1.75 先令计，约为	1	—
7. 糠粃		
工人除了得到谷物作为打谷工资外，每隔 3 周可得糠粃 2 斗；即整个一冬可得 14 斗。此外，还得到苜蓿子和蒂莫特(Thimothee)子的荚壳，糠粃的饲料价值我估计约为	—	30
8. 羊毛钱		
工人购买羊毛，如每磅超过 16 先令，所支付的超过之数，田庄主则予退还。		
每个工人平均购买羊毛 9 磅，每磅约得津贴 6 先令。[①] 共计	1	6
各项总计		
1. 住所	12	16
2. 菜园、马铃薯地和亚麻地	7	9
3. 燃料	5	7
4. 奶牛的牧养费用	14	13
5. 草地放鹅，以鹅两头作补偿	—	—

① 工人们购买羊毛必须去远地农村，这很不方便又耗费时间。现在特洛田庄已购置绵羊，其毛可供纺织，以后打算无偿给工人 8 磅羊毛，不再给羊毛津贴。这样，津贴将增加 2 至 2.5 塔勒。

续表

	新币	
	塔勒	先令
承上页		
6. 收获节得羊一头	1	—
7. 糠粃	—	30
8. 羊毛钱	1	6
各项津贴总计	41	33

第四节　与维持雇工家庭有关的其他费用

	新币	
	塔勒	先令
1. 医药费		
包括车马和仆人费用在内，每户大约	3	—
2. 供给乡村病人的食物		
每户可估计为	1	—
3. 奶牛保险费		
村中如死奶牛一头，田庄主补贴奶牛价值的1/3，凡畜养奶牛的村民共同负担1/3，其余则由牛主承担损失，但牛皮归牛主本人。村中养奶牛28至30头，每年大约死一头，约值21塔勒。亦即是田庄主每年负担7塔勒。因此，养一头奶牛的雇工家庭每年约需负担	—	12

续表

	新币	
	塔勒	先令
承上页		
4. 工人的车马费		
雇工遇到婚丧、婴儿洗礼、请帮佣等事以及运载马铃薯、亚麻等均需使用车马。平均每户需费	—	40
雇工迁家费用未计在内。		
5. 烧酒		
雇工们在收获干草、谷物和洗羊以及干其他重活时，按时可得烧酒。这项费用每户约计	—	40
6. 雇工举办跳舞会所需的音乐和招待费		
雇工们除收获节外通常每年还举办四次跳舞会。这项费用按每户平均约为	—	42

	新币		总计	
	塔勒	先令	塔勒	先令
7. 给寡妇和老弱的补助				
在本卷开始时曾提及，工人所得的计日工资并不是他的收入及劳动费用的标准。				
所以我们把工人一户的一年劳动作为考察的单位。但是，如果这一标准脱离工人一生年限平均，那么这一标准也是不准确的。因为人们的劳动力和需要在人生的不同阶段是很不相同的。				

续表

	新币		总计	
	塔勒	先令	塔勒	先令
承上页				
为了求得劳动费用的准确标准，我们必须将一个家庭的**一生劳动**与其一生的生活费用相比较。				
在一个规模较大的田庄，各种年龄的工人都有，如果将真正的工人和已经失去劳动能力或需要补助者的生活费用相加，然后将此总数除以有劳动能力的工人户数，就能得到上段中所讲的数字。下列计算就是根据这一原则。				
a. 没有幼小孩子的、通常与其成年子女同居的寡妇，每年可得：				
一头奶牛价值的一半	7	6		
黑麦 3 斗，每斗值 40 先令，合计	2	24		
马铃薯地 25 平方丈，每平方丈 3 先令，合计	1	27		
亚麻地 15 平方丈，每平方丈 3.5 先令，合计	1	4		
木柴一车，包括运费	—	40		
共计	13	5		
在 1833 至 1847 年这一时期中有寡妇 4 人，共得			52	20
b. 在这一时期中，有男工两人死亡，各遗寡妇一人，子女 4 人。				
寡妇每人得到：				
1. 与其丈夫在世时相同的全部津贴	41	33		
2. 谷类：寡妇和每个孩子各得黑麦 3 斗，大麦 2 斗，共计				
黑麦 15 斗，每斗 40 先令，计	12	24		
大麦 8 斗，每斗 30 先令，计	5	—		
共计	59	9		

续表

	新币		总计	
	塔勒	先令	塔勒	先令
承上页				
然而，寡妇体力充沛，其劳动价值可能超过其所得的计日工资约	81 *	10		
尚余	40	47		
寡妇两人共得	81	46		
补助的期限为3年，共计	265**	42		
这一项265** 塔勒42先令的补助，以14年除之，则每年补助为	—	—	19	—
c. 在这一时期有老年残废者一人，由田庄供养，他的生活费用扣除他做出的少量劳动价值，尚需			45	
d. 工人如长期患病可无偿获得谷物的赠与。平均每年需费			6	
e. 在1846至1847年的歉收年，工人们得到特别补助。这一年度赠与每户的马铃薯和谷物，按当时的价格计算，至少值300塔勒。这一数字以14年除之，每年为			21	20
总计			143	40①
这一总计，按这一期间住在村子中的平均户数22户除之，则对每户的补助为			6	26

* 81，疑是18之误。——译者

** 265，应为245，以下的计算也有出入，不再一一加注。——译者

① 除上列各项补助外，田庄主还常常赠与工人们以牛奶、食品、水果和衣着等。只有在少数情况下，这些人才有此真正的需要，这时才成为赠与的原因，所以我认为，这项支出不应列入经济账，而只能列入田庄主私人账内。

	新币	
	塔勒	先令
其他费用总计		
1. 医药费	3	
2. 给病人的食物	1	
3. 奶牛的保险费		12
4. 工人的车马费		40
5. 烧酒		40
6. 举行跳舞会的费用		42
7. 给寡妇等的补助	6	26
其他费用总计	13	16
备注		
给予全村的寡妇、老弱等的补助共计	143	40
医药费的支出，每户3塔勒，22户为	66	
给病人的食物，每户按1塔勒计，22户为	22	
在田庄主和雇工之间的宗法关系完全废除之际，如果取消这些补助，其数额为	231	40
在1847年末，农民户计138人，1833年大约是126人，因此平均以132人计算。由此可以得出重要结论，在一个本来不贫穷的地方，为了防止贫困和不足，必须给每人以231塔勒40先令÷132=1塔勒36先令的补助。		

第五节　1833—1847年期间特洛田庄雇工一户的劳动费用

	新币		黑麦	
	塔勒	先令	斗	梅策
1. 根据第一节所述,雇工一户的收入为	32	21	52	11
2. 据第三节,雇工所得各项津贴的价值为	41	33		
3. 据第四节,雇工一户所得其他费用为	13	16		
总计	87	22	52	11
这个数额中需扣除工人妻子无偿纺织8磅粗麻劳动费用,每磅3先令,计	—	24		
尚余	86	46	52	11
现在要问,黑麦每斗的价格为多少。 在14年期间出售的各种谷物均折合为黑麦计算,每斗售价为0.94塔勒。谷物的运输、销售、贮存等全部费用,过去每斗为0.112塔勒,现在由于公路的便利,大约降为每斗0.08塔勒。 因此,谷物折合成每斗黑麦的价值,在田庄上为0.94－0.08＝0.86塔勒。				

	新币	
	塔勒	先令
这一价值与1810—1815年期间谷物的价值几乎完全是巧合,第一卷的一切计算都是以此为根据的。		

续表

	新币	
	塔勒	先令
承上页		
因此,52 斗 11 梅策,每斗以 0.86 塔勒计算,共为	45	15
加上货币支出	86	46
雇工一户的总费用为	132	13
根据 1810 至 1820 年的 10 年计算的平均,田庄主支付这项费用而得到男工 284.6 日的劳动,女工 175.4 日的劳动。 女工的一个劳动日,我平均以男工 2/3 个劳动日计算,因此,175.4×2/3=男工 116.9 个劳动日。 雇工家庭的劳动都折算成男工,根据上述计算则为 284.6+116.9=401.5。男工 401.5 个劳动日值 132 塔勒 13 先令。 根据全年平均, 男工一劳动日值　15.8 先令, 女工一劳动日值 15.8×2/3=　10.5 先令。 上述的劳动日数中包括男女工人包工活的日数。如果想知道计日工资一个劳动日值多少,那么只需从总费用中减去工人在包工中由于提高效率而得到的超过计日工资的部分,其余数除以劳动日数。男工在 53.1 个包工日中共得 13 塔勒 15 先令的收入。 假定这 53.1 日中 10 日在 11 月 1 日至 3 月 1 日这期间,在这段时间中计日工资仅 7 先令,其余时间为 8 先令,如果一个男工总是做计日工资的工作,那么他的收入为:		
43.1 日,每日 8 先令,计	7	9
10 日,每日 7 先令,计	1	22
	8	31
男工在包工劳动多得之数为 13 塔勒 15 先令−8 塔勒 31 先令	4	32

续表

	新币	
	塔勒	先令
承上页		
女工在44个包工日中，每日得6.5先令，共计	5	46
女工按日工资4先令计算，劳动44日可得	3	32
现在多得	2	14
加上男工多得之数	4	32
现在共计多得	6	46
男工在脱粒的149天中挣得44⅛斗黑麦，每斗值0.86塔勒，共计	37	46
在这一期间，如按日工资计，他的收入为：		
a. 75天在11月1日至3月1日，每天7先令，共计	10	45
b. 74天在其余时间，每天8先令，共计	12	16
两项合计	23	13
多得之数：		
1. 在脱粒方面	14	33
2. 在其他方面	6	46
总计	21	31
如果从工人家庭费用总额中扣除此数，即132塔勒13先令减去21塔勒31先令，则剩余110塔勒30先令。		
根据上述计算，田庄主雇男工劳动401.5日需费	110	30
因此，以日工资计男工每劳动日为	—	13.2
女工为	—	8.8

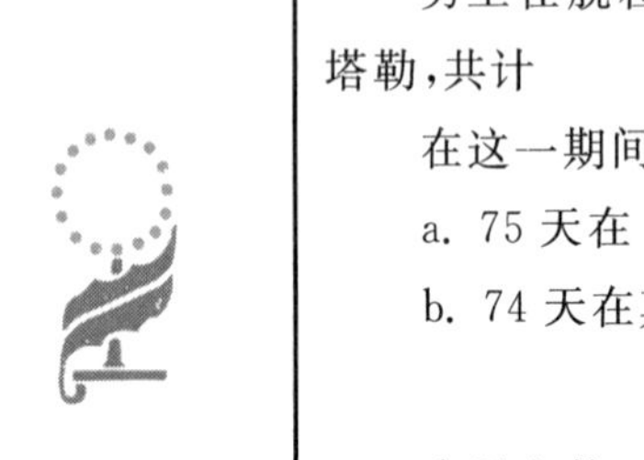

第六节　对特洛田庄雇工一户收入计算的尝试

当然，田庄的会计不可能对这些方面有完备的答复，所以不可避免要靠估计。由于我选择雇工中最有洞察力的和最可信赖的人做顾问，所以我敢相信，下列的计算也绝不会远离实际的。

工人收入的来源有：

1. 田庄主给予工人的工资和各种津贴等；
2. 为自己的劳动使所得的津贴等增值；
3. 少量资本的得益，如饲养家畜。

	新币		总计	
	塔勒	先令	塔勒	先令
1. 雇工一户的费用				
或者说工人家庭从田庄主那里所得的价值，就是它的收入，如果不扣除工人的妻子纺织粗麻8磅计24先令的费用，如第五节所述为			132	37
2. 奶牛				
奶牛的毛收益全归工人所得。根据第二节所述为	22	24		
然而，饲养奶牛除了不计置办干草的费用之外，工人还需负担下列费用：				
1. 奶牛每年的折旧或价值的折减	1	8		
2. 维修奶场的器具	—	12		
尚余	21	4		
			132	37

续表

	新币		总计	
	塔勒	先令	塔勒	先令
承上页			132	37
工人养奶牛一头需费	14	13		
所以村民养奶牛得益超过田庄养奶牛的费用为			6	39
3. 马铃薯地和菜园 如果菜园收获蔬菜的价值能与种植马铃薯的价值相等，那么今有80平方丈马铃薯地的收益也可按此看待。 这块土地的种植情况是： 食用马铃薯　60平方丈 饲料用马铃薯　20平方丈 特洛田庄100平方丈土地按14年的平均产量为： 饲料马铃薯　140.8罗斯托克斗 食用马铃薯　88.5罗斯托克斗 根据这一统计，60平方丈可产食用马铃薯　53.1斗 20平方丈可产饲料马铃薯　28.2斗 这一产量中尚需减去附着的泥土和收干的分量以及腐烂的损失，约为10%，尚余： 食用马铃薯　饲料马铃薯 47.8斗　25.4斗 此外需扣除留种　4.8斗　2.8斗 可供消费的尚有43斗　22.6斗 由于马铃薯在这里不是通常的销售品，因此它				
			139	28

续表

	新币		总计	
	塔勒	先令	塔勒	先令
承上页			139	28
的价值只能按照生产费用估量。				
根据特别的计算，在上述产量时，马铃薯的生产费用以及马铃薯所消耗的肥料的价值，约为：				
食用马铃薯每斗　10先令				
饲料用马铃薯每斗　6先令				
因此，供消费的马铃薯的价值				
43斗（每斗10先令）共计	8	46		
22.6斗（每斗6先令）共计	2	40		
	11	38		
据前述种植马铃薯地每平方丈需费3先令，80平方丈工人共需费	5	—		
因此，耕地经劳动耗费而增加效益为	—	—	6	38
4. 水果				
果园中平均收获水果的价值可以估计为			1	
5. 亚麻地，30平方丈				
田庄上已有多年未曾种麻，所以田庄账本上没有麻的产量可作为依据。				
根据自耕农米尔汉叙述，他的30平方丈土地平均收麻约80磅。				
备注　种麻总是选择肥沃的土地，先经一年休闲，到秋季在施以厚肥以后进行翻耕，来年春天再仔细整地布种。田亩非常肥沃，又总是购买里加的麻种。			147	18

续表

	新币		总计	
	塔勒	先令	塔勒	先令
承上页			147	18
因而麻的产量很高。				
麻的价格每磅平均为4先令。				
如果女工在冬天将麻纺线，通常可使麻的价值增加一倍，亦即是增加到8先令一磅。				
今以8先令×80＝	13	16		
麻子的产量30平方丈一般可收2斗。其中半斗留作种子，其余1.5斗可以出售，每斗1塔勒16先令，计	2			
收入	15	16		
据前述，30平方丈亚麻地每平方丈费用为3.5先令，计	2	9		
经雇工家庭的劳动，其收益为	—	—	13	7
备注 由此可见亚麻地面积*充足*、土地*肥沃*对工人的福利状况至关重要。				
雇工家庭如无足够的麻可纺，那么在漫长的冬夜，妇女劳动力大部分就无益地浪费了。				
6. 养鹅				
养种鹅一对，到秋季平均可育幼鹅13只。				
其中2只赠与田庄主，以抵偿田庄草场的损失。				
其余的11只中，工人平均出售5只，每只32先令，计	3	16		
6只养肥后屠宰自用，每只重12磅，计值1塔勒12先令，6只计	7	24		
收入	10	40		
			160	25

续表

	新币		总计	
	塔勒	先令	塔勒	先令
承上页			160	25
养鹅的费用如下：				
1. 饲养种鹅2只，幼鹅13只，夏季需购买大麦约7斗，每斗27先令，计	3	45		
2. 一对种鹅冬季需燕麦2斗，计	—	40		
3. 育肥6只幼鹅需燕麦6斗，计	2	24		
4. 15只鹅的放牧费用，每只为3先令，计	—	45		
5. 公鹅饲养费用需要多	—	6		
6. 所耗的糠秕的价值	—	20		
支出共计	8	36		
养鹅获得的纯收益为：	—	—	2	4
备注　如果不让雇工养鹅，而对他的损失给以补偿，补偿之数刚好等于他历来的收益，那么雇工的情况依旧。不过有一个前提条件，即工人不放弃购买所必需的鹅毛，购买鹅毛的辛劳亦需予以补偿。				
尽管如此，国家的收入仍受到损失，因为牧鹅和采鹅草系老弱和孩子的事，不养鹅，他们的劳动就无益地保留着。				
7. 养猪				
雇工平均每年屠宰肥猪一头，宰后重量约250磅，猪毛重15磅。其价值如下：				
肉250磅，每磅3先令，计	15	30		
毛15磅，每磅6先令，计	1	42		
收入共计	17	24		
			162	29

续表

	新币		总计	
	塔勒	先令	塔勒	先令
承上页			162	29
养猪的费用如下：				
1. 购买小猪的费用	1	24		
2. 饲养小猪需大麦 3 斗，每斗 27 先令，计	1	33		
3. 马铃薯 22.6 斗，每斗 6 先令，计	2	40		
4. 喂猪用的酸奶的价值，约	2	—		
5. 喂猪用的糠粃的价值	—	10		
6. 育肥用的豌豆 8 斗，每斗 36 先令，①计	6	—		
7. 猪死亡的损失每年平均约为	—	16		
费用共计	14	27		
宰猪一头的收入为 17 塔勒 24 先令，减去此数，结余为工人饲养辛劳的报酬			2	45
备注 喂猪所用的酸奶的价值这里应列入支出，因为这一价值已包含在奶牛的效益之中，否则成了工人的双重收入。				
			165	26

① 黑麦的平均价与豌豆相同，虽然每斗为 0.86 塔勒或 41.3 先令，雇工的费用也是以此价格计算。但是因为，如果谷物的价格超过平均价格，雇工也绝不会为每斗黑麦或豌豆支付多于 40 先令，反之，如果谷物低于平均价格，他们就按市价支付，所以工人平均所付的谷价不到平均价格。所以这里每斗黑麦或豌豆只按 36 先令计算。由此产生的损失本来似应列入雇工家庭的费用的计算之中。然而这一损失在一定程度上也是得到补偿的：工人在购买谷物时，如果谷物低于平均价格，他们支付的不是田庄上的价格，而是市场价格，这样销售费用和运输费用就节省了。

续表

	新币		总计	
	塔勒	先令	塔勒	先令
承上页			165	26
8. 养鸡的效益				
养鸡所得除去所消耗的谷物的价值，盈利约为	—	—	—	32
9. 拾麦穗				
在麦田拾麦穗大多是儿童们干的活，每户每年平均收入约为小麦2斗，每斗值1塔勒8先令，计	—	—	2	16
雇工一户收入的总计为 或折合普鲁士币196塔勒18先令。	—	—	168	26

	新币	
	塔勒	先令
田庄主雇用工人一户所负担的费用为新币132塔勒13先令。 雇工凭自己的劳动及其妻子和孩子的劳动，以及投于饲养牲畜的少量资本，增加了168塔勒26先令的收入，除去费用132塔勒13先令，尚余36塔勒13先令。 这项收入分项叙述如下：		
1. 奶牛	6	39
2. 菜园和马铃薯地	6	38
3. 水果	1	—
4. 亚麻种植和纺麻	13	7
5. 养鹅	2	4
6. 养猪	2	45

续表

	新币	
	塔勒	先令
承上页		
7. 养鸡	—	32
8. 拾穗	2	16
9. 为田庄主纺粗麻	—	24
总计	36	13

第七节　特洛田庄居民消费谷物的概况

这种概况很难叙述，因为雇工在打谷时作为报酬所得的小麦大部分向外出售，他们自己消费的小麦量无法计算。但 1847 至 1848 年度偶然是个例外。因为这一年打谷工人将剩余的全部小麦售予田庄，因而载入账册。我利用这一不复再演的机会，了解到这方面的数据，因为这些数据对其他例如统计等方面也有价值，所以我把结果陈述于下：

在 1847 年约翰尼斯节* 至 1848 年约翰尼斯节的会计年度，居民所得的谷物：	小麦 斗	黑麦 斗	大麦 斗	燕麦 斗	豌豆 斗	总计（折合黑麦）斗
1. 津贴	6	337	150	44	44	529
2. 从居民处购得之数	1	338.8	409.5	120.2	17	789.4
3. 打谷工资：						
a. 小麦 237 斗，其中卖给田庄 190 斗，自己消费	47					62.7
b. 其他谷类得收成的 1/16		53.6	44.3	140.8	23.3	198.1
4. 估计拾得的麦穗	44					58.7
总计	99	779.4	603.8	305	84.3	1,637.9

*　为 6 月 24 日。——译者

在1847年底，亦即是会计年度的中期，雇工及家属的人数，

成年人为……………………………………………82人

14岁以下的儿童为…………………………………56人

共计138人。

这些人共消费谷物折合黑麦计算为1,637.9斗，平均每人消费11.87斗。现在要问，这些谷物中多少为饲料粮，多少为人的食用粮。

根据前面几节的估计，我们可以近似地计算出雇工家庭所养牲畜消费的谷物量，列表如下：

		折合成黑麦(斗)
1. 种鹅一对越冬耗费	燕麦2斗	1.12
2. 幼鹅夏天饲料	大麦7斗	5.25
3. 育肥6只鹅需饲料	燕麦6斗	3.38
4. 幼猪一头的饲料	大麦3斗	2.25
5. 育肥猪只用的饲料①	豌豆8斗	8
6. 养鸡饲料	大麦2斗	1.5
总计		21.5

这一年居住在田庄上的雇工有23户，每户平均6人。

每户消费谷物计 ……………………………71.2斗

其中用作饲料 ………………………………21.5斗

6口人消费尚有 ……………………………49.7斗

每人平均消费罗斯托克制8.28斗，等于柏林制5.91斗。

但是必须注意，这一年因马铃薯遭病害而歉收，谷物的消费量大于往年。

① 去年由于豌豆歉收，所以猪只育肥用的饲料大部分是大麦，而不是豌豆。

在 1840 至 1841 年度,那年马铃薯没有发生病害,我拥有领津贴的工人 7 户的谷物消费账,他们不做打谷工作,因而不领受打谷工资,现在不妨将结果列表于下以作比较。

这 7 户全部谷物消费,包括拾得的麦穗在内:

	斗	梅策	折合成黑麦	
			斗	梅策
1. 小麦	14	12	19	11
2. 黑麦	246	8	246	8
3. 大麦	155	—	116	4
4. 燕麦	60	4	37	10
5. 豌豆	58	12	58	12
	—	—	478	13

这 7 户以全年平均,有成年人……………………26 人

14 岁以下的儿童………………………………19.25 人

共计 45.25 人。

因此每人消费谷物为 478.81/45.25=10.58 斗。

亦即是,1840 至 1841 年马铃薯丰收年每人消费谷物比 1847 至 1848 年马铃薯病害年少 1.29 斗。

因此,6 口之家由于马铃薯遭受病害而多消费黑麦 1.29×6=7.75 斗。工人家庭以往已是度日艰难,今又要购买 7.75 斗黑麦,实是不堪负担。如果不幸马铃薯病害持续下去,那么由于这一原因普遍提高工资就有必要。

除了上述的谷物以外,每户还需购买 0.5 至 0.75 斗粗磨荞麦面。

工人家庭所需的麦芽或者自己发制，或用大麦交换。

在计算全国谷物消费量时，也必须把酿造国内消费的烧酒所用的谷物考虑在内。

附　录　二

关于特洛田庄的居民参与分配田庄收入的规定

第一节　田庄居民得以在下列各项的收入中参与分配

1. 出售各类谷物的收入，出售给居民本身者除外，
2. 油菜籽、菜籽、麻籽以及其他油料作物，
3. 苜蓿籽和草籽，
4. 马铃薯，出售给居民者除外，
5. 出售由本地树林砍伐的木材，
6. 养羊的收入，
7. 饲养奶牛和猪的收入。

第　二　节

会计年度以7月1日起始，6月30日结束。

在每个会计年度末应盘点全部谷物贮存，以及油菜籽、苜蓿籽和草籽，并以下列价格进行计算：

小麦每罗斯托克斗合普鲁士币 1 塔勒 16 先令，

黑麦每罗斯托克斗合普鲁士币 1 塔勒，

大麦每罗斯托克斗合普鲁士币 36 先令，

燕麦每罗斯托克斗合普鲁士币 30 先令，

豌豆和蚕豆每罗斯托克斗合普鲁士币 1 塔勒，

油菜籽和菜籽每罗斯托克斗合普鲁士币 1 塔勒 32 先令，

麻籽每罗斯托克斗合普鲁士币 1 塔勒，

苜蓿籽（红，白）每罗斯托克斗合普鲁士币 7 塔勒 24 先令，

蒂莫特籽每罗斯托克斗合普鲁士币 2 塔勒 24 先令。

从这一计算中，如果得出结果，在会计年度末存货的价值大于会计年度初，那么增值部分应归于收入项下；反之，如果价值减少，那么减值部分应从现款收入中扣除之。

第　三　节

马匹、奶牛、绵羊和猪在会计年度末是增值还是减值，完全按谷物同样处理，加入现金收入或从现金收入中扣除之。

在计算中按下列价格估算：

马和驹每匹作价普鲁士币 70 塔勒，

奶牛和公牛每头作价普鲁士币 20 塔勒，

各龄绵羊每头作价普鲁士币 2 塔勒，

各龄猪每头作价普鲁士币 8 塔勒。

第 四 节

按上述这种方法算出的收入中,应扣除下列支出:

1. 购买谷物、油料作物、马铃薯、苜蓿籽和草籽的开支,

2. 购买马匹、奶牛、绵羊和猪的支出,

3. 一切战争税和军费,但征用田庄自产的物料不计在内,

4. 火灾损失超过火险公司赔偿的部分。

第 五 节

按照上述规定算出的收入,在扣除上述四项支出以后,如果超过普鲁士币 5,500 塔勒,那么超过的部分将按 0.5%分配给每一个属于下列各类居民。

下列居民将参加分配:

1. 凡有劳动能力的、自有房屋的住户,其男工及其妻子,或无妻而有一名佣工为田庄劳动者。凡有劳动能力的雇工,其妻也在为田庄劳动;

2. 领津贴者,即田庄代理人、田工、守林人、车匠和牧牛人;

3. 学校教师和牧羊人;

4. 在收获季节尽力支援田庄的纺织工人;

5. 其妻住于村中而为田庄工作的仆役。

一个尚有劳动能力的男子与其已成年且能胜任一切繁重劳动的儿子同居一处,这 0.5%应由父子共同分配。

备注　上列诸项收入在扣除上述支出之后，特洛田庄在1833至1847年的14年中平均每年收入约为普鲁士币7,500塔勒。如果收入不变，那么按参与分配的规定每个居民每年可得普鲁士币10塔勒。由于土地耕作的进步，如果这一收入年年能提高1,000塔勒，那么工人的分得的部分将不是按75∶85，而是按10∶15的比例增加。由此可见，工人的利益与生产的提高是休戚相关的。现在参与分配田庄收入的居民数为21人。

第　六　节

如果个别年份遇到歉收或特别灾害，收入达不到普鲁士币5,500塔勒，那么不足部分从来年或后年的收入中扣除。收入在扣除不足之后，所余超过普鲁士币5,500塔勒，居民始可按0.5%参与分配超额的部分。

第　七　节

凡犯有贪污盗窃行为者，即使过失很小，一经证实，参加今后田庄分配的权利即行丧失。分配上予以除名，不论是永久性的，还是若干年的，全由田庄主决定。对于严重的过失，如公然不服从，试图煽动群众闹事等，田庄主保留停止当事人参与分配的权力。

第八节

这项制度的目的如下：

1. 使居民与田庄主的利害发生直接关系，居民与田庄主似乎就是一家人；

2. 工人由于享用利息，收入年年有所增长，不断有所增长，因而感到喜悦；

3. 尤其是，工人得到保证，晚年无后顾之忧，他在年富力强时曾付出辛勤劳动，到了晚年，年老体衰，也不会贫困潦倒，无须依赖他人施舍生活，不会成为子女的负担，反而能给子女留下一点遗产。

第九节

为实现这一目的，今制定下列规定：

1. 凡按上列规定能参与分配田庄收入的居民，各得储蓄存折一张，每年由田庄收入分与的部分登入存折之中。

2. 田庄主根据登入存折中的金额付予 4.16％的年息，或每 1 塔勒每年付予 1 格罗申的利息。

3. 从第一年 7 月 1 日至第二年 6 月 30 日会计年度的田庄收入中，分予居民之数的登记以及利息的支付，均在每年圣诞节举行，从各方面看来，这无异于一件圣诞节礼物。

4. 存折持有人未满 60 周岁，登入存折的资本双方均不准动用。存折持有人年满60周岁才能自由支配自己的资本。

5. 如果男子未满60岁去世，则由其妻继承存折中的资本。但是，不论是其寡妻支配全部资本，还是死者儿女保留一部分资本，这由田庄主视具体情况而定。

上述各项规定立即生效，自1847年7月1日至1948年7月1日的会计年度即按此办理。

这里制定的规章自目前的田庄主逝世之时起即行废除，本规章对田庄主之子不生效力。然而，田庄主之子有责任保障载入存折的资本的充分安全，并于每年的圣诞节发放利息。

如果田庄主之子或田庄中的居民为了充分的安全，认为将这些小额资本存入国家银行比较合适，则田庄中居民所得的利息，将由银行付给。

约翰·海因里希·冯·杜能

1848年4月15日于特洛田庄

人名译名对照表

B

Behrens 贝伦斯
Blanqui 布朗基
Bürger 比尔格尔
Buss 布斯
Buttel,von 布特尔,冯

C

Campbell 坎贝尔
Canning 坎宁

D

Diercxsen 迪克森

E

Euklid 欧几里得

F

Feuerbach 费尔巴哈

G

Garve 加尔弗
Grünberg 格林贝格

H

Hassel 哈瑟尔
Hassenfratz 哈森弗拉茨
Herschel 赫舍尔
Hlubeck 赫鲁贝克
Humboldt 洪堡

L

Liebig 利比希
List 李斯特
Lotz 洛茨

M

Milhahn 米尔汉
McCulloch 麦克库洛赫
Malthus 马尔萨斯

N

Nebenius 内贝尼乌斯

P

Perthes 佩特斯
Pogge 波格
Proudhon 蒲鲁东

R

Rau 劳
Ricardo 李嘉图
Riese 里泽
Rodbertus 洛贝尔图斯
Roscher 罗雪尔

S

Say 萨伊

Schmidt　施密特
Schumacher-Zarchlin, H.　舒马赫—察希林
Schwerz　施韦茨
Seidl　扎伊德尔
Sinclair　辛克莱
Smith, Adam　斯密，亚当
Sprengel　施普伦格尔
Staudinger　施陶丁格尔
Stein　施泰因

T

Thaer, Albrecht　特尔，阿尔布雷希特
Thünen, Johann Heinrich von　杜能，约翰·海因里希·冯

V

Voght　福格特

W

Waentig, Heinrich　文蒂希，海因里希
Wulffen　武尔芬

图书在版编目(CIP)数据

孤立国同农业和国民经济的关系/(德)约翰·冯·杜能著;吴衡康译.—北京:商务印书馆,2017
(汉译世界学术名著丛书:120年纪念版:珍藏本)
ISBN 978-7-100-14160-4

Ⅰ.①孤… Ⅱ.①约… ②吴… Ⅲ.①经济思想—德国—近代 ②经济学—数学方法—研究 Ⅳ.①F095.164

中国版本图书馆CIP数据核字(2017)第138577号

汉译世界学术名著丛书
(120年纪念版·珍藏本)

孤 立 国

同农业和国民经济的关系

〔德〕约翰·冯·杜能 著
吴衡康 译
谢钟准 校

商 务 印 书 馆 出 版
(北京王府井大街36号 邮政编码100710)
商 务 印 书 馆 发 行
南京爱德印刷有限公司印刷
ISBN 978-7-100-14160-4

2017年12月第1版 开本710×1000 1/16
2017年12月第1次印刷 印张36½
定价:175.00元